KB188131

포스트 코로나 대한민국

집단지성 27인의 성찰과 전망

이 도서의 국립중앙도서관 출판예정도서목록(CIP)은 서지정보유통지원시스템 홈페이지(http://seoji.nl.go.kr)와
국가자료종합목록 구축시스템(http://kolis-net.nl.go.kr)에서 이용하실 수 있습니다.
CIP제어번호: CIP2020041154(양장), CIP2020041152(무선)

포스트 코로나 대한민국

집단지성 27인의 성찰과 전망

POST COVID-19
KOREA

이영한
·
이규원
·
양명수
·
한상진
·
표학길
·
김태종
·
강건욱
·
강은정
·
장은진
·
김규원
·
김소임
·
이혜주
·
홍미화
·
김명중
·
지재식
·
심선영
·
서진석
·
이상훈
·
고문현
·
김성엽
·
김수욱
·
문형남
·
김연규
·
김흥광
·
함인희
·
두주연
·
김우진
지음

이영한
기획

한울
아카데미

차례

서문

　코로나19가 지구촌을 급습했다. 2019년 말 중국 우한에서 발생한 코로나19
는 지구촌 구석구석까지 인간을 숙주로 급속하게 전파되었다. 아마도, 코로
나 팬데믹은 제2차 세계대전 이후 가장 불행한 사건으로 기록될 것이다. 셧다
운과 록다운으로 인적이 사라져버린 도시는 텅빈 콘크리트 세트장이 되어버
렸다. 어린이들이 급우들과 재잘되던 교실은 텅 비었고, 한창 학업에 몰두해
야 할 청소년들은 학교에 들어갈 수조차 없게 되었다. 청년들은 취업 한파에
'코로나19 세대', '저주받은 세대'라고 한탄하며 눈물을 흘리고 있다. 나라에
따라서 심할 경우 확진자의 치사율이 10%를 상회한 이 대재앙은 믿어왔던 문
명 세계의 미래에 대해 의심을 가지게 하기에 충분했다.

　앞일에 대해 도저히 알 수 없는, 절벽 끝에 다다른 듯한 공포가 압도하던
2020년 3월 말경에 지속가능발전에 관심을 갖고 있는 몇 사람이 모여 코로나
19에 대한 집필 논의를 시작했다. '포스트 코로나'를 주제로 각계의 대표 학자
를 모시고 공동 집필을 추진하기로 했다. 총 27명이 참여했다. 모든 필자는
이 위기를 딛고 더 나은 대한민국으로 나아가자는 의지, 청년들에게 지속가능
한 세상을 물려주고 싶다는 충정으로 집필에 참여했다. 집필의 틀은 코로나
팬데믹 상황을 분석하고, 코로나19 이전을 성찰하면서 코로나19 이후를 전망

하는 것으로 정했다. 집필대상 범위는 지속가능발전의 3지지대(The Three Pillars of Sustainable Development)인 사회, 경제, 환경을 포괄했으며, 총론, 세계 각국의 방역성과 평가, 방역과 치료, 문화와 교육, 사회와 환경, 경제와 IT, 외교와 남북, 가족과 집 총 8부로 구성했다.

1부 '총론'에서 이영한은 지속가능발전 측면에서 코로나 팬데믹과 포스트 코로나를 총괄했다. 이규원은 동서양 역사에서 감염의 역사를 개괄하고 포스트 코로나를 전망했다. 양명수는 코로나 팬데믹을 문명 성찰의 기회로 보고 자유와 자연 회복을 이야기했다. 한상진은 한국의 잠재역량 분석과 함께 코로나19 이후 한국의 미래를 진단했다. 표학길은 코로나19 이후 세계 경제를 진단하고 한국경제의 진로에 대해 논했다. 2부 '세계 각국의 방역성과 평가'에서 한상진은 전 세계 30개 대도시의 시민을 대상으로 실시한 설문조사 결과를 근거하여 한국의 방역성과를 평가한 후 한국의 미래에 대해 논했다. 김태종은 지속가능 관점에서 각국의 코로나 방역성과를 국제적으로 비교했다.

3부 '방역과 치료'에서 강건욱은 코로나와 관련하여 의료와 제약을 설명하고 포스트 코로나 시대의 디지털 전환에 따른 의료산업과 제약산업을 전망했다. 강은정은 코로나19로 인한 건강영향과 포스트 코로나 공중보건을 제안했다. 장은진은 코로나19와 한국인의 정신건강에 대해 분석하고 심리방역의 역할을 설명했으며 코로나19 이후 심리 영역의 치유 방안을 제안했다. 4부 '문화와 교육'에서 김규원은 국내외 문화예술계의 코로나19 피해와 대응을 진단하고 문화예술의 변화를 전망했다. 김소임은 질병과 감염병 관련 문학 읽기를 통해서 코로나 팬데믹을 성찰했다. 이혜주는 포스트 코로나 시대의 중요한 '공감 있는 디자인 싱킹'을 소개하고 코로나19의 극복과 삶의 질적인 혁신 방안을 제시했다. 홍미화는 포스트 코로나 교육에서 핵심 사항인 학교와 교사의 재발견을 위한 전반적인 방안을 제안했다.

5부 '사회와 환경'에서 김명중은 코로나19로 바뀐 일상과 미디어 소비 행태에 대해 진단했다. 지재식과 심선영은 코로나 팬데믹과 함께 부각되는 국내외 온라인 투표 실태를 분석하고 포스트 코로나 시대 온라인 투표 시스템의 특성과 향후 K-온라인 투표 모델의 과제를 전망했다. 서진석과 이상훈은 코로나19로 인한 치안제도의 변화 양상을 고찰하고 포스트 코로나 뉴노멀 치안 활동을 전망했다. 고문현은 코로나19 이후 환경 문제가 부각되면서 헌법 개정과 환경 관련 법제의 강화 방안을 제안했다. 6부 '경제와 IT'에서 김성엽은 코로나 팬데믹으로 인한 디지털 금융의 급성장과 양적 완화에 대해 진단하고 포스트 코로나 금융을 전망했다. 김수욱은 포스트 코로나 시대에 통신, 미디어, 엔터테인먼트, 반도체, 자동차, 유통, 항공, 호텔, 정유, 석유화학, 철강, 조선해운 산업을 전망했다. 문형남은 포스트 코로나 시대 IT 분야의 뉴노멀과 5대 유망 기술을 전망했다.

7부 '외교와 남북'에서 김연규는 포스트 코로나 국제 통화와 자원 확보 등을 중심으로 한 미중 패권경쟁을 전망하고 한국의 대응 방안을 제안했다. 김흥광은 북한의 코로나19 확산과 대응, 그리고 영향을 종합적으로 진단하고 포스트 코로나 북한의 변화와 남북관계를 전망했다. 8부 '가족과 집'에서 함인희는 코로나19가 바꾼 혼례와 장례문화 등을 진단하고 포스트 코로나 시대 새로운 노후 공동체 모델 부상과 가족격차 사회의 등장을 전망했다. 두주연은 설문조사를 근거로 코로나 팬데믹 이후 도래할 '집의 시대'에 집이 개인화된 라이프스타일로 진화될 것이라고 전망했다. 김우진은 최근의 사회 양극화를 진단하고 포스트 코로나 시대 주택시장을 전망하며 해결해야 할 과제를 제안했다. 마지막으로 이영한은 코로나19로 인해 악화된 주택난을 종합적으로 진단하고 지속가능발전 주택정책을 제안했다.

코로나19가 발생한 지 만 1년이 다가오고 있다. 아직도 최선에서부터 최악까지 여러 시나리오가 나오고 있고 그 간극은 매우 크다. 난생처음 겪는 팬데믹 앞에 그 끝을 알 수 없는 카오스적 상황에서 포스트 코로나를 이야기한다는 것은 앞서가는 이야기일 수 있다. 코로나19가 지나가기를 고대하며 멍석이라도 깔아놓아야 하는 심정으로 출간한다. 코로나19는 인류를 통째로 실험실 시험대 위에 올려놓았다. 코로나19로 인해 인류의 고질적 병증, 은폐된 탐욕증, 정신병적인 분열증 등이 고스란히 스캔되고 있다. 과연 인류가 이 상흔들을 치유하고 더 나은 세계로 나아갈 수 있을지 코로나19는 주시하고 있다. 이 책은 인류가 위기를 이겨내왔으며, 이겨낼 수 있다는 작은 응답이라고 할 수 있다. 『신곡』에서 단테가 지옥계에서 분열자, 도둑, 탐욕자, 탐관오리, 배신자들의 처참한 군상을 보고 기절하고 절규했다가 연옥계에서 참회의 눈물을 흘리고 나서야 천상계로 갈 수 있었듯이, 코로나 팬데믹이 그런 변곡점이기를 소망한다. 또한 이 책이 상처받고 있는 우리 국민에게 코로나19 이후 작은 길잡이 역할을 할 수 있기를 기대한다.

2020년 10월

집필위원장 이영한 (서울과학기술대학교 건축학부 교수, 지속가능과학회 회장)
집 필 위 원 문형남 (숙명여자대학교 경영전문대학원 교수, 지속가능과학회 공동회장)
　　　　　　이혜주 (중앙대학교 예술대학 명예교수, 지속가능과학회 공동회장)
　　　　　　강은정 (순천향대학교 보건행정경영학과 교수)
　　　　　　김소임 (건국대학교 글로벌캠퍼스 영어문화학전공 교수)
　　　　　　김연규 (한양대학교 국제학부 교수)
　　　　　　서진석 (중부대학교 경찰경호학부 교수)

1부 총론

POST COVID-19

KOREA

포스트 코로나 지속가능발전, 상생과 환경화

이영한 (서울과학기술대학교 건축학부 교수, 지속가능과학회 회장)

1. 코로나 팬데믹, 또 하나의 세계 전쟁

1) 코로나19 2020년, 2021년, 그 이후

코로나 팬데믹은 현대사에서 또 하나의 세계 전쟁으로 기록될 수 있다. 20세기 전반기에 발발한 제1, 2차 세계대전과는 다른 감염병 세계 전쟁으로 명명될 수 있다. 2020년 3월 11일 세계보건기구의 코로나 팬데믹 선언은 코로나 세계 전쟁 발발의 공식적 선언이었다. 코로나와 전투는 한대, 온대, 열대 지역을 가리지 않고, 선진국, 개도국, 후진국을 마다하지 않고 무차별적으로 전 지구상에서 벌어졌다. 코로나는 글로벌 도시를 전진기지로 삼아서 그 주변 지역으로 숙주인 사람을 따라서 빠르게 확산하고 있다. 사람들은 코로나의 먹잇감이다. 사람들은 코로나의 공격에 일방적으로 당하고 있는 국면이다. 사람들은 코로나를 잘 알지 못한다. 코로나는 사람들을 너무 잘 알고 있으니, 코로나는 지피지기 백전불태(知彼知己百戰不殆)이다. 적을 모르는 사람들이 할 수 있는 것은 숙주가 된 사람을 피하거나 적들이 요새를 굳건히 구축한 지역을 탈출하는 것뿐이었다. 사람들은 사회적 거리 두기, 셧다운(폐쇄), 록다운(봉쇄)으로 스스로를 방어했다. 국가 방역이 국가 안보가 되었다. 국경이 봉쇄되었고, 공항에서는 검색대가 강화되었다.

중국 우한에서 코로나 발생이 공식화된 2019년 12월부터 8개월이 지난 2020년 8월 기준 코로나 백신은 아직 개발되지 못한 상황이다. 여러 나라에서 백신들이 개발되고 있는데, 일부 전문가들은, 잘 된다면, 2020년 말이나 2021년 초에 백신이 상용화될 수 있다고 한다. 아마도 2020년은 코로나 확산세가 계속될 것 같다. 백신 투여가 시작될 수 있는 2020년 말까지 코로나 확진자 수는 계속 증가할 것이다. 2021년 초나 되어야 밀리고 미는 감염 공방전이 시작될 것으로 보인다. 2021년 말이 되면, 바람일 수 있지만, 주요국에서는 다수 사람들에게 백신을 투여하여 코로나가 진정 국면에 들어서지 않을까 관측해본다. 하지만 일부 전문가들은 미래를 부정적으로, 또는 아주 절망적으로 전망하기도 한다.

2) 코로나19 전선에서 한국의 리질리언스

코로나19는 리트머스 시험지 같아서 그동안 감추어졌던 의료계를 비롯한 전반적인 사회 시스템의 민낯을 그대로 드러냈다. 예상들은 빗나갔다. 한국, 일본, 싱가포르, 대만 등 동아시아 국가들은 선전하고 있으나, 이탈리아, 프랑스, 영국 등 유럽의 주요 국가들은 악전고투하고 있다. 공공 의료 선진국이라고 평가된 유럽 국가들의 의료시스템은 허약했으며, 세계 최고 수준의 민간 의료 국가인 미국도 고가의 치료비 등으로 대처 능력이 취약했다. 중국은 코로나 발생을 은폐하는 등 초기 대응에 실패했으나, 사회주의적 시스템으로 전면전을 벌여 승기를 잡았다. 대만은 초기부터 국경을 폐쇄하는 등 적극적 방어 전략으로 안전하게 국토를 지켜냈다.

한국은 초기에 확진자 급증과 함께 혼선이 있었으나, 국가 역량을 집중해 국제적으로 방역 모범국가로 평가받았다. 세계 최고의 의료 보험 체계, 전문가 중심의 효율적이고 투명한 방역 시스템, 마스크 및 테스트 키트의 적시 공급, 의료인들의 헌신 등 민간 의료 역량과 공공 의료시스템, 관민의 총력전으로 코로나 확산을 진정시킬 수 있었다. 여기에 역사적으로 많은 고난과 역경을 이겨온 유전인자와 한국전쟁과 남북 대치상황에서 위기에 대한 내성과 사스, 메르스, 조류독감 등 최근에 감염병을 겪으면서 갖추어진 시스템 운영 경험, 정보 통신 기술에 기반을 둔 대중 사회의 적응력 등이 힘을 보탰다. 이런 선전은 우리 사회가 가지고 있는 리질리언스(회복탄력성)에 기인한다고 본다.

코로나 전쟁에서 국가적 리더십의 진위가 여실히 드러났다. 명장과 패장이 명확하게 나뉘었다. 독일 메르켈 총리는 2020년 3월 18일 코로나 팬데믹을 제2차 세계대전 이후 최대 위기로 규정하고 솔직하고 담담하게 인터뷰하여 세계인들에게 감동을 주었다. 사태를 은폐하거나 악화시킨 미국의 트럼프 대통령, 일본의 아베 수상, 중국의 시진핑 주석은 그다지 성공적이지 못했다. 우리가 기억해야 할 의인이 있다. 중국 우한중심병원 안과의사 리원량(李文亮, Li Wenliang)이다. 2019년 12월 30일에 SNS 단체 대화방에 일명 우한 폐렴의 존재를 세상에 처음 알렸다. 랴오닝성에서 만주족의 가정에서 태어난 리원량은 코로나로 사망하기 전에 병상에서 "만약 중국 관리들이 전염병에 대해 좀 더 일찍 정보를 공개했더라면 상황은 훨씬 더 나았을 것이다. 더 공개적이어야 하고 투명해야만 한다"라고 했다고 한다.

2. 지속가능발전으로 코로나 팬데믹 보기

1) 코로나 팬데믹은 인류의 지속가능발전에 심대한 도전

코로나 팬데믹은 인류의 지속가능발전에 심대한 위기이며 동시에 인류 문명에 새로운 도전이다. 미국의 빌 게이츠는 "글로벌 감염병이 핵폭탄이나 기후변화보다도 훨씬 더 인류에게 위험한 재앙을 가져다 줄 것이다"라고 말했다. 가장 큰 피해는 인명 피해이다. 역사상 수천만 명의 사상자를 낸 감염병 팬데믹이 있었으며, 제2차 세계대전에 군인과 민간인을 합해서 약 5천만 명이 사망했다. 2020년 8월 30일 기준, 공식적인 세계 코로나 확진자는 25,202천 명, 사망자는 846천 명이다. 실제 피해자 수는 공식적 피해자 수의 5배 이상이 된다는 주장들도 있다. 역사상 또 하나의 대재앙이 될 수 있다. 코로나가 진정될 때까지 얼마나 많은 인명 피해가 발생할지 아무도 알 수 없다.

코로나 팬데믹은 경제, 사회, 환경, 문화, 과학 등 모든 분야에서 지속가능발전의 심대한 위기이며 동시에 과거 일상에 대한 성찰의 기회를 제공하고 있다. 면대면 접촉이 최소화되고 비면대면 접촉이 일상화되었다. 원격 근무, 원격 교육, 온라인 쇼핑, 온라인 회의, 화상 채팅 등 비접촉(언택트)이 하나의 생활이 되었다.

경제적으로는 경제 활력이 급격히 추락하고 있으며, 빚으로 간신히 버텨내고 있다. 미증유의 경제 위기상황에서 실물 경기 저하로 실업자는 급증하고 임금은 낮아지고 있다. 재정 투자의 확대로 인해 재정 건전성이 악화되고 있다. 급격한 양적완화로 인해 금융 산업의 부실 가능성이 높아지고 있다. 또한 개인 부채가 급증하고 있다. 사회적으로는 형평성이 악화되고 있고, 공동체가 무너지고 있다. 부익부 빈익빈의 소득 양극화가 가속되고 광장 정치가 실종되었다. 동시에 재택 근무, 원격 교육으로 주택에서 거주하는 시간이 많아

짐에 따라서 가족애가 복원되는 계기가 되기도 한다. 문화적으로는 사람 만나기를 두려워하면서도 사람을 그리워하는 현상이 있다. 심리적으로 미래에 대한 불안감이 높아지고 있다. 환경적으로는 사무실, 가게 그리고 공장 가동률 저하와 항공기 등 교통수단 운행률 저하 등으로 저에너지 소비 사회가 되었고, 공기 오염원의 배출량이 눈에 띄게 낮아졌다. 미세먼지 등 기후 환경은 많이 개선되었다. 또한 환경과 생태에 대한 인식이 새로워지고 있다.

2) 한국형 지속가능발전 5원 구조로 보기

코로나 팬데믹과 지속가능발전을 어떤 틀로 보는 것이 좋을까? 지속가능발전은 모든 분야에서 우선적으로 고려해야 할 기초 개념이자 새로운 세계 규범이다. 지속가능발전 프로그램은 유엔을 중심으로 지구촌의 국가와 사회 단체, 기업들이 참여하여 기획·추진되고 있다. 유엔 세계환경개발위원회는 지속가능발전을 "후세대가 그들의 필요를 충족시킬 수 있도록 하는 능력을 저해하지 않으면서도 현세대의 필요성을 충족시키는 발전"이라고 정의했다(세계환경발전위원회, 2005: 39). 1996년, 유엔 지속가능발전위원회는 사회적, 경제적, 환경적 영역의 3기둥(the three pillars)을 지속가능발전의 틀로 제시했다. 2002년 "인간, 지구, 번영"을 주제로 지속가능발전 세계정상회의가 열렸다.

필자는 "지속가능발전이 그 실천력을 높이고 양극단의 정쟁의 도구가 아니라 포용적 화합의 길이 되기 위해서는 경제, 사회, 환경과 함께 문화와 과학기술을 포함할 필요가 있다고 생각한다. 경제, 사회, 환경의 3원 구조에서 경제, 사회, 환경, 문화, 과학기술의 5원 구조로 진화를 모색할 필요가 있다"고 하고 한국형 지속가능발전 5원 구조를 제시한 바 있다(이영한 외, 2015: 36~38). 인류의 지속가능발전을 위기로 몰아넣은 코로나 팬데믹을 진단하고 포스트 코로나 지속가능발전 사회를 모색할 때에 이 5원 구조 틀은 유용하다 할 수 있다.

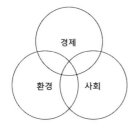

〈그림 1-1〉 지속가능발전 3원도,
유엔 지속가능발전위원회

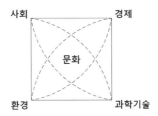

〈그림 1-2〉 한국형 지속가능발전 5원도

3. 코로나 팬데믹으로 인해 나타난 현상들: 4D(Distance, Dwelling, Digital, Differential)

코로나로 인한 사회적 거리 두기는 시간적으로나 공간적으로 과거와의 단절이었다. 어제의 도시 공간과 삶으로부터의 단절되어, 사람들은 이 카오스 상황에 우선 적응해야 했다. 그리고 나서 과거를 보며 반성과 성찰의 기회를 갖게 되었다. 그동안 무심하게 지냈던 가족의 삶을 보고, 친지들에게 전화를 하며 챙기기도 했다. 그리고 그렇게 믿어오던 산업화, 자유시장경제, 세계화, 도시화의 거대 제국의 영광이 하루아침에 빛을 잃는 경험을 했다. 제1의 경제 대국인 미국에서 마스크가 없어 허둥거리고 화장지를 사기 위해서 줄을 서야 했다. 이 적응과 성찰에서 나타나는 현상들을 고찰하고자 한다. 이 현상들이 새로운 일상(뉴노멀)이 될지 아니면 일정 기간 동안의 신기루일 뿐일지는 아직 알 수 없다.

코로나 팬데믹으로 나타난 현상들을 압축적으로 정리할 수 있는 키워드는 무엇일까? 거리(Distance), 거주지(Dwelling), 디지털(Digital), 격차(Differential)라고 할 수 있다. 사회적 거리(Distance) 두기로 인해 사람들이 거주지(Dwelling)에서 지내면서 디지털(Digital) 서비스로 사회적, 경제적 활동을 이어갔다.

또한 극심한 경기침체와 폐업과 실업 등으로 인해 빈익빈 부익부 격차(Differential)는 더욱 심화되었다.

〈그림 1-3〉 코로나 팬데믹 4D

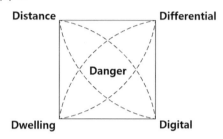

○ 거리(Distance)

코로나 방역은 사회적 거리 두기와 함께 시작되었다. 백신이나 치료제가 없는 상태에서 먼저 취할 수 있는 대응 조치는 전통적으로 해오던 방식인 격리 조치였다. 누구나 서로 2m 이상 거리를 두는 사회적 거리를 유지하도록 하는 것이었다. 갑자기 등장한 사회적 거리 두기는 족쇄가 되어 그동안 누려왔던 자유로운 생활을 구속했다. 조치는 나라에 따라서 권고 사항으로 자율적으로 선택하도록 하기도 하고, 법적 조치로 강제로 시행되기도 했다.

'사회적 거리'라는 용어는 많은 사람들에게 생소한 것이었다. 이 용어는 문화 인류학자인 에드워드 홀(Edward T. Hall)의 저서 『The Hidden Dimension』에 나온다. 그는 각 개인들의 친소 관계와 그들의 물리적 거리는 서로 관련되어 있다고 보고 4단계로 나누었다. 친밀한 거리(intimate distance, 1~46cm), 개인적 거리(personal distance, 46~122cm), 사회적 거리(social distance, 1.2~3.7m), 공적 거리(public distance, 3.7m 이상)로 구분했다. 여기서 사회적 거리는 낯선 사람들 사이에 적정한 거리로 짧게는 1.2~2.1m, 넓게는 2.1~3.7m라고 했다. 코로나 대응 조치인 사회적 거리는, 피차가 코로나에 감염되었을 가능성이 있기 때문에, 개인들의 친소 관계와 관계없이 누구나 상대를 낯선 사람으로 인정하고 거리를 두라는 것이었다. 불특정 대중이 이용하는 다중이용시설(多衆利用施設)[1]이 폐쇄되었으며, 동시에 개인적 공간(personal space)에 대한 중요성이 부각되었다. 원래 사회적 거리는 코로나에 대응하기 위하여 의학적인 검증을 거쳐 제시된 거리라기보다는 사회 인류학 분야에서 제시된 것이다. 과연 사회적 거리를 두면 방역이 되는지 여부에 대해서 과학적으로 밝혀졌다는 언론 보도는 아직 없다. 코로나19 총의 사정거리도 모르고 싸우고 있는 상황이다.

사회적 거리 두기로 인해 사람의 만남이 제한받게 되면서, 건물 간, 도시 간, 지역 간, 국가 간 거리 두기 등이 시행되었다. 건물이 셧다운되고, 도시나 지역, 국경이 록다운된다. 개인별 격리를 위하여 이전에는 경험해보지 못한 강력한 조치들이 시행된다. 특히, 국가들 간의 봉쇄조치가 빈발하면서 외교, 무역, 관광 등 여러 분야에서 지금까지 이어져 온 세계화에 대한 의문이 일어나게 되고, 국가 우선주의적 외침이 커지고 있다.

○ 거주지(Dwelling)

코로나 팬데믹으로부터 피할 곳은 주택뿐이었다. 주택은 치명적인 병원균의 침투를 차단하는 보호막이면서 생명을 지켜주는 울타리가 되었다. 하루 24시간 동안 온 가족이 모여 같이 살았다. 원래 집의 성격은 피난처(shelter)였다. 선사시대에 원시인들이 외부의 짐승, 외적, 병원균, 추위와 더위로부터 피하기 위하여 발명해낸 것이 바로 주택이었다. 선사시대 최고의 발명품은 집

---

1 다중이용시설은 많은 사람이 출입하고 이용하는 시설로 지하역사, 지하도 상가, 여객 자동차 터미널, 공항시설, 항만시설, 도서관, 박물관 및 미술관, 의료기관, 철도역사, 보육시설, 대규모 점포, 장례식장, 목욕장, 산후조리원 등이 해당된다.

이었던 셈이다. 집의 발명 이후 개인 단위, 가족 단위, 친족 단위의 소비와 생산 활동은 모두 주택에서 이루어졌다. 서구 산업혁명을 겪으면서 새로운 기능들이 생기고 이를 수용할 수 있는 새로운 건물 유형들이 건립되었다. 공장, 사무실, 은행, 학교 등이 집단적으로 건립되고 이들 지역이 산업 도시나 상업 도시로 성장하게 된다. 가내수공업에서 공장제 생산방식으로 큰 변화가 발생했다. 근로자들은 낮에는 공장에서 일하고 저녁에는 집으로 퇴근하는 것이 그 당시 뉴노멀이었다. 주택은 생산과 소비의 공간으로부터 가족만의 휴식과 생리 공간이 되었다.

코로나 팬데믹으로 주택은 다시 3가지 기능을 요구받고 있다. 피난처, 생산처, 소비처로서의 기능이다. 외부로부터 격리될 수 있어야 하고, 일을 할 수 있어야 하고, 쇼핑도 하고 엔터테인먼트도 할 수 있어야 한다. 이제 주택은 삶의 기본적 공간이면서도 일터, 배움터, 매매처, 치료처, 휴식처, 유희의 공간 등 종합적 공간으로 역할을 담을 수 있어야 한다. 도시 계획적으로 도시 공간은 주거지역, 상업지역, 공업지역, 녹지지역으로 나뉜다. 코로나로 인해 주택의 역할이 크게 부각되면서 주거지역의 중요성이 부각되게 되었다. 전문가들 사이에 주거지역의 변화 전망에 대해서는 여러 이야기들이 있다. 전통적으로 도시의 중심 역할을 해오던 중심업무지구(CBD)가 약화되고 도시는 주거지역 중심으로 재편될 가능성이 있다는 견해도 있고, 현 상태 그대로 유지될 것이라는 견해도 있다. 아마도 기존의 CBD 기능은 크게 변동되지 않겠지만 주거지역의 기능은 변화되고 강화될 것으로 판단된다. 주택이 피난처, 생산처, 소비처로 기능하기 위해서는 주거지역에 대한 성격을 재정립할 필요가 있다. 주택 밀집 지역인 거주지(Dwelling)가 도시에서 가지는 새로운 역할과 비전을 모색할 때가 되었다.

○ 디지털(Digital)

50여 년 전에 지금과 같은 코로나 팬데믹을 당했다면 아마도 1918년 스페인 독감 팬데믹의 피해보다 훨씬 더 컸을 것이다. 다행히도 우리 사회는 디지털 미디어를 이용하여 면대면 접촉을 대신했다. 학생들은 집에서 EBS 온라인 클래스로 정규 교육을 대신했으며, 대학생들은 ZOOM을 통해서 수업했다. 직장인들은 온라인으로 미팅이나 업무 연락을 하면서 집에서 작업을 했다. 소매점을 가는 대신 쿠팡에서 주문하고 배송 서비스로 물건을 받았다. 음식 배달 서비스인 마켓컬리를 통해서 아침 일찍 주문 음식을 배달받았다. 이러한 것들은 코로나 이전에도 했던 것들이며, 코로나를 겪으면서 그 이용 빈도가 크게 높아졌다.

우리 사회는 디지털 변환(digital transformation) 중이다. 3차원 공간에서 면대면 만남의 활동 형태가 온라인상에서 비면대면의 활동 형태로 변환 중이다. 이러한 변환의 출발점은 1950년대부터 시작된 인터넷으로 거슬러 올라갈 수 있지만, 본격적인 큰 흐름으로 자리 잡은 것은 통칭 '4차 산업혁명'의 대두부터라고 볼 수 있다. 2010년 이후, 인공지능, 빅데이터, 블록체인, 사물인터넷 등의 기술이 급속도로 개발되면서 그 이전과는 다른 세계가 펼쳐지고 있다. 코로나 팬데믹은 4차 산업혁명의 가속 페달이다.

거대한 디지털의 힘은 18세기 산업혁명 이후 발명되고 성장해온 건조 환경(built environment)을 뒤로 밀어내려 할 것이다. 과학기술의 진보는 새로운 역사를 이끌어왔기 때문이다. 과연, 무차원인 디지털 세계가 우리 세계를 지배할까? 그렇지만은 않을 것 같다. 여전히 면대면 세계의 가치는 그 무엇으로도 대체할 수 없기 때문이다. 학생들은 학교에 가서 선생님으로부터 교육을 받을 것이고, 대학생들은 캠퍼스에서 동아리 활동, 토론회, 과학 실험 등을 할 것이다. 소매점도 단순한 상거래처가 아니라 상거래와 소비자의 힐링 욕구를 동시에 충족시켜주는 제3의 공간으로 진화할 것이다.

결국, 디지털의 비면대면 만남과 3차원 공간의 면대면 만남이 서로 어울려 조화를 이루는 세계가 되지 않을까? 디지털은 목적이 아닌 수단이기 때문이다. 인간의 만남은 때론 디지털 서비스를 통해서, 때론 3차원 공간에서 질감 있는 면대면 접촉을 통해 이루어질 것으로 판단한다. 이것이 우리 미래에 주어질 지속가능한 만남일 것이다.

○ 격차(Differential)

코로나 팬데믹으로 사회 전반에 걸쳐 격차가 심화되고 있다. 경기 절벽(economic cliff)으로 추락하면서 기업이나 개인의 생존권이 위협받고 있는 것이다. 사느냐 죽느냐의 절박한 상황에서 허약하면 죽고 강한 자만이 살아남는다는 약육강식의 경쟁 논리가 지배적이다. 한계 가구나 한계 기업이 늘어나고 실업과 폐업이 줄을 잇고 있다. 임시응변 조치로 부채로 메꾸고 있는 정도다. 한국은행은 기준 금리를 0%대로 인하했고, 금융기관들의 대출은 확대되었다. 정부는 연이은 추경을 통해서 재정 지출을 최대한 확대하고 있다.

사회 전반적으로 양극화가 확산되는 가운데 지속가능발전 측면에서 최근 가장 악화되고 있는 것은 주택자산의 양극화다. 2013년 이후 계속된 주택 공급 부족과 최근 풍부해진 유동성으로 인해 서울의 주택시장이 걷잡을 수 없을 만큼 극단적인 양극화로 치닫고 있다. 시장에서는 수요와 공급이 보이지 않는 손에 의하여 선하게 조정된다는 고전적 경제학 원리가 작동하기 어려운 상황이다. 한국에서는 주택 등 부동산 자산이 전체 자산 중에서 차지하는 비율이 80% 내외로 높아서, 주택자산의 양극화는 바로 자산의 양극화다. 자산의 양극화를 노동 소득으로 만회하기 힘들어졌다. 서울시의 아파트 중위 가격이 약 10억 원인 데 비해, 서울시 중위 가구의 연소득은 약 6,000만 원이다. 아파트를 사려면 20년 가구소득을 모두 모아야 한다.

자산의 양극화로 사회적 계층화가 일어나고 있다. 주택자산을 기준으로 말한다면, 다주택층, 1주택층, 무주택층의 계층화가 나타나고 있다. 우리나라는 1960년대 이후 공업 입국으로 제조업을 일으켜 중산층이 두텁게 형성되고 부유층과 빈곤층이 소수인 사회적으로 안정된 계층구조를 가지고 있었다. 그러나 최근 무주택가구층이 전국적으로 40%, 서울에서는 53%를 차지하고 있다. 빈곤층이 크게 확대되고 있는 것이다. 이 문제를 해결하기 위하여 나라가 해야 할 기본 의무는 무엇일까? 같이 모여 사는 사회가 추구해야 할 가치는 무엇일까? 기존의 누습들은 일단 내려놓고 인간 존엄성과 미래 문명에 대한 성찰을 시작해야 한다.

4. 포스트 코로나 상생과 환경 전환

1) 성찰 그리고 삼층석탑 지속가능발전론

우리 조상은 '화(化)'를 중시한 힘써 나아가는 문화 민족이었다. 단군신화에 곰이 인간이 되었다(化). 조선의 궁궐 정문 이름인 광화문(光化門), 돈화문(敦化門), 홍화문(興化門)에도 '화(化)'가 들어 있다. 이는 "더 빛나게, 더 도탑게, 더 성하게"라는 뜻이다. 코로나로 인해 2020년은 현대사에서 또 하나의 변곡점이 될 것이다. 이때 코로나19를 거치면서 어떤 '화(化)'가 일어날까?

해방 후 75년의 기간은 다음과 같이 3기로 구분할 수 있다. 제1기라고 할 수 있는 해방 후 1960년까지 15년은 세계 냉전 체제에서 "대한민국은 민주 공화국이다"(대한민국 헌법 제1조)라는 새로운 국가의 틀을 세우고 기틀을 다진 건국(建國) 시기로 볼 수 있다. 한국전쟁을 겪었고, 호전적인 북한의 남침을 방위할 수 있는 군사력과 굳건한 한미동맹 체계를 구축했다. 제2기라고 할 수 있는 1960년부터 1980년대까지 약 30년은 공업 입국, 수출주도 성장을 모토로 세계적으로도 유례를 찾을 수 없는 고도 경제성장을 이룩한 산업화(産業化) 시기로 볼 수 있다. 현대국가로서의 물적 기반을 다졌으며, 개인 소득 증대와 함께 중산층이 두텁게 형성되었다. 제3기라고 할 수 있는 1990년대 이후 현재까지 약 30년은 민주시민 의식의 발전과 언론의 자유와 인권 신장으로 민주 사회의 기틀을 확고히 다진 민주화(民主化) 시기로 볼 수 있다. 대외적으로도 국가 역량이 한층 강화되었다. OECD 회원국이 되었으며, 중국과 소련 등 공산권과 정식 수교를 했다. 남북 화해와 협력을 위하여 다양한 방법으로 교류를 했다. 해방 후 75년은, 마치 우리 민족을 사랑하는 신의 섭리와 같이, 제1기 건국, 제2기 경제 개발, 제3기 민주 발전의 선순환이었다. 국가 기틀이 형성되었기에 경제 개발이 가능했고, 경제 개발이 되었기에 민주 발전을 이룩할 수 있었다. 건국이 뿌리라면, 경제 개발은 줄기요, 민주 발전은 꽃이라고 볼 수 있겠다.

코로나가 발생한 2020년 이후에 시대 이념은 무엇일까? 건국, 경제 개발, 민주 발전, 그다음 단계의 시대 이념은 무엇이어야 할까? 코로나로 인해 해방 이후 75년 빛과 그늘이 더욱더 극명하게 드러났다. 우리의 저력이 세상에 나타냈지만, 약자와 강자 사이에 서 있던 장벽은 더욱 높아지고 단단하게 고착되었다. 해방 후 쉼 없이 달려온 빛나는 성과에 가려진 상처들, 경쟁에서 밀려난 약자들, 투쟁에서 쓰러져 잊혀진 자들, 전쟁에서 패한 이들을 치유하고, 상생의 세상을 만드는 일이 포스트 코로나의 시대 이념이어야 한다. 이제는 동물 세계의 삶의 방식인 약육강식이나 다윈의 생물계 생존 틀인 적자생존을 뛰어넘어 상생을 모색할 때이다. 개인의 자율성을 인정하면서 서로 이익이 되는 '서로 사는 세상'을 꿈꾸어야 할 시점이다. 하나의 몸 안에서 서로 나누며 같이 사는 공생도 좋겠지만, 각자가 만든 울타리들이 서로 어울려 하나의 선순환적 생태계를 이루는 상생이 더 좋겠다. 시간적으로 과거와 현재, 미래가 서로 기대고, 사방팔방이 서로 메아리치는 시공간적 상생이 요구된다.

경제, 사회, 환경은 지속가능발전을 위한 3 지지대이다. 이 중 하나라도 허약하면 지속가능발전 사회가 될 수 없다. 제2기에서 고도로 경제 발전했고, 제3기에서 모범적으로 민주 발전을 했다. 이젠 환경이다. 예로부터 비단에 수를 놓은 산천[錦繡江山]과 푸르른 언덕의 국가[靑丘之國]로 칭송되었던 우리 국토는 산업화 과정에서 상처가 깊다. 이를 치유해야 한다. 기후변화에 대한 인식이 점점 보편화되고 있다. 코로나를 겪으면서 맑은 공기, 산 바람, 파란 하늘, 뭉게구름, 자연 생태계 등 자연환경의 중요성에 대해 자각하는 계기가 마련되었다. 미래 세대에게 물려줄 가장 중요한 유산이 바로 환경이라는 자각이 널리 퍼지고 있다. 미래 세대에게 지속가능발전의 세상을 물려주기 위해서는 환경 전환(environmental transformation), 즉 환경화(環境化)가 필요하다. 환경화는 산업화 과정에서 파괴된 것들을 치유하고 자연환경, 공동체, 자아 등을 회복하는 자연과 인간의 화해이다.

우리 문화를 대표하는 문화재에 삼층석탑이 있다. 이 탑은 기단부 위에 집 세 채를 3개 층으로 올렸다. 우리는 삼층 석탑을 쌓고 있는 중이다. 해방 이후 맨땅 위에 건국이라는 기단부를 만들었고, 경제 개발이라는 집을 1층에, 민주 발전이라는 집을 2층에 올렸다. 이제 3층을 올릴 차례이다. 상생과 환경화의 집을 3층에 올려야 한다. 기단부가 무너지면 다 무너지고, 1층이 무너지면 2층도 무너진다. 2층의 집이 온전하기 위해서는 기단부와 1층의 집이 제대로 있어야 한다. 2층이 없고 1층만 있다면 폐사찰의 탑이다. 1층에서 볼 때 기단부는 하찮게 보일 수 있으며, 2층에서 볼 때 1층은 낮게 보일 수 있다. 그러나 집을 짓는 것은 쉽지 않다. 땀과 눈물이 없이 지어진 집은 없다. 각각 시대 상황에서 열정과 역량 그리고 지혜의 총합으로 집을 지은 것이다. 대학생이 초등학생에게 미적분을 못 푼다고 비난할 수 없다. 과거가 있기 때문에 현재가 있다. 미래의 존재 이유는 과거를 부정하기 위함이 아니라 과거의 부족함을 메우기 위함이다. 이것이 자연 만물의 이치이다. 통칭하여 건국 세력, 산업화 세력, 민주화 세력 그리고 미래 세대인 상생과 환경화 세력이 서로 안녕의 인사를 할 수 있을 때, 지속가능발전의 시대가 도래하고 또 세계 평화에 공헌할 수 있는 우리가 될 것이다. 해방 이후 우리 시간은 연속적 발전이다.

〈그림 1-4〉 한국 현대의 지속가능발전 모델

2) 상생의 시대, 4C를 넘어서 4P로

포스트 코로나 세상은 그 이전과 어떻게 달라질까? 산업혁명 이후 성장한 자본주의 사회를 키워드 4C(Capital, Citizen, City, Competitive)로 정리할 수 있다. 자본(Capital)을 기본으로 하여, 자본가인 시민 계급(Citizen) 중심 사회, 경쟁(Competitive)을 원리로 하는 자유시장경제, 자본주의가 만들어낸 공간적 성과물인 상업 도시(City)가 4C이며, 물적 성장(Growth)이 자본주의의 성격이었다. 코로나 이전부터 문제시되었던 4C의 부정적인 면들이 코로나 팬데믹을 겪으면서 더욱 악화되었다. 수요와 공급의 자유 경쟁 시스템이 위협을 받고 있고, 도시는 마비되었다. 실업자들이 넘쳐나는 세상이 되면서 자본에서 노동의 가치가 추락했다. 도시민들의 양극화가 심화되고 도시 공동체가 무너지고 있다.

포스트 코로나에는 4C의 강점은 살리고 약점을 뜯어고치는 경장(更張)이 요구된다. 우리는 누구이고, 왜 이 땅에서 함께 사는지를 묵상해야 한다. 우리 민족은 먼 옛날부터 '홍익인간(弘益人間)'을 국가 이념으로 했다. 이미 4천 년 전 이전에 우리 선조들은 사람들에게 널리 이익이 되는 사회를 꿈꾸었다. 구한말에 천도교는 '사람은 곧 하늘이다'라는 인내천(人乃天)을 설파했고 이 세상에 실천하고자 했다. 하늘인 사람들에게 널리 이익이 되는 공간, 사람들의 사회를 이룩하고자 했다. 코로나는 사람, 가족, 생명 등을 다시 찾게 했다. 상생과 환경화 시대에 구심점은 사람들(People)이고 우리의 희망인 미래 세대(next generation)를 배려해야 한다.

지속가능발전하는 포스트 코로나 시대를 만들기 위하여 환경적, 사회적, 경제적으로 무엇을 해야 할까? 공원(Park), 평화(Peace), 번영(Prosperity)이 매우 중요하며, 이것들이 포스트 코로나 시대에 지속가능발전을 담보할 수 있다. 건강하고 개방적인 공원, 격차와 갈등을 넘어서 평화, 공동 번영의 시공간적 상생(harmony)을 만들어야 할 것이다. 사람들(People), 공원(Park), 평화(Peace), 번영(Prosperity) 4P가 포스트 코로나 시대 키워드라고 생각한다. 포스트 코로나 시대에 성장시대의 4C를 버리는 것이 아니라 4C 위에 4P를 놓는 것이다.

〈그림 1-5〉 성장 시대의 4C   〈그림 1-6〉 상생 시대의 4P

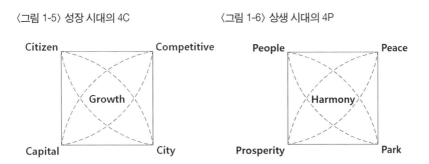

3) 번영, 공원, 민권, 민생, 평화

○ 번영(Prosperity)

지속가능한 번영으로 들어가는 문의 열쇠는 자유와 공정이다. 자유는 번영의 씨앗이다. 자유는 고난했던 한국 근대사에서 쟁취해야 할 최고의 목표였으며, 해방 이후 대한민국의 최고 이념이다. 일제로부터 해방은 바로 한민족의 자유 회복이었다. 정부 수립 이후, 자유 민주정과 자유시장경제는 국가를 지키는 양대 기둥이었으며, 성장 동력원이었다. 사람들은 허허벌판의 황무지에서 유를 만들어내고자 자유 의지에 따라 열정을 불태웠고, 창의적이고 역동적인 나라를 만들어왔다.

코로나로 인해 공공의 역할이 부각되면서 국가의 관여가 커지고 있다. 자유를 지키는 일이 앞으로 과제가 될 수 있다. 자유의 구속은 바로 압제이며 폭력이다. 회피할 수 없고 대적해야 할 악이다. 전체주의 체제는 단기간에는 효력이 있을 수 있으나, 권력의 집중으로 타락하게 되어 결국은 불행의 나락으로 떨어진다. 역사가 증명하듯이 결국은 사회를 파탄낸다. 자유주의 체제는 말이 많고 다양한 의견이 개진되므로 비효율적으로 보일 수도 있으나, 서로 견제를 통해 결함을 보완하는 미덕이 있다. 안정된 발전을 이룰 수 있으며, 그 성과를 함께 나눌 수 있다. 광복 75년이 지난 시점에서도, 자유 민주정과 자유시장경제는 여전히 유효하다. 약점이 발생하면 그 체제 내에는 보완하거나 변혁할 수 있는 힘과 여유가 있기 때문이다.

○ 공원(Park)

코로나 팬데믹으로 인해 가장 큰 타격을 입은 것은 도시 문명이다. 도시의 일상적인 삶은 마비가 되고 도시의 주요 공간들은 봉쇄되었다. 도시가 코로나의 온상이 되었으며, 대부분의 세계 대도시들이 코로나 팬데믹의 거점이 되었다. 우한, 뉴욕 등 죽음의 도시들이 나타났고 집단적으로 도시 탈출이 발생했다. 포스트 코로나 도시는 분산할 것이냐 아니면 집중할 것이냐에 대한 논의들이 있다. 디지털 전환으로 인해 공간의 필요가 낮아지고 있다. 고밀집 고비용의 도시에서 거주할 필요가 감소됨에 따라 도시 인구의 교외화가 하나의 트렌드로 자리 잡을 것이라는 전망이 있다. 이와 반대로 면대면 만남은 다시 회복됨에 따라 도시의 가치는 여전히 유지될 것이라는 전망도 있다. 도시 역사적으로 볼 때 감염병 팬데믹의 주요 거점이었던 아테네, 파리, 런던 등 주요 도시들이 지금도 여전히 건재한다. 감염 도시는 시간이 지나면서 이전의 번영을 회복했다. 만남과 집중화를 기본 가치로 하는 도시는 앞으로도 건재할 것이다. 코로나가 진정되면 도시의 활력이 다시 살아나고, 도시의 집중화된 삶은 지속될 것이다.

포스트 코로나 도시는 그 이전과는 다른 양상을 보여주리라 전망된다. 디지털 전환으로 도시 공간은 큰 변혁에 직면하게 될 것이다. 우선 도시 내에 공간 수요가 축소될 것이다. 공실과 빈집이 양산될 것이다. 도시의 주요 기능인 상업, 주거, 공업, 녹지 중에서 상업 기능과 공업 기능은 축소될 것이며, 주거 기능과 녹지 기능은 확대될 것이다. 전자 상거래, 원격 업무나 원격 학습의 증가로 인해 백화점, 대형 마트, 소매 상가, 은행, 학원, 사무실 등의 공실이 대규모로 생겨날 것이다. 농촌 마을에 널려 있는 빈집과 같이, 공실들이 곳곳에서 넓게 나타날 것이다. 이를 어떻게 처리하느냐가 커다란 사회적 문제로 등장할 것이다. 또한 도로의 교통량도 줄어들 수 있다. 재택 근무, 원격 교육의 확대로 집에서 많은 시간을 보내기 때문에 출퇴근이나 등하교 빈도가 적어져서 도로 교통량의 축소될 것이다. 주거지 중심의 삶은 확대될 것으로 전망되며, 주택에 대한 수요는 축소되지 않고 더 늘어날 것으로 전망된다. 그리고 주거지역에 문화, 휴식 기능이 강화되고, 거주지의 자족적 기능화가 촉진될 것이다.

디지털 전환과 함께 환경 전환을 동시에 양립하여 생각할 시점이다. 차량 도시로부터 공원 도시로 전환할 시점이다. 코로나 발생 이후 자전거 이용자 수가 증가했다고 한다. 걷기 좋은 도시가 좋은 도시다. 이미 공원 아파트들이 등장했다. 예전과는 다르게 최근 건립된 아파트들은 주차 공간을 지하층에 두고 지상에는 녹지를 조성하여 공원과 같은 환경을 조성한다. 디지털 전환으로 인해 생긴 공실이나 여분의 도로 용량 공간을 환경적 처방으로 접근할 필요가 있다. 공실을 리모델링하여 공원 건물을 조성하는 것이 그 방안이다. 공원 건물이란 일반에 공개되기도 하고 이웃들과 만날 수도 있는 공유 공간, 휴식과 사색을 할 수 있는 힐링 공간, 녹지와 생태가 살아 있는 건강 공간이 있는 생명의 건물이다. 도시 구조를 차량 도로 중심으로부터 녹도 중심으로 전환해야 한다. 도로 차선 하나를 줄여 보행용과 자전거용 거리로 만드는 것을 검토해야 한다. 프랑스 파리시는 이미 2014년부터 일정 지역에 차량 속도를 30km로 제한하고, 차선 하나를 자전거 도로로 바꾸었다. 도심 철도 노선을 지중화하고 그 상부에 공원을 조성하여 도시 녹지 네트워크를 강화할 필요가 있다. 서울시의 경우, 이미 성공 사례가 있다. 2004년 5월에 차도를 잔디로 바꾼 서울시청 앞 서울광장(13,207m^2)이 있고, 2005년 10월에 복원된 청계천(5.8km)이 있다. 그 이후에는 눈에 띄는 도심 공원화 사업이 없는 실정이다.

○ 민권(People's Rights)

그리스 시대의 최고 정치가인 페리클레스는 전몰자 장례식 추모 연설에서 "소수자가 아니라 다수자의 이익을 위해 나라가 통치되기에 우리 정체를 민주정치라고 부릅니다"(투키디데스, 167~176)라고 했다. 과연, 우리나라가 소수자의 이익이 아니라 다수자의 이익을 위한 진정한 민주정인지를 생각해볼 필요가 있다. 역사에서는 다양한 이익 나누기 공식이 있어왔으나, 최종 답안들을 보면 소수의 이익이 다수의 이익을 우선하는 것이 다반사였다. 소수가 만든 공식은 결국 소수의 창고를 위한 문 열쇠였다. 공식을 누가 만드느냐가 중요하다. 링컨은 국민에 의한 국가를 민주국가의 3대 요건 중 하나로 선언했다. "by the people"은 "of the people", "for the people"보다 더 확실한 민주정의 요체이다. "국민을 위한다", "국민의 국가다"라는 화려한 언사가 말로 끝나는 경우가 허다했기 때문이다.

국민(民)에는 중(衆)과 중(中)의 개념이 있다. 국민은 소수에 의해서 쉽게 조정된다고도 한다. 단기적으로는 포퓰리즘에 의해서 오인될 수 있지만, 장기적으로 보면 다시 제자리로 돌아오는 것이 민심이다. 포퓰리즘의 결과는 거짓이나 허망으로 끝나는 경우가 많기 때문이다. 국민은 백성(百姓)이면서 만민(萬民)이다. 모든 사람들이다. 모든 사람들을 위하는 것은 치우치지 않는 것이며, 그래서 바른 것이다. 바른 것은 이 세상에 따로 있는 것이 아니라 바로 널리 이로움(弘益)이다. 소수를 위하는 것은 치우치는 것이며 바르지 않다. 널리 이로움은 치우치지 않는 가운데 중(中)에 있다. 상극(相剋)까지도 포용하는 중(中), 이것이 국민의 본성이다.

근대 정치에서 시민들은 소수 지배자들의 권력 독점을 견제하고자 삼권분립의 정치구조를 만들었다. 요즘 과연 입법권, 행정권, 사법권이 독립적으로 그 역할을 제대로 해내고 있는가? 인사를 보면, 대통령의 사법부, 검찰과 경찰의 인사 임명권으로 사법권의 독립성을 지킬 수 있는지 의문이다. 정당인이 지자체장이 될 경우, 행정과 입법이 분리될 수 있는지 의문이다. 삼권분립의 원래 취지를 되씹어볼 필요가 있다.

지속가능발전 정치를 위해서는 민권의 확대가 필요하다. 직접 민주권을 강화하여 삼권을 견제해야 한다. 국민의 입법 발의권, 소환권, 정책 심의권 등의 도입을 검토할 시점이다. 온라인 투표 방식이 점점 발달하여 투표에 대한 접근성이 훨씬 높아지고 있어, 직접 민주정의 가능성을 높이고 있다.

○ 민생(People's Livelihoods)

코로나로 민생 관련 경제에서 우려되는 것 중 하나는 주택시장의 난맥상이다. 경제의 어원은 동양에서는 '경세제민(經世濟民)'으로 '세상을 경영하여 백성을 구제한다'는 뜻이다. 서양에서 'economy'는 '가정'을 뜻하는 그리스어 'oikos'에서 나왔다. 동서양의 어원에 따르면, 경제는 가정과 밀접한 관계가 있고 백성을 구제하는 것으로서, 그만큼 민생 경제가 중요하다는 뜻일 것이다. 민생 경제에는 의식주와 교육, 의료 등이 포함된다. 이 의식주교의(衣食住敎醫)는 사람들의 생존을 위한 기본 요소이다.

우리나라는 해방 이후 이 기본 요소들이 안정적으로 공급될 수 있도록 법과 제도를 정비해오고 있다. 1950년 3월에는 초등학교 의무교육제를 실시했다. 사립학교의 경우에도 등록금 규제를 하고 있다. 1969년에는 쌀값을 통제했다. 1977년에는 근로자 500인 이상 사업장을 대상으로 직장의료보험을 실시했고, 의료 수가제를 시행하고 있다. 자유시장경제 체제에서도 이들에 대해서 일정한 규제를 해오고 있다. 민간 부문의 가격을 통제하고, 가격 통제로 인한 민간의 손실을 보상하기 위하여 다양한 지원을 하고 있다. 의식교의(衣食敎醫)는 안정적 수요와 공급에 따라서 적정 가격을 유지하고 있다. 그러나 주택은 예외적 상황이다.

코로나로 주택시장은 패닉 상태이며 전쟁터다. 재산상 피해뿐만 아니라 거주성이 심각하게 타격을 입고 있다. 시장 구조를 수술하는 근본적인 대책이 필요하다. 우리나라는 민간 임대차 주택의 비중이 매우 높아, 임대차 시장의 안정성과 적정성 확보가 주거 문제의 핵심 의제이다. 생존의 기본 요소로서 주택의 안정적 공급을 뒷받침하기 위한 법과 제도가 필요하다. 주택을 자유시장경제 틀 속에 맡길 수도 없으며, 그렇다고 공공 주택의 비중을 유럽 복지국가 수준으로 크게 확대하는 것도 어려운 실정이다. 자유시장경제 체제와 주거기본권이 상생할 수 있는 방안이 지속가능발전이다. 1가구 1주택 시대를 열어야 한다. 무주택자들이 구매 가능한 주택(affordable housing)을 대량으로 주택시장에 공급할 수 있도록 여건을 조성해야 한다. 과거에는 반값 아파트 공급 정책도 있었다. 소득으로 감당할 수 있는 수준의 임차료 관리가 매우 중요하다.

○ 평화(Peace)

코로나 팬데믹으로 각 국가들은 방역 전쟁 중이다. 포스트 코로나가 되면 방역 전쟁은 종결되겠지만, 무역 문제, 군사 문제, 인종 문제 등 다양한 국가 간 분쟁이 확산될 수 있다. 코로나 팬데믹 와중에서 국제연합(UN), 세계보건기구(WHO) 등 국제기구들은 무용지물이었으며, 국가 간 공조 사례도 미미하다. 설상가상, 미국은 자국 우선주의를, 중국은 패권을 내세우며 국제적 리더십의 시험대에 올라 있다. 우리나라는 K-방역의 성공 실적이 있다. 개방적이면서도 인권을 지키면서 민주적인 시스템으로 방역에 성공한 세계의 몇 안 되는 나라 중 하나이다. 중국이 방역에 성공적이었다고 하지만 은폐적이면서도 사회주의적인 통제 시스템으로 일관했고, 인권을 침해했다. 우리는 평화적으로, 비폭력적으로 해내고 있다. 이런 성과는 국가주의가 득세할 포스트 코로나 시대에 전 세계적으로 귀한 전범(典範)이 될 것이다. 우리의 개방, 민주, 인권, 평화의 국가 이미지는 혼돈의 전 세계에 빛과 같은 선물일 것이다.

미중 패권 전쟁에서 한국의 입지는 매우 중요하고 그래서 더욱 첨예해지고 있다. 기존의 질서를 존중하여 친미, 친중 정책을 고수하면서도 양국과 적정 거리를 유지하는 전략이 필요하다. 고래싸움에 새우가 되지 말아야 하기 때문이다. 중국과 미국이 스마트시티라는 미래도시 기능을 두고 패권적 경쟁을 하고 있는 상황이다. 중국은 디지털 실크로드 정책의 일부로 스마트시티를 한국과 신남방 등 전 세계에 수출하고 있다. 정보 유통을 국가 안보 차원에서 빈틈없이 관리해야 한다.

코로나로 북한은 한계 국가가 된 것으로 보인다. 전 분야에서 치명타를 입고 낭떨어졌다. 포스트 코로나에는 자력갱생하기 어려운 체제가 될 것으로 보인다. 남북이 각각 70년 이상 별개의 국가 체제로, 상극의 이념과 프로그램으로 적대적 관계를 고착화해왔다. 비핵화를 위하여 미국과 유엔의 강력한 제제가 가동되고 있다. 1950년 전쟁 후 남북관계는 등락을 거듭하면서도 완만하게나마 우상향하고 있다. 막다른 골목에 서면, 기본으로 돌아가는 지혜가 필요하다. 철학자 노자는 좋은 하나가 둘을 낳고 둘은 셋을 낳고 셋은 만물을 낳는다(道生一 一生二 二生三 三生萬物고 했다(노자, 2014: 197). 큰 것보다는 작은 것부터, 어려운 것보다는 쉬운 것부터 시작하여, 점진적으로 발전하라는 것이다. 이것이 시행착오를 줄이는 것이기에 느린 것 같아도 결과적으로는 빠르다. 어찌하면 가장 큰 문제이고 가장 어려운 문제인 군사문제는 마지막 카드일 수 있다.

5. 4C, 4D, 4P와 우리 세대

코로나 팬데믹은 각 국가의 성쇠에 많은 영향을 미칠 것이다. 미국의 전 국무장관인 헨리 키신저가 코로나의 피해는 몇 세기에 걸쳐 나타날 수도 있다고 말한 것과 같이, 코로나의 피해가 극심했던 유럽 국가들과 미국은 코로나가 진정되더라도 정상을 회복하는 데 상당한 시간과 노력이 필요할 것이다. 사회, 경제, 문화, 환경 분야 회복에 천문학적 비용과 함께 긴 시간의 인내가 요구될 것이다. 동아시아권 국가들은 상대적으로 방역에 선방했다. 특히 한국은 방역에서 세계적으로 모범국가로서 평가되었다. 국경을 개방하면서도 민주적 시스템하에 방역에 성공했다. '2020 OECD 한국경제보고서'에 의하면 2020년 한국의 예상 경제성장률은 재확산이 없는 경우 -0.8%로 OECD 국가

중에 최상위권이다. 영국, 프랑스, 이탈리아, 스페인은 -11%로 전망되었다. 코로나 팬데믹 중이라 아직 속단할 수 없지만, 아직까지는 상대적으로 잘하고 있다. 종전 시점을 속단할 수 없는 긴 전쟁이기에 최악을 상정하고 대비할 필요가 있다.

포스트 코로나라고 해서 감염병 팬데믹이 끝나는 것은 아니다. 팬데믹은 또 올 것이다. 코로나 팬데믹이 진정되면 글로벌 차원에서 방역에 대한 평가가 있을 것이다. 아마도 저개발국의 코로나 피해는 처참할 것이다. 치명적인 패인은 국제적 공조가 없었다는 점일 것이다. 인류의 생존을 위하여 세계적 방역체계를 만들어야 한다는 논의가 시작되어야 할 것이다. WHO의 역량은 여러모로 미흡했다. 팬데믹을 미연에 방지하고, 만약 팬데믹 전쟁이 일어나면 실효적 대처 능력을 가진 새로운 국제 기관이나 조직이 필요할 것이다. 한국전쟁에 다국적군인 유엔군이 파견된 것과 같이, 팬데믹 전쟁이 발생하면 다국적 방역단이 저개발국 등에 파견되어 지원 활동을 펼쳐야 하지 않을까? 한국은 그 과정에서 주도적인 역할을 할 수 있을 것이며, K-방역체계는 세계 방역의 표준으로서 주목을 받을 수 있다.

비 온 후에 하늘이 맑고 땅이 단단해지듯이, 코로나19가 지나간 후 현세대와 다음 세대에게 평화와 번영의 시대가 오기를 기원하며, 우리가 해야 할 일은 무엇일까? 포스트 코로나는 우리에게 고난의 시간이지만 또한 기회의 공간이다. 해방 후 4C(Capital, Citizen, City, Competitive)로 고도 성장을 해오면서 지속가능발전에 대한 요구가 계속 커지고 있었다. 코로나 팬데믹은 4C의 한계를 극명하게 앞당겨 보여주었다. 이제 지속가능발전을 위해 4C의 과거로 복귀하는 데 그칠 것이 아니라 4C+4P 업그레이드를 추구해 나아가야 하지 않을까?

조선시대 이이는 경장(更張)을 주창했으나, 임진란이 일어났다. 실학자 박지원은 법고창신(法古創新)을 주창했으나, 결국 조선조는 패망했다. 해방 이후 75년이 지난 이제는 경장의 시대, 지금까지 지켜온 자유와 개방을 지키면서 평화, 공원, 번영, 민권의 시대를 열어야 하지 않을까? 우리 세대가 건국, 산업화, 민주화의 바탕 위에 환경화와 상생의 시대를 가꾸어 나아가야 하지 않을까?

감염병의 역사와 포스트 코로나

이규원 (서울대학교 의과대학 인문의학교실 연구원)

1. 들어가며

흔히 인류의 역사를 일컬어 전쟁의 역사라고 하지만, 전쟁보다 더 악랄하고 끈질기게 인류를 괴롭혀온 것이 바로 질병, 특히 감염병[1]이다. 오늘날 인

---

1 엄밀히는 병원체가 생물체 내에 침입하고 증식하여 일으키는 질병을 '감염병', 병원체가 생물체 간에 전파되어 옮기는 질병을 '전염병'이라고 한다. 인류사에서 크게 문제가 된 것은 전염성 감염병, 즉 전염병이었기 때문에, 한국과 일본 양국에서 오랫동안 '전염병'이라는 용어가 사용되었지만, 일본에서는 1999년 기존의 '전염병예방법', '성병예방법', '에이즈예방법'이 '감염증의 예방 및 감염증의 환자에 대한 의료에 관한 법률'로 통합되며 '감염증'이라는 용어로 대체되었고, 한국에서는 2010년 '전염병예방법'과 '기생충질환예방법'이 '감염병 예방 및 관리에 관한 법률'로 통합되며 주로 감염성 질환을 통칭할 때는 '감염병', 개별 감염병에 대해서는 '감염증'이라는 용어가 널리 쓰이게 되었다. 이에 따라 이 글에서도 '감염병'이라는 용어를 주로 사용한다.

류의 사망 원인은 허혈성 심장 질환, 암, 뇌혈관 질환이 최상위를 차지하는데, 이와 같이 비감염성 질환이 주요 사망 원인이 된 것은 감염병과의 사투로 점철된 유구한 세월에 비하면 극히 최근의 일이다. 그러나 코로나바이러스감염증-19(이하 코로나19)로 전 세계가 홍역을 치르고 있는 지금, 감염병의 위협이 또다시 공중보건상의 중대한 위기 국면을 불러왔다. 감염병의 대유행은 감염자의 인명 피해뿐만 아니라 경제 손실과 의료체계 붕괴 등의 혼란을 단기간에 초래할 수 있다는 점에서 사회 전체에 미치는 파급력이 상당하다. 특히 신종 감염병의 경우 상당 기간 비약물적 개입[2]에 의존할 수밖에 없기 때문에 방역 대책은 사회·문화·정치·제도적 성격이 짙으며, 그런 의미에서 과거의 사례는 어느 정도 보편성을 띠고 반복해서 도래한다. 감염병과 방역의 역사를 면밀하게 검토해야 하는 이유이다.

2. 감염병과 문명

1) 감염병의 기원

감염병은 바이러스, 리케차, 세균(박테리아), 진균(곰팡이), 기생충 등의 병원체가 인체에 침입하고 증식함으로써 발병한다. 역사적으로 특히 바이러스, 세균, 기생충의 습격이 거셌다. 하지만 인류가 처음부터 대규모 감염병에 희

---

2 'non-pharmaceutical intervention(NPI)'을 번역한 것으로 '비약물적 중재', '비약학적 개입' 등 여러 표현이 쓰인다. 비약물적 개입에는 개인적 대책(손 씻기와 마스크 착용 등), 환경적 대책(소독과 환기 등), 사회적 거리 두기(격리, 검역, 봉쇄 등), 이동에 관한 대책(이동 제한과 국경 폐쇄 등)이 포함된다(美馬達哉, 2020: 55).

생된 것은 아니다. 선사시대의 인류는 몇몇 기생충 감염병과 인수 공통 감염병(탄저와 보툴리눔독소증)을 앓기는 했지만, 건강 상태가 비교적 양호했다고 여겨진다(山本太郎, 2011: 27). 감염병이 인류의 삶에 깊숙이 침투하기 시작한 것은 농경을 시작하고 정주하면서 야생동물을 가축화한 시점이다. 정주 생활로 인해 분변 매개 기생충 질환과 수인성(水因性) 소화기 감염이 늘어났고, 여분의 곡식이 저장되면서 쥐 매개 감염의 기회가 증가했다. 가축화된 동물로부터 두창(천연두)[3], 홍역, 결핵, 인플루엔자 등 수많은 신종 감염병이 유입되었다. 그리고 도시화가 진행되어 인구 규모가 일정 수준에 도달하면서 급성 감염병의 반복적인 유행이 시작되었다. 이와 같이 문명의 발흥은 필연적으로 감염병의 요람으로서 기능했다. 감염병은 문명 특유의 질병인 것이다(맥닐, 2005: 71).

2) 감염병의 유행과 종식

보통 감염병은 소규모의 인구 집단 내에서는 유행이 지속되지 않고 사라진다. 하지만 도시가 출현하면서 감염병이 정착했고, 도시 간 이동을 통해 확산되었다. 신종 감염병이 유입된 사회는 집단면역이 형성될 때까지 큰 피해를 입었다. 인플루엔자의 경우 인구의 약 30~40%, 홍역의 경우 약 93~95%가 면역을 획득해야 유행이 종식된다. 사회는 수십 년에 걸쳐 재생되지만, 유행이 되풀이되며 반복적인 타격을 입는다. 그리고 긴 세월에 걸쳐 감염병이 토착

---

3 현재 널리 쓰이고 있는 '천연두'라는 말은 일본에서 19세기 중반에 만들어져(그 전에는 '두창' 또는 '포창'이라 불렸다) 일제의 식민의료와 함께 한반도에 들어와 정착한 것이다. 기존의 '전염병 관리법'에서는 '천연두'라 불렸으나 2010년 '감염병 예방 및 관리에 관한 법률'로 개정되면서 '두창'이 다시 공식 명칭으로 돌아왔다.

화되면 성인 대부분이 면역을 보유하기 때문에 일종의 '소아 감염병'이 되어 돌발적인 대유행은 일어나지 않는다. 이렇게 한 문명에 편입된 고유의 감염병은 생물학적 창과 방패의 역할을 함으로써 해당 문명을 확장하고 보호하는 데 기여함과 동시에 사회의 구조에 영향을 미쳤다. 문명이 감염병을 낳고 감염병이 문명을 만드는 순환 고리가 확립된 것이다.

3) 감염병의 시대

약 5천 년 전 메소포타미아 지역을 시작으로 문명이 탄생한 이래, 인류는 끊임없이 문명을 심화시키고 생태계에 개입하며 크고 작은 역병에 시달렸다. 교통망 및 항해술의 발달과 거듭되는 원정으로 문명 간, 대륙 간 감염병의 교환이 이루어져 풍토병(endemic)이 유행병(epidemic)과 팬데믹(pandemic)으로 번질 수 있는 환경이 조성되었고, 산업혁명, 열강의 식민 지배, 세계대전을 거치면서 감염병의 유행 기반이 확고해졌다. 오랜 기간 인류는 역병 앞에 무력한 존재였지만, 막대한 희생을 치르는 가운데 방역을 위한 대처법을 익히게 되었다. 19세기 후반 세균학의 성공에 힘입어 전염성 병원체의 정체가 밝혀지고 각종 백신과 항생제가 속속 개발되면서 감염병을 제압할 승산이 보이기 시작했다. 1960년대에 이르러 감염병이 정복되었다는 인식이 널리 퍼졌고,[4]

---

4 1960년대 후반에 미국 공중위생국장 윌리엄 스튜어트(William H. Stewart)가 "감염병 책을 덮고 역병과의 전쟁에 승리를 선언할 때가 되었다"고 단언했다는 이야기는 이러한 인식을 대표하는 '사례'로서 세계적으로 수없이 언급되는 소재였지만, 실제 그는 그러한 발언을 한 적이 없고 오히려 "전염병 분야에서는 여전히 경고의 깃발이 펄럭이고 있다"며 긴장을 늦추지 말 것을 주문했다 (Spellberg, 2008: 294). 감염병 대책에 대한 자신감과 비감염성 질환 관리에 대한 위기감이 교차하는 당시 사회 분위기가 반영되어 와전된 것으로 보이지만, 이러한 실체 없는 '인용'은 어제오늘의 일이 아닌 만큼 항상 경계해야 할 것이다.

1970년대 말에는 인류사상 최대의 '적' 중 하나였던 두창이 근절되기에 이르렀다.[5] 하지만 이러한 낙관론은 자만에 불과했으며 다시 '감염병의 시대'가 도래했음을 21세기의 인류는 통감하고 있다.

3. 감염병과 인류의 역사

'대감염시대'에 진입한 작금의 현상을 파악하고 미래에 대비하기 위해서는 인류사에 전환점을 제공한 주요 감염병의 역사를 검토할 필요가 있다. 특히 파급력이 컸던 페스트, 두창, 콜레라, 스페인 독감이 인류에 미친 영향을 짚어보고, 당면한 코로나19의 유행에 관해 간략히 고찰할 것이다.

1) 페스트와 검역

페스트는 6세기(유스티니아누스역병), 14~17세기, 19~20세기에 세계적 대유행을 일으켰는데, 그중 '14세기의 흑사병'으로 유명한 두 번째 유행이 가장 파괴적이었다. 14세기 이전은 감염병의 대유행이 비교적 뜸했던 것 같지만(해리슨, 2020: 41), 흑사병의 등장 이후 역병이 빈번히 출현하게 되었다. 페스트균(*Yersinia pestis*)은 최소 3천 년 전 중국에 기원을 두며 실크로드를 따라 유럽까지 도달했을 것이라 여겨진다(Morelli et al, 2010: 1141~1142). 1330년대에 중

---

5 WHO가 1980년에 두창의 근절을 공식적으로 선언했다. 하지만 두창바이러스는 여전히 미국과 러시아에 보존되어 있고, 실험실에서도 합성 가능하다. 역설적이게도 두창은 근절되었기 때문에 (즉, 예방접종이 중단되어 면역 보유자의 비율이 급감하고 있기 때문에) 유력한 생물학적 대량 살상 무기로 전용될 위험이 상존하고 있다.

앙아시아에서 유행한 페스트가 몽골군의 침공과 함께 유럽에 유입되어 14세기 말까지 대유행이 반복되고 소유행은 17세기까지 이어졌다. 그 배경에는 상업의 발달과 더불어 14세기 중반에 시작되어 17세기에 절정에 달한 소빙기(小氷期)가 있었다. 중앙아시아 초원 지대의 축소로 유목민과 농경민의 접촉이 증대되고 한랭한 기후와 흉작으로 영양 상태와 면역력이 저하된 것이다. 페스트 유행의 결과 유럽 인구의 30~70%가 사망하고 장원제의 붕괴, 교회 권위의 실추, 봉건적 신분제의 해체가 이루어져 중세에서 근대로 이행하는 계기가 마련되었다. 인간과 물자의 이동이 감염병을 확산시킨다는 인식에 기초하여 14세기 후반 베네치아와 라구사(두브로브니크)에서 입항 선박에 대해 단행된 해상 격리는 근대적 검역의 시초가 되었고, 육지에도 격리 시설이 등장했다. 17세기 말 프랑스에서 페스트 대책으로 실시된 도시 봉쇄와 자가 격리를 비롯한 엄격한 강제 조치는 오늘날 우리에게도 낯설지 않은 광경이다(푸코, 2003: 303~307). 페스트가 낳은 검역과 격리 정책은 근대성의 원형이자 근대적 방역의 원점인 것이다.

2) 두창과 백신

두창은 약 1만 년 전 농경 및 정주와 더불어 생겨나 인류사상 최대의 피해를 초래한 감염병이다. 특히 16세기에 '콜럼버스의 교환(Columbian exchange)'[6]으로 아스테카 문명과 잉카제국이 삽시간에 멸망하고 아메리카 원주민의 약

---

6 구대륙과 신대륙 간에 이루어진 생물학적·문화적 교환을 뜻하는 말로, 질병의 경우 신대륙에서 구대륙으로는 매독 정도만 건너간 반면, 구대륙에서 신대륙으로는 두창, 인플루엔자, 홍역, 장티푸스, 말라리아, 디프테리아, 백일해 등이 비대칭적으로 전파되었다(황상익, 2014: 112). 역사가 에마뉘엘 르 루아 라뒤리(Emmanuel Le Roy Ladurie)는 이를 '병원체의 세계 통일(unification microbienne du monde)'이라 부른다(Le Roy Ladurie, 1973: 170).

90%가 떼죽음을 당한 것은 최악의 비극으로 손꼽힌다. 면역이 전무했던 그들은 유럽인이 반입한 두창에 속수무책으로 쓰러져 대륙 전체를 식민지로 내어 줄 수밖에 없었다. 구세계에서는 17세기 이후부터 19세기 중반에 걸쳐 많은 희생자를 냈으며, 특히 18세기 말 유럽에서 두창은 매년 수십 만 명의 목숨을 앗아가는 가장 치명적인 질병이었다. 두창은 병원체인 두창바이러스에 변이가 거의 일어나지 않기 때문에 백신의 효과가 극대화될 조건을 갖춘 감염병이었다. 한번 앓고 생존하면 다시 걸리지 않는다는 경험적 사실을 바탕으로 백신의 기원이라 할 수 있는 인두법[7]이 적어도 15세기 이전에 중국에서 확립되었고, 1721년 레이디 메리 몬태규(Lady Mary Montagu)에 의해 오스만 제국(터키)의 인두법이 영국에 도입되었다. 1796년 에드워드 제너(Edward Jenner)가 개발한 우두법[8]은 유효성과 안전성을 겸비한 최초의 백신이자 근대의학의 선구라 평가되며, 이후 WHO가 운용한 두 차례의 근절 프로그램(각각 1959년, 1967년 개시)을 통해 두창의 박멸로 이어졌다. 백신의 등장이 선제적 감염에 의한 예방이라는 새로운 방역 패러다임을 제시함에 따라 18세기 이후 개인의 질병은 인구라는 집합적 현상 속에서 파악되고 사회 안전 보장에 리스크와 통계가 활용되기 시작했다. 결국 종두 접종은 근대적 통치를 낳고 근대성을 강화시켰다.

7 두창 환자의 농포나 딱지에서 채취한 장액(漿液)을 혈관에 주입하거나(터키식) 딱지를 가루 내어 코로 들이마셔(중국식) 면역을 형성시키는 방법으로, 인간 두창바이러스를 직접 주입하기 때문에 두창이 완전히 진행되는 경우도 있다. 성립한 시기는 알 수 없으며 인도에서 최초로 시작되었다는 설이 있다.

8 우두에 걸린 소나 사람의 부스럼에서 채취한 장액을 접종하여 두창에 대한 면역을 형성시키는 방법으로, 인간에게 치명적이지 않은 바이러스를 주입하기 때문에 인두법보다 안전하다. 이때 이용되는 바키니아바이러스(vaccinia virus)는 사실 우두가 아닌 마두(馬痘)의 바이러스와 거의(99.7%) 일치한다는 것이 밝혀졌다(Schrick et al., 2017: 1491).

3) 콜레라와 공중위생

콜레라는 콜레라균(*Vibrio cholerae*)에 의한 수인성 감염병으로, 오랜 기간 인도 벵골 지역의 풍토병이었으나 1817~1819년의 인도 전역 유행 이후 전 세계로 퍼져나갔다. 여기에는 대도시(콜카타)의 성립과 영국의 무역 및 군사 행위가 큰 역할을 했다. 1820년 중국 남부로 유입된 콜레라는 북상하여 조선을 휩쓸고 1822년에는 일본으로 전파되었다. 1826년에 시작된 두 번째 팬데믹은 1831년 유럽에 최초로 상륙했는데, 특히 위생 상태가 열악한 런던 등의 대도시를 중심으로 큰 유행이 반복되었다. 산업혁명과 대도시화로 대표되는 근대화 과정의 문제점이 극명하게 드러난 사건이었다. 그 대책으로 1848년에 공중보건법을 통과시켜 최초의 공중위생 규제 국가가 된 영국은 상하수도 정비와 오물 처리 등의 위생 개선에 박차를 가했다.[9] 존 스노(John Snow)의 추적 조사에 의해 1854년의 런던 유행이 종식됨으로써 근대적 역학(疫學)이 탄생했고, 1870년대에는 조지프 리스터(Joseph Lister)의 석탄산(페놀) 소독법이 유럽에 널리 퍼지면서 보다 적극적인 방역 활동이 가능해졌다. 콜레라의 유행은 강력한 위생 행정의 필요성을 인식시켜 '큰 정부'가 지향되는 계기가 되었으며, 19세기에만 다섯 차례의 팬데믹을 촉발시킨 열강의 제국주의적 진출은 재고되기는커녕 위생과 방역이라는 무기를 앞세워 더욱 팽창되었다. 한편으로 1903년에는 콜레라와 페스트에 대한 검역을 골자로 하는 국제위생협약이 체결되었고, 4년 후 WHO(세계보건기구)의 전신인 국제공중위생사무소가 개설되었다. 이처럼 콜레라는 국제 협력의 장을 마련하기도 했지만, 제국주의를 함의한 근대성을 확립시키고 이후 제1차 세계대전의 불씨를 키우는 데 영향

---

9 '음습한 나쁜 공기가 역병을 일으킨다는 잘못된 신념[미아스마(miasma)설]에 기초한 정책이었지만, 결과적으로는 병원체가 발견되기 이전에 다양한 감염병의 사망률을 낮추는 데 성공했다.

을 끼쳤다.

4) 동아시아의 근대화

앞서 본 것처럼 페스트, 두창, 콜레라의 유행을 통해 확립된 서구의 근대성
이 동아시아 세계로 침투하기 시작한 것은 19세기 중반이었다. 18세기부터
난학(蘭學)이 융성했던 일본은 제너의 종두법 도입(1849년)과 메이지유신(1868
년)을 거치며 기존의 한방의학을 폐지하고 서양의학을 급속히 흡수했다. 그
배경에는 보건 위생이 곧 '문명'과 '야만'을 가르는 척도라는 사고방식이 자리
하고 있었다. 거듭되는 동아시아의 콜레라 유행을 계기로 일본이 1877년에
감염병 예방에 관한 법률적 기초를 마련하고 철저한 방역과 위생 개혁을 추진
한 반면, 대한제국은 1895년에 본격적인 법제를 정비하고 방역을 시도했으나
머지않아 일제에 강제 병탄(1910년)되었고, 콜레라가 토착화한 중국 역시 1910~
1911년의 만주 페스트 유행 전까지는 위생 사업의 제도화가 제대로 진행되지
않았다(飯島渉, 2017: 6). 1894년, 중국에서 발생한 페스트가 아시아를 중심으
로 대유행(제3차 세계 유행)[10]하자 일본은 해항 검역을 개시하고 근대적 전염
병 예방법을 제정(1897년)함으로써 구미 수준의 감염병 통제력을 갖추게 되었
다. 근대화에 성공한 일본은 제국주의를 표방하며 대만에서는 페스트 대책을
중심으로(飯島渉, 2017: 3), 조선에서는 종두 사업을 중심으로(최규진, 2015: 70)
식민지 통치를 확립시켜갔다. 이처럼 일본은 서구 열강과 마찬가지로 페스트,
두창, 콜레라의 유행을 겪으며 근대화를 달성하고 제국주의의 전철을 밟게 되
었다. 역시 위생과 방역을 내세웠지만, 동아시아 패권을 장악하기 위한 수단

---

10 당시 페스트는 일본 열도에 1899년에 상륙하여 1930년에 종식되었지만, 그때부터 지금까지 한
반도에서는 보고된 감염자가 단 한 명도 없다.

에 불과한 것이었다.[11]

5) 스페인 독감과 세계대전

19세기에 팽창한 제국주의와 식민지주의로 인해 제1차 세계대전이 발발했다. 전쟁이 한창이던 1918년 3월 미국에서 조류 인플루엔자 바이러스 A형 H1N1의 돌연변이로 스페인 독감[12] 이 발생하여 미군의 이동과 함께 유럽 및 전 세계로 확대되었고, 8월에 치명적인 제2차 유행이 시작되어 조선과 일본에도 본격적으로 유입되었다. 제3차 유행을 맞이한 1920~1921년까지 전 세계적으로 최대 5천만 명이 사망했는데, 영국의 식민지였던 인도가 사망자 약 1,850만 명으로 가장 큰 피해를 입었다(飯島涉, 2020: 134). 한반도의 사망자는 약 18만 5천 명으로 집계되고(內務省衛生局, 1922: 96~99), 일본 열도의 사망자는 약 45만 명으로 추산되며(速水融, 2006: 239), 중국의 경우 기록이 거의 남아 있지 않아 피해 규모를 알 수 없다. 이토록 큰 희생을 치른 것은 전시라는 특수한 상황 아래서 정보 통제, 대량 이동, 밀집 상황 등 폭발적 유행의 조건이 갖춰진 반면, 공공 방역 조치에 소홀하고 개인 위생에 의존했기 때문이다. 이때부터 일반인이 감염 예방을 위해 마스크를 착용하기 시작했다(크로스비, 2010: 128).[13] 미국 일부 지역에서는 공공장소에서의 마스크 착용이 의무화되

---

11 수많은 통계가 증명하듯이 그들의 식민지 의료체계는 지배의 논리만을 뒷받침할 뿐 피식민자를 위한 것이 아니었다(황상익, 2015: 252~276). 관동군'방역'급수부(일명 731부대)가 세균 무기 개발을 위해 중국 상공에서 페스트균을 살포(1940~1942년)하여 2만 5,946명을 감염시킨 사건은 그들의 '방역'이 무엇을 의미했는지 단적으로 보여준다(加藤茂孝, 2013: 49).

12 발생지 미국을 비롯한 제1차 세계대전 참전국에서 정보 통제가 이루어진 반면, 중립국인 스페인에서 대대적으로 보도되었기 때문에 '스페인 독감'이라는 별칭이 붙었다. 정식 명칭은 '1918년 인플루엔자'이다.

었고, 일본에서는 마스크 예절과 더불어 환자의 격리, 입안 헹구기 등이 권고되었다(内務省衛生局, 1922: 131). 스페인 독감의 위력 때문에 제2차 유행 이후 3개월 만에 제1차 세계대전이 종결되었지만, 독일에 대해 관대한 처우를 주장한 당대 미국 대통령 우드로 윌슨(Woodrow Wilson)이 감염되어 발언권이 제한된 상황에서 베르사유조약이 체결(1919년)되었다. 피폐해진 독일은 더욱 벼랑 끝으로 몰렸고, 이는 결과적으로 나치의 태두와 제2차 세계대전을 초래하게 되었다. 스페인 독감은 인류가 근대성의 한계를 체현하는 기회였지만, 인플루엔자 감시 체계가 구축되었을지언정 감염병 대유행의 원인에 관한 근본적인 반성은 결여되었다.

6) 코로나19와 국제사회의 위기

2019년 12월에 중국에서 처음 보고되고 2020년 3월에 팬데믹이 선언된 코로나19(COVID-19)는 사스코로나바이러스-2(SARS-CoV-2)에 의한 감염병으로, 구석구석 촘촘한 항공망을 통해 순식간에 지구상의 모든 국가 및 지역으로 확산되었고, 시간이 지날수록 맹위가 거세지고 있다. 코로나바이러스는 21세기에 들어서만 3종류의 강력한 신종 감염병을 탄생시키며 인류를 시험에 들게 했다.[14] 과학과 기술이 고도로 발달했다고 자부하는 시대에 이러한 전 지구적

---

13 의료진이 감염 예방을 위해 마스크를 착용하기 시작한 것은 1910~1911년 만주 페스트 유행 당시라 여겨진다(Lynteris, 2018: 443). 다만 일반인의 마스크 효용에 관해서는 논쟁이 일었고, 100년이 지난 지금까지도 이어지고 있다.

14 코로나19는 통산 7번째 코로나바이러스감염증이다. 앞서 발견된 4종류는 일반적인 감기 증상을 일으키지만, 21세기에 새로 등장한 3종류, 즉 중증급성호흡기증후군(SARS), 중동호흡기증후군(MERS), 코로나19는 중증화와 대유행을 초래하고 치사율이 높다. 인류의 역사 내내 함께한 코로나바이러스가 4종류인 데 반해 최근 단 17년 사이에 3종류나 출현했다는 사실은 의미심장

위기를 앞에 두고 취할 수 있는 대책이 고작 '사회적 거리 두기(social distancing)'[15]라는 것은 아이러니이다. 마치 백신만 나오면 모든 것이 해결될 것처럼 들떠 있지만, 설령 개발에 성공할지라도 유행의 종식까지는 상당한 시일이 소요되고, 애초에 그 유효성도 담보될 수 없다.[16] 신종 감염병의 출현과 확산이 비약적으로 빨라진 원인으로, 고대부터 감염병의 '요람'이었던 중국이 글로벌 자본주의 체제에 편입되고 영향력이 급속히 증대된 점을 꼽을 수 있다. 그런 중국이 또 다른 '요람'인 아프리카에 진출하는 것은 감염병과 인류의 관계에 전혀 새로운 국면을 불러올 위험이 있다. 그렇다고 중국에 모든 책임을 뒤집어씌우고 고립시키는 정책은 코로나19를 계기로 득세하고 있는 민족주의 및 인종주의와 결부되어 돌이킬 수 없는 결과를 초래할 가능성이 높다. 2020년 8월, 유엔은 핵무기 사용의 위험성이 냉전 이후 가장 높아졌다고 우려했다. 방역에는 국경이 없다. 자국 중심주의가 얼마나 부질없는지 우리는 체감하고 있다. 감염병의 대유행은 공중보건의 문제만이 아니라 시대의 모든 문제가 응축되어 발현된 병리 현상임을 깨닫고 국제 협력 체제를 재구축하지 않으면 인류의 미래는 위태로울 것이다.

하다.

15 좁게는 타인과의 물리적 거리 확보, 넓게는 감염자 격리, 감염 의심자 검역, 밀접 접촉자 추적, 시설 및 도시 봉쇄 등을 함의하며, 주로 신종 인플루엔자의 대유행에 대비하여 사용되는 개념이었다(World Health Organization Writing Group, 2006: 88). 코로나19 팬데믹에도 어느 정도 유효하다는 것이 한국 등의 사례에서 입증되었지만, 이동의 자유 등 기본적 인권의 제한과 사회적·경제적 활동의 희생을 동반하는 미봉책에 불과하다.

16 변이가 쉽게 일어나는 RNA바이러스에 대해 백신의 효과는 제한적이다. 2018년도 노벨 생리의학상 수상자 혼조 다스쿠(本庶佑)에 따르면, 인플루엔자 백신조차 정말로 효능이 있다고 믿는 전문가는 극히 드물다(다만 매년 접종하는 것에 의미는 있다)(〈BS1スペシャル パンデミックは収束するのか~世界の専門家が大激論~〉, 일본 TV 채널 BS1, 2020년 5월 23일 오전 8시~9시 50분 방송).

4. 포스트 코로나와 감염병

1) 근대와 감염병

21세기는 가히 감염병의 시대이다. 인구의 폭발적 증가로 병원체의 감염 및 사람 간 전염의 위험이, 항공 산업의 발달로 확산의 위험이, 기후변화로 병원체 폭증의 위험이, 공장식 밀집 축산으로 미지 병원체 접촉의 위험이 증대되었고, 권위주의·부패 정권의 횡행과 끊임없는 분쟁으로 해당 지역의 공중위생 및 방역 체계가 위태로워졌다(이규원, 2020: 380). 실제 1970년대 이후 발견된 신종 감염병은 30여 종에 이르며, 코로나19도 그 연장선상에 있다. 근대의 출발점이 격리와 검역에 있는 이상, 우리는 현 상황처럼 신종 감염병이 유행할 때마다 앞 장에서 언급한 '고전적인' 대응에 그치게 된다. 근대 시스템이 감염병 통제를 가능케 한 것이 아니라 감염병의 유행이 근대 시스템의 성립에 기여했다는 것을 상기하면, 전 세계가 공통의 위기에 직면해 있는 지금이야말로 인류 전체가 머리를 맞대고 지속가능한 새로운 체계를 모색할 기회일지도 모른다. 14세기 이후 7백여 년에 걸친 역사의 관성을 생각하면 '초감시사회'[17]에 돌입하게 될 것으로 보이지만, 우리는 인류사적 과오를 인정하고 근대성의 극한이 아닌 극복을 선택해야 할 것이다. 감염병 유행의 사후 대책에만 골몰하지 말고 유행 자체를 방지하는 쪽으로 나아가야 하는 것이다.

---

[17] 현대인은 이미 감시 국가와 "감시 자본주의(surveillance capitalism)"에 포섭되어 '감시 문화'를 기꺼이 '향유'하고 있지만, 이러한 경향은 감염병의 대유행을 명분으로 더욱 확대되고 심화될 우려가 크다(Zuboff, 2019: 61~62).

2) 인류세의 감염병

근대 시스템의 위기는 지구 시스템의 위기를 초래했다. 인류는 1조 5천억 톤의 이산화탄소를 대기 중에 방출하여 지구 환경의 기후 조건을 변질시킴으로써 '인류세(Anthropocene)'라 불리는 새로운 지질 시대에 돌입했다(Bonneuil et al, 2016: 11). 자연의 거듭된 경고에도 불구하고 지구 온난화로 인한 환경 재앙은 거스를 수 없는 '대세'가 되었다. 이에 따라 모기의 서식지가 확대되고 종류와 개체 수가 늘면서 지카바이러스감염증을 비롯한 모기 매개 감염병의 유행이 확산되고, 영구 동토가 녹아내리면서 그 안에 갇혀 있던 정체불명의 감염성 바이러스들이 속속 검출되고 있다. 기후 변동과 삼림 파괴는 근본적으로 인간과 병원체와 매개 동물 간 관계의 평형을 깨뜨리기 때문에 동물 유래 신종 감염병의 출현 위험성을 높이며, 코로나19 또한 이처럼 인류세가 낳은 대표적인 감염병으로 볼 수 있다. 인류가 개발과 편의 중심의 사고에서 벗어나지 않는 한, 포스트 코로나 시대는 또 다른 바이러스성 감염병의 시대로 치환되리라는 것을 쉽게 상상할 수 있다. 바이러스의 입장에서 지구를 뒤덮은 자연의 '지배자' 인간은 그야말로 최적의 숙주다. '넥스트 코로나'의 침입자는 주기적으로 유행하는 신종 인플루엔자나 최근 잦은 빈도로 출몰하는 신종 코로나바이러스감염증이 유력하지만, 전혀 뜻밖의 감염병이 등장할 가능성도 얼마든지 있다.

3) 바이러스와 인류

포스트 코로나 시대의 도래에 앞서 코로나19는 박멸될 수 있을까? 지금까지 인류가 근절에 성공한 감염병은 두창이 유일한데, 두창의 경우 명료한 증상이 육안으로 확인 가능하고, 인간이 병원체의 유일한 자연 숙주이며, 유효한 백신이 존재했기 때문에 가능했던 일이다. 이러한 조건을 갖추지 못한 코로나19는 근절이 불가능할뿐더러 유익하다고 단정할 수도 없다. 사스코로나바이러스-2가 점하던 생태적 지위를 더 위험한 병원성 바이러스가 차지할지도 모를 일이기 때문이다. 애초에 바이러스는 인간 유전체에 각인되어 필수적인 역할을 담당하고 생명의 진화에도 큰 영향을 미쳐왔다. 포유류의 태반 형성에 바이러스가 관여했다는 사실은 잘 알려져 있고, 고등생물의 유전자 일부가 떨어져 나가 수평 방향으로 유전정보를 전달하는 것이 바이러스라는 설도 있다.[18] 결국 인간의 존재 조건을 위협하는 것은 바이러스가 아니라 끊임없이 환경을 파괴하는 인간 자신이다.[19] 궁극적으로 인류는 이미 인공화된 자연 속에서 바이러스와 안정적인 관계를 맺으며 공생하는 길을 모색해야 한다.[20] 이를 위해 인류사 전체, 생태계 전체의 관점에서 자연과 인간의 바람직한 모습에 대한 깊은 통찰이 필요하다. 인류의 생존이 걸린 문제이다.

18 福岡伸一, "(福岡伸一の動的平衡) ウイルスという存在 生命の進化に不可避的な一部," ≪朝日新聞≫, 2020.4.3. https://www.asahi.com/articles/DA3S14427771.html.

19 Bruno Latour, "La crise sanitaire incite à se préparer à la mutation climatique," *Le Monde*, 25 mars 2020, https://www.lemonde.fr/idees/article/2020/03/25/la-crise-sanitaire-incite-a-se-preparer-a-la-mutation-climatique_6034312_3232.html.

20 '자연과의 공생'은 일견 소박하고 당위적으로 보이지만, 다각적이고 심층적인 논의가 필요하다. 표면적인 접근이 위험하다는 것은 '자연과의 공생'을 표방한 나치스의 생태주의가 홀로코스트로 이어졌다는 사실로부터도 명백하다(藤原辰史, 2012: 253~255).

대중으로부터의 자유
그리고 자연이 주는 자유를 찾아서

양명수 (이화여자대학교 기독교학과 명예교수)

1. 들어가는 말

바쁘게 돌아가던 세계가 코로나19로 인해 갑자기 멈춰버린 듯하다. 신기술 개발과 경제번영을 향해 나아가던 인류는 몇 개월 간 놀라운 일을 경험하고 있다. 하늘을 오가던 수많은 비행기들이 멈추어 섰고 북적대던 공항이 텅 비었다. 유명한 휴양지에 봉쇄조치가 내려지고 도시의 레스토랑들이 문을 닫았다. 스페인에서는 나이 많은 사람들이 치료를 받지 못하고 관을 만드는 장의사들이 호황을 누리는 일이 벌어졌다. 규모의 경제로 소소한 제품 생산을 외국에 의존한 선진국들이 마스크를 구하지 못해 쩔쩔매고 있다. 청년들로 북적이던 대학 캠퍼스는 한산하고 강의는 이른바 비대면 수업으로 대체되고 있다. 각종 산업이 타격을 입으며 기업들이 감원하고 재택 근무가 증가하고 있다. 종교 집회 역시 국가의 공식적인 제재 대상이 되었다. 인류는 당연하게 여기던 일상이 당연한 게 아님을 느끼고 있다. 각국 정부는 소비가 감소하고 실업률이 증가하는 경제 상황에 대해 염려가 많다. 동시에 코로나19를 계기로 새롭게 비약할 산업을 지원하는 데 공을 들이고 있다. 그런데 코로나19는 단지 경제 문제가 아니라 인류의 삶의 방식 자체를 돌아보는 계기가 될 것 같다.

인류 문명은 대체로 개인의 지위가 강화되는 쪽으로 진행되면서 동시에 더 큰 공동체로 하나가 되려는 경향을 보인다. 개인의 강화는 근대문명의 특징이다. 근대 이전까지 전체가 개인보다 우월하게 여겨졌는데, 근대 이후에는 개인이 전체보다 우선한다고 보면서 개인의 소유권이 강화되고 시민 민주주의 그리고 인권이 정립되었다. 여기에는 탈종교와 세속화의 영향이 컸다. 인식론으로는 경험과 관찰에 의한 귀납적 지식이 앎의 핵심이 되고, 윤리로는 개인윤리와 사회윤리가 분리되면서 공리주의가 대세를 이루었다. 서구에서 시작된 근대문명은 과학기술과 민주주의 그리고 자본주의를 통해 전 인류의 삶의 방식이 되고 있다.

코로나19는 이러한 근대문명에 대해 되돌아보게 만든다. 근대문명이 이룩한 해방적 요소에도 불구하고 서구의 개인주의는 원자주의로 흐르면서 인간의 연대성이 약화되었다. 서구사회에서 코로나19의 방역을 위한 정부의 통제 지침에 대해 시민들의 저항이 큰 것은 구속을 싫어하는 지나친 개인주의의 영향 때문이다. 한편 서구의 개인주의는 대중을 탄생시켰는데, 경제 제일주의 속에서 개인은 사라지고 오직 소비 주체로서의 대중만 남은 측면이 있다. 철학이 없이 경제성장을 위해 서구화를 추진한 비서구 국가들의 경우에는 군중심리에 의한 세속주의의 가속화가 더욱 두드러진다. 현대 문명의 문제를 치유하기 위해서는 근대적 이성이 약화시킨 종교적 차원의 자유와 사랑이 다시 조명될 필요가 있다. 종교적 차원의 자유란 대중으로부터 독립한 개인의 출현을 의미하고, 종교적 차원의 사랑이란 사회적 연대성의 회복을 가리킨다. 개인의 독립과 사회적 연대성의 강화는 서로 모순된 것처럼 보이지만 종교적 경건 안에서 서로 연결되어 있다.

2. 대중으로부터의 자유

코로나19의 대유행 이후에 어디에서나 '사회적 거리 두기'라는 말이 눈에 띈다. 바이러스의 전염과 감염을 막기 위해 사회 구성원 전체가 서로 물리적 거리를 두자는 이야기인 것 같다. 그런데 사회적 거리 두기라는 말은 성서에 나오는 바벨탑 사건을 연상케 한다. 인간들이 힘을 합해 하늘까지 닿으려고 높은 탑을 쌓자 하나님이 언어를 흩었다(창세기 11장). 민족 간에 언어가 갈리면서 말이 통하지 않아 소통(communication)이 힘들어지자, 다 함께 한 방향으로 달려가던 인류 문명에 제동이 걸린 것이다. 성서의 바벨탑 이야기는 오늘날에도 의미가 있으니 곧 현대 문명의 교만을 지적하는 것 같다. 현대 문명은 과학기술의 발전을 통해 자연과 생명현상의 비밀을 알아내고 모든 지식을 경제성장의 동력으로 전환시키는 방식으로 인간의 삶을 만들어가고 있다.

서구의 근대가 열릴 무렵에 르네상스는 인간적인 것을 긍정하고 종교개혁은 가난이나 무소유를 이상적으로 생각하지 않고 일상의 직업 활동을 신의 소명으로 생각했다. 그리하여 인간의 감정표현과 욕구충족의 의지 그리고 부의 축적이 도덕적으로 정당화될 수 있는 길이 열렸다. 때를 맞추어 과학이 발전하면서 인간은 자연법칙을 이용해 에너지를 얻고 산업혁명을 일으켰다. 인간의 모든 활동이 산업으로 재편되면서 경제 제일주의의 시대가 도래했다. 영원한 진리와 도를 구하던 높은 이성 대신에 효율성을 높이고 이윤극대화를 계산할 줄 아는 낮은 이성을 통해 근대적 합리화의 작업이 진행되었다. 경영과 생산의 합리화를 통해 물질이 크게 증가했다. 산업혁명을 통해 갑자기 경제의 핵심으로 부상한 제조업은 물론이고 농업과 목축업 같은 전통적 생산 활동도 상품 생산을 위한 산업으로 편입되고, 목회적 차원을 지니는 의료와 교육도 이른바 서비스 산업이라는 이름으로 이윤극대화를 추구하는 산업에 합류했다. 현대 문명은 인류 역사의 그 어느 때보다도 경제 제일주의로 획일화되어 가고 있다.

재테크가 일상화되어 기업인뿐 아니라 일반 사람들도 각종 투자금의 수익률과 주가에 신경 쓰게 만드는 금융 자본주의 체제, 젊은 시절부터 시작해서 저세상으로 갈 때까지 평생 아파트 값을 묵상하게 만드는 우리나라의 부동산 신화는 물질주의의 바벨탑을 쌓는 문명으로 보인다. 20세기에 공산주의와 자본주의의 싸움이 있었지만 물질주의인 점에서 둘은 똑같다. 자본주의가 공산주의를 이겼지만 하부구조가 상부구조를 결정한다는 마르크스의 주장은 자본주의 체제 속에 사는 평범한 시민들의 신념이 되었다. 끝없는 물질의 풍요를 지향하고, 광고를 통해 소비를 부추기고 필요 없는 물건까지 사게 만들며, 안식과 휴식까지 소비문화로 바뀌어 레저 산업으로 편입된 세상에서 모든 것은 돈이 말해준다. 물론 물질이 늘어나면서 대중에게 잉여가치가 돌아가 대중문화의 시대가 도래하고 대중 민주주의가 출현하게 된 것은 발전이다. 그러나 점점 대중만 남고 개인은 사라지고 있다. 세분화된 시간표를 따라 노동하고 홍보와 선전에 의해 부추겨진 소비에 익숙한 현대인에게서 외부로부터 독립한 개인의 자기 세계를 찾아보기 어렵다. 개인은 독립하지 못하고 소외된다.

물질은 필요하지만 그 자체가 삶의 목적은 아니다. 경제는 중간 목적이요, 말하자면 궁극적 목적을 위한 수단이 되어야 한다. 인생의 의미가 경제에 있을 수는 없다. 물론 수단은 중요하다. 물욕을 멀리하라고 가르치며 무소유를 주장한 종교적 가르침이나 중세철학의 가르침은 기존의 신분질서를 고착화하려 했다. 더군다나 가진 것이 없는 민중들에게 무소유의 가르침은 가난을 만드는 착취의 구조를 정당화하는 역할을 했다. 그러므로 근대에 들어 신으로부터 인간에게로 초점이 이동하면서 인간의 일상적 욕망이 긍정되고 의무보다 권리가 앞서며 희생보다는 자기실현이 중요한 덕목이 된 것에는 인간해방의 측면이 있다. 무소유가 더 이상 미덕이 아니게 되고 정당한 소유가 중요해지면서 사회정의론이 발전했다. 무소유가 주는 자유를 말하기 전에, 가진 것이 없으면 자유로울 수 없다는 점도 인정해야 한다. 그 점에서 헤겔이 그의 『법철학』에서 소유를 자유의 첫 단계로 설정한 것은 옳다. 경제를 정치의 모든 것으로 만든 근대의 정치경제(political economy)는 인간의 욕망을 솔직하게 긍정하며 높은 이성에 기초한 과도한 도덕적 의무로부터 인간을 해방했다.

그러나 헤겔이 말한 대로 소유가 주는 자유보다는 내면의 도덕성이 주는 자유가 크고, 개인 내면의 자유는 공동체적 사랑의 자유로 확대되어야 한다. 다시 말해 물질 소유를 무시할 수 없지만 물질은 더 큰 자유를 위한 수단이 될 때 가장 빛난다. 그것은 아주 오래된 종교의 가르침이다. 그리스도교의 사랑의 질서(ordo amoris)는 하나님 안에서 사람을 목적으로 삼고 사물을 수단으로 삼는 가치의 위계질서를 가르쳤다. 그러나 탈종교의 현대 문명에서는 수단이 목적을 삼켜버렸다. 음식이 배를 위하여 있지 않고 배가 음식을 위하여 있는(고린도전서 7장) 전도 현상이 소비를 중심으로 삶이 돌아가는 자본주의 체제의 동력으로 작동한다. 경쟁력 강화가 삶의 목적인 것처럼 어디에서나 경쟁력 강화를 외친다. 경쟁력을 키우지 않으면 생존할 수 없다는 외침은 인간의 삶을 생존에 몰두하게 만드는 것이니, 물질이 풍요로운 시대의 자기모순이 아닐 수 없다. 물질은 늘어나는데 삶은 생존의 위기를 느낄 정도로 더 각박해지고 있으니 말이다.

경제 제일주의 밑에서 개인은 자기의 내면을 바깥세상의 군중에게 빼앗겼다. 가치는 객관가치인 시장가치로 획일화되고, 각종 수치로 나타나는 표준화된 평가방식에 의해 사람의 가치와 능력이 평가된다. 능력에 따라 봉급을 받는다는 공정경쟁의 원리는 이제 연봉을 많이 받는 자가 곧 능력자라는 인간

평가의 원리가 되었다. 돈으로 표준화된 시장가치는 대량생산의 효율성을 위해 필요하지만 개인의 고유함을 침범하고 파괴한다. 자기만의 주관적 가치를 갖기 어려운 세상이 되었다.

경제주의에 대한 하늘의 경고가 코로나19의 유행을 계기로 '사회적 거리 두기'라는 구호로 등장한 것은 아닐까? 세상과 거리를 두어라. 너무 뒤엉켜 있지 말고 서로 조금씩 떨어져 독립된 자기 세계를 가지라. 종교개혁자 마르틴 루터의 말이 생각난다. "대중에게는 진리가 없다." 자기 자신을 군중 속의 하나로 격하시키지 말고 우주의 하나님 앞에서 고유한 자기가 되어라. '나는 나다'라고 말할 수 있으려면 외부 세상으로부터 독립한 개인의 내면을 가져야 한다. 진리는 대세를 따르지 않는 데에 있다. 정치와 경제는 대세를 따라 이루어지지만, 자유와 사랑은 대세에서 벗어날 줄 아는 것으로부터 얻어진다. 민심이 천심이라고 말할 줄 알아야 하지만, 천심은 민심과 다를 수 있다는 점도 알아야 한다. 세상인심은 적자생존에 적응하고 살아남는 데 민감하지만 진리는 그 이상일 경우도 많기 때문이다.

정치와 경제로부터 독립한 내면을 가져야 한다. 종교는 인간이 정치 경제로부터 떨어져도 하나의 자유로운 세계가 있음을 가르쳐야 한다. 고유한 자기가 되어야 한다. 풍요로운 물질에도 불구하고 생존경쟁에 허덕이는 세상에서 진리의 물음은 잊혀진지 오래이지만, 코로나19로 인한 사회적 거리 두기는 문명을 되돌아보게 만들고 인간의 자유와 사랑을 위해 진리가 무엇인지 묻게 만든다.

3. 겸허함과 공동체주의

코로나19 사태는 한 사회의 구성원들이 운명공동체임을 알려주는 듯하다.

또한 국경을 모르는 코로나바이러스는 인류 전체가 운명공동체임을 일깨워 주는 듯하다. 인간은 좀 더 자기를 부인하고 겸허해져서 타자와의 연대성에 익숙해져야 한다.

사람은 자기를 세워야 할 때가 있고 자기를 비워야 할 때가 있다. 근대 이전의 동서양의 종교성이 자기 비우기를 강조했다면 근대 이후의 인간은 자기를 세우는 데에 집중했다. 겸손과 조심스러움 대신에 당당함과 자기 선전이 현대인의 미덕이 되었다. 자연신을 섬기던 시절의 인류는 조심스럽게 살았다. 재앙에 대한 두려움 때문에 수많은 금기 속에서 행동거지를 조심했다. 한편 자연신을 멀리하고 종교를 윤리로 바꾸고자 한 고대 및 중세의 동서양 인문주의는 자기를 비워 초월적 '하나'를 자신 안에 채우기를 바란 도학이었다. 플라톤은 선의 이데아를 가리켜 '하나'라고 했는데, '하나'란 다양한 상황을 선하게 주도하는 초월적 보편자를 가리키는 이름이다. 성리학의 태극과 이(理)도 '하나'이며, 이(理)를 기(氣)와 다른 초월자로 보는 듯한 퇴계 선생은 한국의 도학에 종교성이 진하게 드리워져 있음을 보여준다. 불교의 원효는 일심(一心)을 말하고 그리스도교는 한 분 하나님을 말한다. 하나를 추구한 도학과 그 하나가 인격화된 종교는 겸허함의 미덕을 중시하며 사람으로 하여금 자기를 비우고 타자를 용납하며 수용하도록 만든다.

그러나 근대에 들어 중세의 형이상학적 '하나'의 자리를 개인의 자기의식이 차지했다. 자기의식의 확실성을 통해 의미와 가치의 근원이자 가치판단의 주인으로 등장한 인간 개인은 겸허하기보다 당당해졌다. 중세의 미덕인 자기희생이 사라진 자리를 관용과 똘레랑스가 채움으로써 근대의 합리적 사회생활이 유지되지만, 관용은 유기체적 사회를 만들기보다는 개인 각자의 이익을 위한 타협에 바탕을 둔다. 현대사회의 인간관계는 서로 마주보기보다는 공동목표인 각자의 자기실현을 위해 나란히 앞을 보고 있는 형상이다. 남의 권리를 알려주지 않고 자기 권리는 자기가 알아서 찾는 법정의 당사자주의가 서구사회의 개인주의를 잘 보여준다. 그러나 코로나 사태가 주는 교훈은 원자주의로 변해버린 개인주의를 넘어 연대성에 기초한 공동체주의의 필요성이다. 위기를 극복하기 위해 인간사회는 서로가 유기체적 운명공동체임을 좀 더 심각하게 받아들여야 한다. 그렇다고 전체가 개인보다 우월한 중세의 위계적 공동체나 전체주의적 공동체로 돌아가는 것은 답이 아니다. 독립된 내면의 존엄성을 확보한 개인들 간의 참된 교통과 의사소통을 통해 형성되는 민주적 공동체를 바라보아야 한다. 종교에서는 교통, 곧 커뮤니케이션을 구원으로 본다. 통하는 것이 구원이다. 하나님과 통하고 타자와 통하는 곳에 하나님 나라가 있다. 하나님과 통함으로 단독자로서의 자유와 자기됨을 찾고, 타자와 통함으로 소통과 교통의 공동체를 이룬다. 그리스도교에서는 사랑과 자유의 구원 공동체를 가리켜 '성도의 교통(communio sanctorum)'이라고 부른다.

근대에 들어 획기적으로 발전한 교통수단은 실제로 인간 교통의 증가를 가져왔을까? 교통이 혼잡할 정도로 자동차가 많아졌지만, 자동차의 증가가 인간 교통의 증가를 가져왔다고 볼 수 없다. 참된 교통은 마음이 통해야 가능한데, 교통수단이 발전했다고 마음이 통하는 것은 아니다. 마음이 통하려면 자기를 비우고 겸허해져야 한다. 그러나 교통수단의 획기적 비약을 가져온 근대 기술 이성의 발전이 도덕적 실천 이성의 발전을 동반하는 것은 아니다. 하늘길이 복잡할 정도로 비행기가 많이 뜨지만 비행기를 통해 오가는 사람들의 마음이 통하고 말이 통하게 된 것은 아니다. 20~30년 전에 발명된 인터넷은 공간이동 없이 소통이 가능한 신세계의 교통수단이다. 쌍방향의 의사소통을 통해 직접 민주주의를 증진시키는 면이 있는 반면에, 갈등을 유발하는 폭력적 언어나 거짓 뉴스가 쉽게 힘을 얻고 편을 갈라 싸우는 곳이 인터넷이 만드는 소셜 네트워크이기도 하다. 사람이 바뀌지 않는 한 기술의 진보로 만들어진 새로운 교통의 장이 교통의 증가를 가져다주지는 않을 것 같다.

한 가지 분명한 것은 교통과 통신수단의 발전이 인간의 모방욕망을 강화시

컸다는 점이다. 접촉이 빈번해지면서 과거에는 몰랐던 남들 사는 모습을 보게 된다. 수만리 떨어진 나라들의 부유한 모습을 TV를 통해 보면서 남이 가진 것을 갖고 싶은 마음은 더욱 강해졌다. 교통수단과 대중매체가 발전할수록 평등의 요구는 더욱 강해진다. 근대사회의 구호인 평등의 정의는 기회균등을 통한 모방욕망의 증가와 그 실현 가능성을 의미한다. 현대인은 그런 모방욕망으로부터 자유롭기 어렵다. 어디서나 스마트폰을 보고 있는 현대인은 대중을 떠나 텅 빈 자기를 갖기가 쉽지 않다. 독립이 없으면 연대를 위한 참된 교통도 없다. 몰라도 되는 정보를 모를 자유가 거의 없는 네티즌들에게 모방욕망은 훨씬 자극적으로 위세를 떨친다. 모방욕망의 증가는 경쟁의 가속화를 가져오고 타자와의 관계 단절을 가져온다. 동시에 상대적 빈곤이 가져오는 좌절이 낳는 폭력성이 폭발할 위험사회를 만든다. 이때에 사회의 평화를 보존하기 위해서는 그러한 폭력성을 분출할 하수구가 필요한데, 그 하수구 역할을 하는 것이 희생양이다.

이번에 코로나19의 유행으로 경제사정이 나빠지고 일상의 삶이 멈추자 아시아인에 대한 차별이나 흑인에 대한 폭력이 증가했다. 인간은 평화의 보존을 위해 언제나 희생양을 찾는데 코로나 사태도 예외가 아니다. 일본에서는 재일 동포에 대한 폭력이 증가할 우려가 있다. 코로나 사태는 인간이 지닌 배타주의의 죄를 다시 일깨우며 연대성을 통한 평화 만들기가 시급함을 알려준다. 시장 경제는 모방욕망의 자극과 경쟁체제를 기본으로 해서 경제성장을 가져왔지만, 어떻게든 타자와의 연대성을 통한 공동체주의의 회복을 꾀해야 한다. 시장 밖의 역할이 종교에게 맡겨져 있다. "내 아버지의 집을 장사하는 집으로 만들지 말라"(요한복음 2:16). 연대성을 위해 의사소통하려면 종교성에서 오는 겸허함과 자유로움이 필요하다. 종교는 은총에 대한 감사함으로 자기를 낮추게 만들고, 거기서 생기는 자유로움이 타자와의 연대성을 강화하는 데 이바지한다.

정보화 사회가 근대 이후를 연다고 하지만, 겉보기만 다를 뿐이지 소유의 강화라는 점에서 근대의 연장선에 있다. 정보 전달의 속도가 빠르고 정보의 양이 많아질수록 순간순간 모든 시간이 소유에 대한 모방욕망으로 채워진다. 그러나 원래 세상과 대중으로부터 자유로워지기를 바라는 종교의 시간은 영원한 현재에 가닿는 '순간'이다. 순간은 길이가 없는 무의 시간이요, 공간성을 갖지 않는 빈 시간이다. 종교의 영성은 위아래로 흐르는 현상학적 시간을 통해 모방욕망에서 자유로워지고 세상이 평가하는 나로부터도 자유로워져 빈 마음으로 만물과 교통하고자 한다. 이것은 합리성 너머 극(極)의 차원이므로 영성이라고 해야 한다. 극이란 흔히 말하는 극단적이라는 뜻이 아니라 존재의 근원을 가리킨다. 그러나 정보화 사회는 종교적 빈 시간의 순간을 소유의 순간순간으로 바꾸며 사람을 조급하게 만든다. 안식은 근원을 찾는 데 있으며, 사회적 거리 두기 이후의 사회적 연대성은 존재의 근원을 찾는 종교적 차원의 회복을 요청한다.

4. 자연이 주는 자유를 찾아서

코로나19로 인한 인류의 위기경험은 인간이 자연의 일부라는 점을 상기시켜준다. 지구는 인간만 사는 곳이 아니고 수많은 생명체들이 더불어 사는 곳이다. 심지어 바이러스의 시각에서 보면 인간은 바이러스의 숙주에 불과하다. 근대 이후에 인류는 자신이 자연의 일부라는 점을 망각하고 자연 정복을 통한 경제 개발에만 열을 올렸다. 사실 근대에 추구한 인간의 자유는 자연정복과 밀접히 연관된 것이었다.

16세기의 종교개혁은 중세신학과 달리 자연에서 하나님의 계시를 보지 않고, 진리 계시의 장소를 개인의 내면으로 국한시켰다. 데카르트는 자연을 생각이 없어 존재감이 없는 주변 사물로 여겼고, 헤겔에게서 소유의 대상인 자연사물은 인간이 자기 마음대로 할 수 있다는 점에서 자유의 대상이었다. 이렇게 형성된 근대적 인간의 자유는 인권을 정립했지만 다른 한편으로 환경파괴로 인한 기후변화를 통해 인류의 생존 위기를 몰고 왔다. 사실 코로나바이러스도 인간이 동물의 영역을 침범하면서 동물에게 있던 바이러스가 인간에게 적응한 것이라고 하니 자연의 보복이라는 말이 실감난다.

자연에서 멀어지면서 인간은 종교성의 상당한 부분을 잃어버렸다. 자연은 인공적인 것이 아니요, 인간에게 주어진 것으로서 은총의 세계이다. 자연을 지배의 대상으로만 보면서 현대인은 하이데거가 말한 대로 어디를 가나 인간을 만날 뿐이다. 그 결과 은총에 대한 감사를 잃어버렸다. 현대인은 당당해진 대신에 감사하는 감각을 잃어버렸고, 그 결과 또 다른 결핍에 시달리며 공격성이 증가했다.

현대인이 은총의 세계를 잃어버리게 된 데에는 산업화를 통한 생산방식의 변화도 큰 역할을 했다. 사실 근대 이전의 주된 생산방식은 농업이었으며, 농사를 짓는 일은 하늘에서 비를 내려주고 햇볕을 쪼여주지 않으면 열매를 거둘 수 없다. 벼 이삭이 누렇게 패기까지 사람이 할 수 있는 일은 그리 많지 않았다. 자연의 은총이 일차적 운동인(運動因)이요, 인위적이고 인공적인 것의 기여는 이차적인 것에 지나지 않았다. 먹거리를 생산하는 것뿐 아니라 과거에는 아이를 생산하는 것도 하늘이 점지해주어야 되는 일이었다. 모든 것이 하늘의 은총으로 되는 일임을 고백하고 감사할 수밖에 없었던 것이 중세까지 인류의 종교적 심성을 이루었다.

그러나 근대에 들어 하늘 밑의 들을 벗어나 천장으로 하늘을 가린 공장 안에서 제품을 생산하고, 아이도 인공수정을 통해 낳을 수 있게 되면서 인간은 은총으로 살지 않고 인간의 능력과 노동의 대가로 산다고 생각하기 시작했다. 인공수정이란 말 자체가 신과 자연의 은총이 아닌 인간의 손에 의해 만들어진 아이라는 뜻이다. 오늘날 치료를 위해 이루어지는 체세포 복제의 기술은 인간복제의 능력까지도 가져다줄 것이다. 멀리로는 우주의 끝을 망원경으로 들여다보고 가까이로는 세포 속의 생명현상까지 현미경으로 들여다보는 과학지식의 발전은 인간을 거의 전지전능한 존재로 만들면서 겸허함과 감사라는 미덕은 너무나 멀어졌다.

인류의 미래는 앞으로 인간의 능력을 어떻게 조절하고 조정할 수 있는가에 달린 것 같다. 코로나19의 백신과 치료제를 만들기 위해 전 세계가 노력하고 경쟁하고 있고, 신약이 개발되면 인간의 기술능력은 다시 한 번 자신감을 가지게 될 것이다. 신약 개발은 인간에게 이롭고 부도 창출하니 여러 면에서 좋은 일이라고 생각할 것이다. 그러나 신약 개발이나 의료기술의 발전이 국가나 대기업의 투자에 의지하고 그 투자가 결국 부의 창출을 위한 것이라면, 칸트의 용어로 말해, 백신 개발에 순수하지 못한 동기가 끼어 있는 셈이다. 더구나 부 창출의 동기가 인간에게 좋은 일을 하려는 동기보다 앞선다면 신약 개발은 도덕적이지 못하다. 물론 현대의 사회윤리에서는 순수한 이성을 추구한 칸트의 윤리보다는 좋은 게 좋다고 보는 공리주의 윤리가 지배적이지만, 코로나 이후 인류문명의 방향을 위해서는 종교성에 가까운 순수하고 숭고한 마음을 잃지 않으려고 했던 칸트 윤리의 의미를 다시 생각해야 할 것 같다.

신약 개발을 비롯한 과학기술의 발전이 인간에게 좋은 일이라고 하지만, 인간에게 좋은 일이란 결국 인간의 욕망을 만족시키는 것이다. 그러나 과연 인간이 어디까지 손을 대도 좋은지, 인간의 욕망을 어디까지 만족시키는 것이 인간에게 좋은지를 생각해봐야 한다. 아이의 요구를 모두 들어주면 아이를 망치고 잔인하게 만든다는 교육학의 지침이 있다. 마찬가지로 사람의 욕망을 좇아 그것을 모두 만족시키며 돈도 버는 과학기술이 인류의 미래를 위험에 처하게 할 수도 있다. 사람은 무엇이 자기에게 좋고 나쁜지를 모른다는 종교의 가르침 앞에서 인류는 자신의 지식과 욕망이 가져올 위험을 살피며 미래의 방향을 생각해야 할 것 같다.

자연은 소유하지 않고 존재한다. 무소유의 자유를 주장한 중세의 가르침은 정의 발전에 방해가 되었고, 정당한 소유에 초점을 맞추고 소유에서 자유를 찾은 현대인의 삶은 쓰고 버리는 과도한 소비문화가 가져온 공격성과 자연 파괴로 인한 비존재의 위협을 겪고 있다. 소유하지 않고 그냥 존재하는 자연의 생명력은 근대 이후의 문명 방향으로 의미가 있다. 근대적 소유 문명 이후의 무소유는 적절한 소유를 의미하며 공유의 확대를 의미하기 때문이다. 인류의 생존과 영혼의 진보를 위한 지혜를 자연에서 배울 수 있다. 자연이 주는 자유이다.

서구의 근대문명은 의미를 추구하지 않는 자연을 열등하게 보았지만 무의미를 모르는 점에서 자연에는 근대문명이 모르는 자유가 있다. 자연은 의미를 추구하지 않고 그냥 사는 데에 충실하다. 무의미를 모르고 생명에 충실한 자연의 생명력은 무의미에 시달리며 살고 싶지 않은 충동에 빠지는 현대인에게 어떤 자유를 준다. 현대인은 의미를 모르는 자연을 넘어 의미 있는 삶을 살고자 주체성을 내세웠지만 결국 물질주의 문명 속에서 진리 물음의 깊이로부터 멀어졌고 생존경쟁에 허덕이며 당장 쓸모 있는 것에서 의미를 찾게 되었다. 그런 삶은 순간순간을 넘기는 허무주의에 가까우며 의미의 무의미 속에 빠져 있는 삶이다.

한국인은 왜 자연을 좋아하며, 왜 그 많은 사람들이 틈만 있으면 도시를 벗어나 산 속으로 모여드는가. 무의미를 모르고 그냥 존재하는 자연이 생명력을 주고 무의미를 극복할 은총으로 다가오기 때문이다. 의미와 무의미를 떠나서 그냥 살 줄도 알아야 하며, 의미부터의 자유를 누릴 줄도 알아야 한다. 자연이 주는 자유이다. 소비를 줄이고 자원의 낭비를 막으며 타자와의 친교를 확대하는 연대성도 자연친화적인 영성에서 개발될 수 있다.

자연을 자유의 반대로 보는 근대적 사고에서 벗어나 자연이 주는 자유를 인간사회에서 구현하는 문명의 전환이 필요하다. 자연에서 도덕성의 모범을 찾은 동아시아의 문명과 자연을 극복하며 인권을 확립한 서구 문명의 대화가 필요하다. 코로나 이후 동서양 문명의 대화가 더욱 필요해졌다.

코로나19 이후 한국의 미래*

한상진 (서울대학교 사회학과 명예교수)

1. 이 글의 목적과 방법론

이 글은 경험적 자료에 근거해서 코로나19 이후 한국사회의 모습을 탐색하려는 것이다. 그렇지만 우리의 현실은 코로나19 시대의 폭풍과 혼동에 휩싸여 있다. 인류가 애써 발전시킨 세계화된 개방적 삶을 코로나19가 송두리째 뒤흔들 줄은 누구도 예상하지 못했다. 세계 경제가 휘청거리고 지역 간·국가 간 인구이동이 거의 막혔으며 권위주의/국수주의/포퓰리즘이 맹위를 떨치는 가운데 인간(인류)의 삶이 급격히 고립·위축되고 있다. 당연시된 많은 가정들이 무너지고 있다. 이 와중에 한국은 어디에 서 있으며 어디로 가고 있는가?

누구도 선뜻 답하기 어려운 문제다. 흔히 듣는 말은 코로나19 이전으로 복

* 통계분석을 해준 김수빈, 이성진 조교, 그리고 원고를 편집해준 조명옥에게 감사한다.

귀하는 미래는 없다는 진단이다. 그러나 우리는 이 말을 아직 충분히 이해하지 못하고 있다. 속히 그 이전으로 돌아가기를 갈망하는 마음이 지배적이다. 세계 어디서나 그렇다. 그러나 이런 소박한 꿈은 접어야 한다. 미래는 결코 과거의 재현이 아닐 것이다. 그렇다면 미래는 어떻게 나갈 것인가? 최소한 3가지 방법론적인 성찰이 요구된다.

첫째, 코로나19 이전 시대, 코로나19 시대, 코로나19 이후 시대의 개념을 잘 정리해야 한다(Ecks, 2020; Whismster, 2020). 코로나19 이전으로 돌아가는 길은 없다고 한다면, 코로나19 시대의 충격, 고통, 혼란 속에서 우리는 어떤 미래의 사회질서를 만들어갈 것인가? 여기에 핵심적인 문제가 있다. 당연히 역사적 통찰과 정치적 지혜가 요구된다.

한 보기로, 사회적 거리 두기 3단계 같은 강력대응을 정부에 촉구하는 전문가들이 있다. 필요하면 해야 할 일이다. 그러나 이것이 미래의 좌표가 될 수는 없다. 코로나19 시대의 전략일 뿐이다. 그리고 이 전략이 정말 성공하려면, 단순히 확진자 수를 줄이는 성과만이 아니라 그 방식 안에 미래를 여는 철학과 지혜가 있어야 한다. 이것이 없이 마치 성공적인 K-방역이 무슨 수단을 쓰건 어떤 희생을 감수하건 반드시 성취해야 할 단일 국가목표인양 강조하는 것은 결과적으로 국가권력지상주의의 함정에 빠질 수 있다. 비유하자면, 위협받는 국가안보를 앞세워 중화학 공업화라는 단일 목표를 향해 매진했던 1970년대의 전략이 유신 독재체제를 가져왔다는 뼈아픈 기억을 잊어서는 안 된다.

둘째, 코로나19 이후는 하늘에서 떨어지는 것도 아니고 외부에서 이식되는 것도 아니다. 오직 코로나19 현재를 관통하는 기저의 힘, 갈등, 열망, 그 안에 얽혀 있는 모순과 희망에서 나온다. 현재에 닻을 내린 코로나19 이후는 역사적이고 사회학적인 것이 되어야 한다.

셋째, 미래의 열쇠는 국가에 있지 않다. 시민의 판단, 의지, 협력이 중요하다. 정부의 리더십, 의료 인력과 제도의 우수성도 중요하지만, 시민 개개인의 실천이 보다 근원적이다. 문제해결의 열쇠가 정부에 있는 듯이 가정하는 사람들이 너무도 많다. 그러나 시민은 기계의 톱니가 아니다. 정치인이 명령을 내리고 관료제가 작동한다고 해서 시민이 일사분란 움직이는 시대에 우리는 살고 있지 않다. 명령을 따르는 소극적 시민이 아니라 자신의 행위에 의미를 부여하고 정당화하는 문법이 정착되어야 비로소 질서가 안정될 수 있다. 따라서 관심의 초점을 시민에게 돌려야 한다.

이런 점들을 종합해보건대, 상황은 불확실하지만, 나는 한편으로 우리에게 희망이 있다고 생각한다. 코로나19 체험을 통해 우리에게 잠재해 있던 어떤 가능성이 가시화되고 있다. 그러나 다른 한편 커다란 모순이 동시에 움직이고 있다. 최근 K-방역이 성공했다는 평가와 함께, 이 성공을 반드시 이어가야 한다는 집권층의 강박관념이 세지면서, 성공의 의도치 않은 결과로서, 민주주의의 이름으로 민주주의를 파괴하는 독재의 길이 열릴 수도 있다는 것이다. 이 글은 이런 양면성을 중심으로 하여 코로나19 이후 한국사회의 모습을 경험적 자료로 살펴보려는 것이다.

2. 25년 전, 하버마스의 진단

다소 우회하는 것 같지만 나는 25년 전으로 돌아가서 생각의 실마리를 찾고자 한다. 1996년 4월 하순, 독일의 저명한 학자 위르겐 하버마스(Jürgen Habermas)가 한국을 방문해서 2주간 체류한 적이 있었다. 첫 번째이면서 유일한 방문이었다. 그때 그는 서울을 포함하여 대구, 광주 등을 들려 7차례 공개 강연을 했고, 유학의 본거지인 성균관대학교, 서울 종로의 조계종, 해인사, 광주 망월동, 포항 제철공장 등을 찾았으며 수많은 지식인, 학생, 언론인과 대화했다. 서울대학교 공개강연을 포함하여 그의 강연은 어디서나 폭발적인 인기를 끌었다. 언론 인터뷰 요청이 쇄도했지만, 빈틈없이 짜인 일정을 고려하여 출국하기 바로 전날인 5월 11일 서울 프레스센터 언론연구원에서 2시간 동안 기자간담회를 열었다.

언론인들과 함께 나누었던 가장 인상적인 주제는 한국인의 역동성과 문화적 유산이었다. 1996년 5월 12일 보도를 보면, ≪동아일보≫는 "순수성을 지향하는 불교와 공동체 지향적인 유교를 현대적으로 재해석하면 현대 한국사회가 나아갈 방향을 찾을 수 있을 것"이라는 하버마스의 진단과 함께 "한국학계는 한국사회를 분석하는 데 […] 서구이론에서 모델을 찾을 필요는 없다"는 조언을 소개했다(하버마스/한상진, 1996: 373). ≪조선일보≫는 "불교와 유교라는 풍부한 문화적 자산을 근대적 삶의 형식과 조화시키지 못하고 있는 한국인들이 안타깝다"는 질타와 함께 "한국은 앞으로의 발전모델을 굳이 서구에서 찾을 필요가 없다" 왜냐하면 "어느 나라도 걸어본 적이 없는 새로운 길"이기 때문이라고 보도했다(하버마스/한상진, 1996: 372). ≪서울신문≫은 "한국의 지식인들은 서구에서 이상적인 모델을 찾을 것이 아니라 한국이 갖고 있는 미래지향적 성향을 토대로 이론적 작업을 해야 할 것"이라는 그의 충고를 크게 보도했다(하버마스/한상진, 1996: 379).

당시 나는 전체의 모임을 주관했던 사람으로서 그의 발언을 생생히 기억하지만 25년 전 그의 관찰이 오늘의 현실에 적중하는 것을 보고 새삼 놀라고 있다. 최근 이원재(2020)는 '힘의 역전'이라는 표현을 썼다. 코로나19를 경유하면서 서구가 쇠퇴하고, 동아시아가 부상하는 힘의 역전이 일어나고 있다는 것이다. 단순화해서, 우리는 이제 '세계에 없는 것을 앞장서서 만드는 국가'가 될 수 있다는 것이다. 허황된 생각만은 아니다. 자유민주주의 체제가 코로나19 도전 앞에서 맥을 못 추는 현실을 보면서 서구 우월의 고정관념에 의문을 품는 지식인이 늘고 있다. 그러면서 동아시아를 새로운 눈으로 보는 것 같다. 그렇다면 서구의 한계는 무엇이고 동아시아는 어떤 잠재력이 있는가?

3. 한국의 잠재역량

펑이하게 문제를 풀어보자. 코로나19 시대의 체험에서 미래로 가는 길을 찾으려면 먼 데, 높은 데를 볼 것이 아니라 가까운 데를 볼 필요가 있다. 이때 부딪히는 문제의 하나가 마스크다. 서구 여러 나라에서는 마스크 착용이 민감한 정치문제가 되었다. 이에 저항하는 운동, 시위도 빈번히 일어났다. 미국의 경우, 공화당 지지자는 마스크 착용에 소극적이고 민주당 지지자는 적극적이라는 조사결과도 여러 차례 나왔다. 정치분열이 그만큼 심각한 것이다. 우리도 정치분열은 심각하지만 마스크를 둘러싼 여야 분열은 거의 없다. 시민협력은 놀라운 수준이다. 왜 그럴까? 이 문제를 찬찬히 살펴볼 필요가 있다.

긴 권위주의 시대에 형성된 순종주의 태도 때문일까? 해외에 이런 해석이 더러 있지만, 국내에도 동일한 견해가 있다. 시민들이 공포에 쌓여 마스크를 쓰는 것일까? 정부와 언론의 대대적인 위험 홍보를 감안하면, 이 요인을 부정하기 힘들다. 그러나 이렇게만 보는 것은 단견이다. 이를 넘어서는 보다 중요하고 역사적인 공동체의 요인이 작용한다(Stansfield et al, 2020; Stokel-Walker, 2020; UK Government, 2019; First Nations Health Authority, 2020, WHO Interim Guidance, 2020).

이를 검증하기 위해 중민재단은 2020년 6월에 세계 30대 대도시 시민을 대상으로 코로나19에 관련된 방대한 온라인 설문조사를 실시했다. 설문의 하나는 이런 것이다. 만일 귀하가 코로나19에 "실제로 감염되었다면, 다음과 같은 결과에 대하여 귀하의 불안감은 어느 정도일 것 같습니까? ① 내가 받게 될 치료, ② 가족에 미칠 영향, ③ 나와 접촉한 친구나 동료에 미칠 영향". 응답은 "매우 높다", "다소 높다", "보통", "약간 낮다", 그리고 "거의 없다"의 5척도로 했다.

가장 큰 불안은 가족에 미치는 영향이다. 세계 공통현상이다. 특히 서울,

대구, 도쿄, 오사카, 타이베이, 홍콩, 싱가포르를 포함한 동아시아와 마닐라, 자카르타, 뉴델리를 포함한 동남아가 현저했다. 그러나 이 자료만을 가지고 국제적 서열을 매기는 것은 응답에 영향을 미치는 문화적 또는 사회적 편차(집단의식)를 무시하는 결과가 될 수도 있다. 그래서 우리는 도시별로 불안의 두 차원, 예컨대 가족에 관한 불안과 개인의 불안을 비교했고, 전자에서 후자를 뺀 순수한 가족공동체 지수를 측정했다. 우리는 이것을 가족지향 마음의

〈그림 4-1〉 가족지향 공동체 순효과(지수)

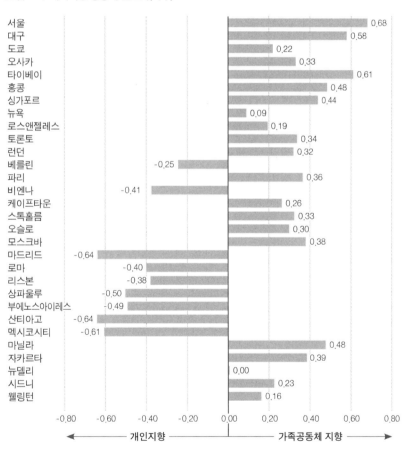

공동체라고 부르기로 했다. 이 지수가 높을수록 가족지향 마음의 공동체가 크게 작용한다는 뜻이다.

그 결과, 상당히 흥미 있는 결과나 나왔다. 가족지향 마음의 공동체가 가장 강한 곳은 한국(서울과 대구)이고 다음이 타이베이다. 그 뒤를 홍콩, 마닐라, 싱가포르, 자카르타가 잇는다. 일본은 모스크바와 함께 행위자 개인의 불안 감이 세계에서 가장 높은 곳이다. 때문에 순수한 가족공동체 지수는 낮은 편이다. 그러나 가장 낮은 곳은 남유럽과 중남미다. 여기서는 가족에 대한 생각보다 개인 위주 경향이 훨씬 강하다. 아울러 가족에 대한 불안보다 친구/동료에 대한 불안 지수가 현저히 높다. 즉, 친구공동체가 가족공동체보다 더 강하다는 뜻이다.

이 분석의 의미를 잘 해석할 필요가 있다. 적극적으로 해석하자면, 코로나19 시대를 맞이하여 한국 시민들이 마스크 착용에 놀라울 정도로 협력하는 것은 단순히 권위주의 시대의 습관이거나 질병에 대한 공포심 때문이 아니라 가족지향 마음의 공동체가 강하기 때문이라고 해석할 수 있다. 국가명령이나 질병공포 때문이라는 해석은 행위자의 주관적 동기에 내장된 합리성을 무시하는 것이다. 때문에 시민의 행동을 외형적인 모습만이 아니라 주관적 의미의 맥락에서 주의 깊게 살펴야 한다. 물론 동기는 다양할 수 있다. 집단압력에 대한 순응, 자기보호의 당위, 타인에 대한 배려, 동조적 습관 등 다양하다. 그러나 명령에 대한 복종이나 공포심만으로는 행위의 지속성을 담보하기 어렵다. 오직 시민들이 자신의 행동을 의미적으로 해석하고 정당화할 수 있을 때, 질서는 지속가능하다. 이것은 공동체 문화가 나름으로 살아 있을 때 가능한 일이다. 때문에 나는 일찍이 하버마스가 예견했듯이, 우리 문화에 내장된 공동체 가치 지향이 코로나19를 경유하면서 개화되기 시작한 것으로 해석한다.

한걸음 더 나가보자. 코로나 이전, 코로나 시대, 코로나 이후를 상징하는 인간유형을 어떻게 구성할 것인가? 2가지 설문을 교차하고자 한다. 하나는 마

〈표 4-1〉 코로나 시대의 인간 유형

구분		마스크 미착용자에 대한 반응		
		불안을 느낌	평온함을 느낌	합(명)
마스크 착용	적극	적응형 42.5%	혁신형 11.8%	54.3% (8,314)
	소극	역진형 27.8%	자유형 17.9%	45.7% (6,998)
	합(명)	70.3% (10,767)	29.7% (4,545)	100% (15,312)

스크를 얼마나 많이 착용하는가에 관련되고 다른 하나는 마스크를 쓰지 않은 사람과 만나거나 마주칠 때 느끼는 불안의 정도다. 이 둘을 교차하면 〈표 4-1〉과 같은 4가지 인간유형이 나온다.

〈표 4-1〉을 보면, 코로나19 시대에 마스크를 쓰지 않은 사람에게 불안을 느끼는 응답자가 세계 시민의 70.3%나 된다. 적응형은 홉스주의적 생존지향형으로서 코로나19 시대의 노멀이다. 이들은 열심히 마스크를 착용하면서 타자를 잠재적 위협으로 간주한다. 이들은 30대 대도시 시민의 42.5%를 차지한다. 혁신형은 로크적인 자기보호형으로서, 자신은 마스크를 열심히 착용하지만 상대에 대해서는 포용적이다. 이들을 혁신형으로 보는 이유는 타자를 공포의 대상으로 보는 코로나19 시대의 적응형과는 달리 타자에게 관용과 허용의 태도를 보이기 때문이다. 세계 시민의 11.8%를 차지하는 혁신형은 코로나19 이후의 긍정적인 사회질서를 예시한다. 자신의 보호를 위해 최선을 하지만 타자와는 로크적인 시민사회를 지향하기 때문이다.

세 번째 유형은 일종의 흑백 양극형이다. 자신은 마스크 착용에 소극적이면서 마스크를 착용하지 않은 사람에게는 공포를 느낀다. 즉, 자신은 선하고 타자는 악이라는 이분법이 작용한다. 이들을 역진형이라고 부르는 이유는 코로나19 이후가 이런 상태로 변하면 사회가 퇴보한다는 의미를 갖는다. 이들은 혁신형보다 훨씬 많은 세계 시민의 27.8%를 차지한다. 마지막은 일종의 자유방임형이다. 자신도 마스크 착용에 소극적이지만 마스크를 착용하지 않은 상대에게도 평온함을 느낀다. 이들은 코로나19 이전의 노멀이다. 그러나 코로나19 시대에서 보자면 이들은 적응형에 대한 일종의 저항형에 가깝다. 이들은 세계 시민의 17.9%를 차지한다.

이치로 보아, 적응형이 가장 많은 것은 자연스럽다. 코로나19 시대의 노멀이기 때문이다. 이들은 세계 시민의 42.5%지만, 동아시아에서는 74.0%, 동남아에서는 82.5%를 포함한다. 서울 78.8%, 대구 83.1%, 뉴욕 72,2%, 케이프타운 74.8%, 마닐라 86.9%, 자카르타 78.5%, 뉴델리 82.1%로서 절대다수를 차지한다. 그렇지만 중남미, 남유럽에서는 각각 2.9%, 3.1%만이 이에 해당한다. 자유형은 전 세계적으로 17.9%지만, 남유럽은 30.7%, 중남미는 21.8%이고, 오세아니아의 경우 33.3%, 서유럽의 27.6%가 이에 속한다. 역진형의 경우, 전 세계적으로 27.8%이나 남유럽의 62.6%, 중남미의 73.5%가 이에 속한다. 지역에 따른 변이의 폭이 매우 크다. 그만큼 문화의 차이가 크다는 뜻이다.

위의 분류가 흥미로운 것은 각각 코로나 이전 시대, 코로나 시대, 코로나 이후 시대의 차이를 보여주기 때문이다. 적응형은 코로나19 시대의 현실이다. 자유형은 과거다. 과거로의 복귀가 어렵다면, 코로나19 이후의 미래는 적응형에서 혁신형으로 가거나 역진형으로 가는 선택이 있다. 여러 이유로 혁신형으로의 변화가 바람직하다. 역진형은 불안하고 두려운 미래다.

한국이 이런 긍정적 변화를 선도할 가능성이 있는가? 우선 규모를 보자면, 서울의 혁신형은 15.3%로서 세계 도시 평균11.8%보다 높다. 혁신형은 대체로 동아시아(18.4%)와 서유럽(14.9%)에서 많고 남유럽(3.1%), 중남미(2.9%), 동남아(9.0%)에서 적은 편이다. 동아시아만을 보자면 타이베이(28.1%), 싱가포르(23.1%)가 서울, 도쿄 등보다 훨씬 많다.

보다 중요한 것은 혁신형의 다음과 같은 특성이다. ① 앞서 소개한 순수한 마음의 공동체 지수가 가장 높다. 동아시아의 경우, 혁신형의 가족지향 공동

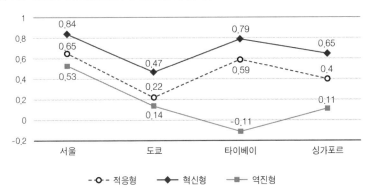

〈그림 4-2〉 도시별·인간유형별 가족지향 공동체 순지수

체 순지수는 0.64인 데 반해, 적응형은 0.46, 역진형은 0.16, 자유형은 0.31이
다. 도시별로 보면, 〈그림 4-2〉가 보여주듯이, 서울, 도쿄, 타이베이, 싱가포
르에서 혁신형의 가족지향 공동체 순지수가 다른 유형보다 일관되게 높다.
특히 서울 시민의 경우에 높다.

여기에는 나름의 발전논리가 작용한다고 할 수 있다. 혁신형은 자신을 보
호하는 데 적극적이면서 타자를 관용하는 시민들이다. 서로를 배려하는 마음
의 공동체가 이들 사이에서 강하다는 것은 자연스럽다. 더 나아가 코로나19
이후를 이끄는 도덕적 잠재력이 있다는 뜻도 있다. 즉, 희망이 있다는 것이다.

또 하나 흥미로운 점은 코로나19 시대에 시민들이 경험하기 쉬운 일련의
부정적 심리 ― 우울증, 외로움, 수면장애, 정신집중의 어려움 등 ― 에 관하여 혁
신형이 상대적으로 훨씬 자유롭다는 점이다. 코로나19 시대에 많은 사람들이
이런 정신적·심리적 장애로 고통을 겪는다는 사실은 잘 알려져 있다. 특히 저
소득층, 실업자 또는 불완전 취업자, 소수집단, 이민자, 유색인종 등 사회경제
적 약자들이 그렇다(Ducharme, 2020; Carbonaro, 2020). 그러나 4가지 인간유형
가운데 혁신형이 다른 유형에 비해 이런 정신적·심리적 부작용에서 상대적으
로 자유롭다는 것은 시사적이다. 코로나19 시대가 인간 내면에 미치는 부정

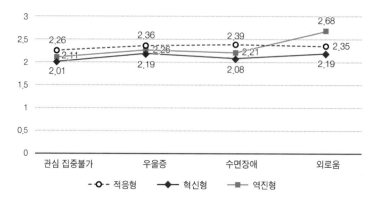

적 유산을 극복하는 능력이 상대적으로 크다는 의미가 있기 때문이다.

종합하건대, 혁신형은 코로나19 시대에 형성된 코로나19 이후의 바람직인 인간상이라 할 수 있다. 이들은 분명 적응형과 다르고 역진형과는 더욱 다르다. 공동체 지향이 강하고 타자를 공포의 대상이 아니라 협력의 대상으로 본다. 때문에 다른 인간유형보다 심리적 긴장수위가 낮다. 서울 시민의 경우, 〈그림 4-3〉은 이 관계를 잘 보여준다.

4. 가시화되는 코로나 독재의 위험

이상의 분석에서 우리는 코로나19 시대를 맞이하여 공동체 문화가 작동하고 있음을 보여주는 통계적 자료를 보았다. 서구와 구별되는 동아시아 잠재력의 측면에서 한국은 고무적이다. 이 희망의 근거가 이상적인 것을 넘어 현실을 이끄는 힘이 되려면, 사회제도와 접목되어야 한다. 예컨대 정부가 역사발전에 대한 세련된 감각을 가지고 이 같은 잠재력을 K-방역에 생산적으로 투입한다면, 코로나19 이후 한국의 사회질서는 개인주의적 서구와는 다른 모습을 보일 것이다. 그러나 과연 그렇게 되겠는가? 이에 반하는 모순된 힘을 간략히 살피겠다.

희망에 대립되는 모순의 실태는 코로나19 경험을 관통하면서 K-방역의 성공과 함께 한국의 정치지형이 급격히 국가주의 방향으로 선회한 데 있다. 전통적으로 시민사회를 대변했던 진보세력이 국가권력을 장악하면서 국가 중심 가치관을 대변하게 되었을 뿐 아니라 2020년 4월 총선 압승으로 입법, 사법, 행정을 완전히 장악했고 제도정치 밖에서도 막강한 동원력을 확보하게 되었다. 이것은 상당히 근본적인 정치지형의 탈바꿈을 뜻한다(한상진, 2020a, 2020b). 외형상으로 보면, 정치 지도자가 정치를 이끄는 것처럼 보이지만, 정치의 기반이 사회에 있다고 할 때, 정치지형의 사회적 탈바꿈은 정치행위에 큰 영향을 미치기 때문이다. 우리는 코로나19 시대를 경유하면서 이런 커다란 구조변화에 직면한 것으로 판단된다.

따라서 우리는 앞서 본 희망과 함께 현실적인 모순을 정확히 보아야 한다. 희망의 핵심은 동아시아에서 강한 공동체적 감수성이다. 모순은 정치적인 것으로서, 핵심은 시민이 어떤 유형의 정치를 향해 나가는가에 있다.

〈표 4-2〉는 2가지 설문을 교차하여 시민의식에서 정치의 4가지 유형을 추출한 것이다. 하나의 설문은 "비상시국 아래 정부재량권은 법을 떠난 통치행위로써 항상 정당하다"는 의견과 "오직 법의 절차와 테두리 안의 자유재량권만이 정당하다"는 의견을 제시하고 세계 시민에게 선택을 요구한 것이다. 다른 설문은 "사회가 위험에 직면할 때, 정부가 공적 권위를 대변하기 때문에 정부 결정을 따라야 한다는 주장이 있는가 하면, 위험에 부딪치는 것은 시민이기 때문에 정부는 시민의 의견을 존중해서 적절한 정책을 추진해야 한다는 주장도 있다. 둘 사이에 큰 격차가 있다면 귀하는 어느 쪽에 가깝다고 느끼는가?"라고 물은 것이다. 전자는 법치인가 통치인가의 문제고, 후자는 정부 중

구분	법에 근거한 지배	명령에 의한 통치	합(명)
정부 중심	권위주의적 법치 23.3%	관료적 예외국가 34.6%	57.8% (8,855)
시민 중심	민주적 협치 29.6%	포퓰리즘 예외국가 12.6%	42.2% (6,457)
합(명)	52.9% (8,096)	47.1% (7,216)	100% (15,312)

심인가 시민 중심인가의 문제다.

〈표 4-2〉에서 법치를 선호하는 시민은 52.9%, 통치를 선호하는 시민은 47.2%로서 세계적으로 보면 비슷하다. 한편, 정부 중심은 57.9%, 시민 중심은 42.2%로서 전자가 다소 많다. 4개 유형 가운데 권위주의적 법치와 민주적 협치에 대해서는 특별한 설명이 필요 없다. 그러나 통치개념에서 나오는 관료적 예외국가와 포퓰리즘 예외국가는 설명이 필요하다. 예외국가(the state of exception)는 국가의 안위에 중대한 도전 또는 위협이 발생했을 때, 특단의 예외적인 긴급명령, 법적 또는 초법적 조치를 통해 국가질서를 유지하는 경향을 가리킨다(Agamben, 2005). 우리의 경험에서 관료적 예외국가의 보기는 긴급조치들로 국가를 운영했던 유신체제다. 포퓰리즘 예외국가는 중남미에서 흔히 발견된다. 코로나19 시대에 여러 나라 정부가 행사하는 비상대권은 예외국가적 통치행위라고 할 수 있다. 서구에서도 포퓰리즘이 득세하는 상황이어서 예외국가 성향을 주시할 필요가 있다. 세계시민조사 결과에 의하면, 관료적 예외국가 통치를 선호하는 시민이 34.6%로서 가장 많다. 그 뒤를 민주적 협치, 권위주의적 법치, 포퓰리즘 통치가 따른다.

이 자료를 예의 주시할 필요가 있다. 이것은 시민의식 안에 규범화되어 있는 민주주의를 말하는 것이 아니다. 시민에게 민주주의는 좋은가 나쁜가를 물으면 대부분 시민은 좋다고 대답한다. 이 자료는 이러한 가치적 선호를 말

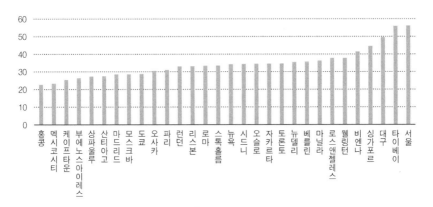

〈그림 4-4〉 도시별 관료적 예외국가 통치의 사회적 기반

하는 것이 아니라 정치의 사회적 기반으로 작용하는 것이다. 이렇게 볼 때, 관료적 예외국가의 사회적 기반이 전 세계적으로 34.6%나 된다는 것은 놀라운 일이다. 세계 정치가 급격히 국가주의/국수주의/민족우선의 방향으로 바뀌는 배경을 설명해준다.

더욱 놀라운 것은 관료적 예외국가 통치의 사회적 기반이 한국에서 가장 넓다는 것이다. 세계 평균은 34.6%인데 서울은 56.4%다. 그 뒤를 타이베이 56.1%, 대구 49.8%, 싱가포르 44.6%가 따른다. 가장 낮은 곳은 홍콩(22.6%)이고 도쿄(28.9%)와 오사카(30.5%)는 중하위권에 있다.

이와 대립되는 민주적 협치에 관한 자료도 충격적이다. 세계 평균은 29.6%인데 서울은 15.5%에 불과하다. 가장 낮은 타이베이(14.0%) 다음으로, 세계에서 최하위권에 속한다.

이 자료는 무엇을 뜻하는가? 이것은 한국의 현재를 보여주는 동전의 양면 같은 것이다. 앞에는 코로나19 이후의 시대를 이끄는 공동체 지향의 감수성이 있다. 그러나 뒤에는 코로나19 이후를 어둡게 전망하게 만드는 관료적 예외국가 통치의 사회적 기반이 있다. 오늘날 우리가 서 있는 지점이 바로 이 지점이다. 희망도 있지만 우려도 적지 않다.

보다 정확히 적자면, K-방역 독재가 출현할 가능성이 있다. 이미 출현했다는 것이 아니라 출현할 개연성을 말하는 것이다. 이것은 결코 의도의 산물이 아니다. 집권층이 악한 의도를 가지고 있다는 뜻이 아니다. 선한 의지를 가지고 있고 나름대로 민주주의를 위해 옳은 방향으로 가고 있다는 확신이 강하지만, 워낙 모든 권력을 독점하고 있는 데다 상대를 악으로 규정하는 흑백논리와 자신의 도덕적 우월감이 강해 국가권력을 사용하여 악을 제거하려고 노력하는 사이에 그 강도가 심해져 결과적으로 독재체제를 만들어낼 위험이 있다는 것이다.

구조적 관점에서 피력하자면, 앞서 본 〈표 4-2〉의 관료적 예외국가 통치의 사회적 기반이 가장 넓고 강한 곳이 한국이라는 점은 진보정권을 표방하는 한국 집권층을 코로나19 독재로 인도하고 유인하는 무시하지 못할 요소라고 할 수 있다.

행위의 특성으로 본다면, 민주정치의 핵심이 책임윤리에 있다고 할 때, 자신의 과오는 전연 인정하지 않고 과오의 원인과 책임을 모두 외부로 돌려 특정 집단에 대한 대중의 분노와 적개심을 정치적으로 조직하는 방식으로 독재체제가 민주주의 이름으로 나올 개연성이 있다. 이 경우, 독재는 다른 것이 아니고 K-방역이 국민의 건강과 생명보호에 있다는 대의명분을 앞세워 국민과 대화하고 협치하는 길 대신 정부가 국민 위에서 선택된 정보를 제공하고 명령하는 체질이 점점 굳어진다는 것을 뜻한다. 모든 것을 힘으로 밀어붙이면 된다는 잘못된 생각으로 힘을 남용하는 것이 습관이 된다. 이를 통해 국민을 능동적인 시민이 아니라 수동적 시민으로 길들이고 훈육한다. 모든 저항을 분쇄하고 이것을 악마화한다. 근래 우리 사회에서 발견되는 이성적 분별 없는 대중의 환호는 이런 독재가 형성 중이라는 신호로 해석할 수 있다.

5. 어떤 미래를 원하는가?

우리는 어려운 조건과 환경에서 산업화, 민주화, 정보화의 길을 성공적으로 걸었다고 생각해왔다. 그러던 중 코로나19 시대를 경험하면서 세상이 생각보다 훨씬 많이, 넓게 그리고 깊게 변하고 있다는 것을 느낀다. 우리만이 아니라 세계가 그렇다. 익숙한 가정을 버리고 처음부터 새롭게 생각해야 할 점이 많다. 관료적 예외국가 이론가들이 생각하는 것처럼, 국가안위를 위협하는 중대한 사건이 발생했다고 할 수도 있다. 예상대로 세계는 한없이 비틀거렸다. 다행히 동아시아는 상대적으로 양호한 편이었다. 공동체 문화가 확실히 순기능을 발휘했다. 그러나 그 사이 정치지형은 급속도로 변했다. 국가주의가 무섭게 부활한 것이다. 한국은 국가주의 척도로만 보면 세계 최상위다.

K-방역은 성공적이라는 국제적 평가를 받았다. 그러나 확진자 수는 여러 요인에 의해 늘기도 하고 줄기도 한다. 우리나라도 마찬가지다. 확진자 수가 늘면 정부는 사회적 거리 두기 단계를 높이고 질병관리청과 방송은 온통 확진자 수의 증감에 매달린다. 반복해서 유사한 정보와 메시지가 나온다. 무엇을 겨냥하는가? 시민에게 경각심과 공포를 전파하면서 정부를 따를 것을 요구한다. 그러나 시민의 소리는 거의 없다. 방역의 주체로서 시민의 상황판단, 사회적 거리 두기 실천, 이에 따른 애로와 고충, 자신의 건강과 가족의 안전을 잇는 공동체 의식, 코로나19를 통해 얻은 새로운 자각, 삶의 지혜, 미래의 전망 등에 관해 시민들이 자신을 표현할 기회는 거의 없다. 천편일률적인 국가주도적 정보가 넘친다.

이것은 곧 정부이건 언론이건 K-방역이 단기적 과제에 매달릴 뿐 이를 이끌고 가는 미래의 비전이나 철학은 거의 없다는 것을 뜻한다. 정부가 결정하면 시민은 따른다는 과거 권위주의 체질이 이 안에 녹아 있다. 그러나 K-방역이 성공하려면 시민이 방역의 객체가 아니라 주체로서 자의식을 가지고 협력해야 한다. 잠시가 아니고 지속적으로 해야 한다. 코로나19 시대로부터 출발하여 코로나19 이후의 시대로 가는 길을 열려면, 초점을 정부로부터 시민 쪽으로 옮겨야 한다. 그러면 독재의 위험을 막고 상대적으로 밝은 미래를 탐색할 수 있다.

코로나19 이후 한국경제의 진로

표학길 (서울대학교 경제학부 명예교수)

1. 세계화와 코로나 팬데믹

2019년 11월 9일로 베를린 장벽이 허물어진 지 30년이 지났다. 1961년 동독 주민이 서베를린으로 탈출하는 것을 막기 위해 소련과 동독은 전체 길이 155km에 달하는 베를린 장벽을 세웠던 것이다. 이 장벽은 1988년 허물어지고 서독의 브란트 수상은 위대한 통독과업을 완수했다. 최근 많은 경제학자들이 베를린 장벽이 무너진 1988년을 세계화의 원년이라고 보고 그 이후 세계 경제의 발전과정을 분석했다. 대표적인 연구로 피케티(Piketty, 2014)의 '21세기 자본론'과 밀라노비치(Milanovic, 2013)의 '세계가구소득의 양극화 현상'이 있다. 이들 연구가 공통적으로 지적하고 있는 것은 세계화의 촉진으로 각국 내의 빈부격차가 더 심화되고 있을 뿐 아니라 각국 간의 소득격차도 더욱 악화하고 있다는 사실이다.

2020년 1월부터 시작된 코로나바이러스감염증-19(이하 코로나19)도 많은 학자들이 기후변화와 세계화의 부산물이라고 보고 있다. 중국이 WHO에 코로나 발생을 처음 보고한 날이 2019년 12월 31일이었다. 첫 환자가 보고된 지 6개월 22일이 되는 2020년 7월 22일 월드오미터(www.worldometer) 기준으로 전 세계의 코로나19 누적 확진자 수가 1,500만 명을 넘어섰다. 확진자 수가 500만 명이 되는 데 5개월, 1,000만 명이 되는 데 39일, 그리고 1,500만 명이 되는 데 24일이 지났음을 감안하면, 8월 초에는 누적 환자 수가 2,000만 명을 넘고 9월 초에는 3,000만 명을 넘을 수 있다. 세계 인구 77억 명 중 확진자 비중은 아직 0.2%에 미치지 못하지만 확진자의 93%가 최근 3개월 이내에 발생한 것을 볼 때 갈수록 가속도가 붙는 '퀀텀점프'가 우려된다. 다만 현시점에서 2020년 중으로 실행 가능한 백신 개발에 대해서 긍정적인 전망이 나오고 있고 가격도 40~60달러 정도가 될 것으로 예상된다. 따라서 적어도 내년에는 추가 확산이 진정될 수 있지 않을까 하는 전문가들의 희망 섞인 전망도 공존하는 것이 사실이다.

코로나 팬데믹은 전염병의 전 세계적 확산이라는 대재앙으로 인해 우리 모두는 인간과 인간, 인간과 자연이 모두 연결되어 있다는 사실을 깨달았다. 코로나 팬데믹 이후 각국 정부는 완전봉쇄조치와 부분봉쇄조치 사이에서 많은 고민을 할 수밖에 없었다. 차단과 봉쇄에 따른 실직과 파산, 수입감소의 규모를 감내하기 어려웠기 때문이다. 노벨 경제학상을 수상한 폴 로머(Paul Romer) 교수는 팬데믹으로 우리 모두는 살아 있을지 모르지만, 경제는 빈사 상태에 도달할지 모른다면서 완전봉쇄조치에서 부분봉쇄조치로 이행할 것을 촉구한 바 있다. 실제로 스웨덴 같은 나라는 처음부터 부분통제정책을 실시했다. 그러나 1918년 스페인 독감이 유행했을 때 미국의 여러 도시들 가운데 가능한 한 일찍 도시봉쇄를 하고 늦게 개방한 도시들의 경제회복속도가 그렇지 않은 도시보다 훨씬 빨랐다고 한다. 시민들이 안전하다고 느껴야만 경제활동 참여가 활발해지기 때문이다.

코로나 공포가 확산되는 가운데 우리나라의 실물경기가 크게 타격을 받고 있다. 한국은행이 지난 7월 23일 발표한 '2020년 2분기 실질국내총생산(GDP)' (속보치)에 따르면 2020년 2분기 실질 GDP는 전 분기 대비 (-)3.3%를 기록했다. 이는 분기 성장률로는 IMF 사태가 있었던 1998년 1분기(-6.8%) 이후 22년 만에 가장 낮은 성장률이다. 성장률이 두 분기 연속 마이너스를 기록하면 보통 경기침체기(recession)에 진입한 것으로 해석하는데 이러한 2분기 연속 마이너스 기록은 2003년 1~2분기 이후 17년 만의 일이다. 2분기의 부문별 성장률을 보면 수출의 낙폭이 가장 컸는데 자동차, 석유제품 등을 중심으로 1분기 대비 (-)16.6%를 기록했다. 제조업의 성장 기여도도 1분기의 (-)1.0%포인트에서 2분기에는 (-)9.0%포인트로 급락했다. 경제협력개발기구(OECD)와 국제통화기금(IMF)은 한국의 올해 성장률을 각각 (-)1.2%와 (-)2.1%로 전망했다. 한국은행의 지난 5월 전망치는 (-)0.2%였지만 8월에는 이를 더 하향 조정할 것으로 예상된다.

한 가지 변수는 한국의 최대수출국인 중국경제가 지난 2020년 1분기에는 전 분기 대비 (-)9.8의 역성장을 기록했으나 2분기에는 11.5%의 V자형 성장률을 기록했다는 사실이다. 그러나 중국의 2분기 성장률 전환이 코로나봉쇄조치의 해제에 따른 주로 내수소비 증대에 의존했음을 볼 때 한국의 성장률 반전도 국내소비가 어떻게 회복되느냐에 달려 있을 것이다. 또한, 중국은 수출 비중이 GDP의 20%에도 미치지 않지만, 한국은 40%가 넘기 때문에 수출 수요가 어느 정도 회복되느냐에 달려 있다. 그러나 한국의 제2의 교역대상국인 미국의 코로나 확산으로 2020년 7월 30일 기준 미국의 코로나19 사망자 수는 15만 명을 초과하고 있다. 이에 따른 경제 상황이 2020년 1분기 (-)5.0%, 2분기 (-)9.5%로 1947년 첫 통계 작성 이후 73년 만에 최악의 성장률을 기록하고 있기 때문에 한국경제의 수출, 소비회복은 훨씬 지연될 것으로 예상된다.

이 글의 목적은 코로나19 이후 한국경제의 진로를 모색해보는 데 있다. 정부는 코로나 사태 이후 3차에 걸친 추가경정예산으로 긴급재난지원을 실시했다. 그리고 보다 중장기적인 시각에서 한국형 뉴딜정책을 추진하여 경제회복을 계획하고 있다.

이하에는 대재앙의 경제학이라는 분석의 틀에서 코로나19의 진행 과정에 대한 거시경제적 분석을 시도한다. 이러한 이론적 분석의 틀은 경제회복에 필요한 정책 방향을 모색하는 데 이론적 근거를 제공할 수 있을 것으로 기대한다. 마지막으로 정부가 추진하고자 하는 뉴딜정책에 대한 논의를 토대로 한국경제의 '뉴노멀(new normal)'을 모색해본다.

2. 대재앙의 경제학

경제학에서 '코로나19 충격'과 같은 재앙의 경제적 의미를 분석한 학자로 하버드 케네디스쿨의 리처드 제크하우저(Richard Zeckhauser) 교수를 들 수 있다. 그는 1996년에 발표한 「대재앙의 경제학(The Economics of Catastrophes)」에서 1995년의 일본 한신 대지진과 에이즈 확산을 예로 들면서, 대재앙을 자연과 인간 행위의 결합을 통해 생산되는 경제적 사건으로 간주했다. 그리고 이러한 대재앙이 파급되는 과정과 비합리적인 방법으로 이에 대응하는 과정을 분석했다. 또한 대부분의 경우 부적절한 인센티브 때문에 인간 행위는 대재앙의 폐해를 악화시키는 경향이 있다고 지적했다. 현재 우리가 겪고 있는 '코로나19 사태'에서 종교적 이유로 또는 직장으로부터의 해고가 무서워서 자가 격리나 바이러스 검사를 기피하는 사태를 예상할 수 있는 것이다.

제크하우저 교수가 「대재앙의 경제학」이란 논문을 쓰게 된 계기인 일본 한신 대지진(1995년) 때 6,000명 이상이 사망했고, 2만 5,000명 이상이 부상을 당했으며 재산상 피해도 300억 달러에 달하는 것으로 추계되었다. 간접적 피해 규모를 합치면 전체 피해 규모는 훨씬 큰 것으로 추계될 것이다. 제크하우저 교수는 이러한 대재앙적 지진도 물론 처음에는 자연재해로 시작되었지만 부적절한 건물을 몰려 지어놓은 탓에 피해가 대규모로 확산되는 인간재해로 귀결된 것으로 보았다.

2011년 3월 11일 14시 46분 일본 도호쿠 지방에서 발생한, 일본 관측 사상 최대인 리히터 규모 9.0의 동일본 대지진은 2011년 12월까지의 사망자와 실종자 수가 2만여 명, 피난 주민이 33만 명에 이르는 것으로 집계되었다. 동일본 대지진은 한신 대지진보다 훨씬 큰 규모였으나 이 역시 대규모의 쓰나미를 예상하지 못한 도시설계와 원전설계 등 인간재해의 결과로 해석할 수 있다. 일본이 최근 겪은 두 차례의 대지진은 그 피해가 일본 내에 국한되었으며 피해 수습 내지 복구 비용도 전부 일본 국민이 부담했다. 우리가 겪고 있는 '코로나19'의 피해도 결국 우리 국민이 감당할 수밖에 없다.

제크하우저 교수가 대재앙의 예로 든 에이즈바이러스도 물론 자연이 창조한 것이지만 비위생적인 성관계와 수혈에 의해 에이즈바이러스가 전 세계적으로 확산되었기 때문에 인간재해의 산물로 본다. 에이즈 관련 질병에 의한 전 세계 사망자 수는 1998년 77만 명에 도달했으며 2004년에는 170만 명까지 도달했다고 한다. 에이즈라는 대재앙은 일본이 경험한 두 차례의 대지진보다 훨씬 더 인간재해적인 성격이 강하고 대재앙의 파급과정이 보다 장기적이고 국제적이었다는 점을 들 수 있다. 현재 우리가 겪고 있는 '코로나바이러스 재앙'도 국제적으로 빠르게 확산되고 있다는 점에서는 에이즈바이러스와 유사하다. 그러나 에이즈바이러스가 비위생적인 성관계나 수혈에 의해 특정 다수에게 전파되는 것과 달리 '코로나바이러스'는 접촉에 의해 불특정 다수에게 빠르게 확산되고 있다는 점이 국내는 물론 국외에서도 공포의 대상이 되고 있는 것이다.

유일한 해결책은 정부와 지방자치단체들이 주도하는 방역 대책을 믿고 '사회적 신뢰(social trust)'를 회복하는 것이다. 정부에서 3차에 걸쳐 실시하고 있는 추가경정예산도 확진자에 대한 치료는 물론 방역과 치료에 임하는 의료기관과 의료 종사자들에게 집중시켜 코로나바이러스 감염확률을 낮출 수 있다는 사회적 확신과 연대감, 그리고 감염이 확진되더라도 회복할 수 있다는 의료적 확신을 확산시키는 방법밖에 없다. '대재앙의 경제학'은 인재에 의한 2차 피해의 확산이 가장 큰 피해를 낳을 수 있다는 교훈을 제시한다.

코로나가 세계 경제에 미치는 영향의 과정을 분석한 연구로 수리코·갈레오티(Surico and Galeotti, 2020)를 인용할 수 있다. 이 연구는 코로나가 다음과 같은 네 단계의 과정을 거쳐 거시경제효과가 파급된다고 보았다.

1) 제1단계

코로나가 전파되기 시작하면서 제일 먼저 일부 공장이나 사무실이 봉쇄조치를 당하므로 일부 제품의 공급망과 가치사슬(value-chain)이 무너진다. 가장 먼저 피해를 받는 부분은 여행산업과 관광산업, 항공운송업, 정유·가스업, 자동차 등 운송업, 소비자 제품 및 소비자 가전제품과 반도체업이다. 실제로 한국의 경우 중국 우한에서 코로나가 전파되기 시작했을 때 가장 먼저 봉쇄조치를 당한 기업은 중국에 진출한 한국 자동차업체들에게 부품을 조달하는 업체들이었다. 이들 업체의 부품이 한국에 있는 본사에 납품되지 않아 한국 자동차업체들이 수출하지 못하는 사태가 발생했던 것이다. 또한 지난 3월부터 미국에서 출발하는 항공편이 대폭 감소하기 시작했는데 그 감소 폭을 보면 아시아·태평양 (-98.1%), 유럽(-31.9%), 중동(-22.8%), 미주(-14.5%)였다고 한다. 이는 아시아·태평양 지역의 항공운송, 호텔 및 관광 산업이 가장 크게 영향을 받을 것으로 예상되었음을 의미한다.

2) 제2단계

제1단계의 여파로 저숙련 노동자들이 대량해고를 당하는 단계에 도달했다. 고숙련 및 고소득자들도 집에서 근무하는 사태에 돌입하는 단계이다. 미국의 경우 2020년 2월의 실업률은 3.5%에 불과했으나 3월 초에는 5.5%(28만 3,000명)로 치솟은 이후 7월 말에는 13%에 이르고 있다. 결국 이러한 대량실업은 미국경제의 GDP가 2020년 1분기에 전분기 대비 (-)1.3%, 2분기 (-)9.5%라는 대공황(Great Depression) 수준으로 떨어지는 사태에 이르렀다.

3) 제3단계

이 단계에 들어서면 많은 기업들의 현금 유동성에 문제가 발생하므로 대규모의 기업도산과 파산사태가 유발될 수 있다. 한국에서는 이스타항공이 파산신청을 했고 법원행정처가 집계한 2020년 상반기(1~6월) 법인 파산신청 증가율은 광주가 125%로 전국에서 가장 높았다고 한다. 자동차, 원전과 전자제품 제조업체가 몰려 있는 부산과 울산의 공장가동률이 40%까지 떨어지면서 조업단축과 파산신청에 내몰리고 있다.

4) 제4단계

제3단계까지 공급과 수요가 일종의 단계별 순환고리(loop)를 이루어 연쇄반응하다가 마지막 제4단계에 이르면 많은 기업들이 정규직 근로자들마저 해고하고 거의 모든 투자계획을 취소하게 된다.

이와 같이 코로나의 거시경제적 파급과정을 단계별로 분석해보는 이유는 현 단계에서 각국이 처한 상황을 식별하는 데 도움을 줄 수 있기 때문이다. 적어도 GDP 증가율이 하나의 식별지표라고 보면 중국경제는 제2단계에서 내수 시장의 크기에 힘입어 경기회복을 모색하는 단계라고 볼 수 있다. 한국은 제2단계에서 제3단계로 이행하는 과정이고, 미국은 제3단계에서 제4단계로 이행하는 과정으로 식별할 수 있다.

3. 코로나19 이후의 세계 경제

지금까지 진행되어온 향후 세계 경제의 전망에 대한 논의들을 종합해보면 2020년 3/4분기부터 V자형 경기회복이 가능할 것이라는 전망과 L자형으로 상당 기간 경기회복이 정체될 것이라는 2가지 견해가 대립되고 있다. 전자의 전망을 시도하는 경제전문가들은 중국경제가 다시 회복되기 시작했다는 통계에 근거하고 있다. 즉, 중국경제가 1분기에는 (-)9.8%의 역성장을 기록했으나 2분기에는 11.5%의 V자형 성장을 기록한 것에 주목하고 있다. 물론 주된 성장요인은 중국 자체의 내수증가에 기인하겠으나 전 세계 시장으로부터의 수입수요도 개선되었음을 반영하는 것으로 해석한다. 미국 연방준비제도(FRB)도 기술적인 반등요인이 있고 기저효과 때문에 제3분기에는 전분기 대비 (+)3.4%선까지 GDP 증가율이 회복될 것으로 예상했다.

그러나 보다 많은 전문가들은 그와 같은 V자형 경기회복을 전망하기에는 코로나의 감염 속도와 범위가 인도, 남미 대륙에 걸쳐 너무 빠른 속도로 증가하고 있다고 본다. 또한 지난 1, 2분기의 성장률 감소가 너무 큰 규모로 진행되었고 실업 규모의 증가속도 역시 너무 빨라 이들이 다 복귀할 수 있을 때까지 3~5년을 예상하기도 한다.

이런 코로나19 이후의 세계 경제에 대한 전망을 바탕으로 세계 경제의 '뉴노멀(new normal, 새로운 일상)'은 어떻게 전개될 것인가를 고찰해보기로 하자.

1) 세계공급망의 변화

≪이코노미스트(*Economist*)≫(2020년 4월 11일)는 코로나 이후 세계공급망 (global supply network)이 급속히 변화할 것으로 예상했다. 특히 미국과 중국 간의 무역분쟁이 가속화되면서 애플(Apple)과 같은 회사가 부품 조달을 중국 에서 받지 않고 멕시코 등 미국 가까운 곳에서 '스마트공장기술'로 조립하여 공급받는 방안을 모색하고 있다고 보도했다. 이들 다국적 기업이 코로나19와 같은 공급망에서의 충격이 있을 때 이와 같은 공급망 체계의 혁신을 통해 보 다 유연하게 대처할 수 있을 것으로 보았다. 전자상거래, 전자지불시스템, 생 명공학-보건 관련 시스템 개혁에 대한 전 세계적 수요가 증가할 것으로 본 것 이다. 그러나 해외투자는 2020년에 30~40% 감소할 것으로 예상했다.

한편 톤비·웨이첼(Tonby and Woetzel, 2020)이 작성한 매킨지 보고서(McKinsey Report)(2020년 4월)는 중국의 온라인서비스 Ding Talk, Work, Meeting 등과 한국의 쿠팡, SSG.com 같은 배달서비스 등 비대면거래(non-contact transec-tion)에 대한 수요가 항구적인 소비패턴으로 자리 잡을 것으로 예상했다. 2019년 말 기준 중국 인터넷 이용자는 8억 6,000만 명을 넘어섰고 전 세계에 서 중국 전자상거래 시장이 차지하는 비중은 47%에 이른다. 중국경제가 지난 1분기 코로나19로 (-)6.8%로 역성장했으나 2분기에 3.2% 성장하여 반등한 데 는 '왕홍 경제'가 크게 기여했다는 평가가 있다. '왕홍'은 인터넷공간에서 인기 있는 '인플루언서'로 '왕뤄홍런(網絡紅人)'의 줄임말이다. 코로나19 충격에도 올해 상반기 중국의 온라인매출은 전년 동기 대비 18.5% 증가한 2,251억 위 안(약 38조 5,000억 원)을 기록했다. 지난해 말 기준 2,300만 명에 달하는 왕홍 중 30%가 소셜미디어 플랫폼 10개 이상을 모바일 소통 채널로 이용하고 있 다. 최근 미국 정부가 미국 내 중국 소셜미디어 플랫폼 틱톡(TikTok)의 규제에 나선 이유도 이러한 배경을 갖고 있다.

2) 빈부격차 확대의 정치경제학

≪뉴욕타임스(*New York Times*)≫(2020년 7월 31일자, International Edition)에 의하면 코로나19 팬더믹의 가장 큰 영향 중 하나는 세계 각 지역의 경제가 파탄을 맞이하면서 빈부격차가 확대되고 결국 각국이 인기영합주의에 물들어 민주주의가 위협을 받고 있다는 정치경제적 현실이다. 이 보도에 따르면 중남미 각국의 빈부격차는 지난 20년 동안 개선되는 징후를 보였으나 코로나로 인해 완전히 역전되고 있다. 비대면 작업을 할 수 없는 비정규직과 비공식적 일자리가 대량으로 없어짐에 따라 사회 취약계층의 소득은 대폭 줄어들고, 또한 이들 국가의 사회보장/복지 시스템이 전혀 갖추어지지 않았기 때문에 빈부격차는 더욱 확대되고 있다는 사실이다. 이러한 상황은 인기영합주의자들에 의한 독재체제, 준권위주의 체제를 부추기고 각 국내의 정치구조로 영속화되고 있다는 것이다.

미국도 1930년대 대공황 이후 최악의 경제위기를 맞이하고 있다. 지난 3월 미국 의회는 무려 2조 달러에 달하는 생계비 지원, 영양 보조와 보통의 경우보다 많은 액수의 실업수당 등을 지급하는 경제적 구제책을 실시했다. 4인 가구의 경우 빈곤한계선은 2만 8,170달러로 추계된다고 한다. 위와 같은 미증유의 경제적 구제조치 덕분에 빈곤한계선은 코로나19 이전의 수준으로 회복되었다는 여러 연구결과가 나오고 있다. 그러나 기아지표는 개선되지 못하고 더욱 악화 중이라는 보도가 있다(≪뉴욕타임스≫, 2020년 7월 30일). 한 연구결과에 의하면 빈곤한계선(4인 가구 기준 2만 8,170달러)에 미달하는 가구의 29%가 '식생활 불안(food insecurity)'을 경험하고 있으며 차상위빈곤계층(new poor) 중에서도 22%의 사람들이 '식생활 불안(food insecurity)'을 경험하고 있다고 한다. 그 이유는 경제적 구제조치가 빈곤계층에 도달하기까지 많은 시간이 걸리고, 도달하더라도 주거비, 교통비, 교육비 등에 대한 지출 부담으로 식료품 구입에 필요한 비용을 확보하지 못하고 있기 때문이다.

많은 전염병 전문학자들은 코로나19 이후에도 여러 차례 감염병 확산이 있을 수 있다고 예측한다. 설령 백신이 발견되더라도 코로나는 여러 형태의 변종으로 나타나 백신을 무력화할 수 있다는 것이다. 결국 우리는 포스트 코로나(Post-Corona)와 코로나 이후(After Corona)의 시대를 살게 될 것이 아니라 코로나와 공생하는(With Corona) 시대를 살아야 할지 모른다. 일부에서는 사회안전망이나 공공복지의 인프라가 취약한 미국이나 중국보다 독일이나 베트남 같은 나라가 새로운 강국으로 떠오르리라 예측한다.

4. 한국형 뉴딜정책과 한국경제의 진로

한국은 코로나19 방역의 모범국가 사례로 지칭되고 있고 실제로 지난 1분기와 2분기의 GDP 성장률도 미국이나 일본, 중국에 대비할 때 '상대적으로 선방'했다고 평가된다. 그 주된 이유는 메르스 사태를 겪으면서 제고된 공공방역시스템의 중요성이 널리 인식되고 건강의료보험제도의 확충으로 코로나19 확산 초기에 비교적 성공적으로 확산사태를 막았기 때문이다.

그러나 이처럼 상대적으로 선방하고 있다는 거시경제상황에 대한 인식 이면에는 코로나 사태로 엄청난 규모의 인력구조조정, 공장가동중단과 파산신청의 과정이 부각되지 못하고 있는 것 같다. 지난 7월 30일 고용노동부가 발표한 6월 사업체노동력조사 결과에 따르면 6월 31일자 기준 제조업에 속한 종사자 1인 이상 사업체의 전체 종사자는 365만 2,000명으로 작년 6월보다 7만 7,000명(2.1%)이 줄어들었다고 한다. 서비스업을 포함한 전체 산업의 사업체 종사자는 1,836만 7,000명으로 작년 6월보다 21만 4,000명(1.2%) 감소했다. 사업체 종사자 감소 폭은 지난 4월(-36만 5,000명)으로 역대 최대 규모를 기록했고 5월(-31만 1,000명)에도 상당한 감축 규모를 이어갔다. 4월 국내 사업체 전체 종사자는 36만 5,000명이 줄어들어 역대 최대의 감소 폭을 기록했다. 상용직은 13만 3,000명(0.9%) 감소한 반면 임시일용직은 14만 4,000명(7.9%), 특수고용직을 포함한 기타 종사자는 8만 7,000명(7.5%)이 줄어들었다고 한다.

다른 한편으로는 코로나19가 취업구조의 변동에도 크게 영향을 미치고 있다. 문재인 정부가 코로나 사태 이전부터 일자리 창출의 마중물 역할을 공기업 부문이 맡도록 독려한 결과, 공기업 임직원 정원이 크게 늘어났다. 2016년 말 공기업 임직원 정원 수는 82만 6,931명이었는 데 비해 2019년 말에는 14만 7,113명으로 15.9% 증가했다. 같은 기간 중 공무원 정원의 증가율인 7.2%의 2배를 뛰어넘는 것이다. 문제는 이러한 공기업 임직원 증가 폭(지난 3년간 약 2만 명)은 민간부문 전체의 4~6월(3개월간) 사업체 종사자 감소 폭(89만 명)의 2.2%에 불과하다는 점이다. 이 사실은 코로나19 이후 한국경제의 진로를 모색함에 있어 공공부문에 대한 의존을 줄여나가야 한다는 점을 시사한다.

정부는 포스트 코로나 경제 대책으로 한국형 뉴딜정책에 올인할 것임을 발표한 바 있다. 한국형 뉴딜정책하에 2025년까지 총 160조 원(중앙정부 164조 원과 민간 지방자치제 46조 원)을 투자할 계획이다. 투자 분야로는 디지털, 그린뉴딜, 고용안전망 3개 분야가 핵심이 될 전망이다. 그리고 한국형 뉴딜정책을 통해 총 190만 개의 일자리 창출을 목표로 하고 있다.

문제는 한국형 뉴딜정책이 너무 정부·공공 부문의 투자 위주로 구성되어 있다는 것이다. 160조 원의 투자재원 중 민간 부문에 할당된 재원은 20조 원(12.5%)에 불과하다. 반대로 한국형 뉴딜투자의 재원에서 국비가 차지하는 비중은 그린뉴딜 총 73.4조 원 중 42.7조 원(58%)이 국비로 충당될 예정이다. 디지털 뉴딜 분야에서는 총 58.2조 원의 사업비중 중 44.8조 원(77%)이 국비로 충당되며, 안전망 강화 분야에서는 총 28.4조 원 가운데 26.6조 원(94%)이 국비로 조달될 계획이다.

거시경제학의 관점에서도 이와 같은 대규모의 공공투자는 금융시장에서의 금리상승을 유발시켜 소위 '구축 효과(crowding-out effect)'를 창출할 것이다. 그 결과 공공부문 투자로 민간부문 투자가 설 자리를 잃고 자본시장에서 퇴장 당하는 결과를 낳는다.

한국형 뉴딜정책은 코로나 이후 한국경제의 사활이 걸린 국책사업이다. 일 자리 창출을 공공부문에만 의존하면 지속가능한 양질의 일자리 창출이 막히 게 된다. 마찬가지로 한국형 뉴딜정책이 민간부문의 투자 위주로 재편되지 않는 한 한국경제의 진로를 막아서는 역할을 하게 될 것이다. 코로나 이후 정 부가 한국경제의 지속가능한 성장경로를 모색한다면 현재 성안된 공공부문 중심의 한국형 뉴딜정책은 민간부문 중심의 뉴딜정책으로 대폭 수정·보완되 지 않으면 안 된다.

피케티(Piketty, 2014)가 강조하고 필자가 최근 두 논문(표학길, 2015; Pyo, 2018)에서 재차 강조한 대로 자본주의가 빈부격차를 줄이면서 마르크스가 예 견한 '자본의 무한축적에 의한 멸망의 길'을 가지 않으려면 다음 2가지 정책에 의존하지 않으면 안 된다. 첫 번째는 인구의 지속적인 증가를 도모하는 정책 이며 두 번째는 경제의 총요소생산성을 증대시켜 지속가능한 경제성장률을 유지하는 정책이다. 공공부문 투자 위주로 민간부문 투자가 '구축(crowd out)' 되는 정책 구조로는 코로나 이후의 한국경제가 지속가능한 성장경로를 밟아 나갈 수 없을 것이다.

POST COVID-19

KOREA

코로나19 방역과 국가 이미지 탈바꿈*
세계시민조사 자료 분석

한상진 (서울대학교 사회학과 명예교수)

1. 이 글의 목적

이 글은 코로나19의 공격과 이에 대한 각 국가의 대응과정에서 야기된 국가 이미지의 탈바꿈을 경험적 자료로 분석하려는 것이다. 먼저 기본 개념을 간략히 정리하겠다. 탈바꿈(metamorphosis) 개념은 나비가 알을 낳으면 이것이 애벌레로 변하고 번데기를 거쳐 나비로 변신하듯이, 몸의 형태가 완전히 바뀌는 변동을 가리킨다(한상진, 2019; Beck, 2016). 생물학이나 신화의 영역을 떠나 역사와 사회과학의 분야로 오면 흔히 일어날 수 있는 일은 아니다. 시대

* 이 글의 초고에 대해 날카로운 비판과 격려, 수정 방향을 제시해준 세 분 익명의 평가자에게 깊이 감사드린다. 통계분석을 수행한 이성진과 춘주이, 글의 편집을 도운 조명옥, 처음부터 이 글에 깊은 관심을 가져준 심영희 교수에게 감사한다.

의 패러다임이 변하고 권력관계가 요동칠 때 일어날 수 있는 일이다. 그러나 사회과학에서 탈바꿈의 개념이 경험적 자료로 잘 규명된 상태는 아니다(Mythen, 2018a, 2018b). 그렇지만 전통사회가 근대 산업사회로 바뀌고 산업사회가 지구적 위험사회로 변하는 과정은 탈바꿈으로 설명할 수 있을 것으로 본다. 이 글이 보여주고자 하는 것처럼, 코로나19를 경유한 미국과 중국의 상이한 발전경로도 이런 관점에서 볼 수 있다고 가정한다.

국가 이미지는 다면적이고 다층적인 개념이다. 상업적으로 가공되는 측면부터 보이지 않는 구조적 측면을 내포한다(Andreja, 2018; Barisic, 2014). 한 보기로, 세계화 시대에 여러 나라 정부는 관광산업, 스포츠, 대중문화, 예술활동 등을 지원하면서 국가 브랜드(nation brand)를 높이려 한다. 국가 이미지는 국가 브랜드와 관련되며, 국가 브랜드는 글로벌 기업의 영향도 크게 받는다. 그러나 이 글이 다루는 국가 이미지는 심층적인 소프트파워에 연결되어 작동하는 힘이다(Sengupta, 2017). 군사강국이라는 이미지와 인권국가라는 이미지는 매우 다르다. 독재국가보다 자유민주주의가 훨씬 더 우월하다. 힘에 의해 질서가 강제되는 지배체제보다 시민의 자유로운 참여와 동의에 의해 유지되는 정치가 훨씬 더 안정되고 바람직한 것으로 인정받는다(Salem, 2020).

여기서 드러나듯이, 국가 이미지를 공급하는 소프트파워는 군사력이나 경제력 또는 과학기술이나 정보력 등 하드파워를 배후에 전제하지만 이를 넘어서는 고유한 영역을 가리킨다. 단순한 힘의 크기, 영향력이 아니라 힘의 정당성, 질서를 수용하는 문화, 규범, 무의식을 관통하는 인식론적 질서를 가리킨다. 그런데 경험과학의 눈으로 보자면, 일찍이 막스 베버가 갈파했듯이, 힘의 정당성은 결국 시민들이 일상생활 속에서 당연하게 내리는 판단 그리고 공유하는 기대에 뿌리를 둔 것이다. 이런 의미에서 특정 국가의 이미지가 어떤 상태인가는 경험과학적 분석을 요구한다고 할 수 있다. 이것을 우리는 코로나19에 관련하여 세계 시민의 관점에서 측정하려고 한다.

2. 이론적 틀

이 연구의 이론적 틀은 독일의 사회학자 울리히 벡(Ulrich Beck)의 세계위험 사회론이다. 여기에는 2가지 이유가 있다. 첫째, 벡은 코로나19 같은 팬데믹 감염병의 도전에 서구 자유민주주의 정부가 더 잘 대응하리라고 가정하지 않았다. 반대로 권위주의화의 경향이 강화될 것으로 보았다.[1] 이것은 곧 근대와 함께 서구가 유지해왔던 자유민주주의 체제 이미지의 헤게모니가 손상을 받을 수 있음을 뜻한다.

둘째, 코로나19는 세계위험사회를 증명하는 결정적 계기를 마련했다. 잘 알려져 있듯이, 벡은 1980년대 초에 독일사회학대회에서 '위험사회'(Risik-ogesellschaft)라는 개념을 처음 제안한 이래(Beck, 1986) 줄기차게 근대 산업문명의 이면이기도 한 위험사회 문제를 새로운 연구영역으로 개척했다(Beck, 1998, 2009, 2016). 여기서 위험은 전통적인 재난과 구별된다. 재난은 어느 때, 어느 곳에나 있기 마련이다. 홍수, 지진 같은 자연재난이 보기다. 반면 위험은 근대의 산물이다. 근대는 미래를 기획하고 창조하는 능력을 가리킨다. 과거의 전통을 이어가는 것이 아니라 이와 구별되는 새로운 미래를 만들려고 한다. 위험은 근대의 과학 기술 문명 또는 산업, 군사, 행정 체계가 전대미문의 성공을 거두면서 그 이면에서 제조해내는 자기파괴적 경향을 가리킨다. 지금까지 우리는 기후변화, 원자력 방사능, 유전자 변형식품, 국제 테러리즘, 자본주의 경제의 양극화 등을 거론했지만, 이제 코로나19를 심각하게 다루어야 할 상황이다.

---

1 첨단기술 발전이 기술관료주의를 강화하여 권위주의를 강화하는 경향이 있다는 지적은 오래 계속되었다. 기후변화에 관한 논의로는 Asayama(2015) 참조. 코로나19에 관련된 사려 깊은 논의의 보기는 Antonelli(2020) 참조.

이 글은 벡의 지적 유산에 기반하여 코로나19가 불러온 세계적 탈바꿈을 규명하려는 큰 과업의 한 작은 부분이다(Beck, 2016; 한상진 2019; Han, 2017, 2019). 물론 벡은 2015년 첫날 돌연히 세상을 떠났기에 2020년에 등장한 코로나19 같은 신종 바이러스 감염병에 관해서는 분석할 수 없었다. 그러나 2003년 발생했던 사스(SAAS) 감염병 문제는 여러 곳에서 살폈다. 우리의 관심을 끄는 것은 코로나19 같은 신종 바이러스 건강 위험이 세계를 엄습할 경우, 이에 대응하는 과정에서 생길 수 있는 정치사회 변동을 그가 날카롭게 예견했다는 점이다. 대표적인 보기는 2009년의 책, 『위험에 빠진 세계』다. 이 책에서 그는 서구 민주주의 제도에서도 팬데믹 정치가 권위주의 정치변화를 가져오기 쉽다는 점을 명확하게 지적했다. 요즘의 용어를 사용한다면, 건강위험에 대한 정부의 대응이 사회적 거리 두기를 강제하고 이것이 경제적 부작용과 함께 인권침해를 가져오면서도 어떤 사회적 저항도 받지 않은 채 권위주의 방향으로 나아갈 개연성이 크다는 것이다.

> 건강위험이 돌연변이를 일으켜 국민경제를 위협(실직, 부의 상실 등)하고 정치적, 시민적 권리를 위태롭게 한다. 이런 와중에 권위주의 국가는 '위험과의 투쟁'을 통하여 자신의 허약한 권위와 정당성을 갱신하려 한다. 위험을 정치적으로 활용하고 (건강)안전에 집중함으로써 국가는 어떤 항의 발생의 두려움도 없이 개인 자유를 침해하게 된다. 이를 따라 '국가적 위험정책'의 내면적 세계화가 일어난다. 안과 밖, 우리와 그들 사이에 더 이상 명료한 구별이 없다. 권위주의적 재민족화 정책이 이와 함께 손을 잡고 나간다(Beck, 2009: 176).

벡의 관찰을 코로나19 재난에 연결시키면, 서술적인 연구의 얼개를 이루는 다음과 같은 몇 가지 명제를 도출할 수 있다.

① 코로나19 감염병이 세계로 급속히 확산된다. 그러면 각국 정부는 자국민의 생명보호와 공중보건을 위해 국가중심/민족우선의 강력한 정책대응을 천명한다.

② 이런 연쇄적 결정의 파급효과로 시민들의 자가 격리를 포함한 전면적인 사회적 고립과 함께 국경폐쇄 등 국제질서의 대변동이 야기된다.

③ 이에 따라 국내/국제 생산위축과 실업자 양산 등 경제위기 경향이 심화된다.

④ 사회적 약자 집단의 생존권 위협과 시민적 기본자유의 감소 등 인권상황이 전반적으로 악화된다.

〈그림 6-1〉 권위주의적 변화에 작용하는 주요 변수들의 관계

이런 변화가 오늘날 전 세계적으로 일어나고 있다는 점은 명확하다. 자유민주주의 제도를 앞세우고 고도의 선진산업사회를 자처해온 서구사회도 예외가 아니다. 많은 나라에서 주민의 지역이동이 금지되고 대중교통수단이 끊겼으며 공공시설, 직장이 폐쇄되었다. 주민은 가정에 머물도록 강제되었다. 국경이 폐쇄되었고 여행자의 입국과 출국이 막혔다. 공공의료제도가 붕괴되었다. 중국 이야기가 아니다. 미국, 영국, 프랑스 등 서구 국가에서 일어난 일이다.

세계보건기구(WHO)가 있지만 초국적 협력 없이 개별 국가가 각자도생의 길을 걷는다면, 코로나19 검역과 방역의 주체는 정부일 수밖에 없다. 정부가 대규모로 강압적 비상수단, 자유재량권을 발동한다. 국가비상사태인 만큼 이 것은 불가피한 측면이 있다. 그러나 권위주의화의 경향은 피할 수 없다. 물론 나라에 따라 그 정도는 차이가 있을 것이다. 이에 관한 쟁점들은 수집된 자료에 근거하여 향후 주의 깊게 살펴보아야 할 문제다.

이 글의 대상과 범위는 제한적이고 구체적이다. 코로나19가 세계를 시험대에 올린 질문은 각 국가가 어떤 경로를 거치건 간에 코로나19 확산을 결국 어느 정도 통제하는 데 성공하는가에 있다. 어떤 국가의 정부는 상대적으로 잘한 경우도 있지만 아주 못한 경우도 있다. 이에 따라 국가 이미지가 요동치는 현상을 확인할 수 있다. 단적으로 말해, 서구 선진산업사회 민주주의 국가의 이미지는 소수의 예외(독일)가 있지만, 대부분 곤두박질쳤다. 최악은 미국이다. 그런데 민주국가의 기본 당위 중 하나가 국민의 생명을 지키고 건강을 보호하는 데 있다고 할 때, 이 당위의 붕괴는 한 국가의 경제적, 군사적 영향력과는 다른 차원에서 도덕적, 윤리적 헤게모니 능력의 상실을 뜻하다고 할 수 있다.[2] 이에 관한 경험적 자료를 이하에서 제시하고자 한다.

3. 설문조사 대상과 설문 내용

국가 이미지 변화는 여러 차원에서 다양한 방법으로 측정할 수 있다

---

2 비판이론의 전통에 헤게모니 개념을 도입한 안토니오 그람시(Antonio Gramsci)는 경제적, 군사적 방법 등에 의존하는 전통적인 지배개념과 구별하여 헤게모니를 통치집단이 대중으로부터 이 끌어내는 지적, 도덕적, 윤리적 설득과 동의의 힘으로 규정했다(Salem, 2020: 5~9).

(Dennie, 2008; Lee, 2009). 그러나 코로나19 대응에 관련하여 국가 이미지의 변동을 보는 확실한 방법은 세계 시민의 관점에서 이것을 측정하는 것이다. 국가 이미지는 결국 지구상의 여러 공중들이 "특정 국가의 성취와 실패, 자산과 책임 등에 관해 평가하는 결과"에 의존하기 때문이다(Sengupta, 2017: 4). 물론 이런 조사는 쉽지 않은 일이다. 표본의 대표성이 충족되어야 하고 조사 대상 국가의 모국어로 같은 설문을 번역해야 한다. 절차도 까다롭고 경비도 많이 들어간다. 그러나 한국의 중민재단은 이번에 27개 국가, 30개 글로벌 도시 시민을 대상으로 코로나19에 관련된 여러 항목의 질문을 담은 설문조사를 실시했다.[3]

우선 국내 설문조사는 2020년 4월 23일부터 5월 5일까지 한국리서치가 자체 보유한 마스터 샘플에 근거하고 지역별, 성별, 연령별로 비례 할당하여 1,000명을 웹조사로 실시했다. 국외 설문조사는 2020년 5월 22일부터 6월 5일까지 국제설문조사 기관인 라쿠텐 인사이트가 전 세계 28개 대도시 시민을 대상으로 하여 모두 1만 4,321명을 성별, 연령별로 비례 할당하여 웹조사로 실시했다. 28개 도시는 미국의 경우, 뉴욕과 로스앤젤레스, 일본의 경우, 도쿄와 오사카를 포함했고 중국과 중동을 제외하고 모든 대륙(지역)의 주요도시를 망라했다. 한국의 경우, 국내조사에서 얻은 서울표본과 대구표본을 이에 병합하여 30대 글로벌 도시 시민 응답을 분석했다.

설문내용은 방대하나, 이 장에서 소개되는 분석은 코로나19 정부 실적의 절대적 평가에 관한 것이다. 설문은 "코로나19 팬데믹을 다루는 다음과 같은

---

3 중민재단은 민주화 과정 1980년대 중반에 필자가 주창했던 중민이론의 관점에서 한국사회 변동과 동아시아, 세계 변동을 연구하기 위해 2011년에 창립된 공익법인이다. 이번 설문조사는 한국연구재단의 지원으로 2017~2020년에 수행된 "위험사회 시각에서 본 서울, 베이징, 도쿄 사회협치 연구"(책임교수: 심영희)의 마지막 해에 코로나19 건강위험이 폭발적으로 확산되면서 소리 에셋 법인의 기부금을 받아 연구의 마지막 과제로 추진된 것이다.

국가의 정부들이 어느 정도 유능한지 평가해주십시오"라는 질문과 함께 27개 국가 이름을 제시하고 "매우 유능", "대체로 유능", "보통", "대체로 무능", 그리고 "매우 무능"의 5개 응답 가운데 하나를 응답자들이 선택하도록 요청했다.

4. 분석 방법과 주요 결과

여기서 보듯이, 평가의 주체는 30대 도시 시민이다. 그 가운데 서울과 대구는 한국에 속하고, 도쿄와 오사카는 일본에 속하며, 뉴욕과 로스앤젤레스는 미국에 속한다. 따라서 27개국이 대상이다. 통계처리 과정을 설명하면 다음과 같다. 평가의 주체는 30대 도시 시민들이다. ① 특정 도시(A) 시민들이 특정 국가(B)의 코로나19 대응능력을 평가한 것을 우리는 A에 의한 B의 국가 평균 값(X)이라 부른다. ② 한편, 특정 도시(A) 시민들이 27개 정부 각각을 평가한 것을 모으면 A에 의한 세계 평균 값(Y)을 산출할 수 있다. 한다. 여기서 B 국가의 경우, X>Y가 입증되면 적어도 A 도시 시민의 관점에서 B 국가의 코로나19 대처능력은 세계 평균보다 우위에 있다고 할 수 있다. 자명한 일이지만, 도시마다 세계 평균은 다르다. 어떤 도시는 상대적으로 높고, 어떤 도시는 낮다. 이렇게 얻은 도시별 세계 평균을 기준으로 하여 특정 국가가 얻은 평균을 비교할 수 있다.

한 보기로, 뉴욕 시민의 세계 평균이 5점이라고 가정하고 뉴욕 시민에 의한 미국정부 평가가 4점이라면, 뉴욕 시민의 관점에서 볼 때 미국정부의 능력은 세계 평균보다 못한다는 뜻이다. 같은 방식으로 미국정부의 능력을 30대 도시 시민의 관점에서 평가할 수 있다. 만약 30대 도시 시민이 한결같이 평가하기를, 미국정부 능력이 세계 평균보다 못하다면, 미국은 코로나19에 관련하여 압도적으로 실패한 경우가 될 것이다. 그 반대라면 압도적인 성공의 의미를 가질 것이다. 이것은 코로나19 감염병의 확진자 또는 사망자 같은 객관적 의료지표에 의해 정부능력을 평가하는 것이 아니라 상호적(reciprocal) 접근에 의해 세계 시민의 관점에서 개별 국가의 능력을 비교하는 방법이다.

〈그림 6-2〉는 세계 평균과 비교했을 때, 한국정부와 미국정부가 정확히 반대편에 있음을 보여준다. 한국은 모든 도시 시민의 평가에서 세계 평균의 위에 위치하고 미국은 반대로 아래에 위치한다. 뉴욕 시민의 경우에도 이들의 평가는 미국정부 능력이 세계 평균에 약간 못 미치는 것으로 나왔다. 하나의 예외도 없이, 뉴욕과 로스앤젤레스를 포함하여 모든 도시 시민들이 보기에 미국정부의 코로나19 대처 능력은 세계 평균에 미치지 못한다. 이것은 세계 최강국이라고 하는 미국의 국가 이미지가 세계 시민의 관점에서 크게 추락하고 있음을 뜻한다. 이에 반해 한국의 국가 이미지는 K-방역 모델의 성공이라는 국제적 평가를 세계 시민들 사이에 정착시킨 것처럼 보인다. 이것은 코로나19 대응이 불러온 국가 이미지의 대조적인 탈바꿈을 뜻하는 것으로 해석할 수 있다.

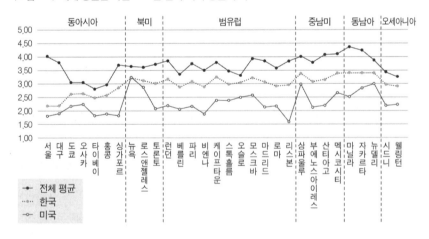

〈그림 6-2〉 세계 평균을 기준으로 한 한국/미국 평균의 비교

미국의 국가 이미지가 헤게모니 붕괴형에 해당한다면, 한국의 국가 이미지는 상승형이라 할 수 있다(탈바꿈 개념은 한상진, 2019). 전자는 미국만을 지칭하지 않는다. 영국, 프랑스, 이탈리아, 스페인 등 많은 서구 국가들이 세계 평균에 못 미친다. 후자도 한국만을 지칭하는 것은 아니다. 동아시아의 대만, 홍콩, 싱가포르가 여기에 속한다. 서구의 경우에도 독일, 캐나다, 노르웨이, 포르투갈이 이에 속하고, 오세아니아의 호주와 뉴질랜드도 이에 속한다. 일본의 경우, 도쿄, 오사카 시민을 포함하여 동아시아 시민의 일본정부 평가는 저조하지만, 그 외 지역 시민의 평가는 높은 편이다.

특히 우리의 관심을 끄는 것은 세계 최강의 국가, 미국에 대한 세계 시민의 평가다. 여러 자료를 종합할 때, 미국의 코로나19 대응능력은 세계에서 가장 최하위로 나타났다. "G-Zero" 개념으로 명성을 얻은 이안 브레너(Ian Brenner, 2020)는 코로나19로 인한 미국 주도 세계질서의 붕괴를 지적하면서 "미국과 비교할 때, 코로나19와의 싸움에서 중국의 적극적인 역할이 많은 사람들에게 깊은 인상을 남겼다. […] 이로써 중국은 가능한 도움을 얻기를 갈망하는 나라들에게 미국에 대한 글로벌 리더십의 보다 믿을 만한 대안으로 등장하고 있다"라고 썼다.

다음으로 우리가 택한 방법은 한국의 현실을 보기 위하여 편의상 세계의 시각과 한국의 시각을 비교하는 것이다. 어느 시각이건 한국에 대한 평가는 양호하다. 그러나 한국을 바라보는 세계 시민의 관점과 한국 시민의 관점은 정도의 면에서 차이가 있을 수 있다. 일반적으로 말해, 어떤 도시 시민들은 세계 평균보다 자국 정부의 능력이 높다고 평가하는가 하면, 낮다고 평가하는 경우도 있다. 동아시아, 오세아니아는 전자의 대표이고 중남미, 동남아는 후자의 대표이다. 범유럽, 북미는 혼재되어 있다. 자국 평가가 세계 평균보다 현저히 높은 대표적 보기는 서울과 대구이고, 타이베이가 그다음이다.

이 발견을 시각적으로 보여주는 것이 〈그림 6-3〉의 산포도이다. 세로축은

<그림 6-3> 세계 평균과 자국 평균의 산포도

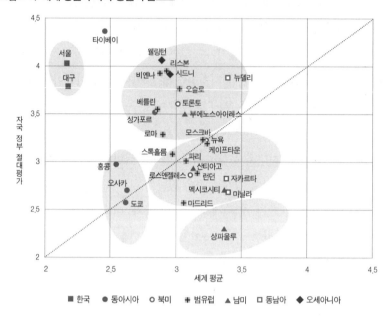

<그림 6-4> 서울 진보시민과 보수시민의 차이

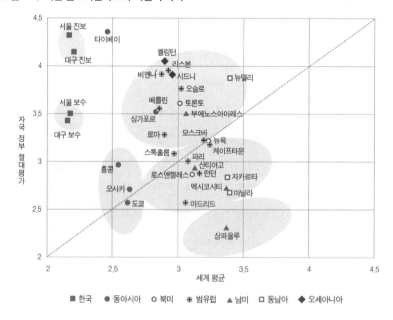

자국 평균, 가로축은 세계 평균이다. 〈그림 6-3〉이 보여주듯이, 서울과 대구 시민은 좌측 끝의 상단에 위치한다. 이것은 서울과 대구 시민이 자국, 즉 한국 정부의 능력을 매우 높게 평가하면서 다른 모든 정부의 능력을 어느 도시 시민보다 현저히 낮게 평가하는 경향이 있다는 것을 뜻한다. 그런 점에서 매우 독특하다. 또한 자국 중심의 나르시시즘 경향을 보인다고 해석할 수 있다.

그렇다면 어떤 성향의 한국 시민이 이런 경향을 보다 현저히 보이는가? 시민들이 자신의 이념성향이라고 밝히는 진보와 보수의 축을 여기에 입력한 결과 〈그림 6-4〉의 산포도를 얻었다. 〈그림 6-4〉가 보여주듯이, 진보-보수의 변수를 입력하면, 서울이건 대구이건 간에, 진보는 한 묶음이 되고 보수도 한 묶음으로 모였다. 그리고 진보는 보수보다 훨씬 더 왼쪽 상단에 위치하게 되었다. 이것은 코로나19 경험을 통하여 자신을 높이고 모든 타자를 낮추는 국가주의 나르시시즘 경향이 한국 시민들 사이에 전체적으로 높은 편이나 특히 진보시민 사이에서 현저히 높다는 것을 뜻한다. 더 구체적으로 보자면, 세계 시민과 한국 시민은 다 같이 K-방역의 우수성에 관해 동의하지만, 세계 시민의 눈으로 보자면, 한국정부는 세계 평균보다 5점 최대치에 0.69점 정도 더 잘하는 반면, 한국 시민의 눈으로 보자면 그 차이는 2.0점으로 3배나 커진다. 진보시민만을 보자면 이 차이는 더 커질 것이다. 이것은 세계 시민의 평균적인 눈으로부터 한국 시민의 생각이, 특히 진보적 시민의 생각이 매우 멀리 떨어진 상태에 있음을 뜻한다. 한국이 거둔 K-방역의 성공 이면에 이런 국가주의적 나르시시즘의 위험이 숨어 있는 것으로 해석할 수 있다.

코로나19 경험은 한국 정치에도 큰 영향을 미치고 있다. 한 보기로, 2017년 대통령 선거에서 문재인 후보를 지지했던 시민의 53%는 K-방역의 절대평가에서 정부가 "매우 유능"하다는 평가를 내렸다. 반면, 홍준표 후보를 지지했던 시민은 10%, 안철수 후보를 지지했던 시민은 21%만이 그렇게 응답했다. K-방역의 상대평가에서도 문재인 후보 지지자는 62%가 다른 나라와 비교해서 한국이 "매우 우월"하다고 본 반면, 홍준표 후보 지지자는 12%, 안철수 후보 지지자는 30%가 그렇게 응답했다. 2020년 총선 결과도 크게 다르지 않다. 절대평가에서 민주당 지지자의 57%는 "매우 유능"을 택한 반면, 통합당 지지자는 12%만이 그렇게 응답했다. 상대평가에서도 민주당 지지자는 66%가 "매우 우월"을 선택한 반면 통합당 지지자는 16%만이 그렇게 응답했다.

이 자료에서 보듯이, K-방역의 성공이 집권 민주당의 총선 압승을 크게 도왔다고 할 수 있다. 때문에 K-방역의 지속적 성공에 대한 현 정부의 집념이 매우 강할 것으로 추정된다. 사실, 현 정부는 집권 초기부터 내건 요란한 진보정책의 구호에도 불구하고 성과가 아직 부진한 상태다. 이런 전반적인 결핍의 상태에서 K-방역의 성공이 국제적 관심을 끌게 되었다. 이렇게 볼 때, 정부는 앞으로 수단과 방법을 가리지 않고 여기서 성공하려 할 것이다.

5. 한국의 미래

코로나19 확산을 막으려면 사회적 거리 두기는 선택이 아닌 필수다. 더욱이나 자각증세가 없는 감염자가 많다고 하면, 사람을 만나는 것, 그 자체가 공포스럽다. 전파력이 훨씬 더 강하고 위험성이 높은 신종 바이러스가 계속 인간사회를 침공한다고 할 때, 도대체 인류문명은 어디로 갈 것인가? 생각해보면, 코로나19 같은 바이러스 문제는 우연이 아니라 근대 산업문명의 발전, 자본주의 경제의 세계화, 이로 인한 생태환경의 변화와 개조, 인간과 자연, 인간과 동물의 관계 변화에서 유래한 것이다(서울대학교 사회발전연구소, 2020; 주은정, 2020). 그만큼 인류의 깊은 자기성찰을 요구한다.

이를 반영하듯, 세계지성의 코로나19 대응은 다양하고 심층적이다. 근대 산업문명의 고정관념을 해체하는 작업들이 일어나고 있다(Ecks, 2020; Lent,

2020). 특히 면역학의 관점에서 본 푸코의 재해석은 흥미롭다(Preciado, 2020). 역설적이지만, 지식이 깊어질수록 불확실성은 더 커진다. 과연 과학과 기술의 힘으로 삶의 안전을 보장할 수 있을까? 아니면 근대의 패러다임을 떠나 생태 친화적인 새로운 삶의 방향으로 나가야 하는가?(구도완, 2020; 김홍중, 2019; Sue & Iacobelli, 2020; Yong, 2020) 흥미로운 사상의 대향연이 일어나고 있다.

그러나 이 글은 경험적 분석으로 수위를 낮추고 있다. 근거는 세계 30대 대도시 시민 설문조사 자료다. 이 글이 보여준 것처럼, 코로나19 도전은 단순한 감염병 문제가 아니다. 세계 경제를 강타하고 있고 수많은 실직자, 빈곤층을 양산하고 있으며 시민생활의 기본자유를 강제적으로 제약하는 불가항력의 힘을 행사하고 있다. 세계 대부분의 나라에서 권위주의 체제가 강화되면서 코로나19를 통치의 수단으로 활용하는 측면도 있다. 세계에서 가장 부강한 국가인 미국이 국민 생명에 직결된 코로나19 대응 실적에 있어 객관적으로 부진한 것도 문제지만, 세계 30대 도시 시민들로부터 가장 낙후한 국가라는 평가를 받은 것은 놀라운 일이다. 자유민주주의의 도덕적 헤게모니가 붕괴하고 있는지도 모른다. 2009년 울리히 벡의 진단은 놀랍도록 예리하고 정확하다. 따라서 우리는 냉정하게 현 상황을 점검하고 미래를 전망할 필요가 있다.

K-방역의 성공을 중요한 정책목표로 삼는 것에 반대할 사람은 없다. 그러나 분명한 점은 코로나19 도전은 오래간다는 것이다(BuzzFeed News, 2020; Yong, 2020). 사회적 거리 두기를 획기적으로 강화하면 정부의 방역 성과는 좋아진다. 그러나 이것을 느슨하게 하면 다시 확산된다. 우리도 현재 이런 과정을 밟고 있다. 2020년 6월, K-방역은 조사대상 세계 모든 도시 시민들로부터 칭찬을 받았지만, 방심하면 상황은 악화된다. 세계에서 예외는 없다. 모든 나라가 이런 과정을 밟고 있다. 그렇다면 우리는 어떤 성공을 원하는가? 깊은 성찰이 필요하다. 확진자 수를 줄이는 목표만으로는 국가 이미지가 더 향상될 것 같지 않다. 코로나19를 통제하기 위해 정부가 강압적 수단을 남용한다

면, 국가 이미지는 우리에게 낯익은 독재의 모습으로 퇴색할 염려도 있다.

따라서 이 글은 다음과 같은 질문을 제기한다. 국민의 생명을 지키고 건강을 보호하는 민생정치의 차원에서 서구 민주주의가 파탄을 경험하는 데 비해, 공동체 문화유산을 유지하는 동아시아는 나라에 따라 부침이 있지만 그래도 성과가 좋다. 그 비결은 어디에 있는가? 이것은 또 다른 심층분석을 요구하는 주제다. 사실 많은 토론이 필요하다. 중요한 점은 시민협력은 법이나 경찰단속만으로 되는 것이 아니다. 오직 시민이 자발적으로 동의할 때 오래 지속될 수 있다. 그리고 이런 자발적 협력은 '마음의 공동체'와 '소통의 공동체'가 유지되고 작동할 때, 훨씬 잘 이루어진다.[4]

바로 여기에 우리가 주목해야 할 미래의 관건이 있다고 할 수 있다. 우리의 장점은 시민들이 참여정신이 높고 가족 같은 공동체를 개인만큼 중요하게 생각하는 심층문화가 살아 있다는 것이다. 공동체가 점차 소멸되는 사회는 강력한 국가주의 포퓰리즘 시대를 맞이하여 권위주의 발전경로를 밟을 가능성이 큰 것처럼 보인다. 개인이 국가에 포섭되거나 또는 둘이 대립하는 불안정한 위기의 경향이 만성화될 가능성도 있다. 그러나 시민참여적 공동체의 기능이 살아나면, 디지털 독재를 넘어 보다 유연한 민주적 삶의 방식이 가능해질 것이라는 희망을 가질 수 있다. 한국에는 이런 희망의 근거가 있으며, 시민의식 안에 내재하는 마음의 공동체, 소통의 공동체에서 우리는 코로나19 이후의 희망을 발견할 수 있다.

---

4 마음의 공동체에 관해서는 이 책의 4장인 '코로나19 이후 한국의 미래'에서 다룰 생각이다. 소통의 공동체에 관해서는 다른 계기에 발표할 예정이다.

지속가능성의 관점에서 본
코로나바이러스 방역 성과의 국제비교

김태종 (KDI 국제대학원 교수)

1. 포용성, 지속가능성과 코로나 방역

사슬의 강인함을 결정하는 것은 가장 약한 고리라는 이야기를 우리는 자주 들어왔다(A chain is only as strong as its weakest link). 코로나 사태를 겪으면서 우리는 현대사회가 격언 속의 약한 사슬과 얼마나 닮아 있는지를 절감하고 있다. 현대사회의 풍요가 복잡해져 가는 인간사회의 관계망에 긴밀하게 의존하고 있기 때문일까? 코로나 방역에 상대적으로 성공한 나라는 있어도 세계 모든 국가가 방역 실패로 큰 희생을 치르고 있다. 방역에 취약한 계층이 취약한 상태로 남아 있는 한 누구도 안전을 장담할 수 없고, 경제와 사회는 정상을 회복할 수 없다. 삶의 지속가능성은 남보다 어렵게 사는 이들의 안전과 삶의 기초가 안정될 때야 비로소 담보될 수 있다는 것이 비싼 대가를 치르며 배울 수 있었던 코로나 사태의 교훈이 아닐까 싶다. 코로나 사태는 앞으로도 상당 기간 지속될 것으로 보인다. 언젠가는 백신과 치료제가 마련되겠지만, 또 다른 종류의 인수 공통 감염병이 인류를 위협하는 것은 시간 문제에 지나지 않는다고 과학자들은 경고한다. 새로운 감염병의 위협 외에도 기후변화, 인공지능의 진화와 확산이 노동의 미래에 미치는 영향 등 지속가능성에 대해 예견할 수 있는 위협이 산재한다. 지속가능성을 확보하기 위해 취약계층을 포용하는 사회적 투자에 대한 관심이 절실하다고 본다.

코로나 방역에 상대적으로 성공한 나라들도 있고, 방역에 실패하여 처참한 대가를 치르고 있는 나라들도 있다. 이 글의 주된 목적은 코로나 방역 성과의 국제비교를 통해 어떤 나라들이 방역에 상대적으로 성공하고 실패하고 있는지 그 패턴을 파악하고 이를 지속가능성의 제고라는 측면에서 음미해보는 것이다. 한국이 방역에 성공하고 있다니 앞으로도 해오던 대로 하기만 하면 되는 것일까? 미국과 유럽의 선진국들이 방역에 실패하고 중국은 나름대로 통제에 성공하고 있는 것으로 보이는데 권위주의적 정부가 방역에는 더 유효한 것일까? 통계적 착시를 넘어 보건의료 분야의 충격흡수능력을 제대로 제고하기 위해서는 방역 관련 자료를 조금 더 주의 깊게 살펴볼 필요가 있다.

이를 위해 2절에서는 먼저 방역 성과를 인구 10만 명 기준 코로나19 사망자 수를 중심으로 국제비교해 보고자 한다. 감염자 수를 기준으로 분석해볼 수도 있겠으나 검사 역량이 국가별로 상이한 탓에 감염률 통계는 사망률 통계에 비해 신뢰성이 떨어진다고 볼 수 있다. 방역 성과를 사망률의 단순 비교를 통해 측정하는 것도 무리가 있다. 통상개방의 정도, 주민의 국제이동 정도, 노령 인구의 비율, 당뇨병 등 기저질환 보유자의 비율 등 다양한 여건의 차이가 사망자 수에 영향을 미칠 것이기 때문이다. 이러한 한계를 극복하기 위하여 회귀분석이라는 통계학 기법을 활용하여 각국이 처한 여건의 차이를 감안한 "조정된 사망률"을 계산하여 방역 성과를 비교한다. 3절에서는 이미 계산된 조정된 사망률과 각종 국가 수준 지수와의 상관관계를 검토한다. 3절에서의 분석에서도 회귀분석 기법을 활용하는데, 다만 일반적인 경향에서 심하게 벗어나 있는 국가들이 분석 결과에 과도한 영향을 미치는 것을 막기 위하여 중위회귀분석을 이용한다.

방역조건의 차이를 감안했는가 하지 않았는가에 따라 성공 정도는 크게 다르게 평가된다. 일례로 한국은 조건의 차이를 감안하지 않은 단순 사망률의 비교에서는 특별히 방역에 성공한 국가로 평가하기 어렵지만 조건의 차이를 감안한 후 조정된 사망률을 비교했을 때는 최상위 국가군에 속하게 되는 것을 볼 수 있다. 미국의 경우는 반대로 단순 사망률 기준에서는 방역에 실패한 것으로 보이나 조정된 사망률을 기준으로 보면 나름대로 방어에 성공하고 있는 것으로 나타난다. 미국은 감염 확산을 막는 데에 실패하고 있을지언정 의료 시스템의 역량을 발휘하여 사망자 수를 줄이고 있는 것으로 보인다. 조정된 사망률로 살펴보았을 때 가장 충격적으로 느껴지는 것은 벨기에, 영국, 이탈리아, 스웨덴, 프랑스, 네덜란드와 같은 유럽의 선진국들이 국가 수준에 비하여 너무 많은 사망자를 내고 있는 것이라 할 수 있겠다. 스웨덴과 영국의 경우에는 신종 코로나바이러스 및 그 감염병의 성격에 대한 정보가 부족한 가운데 집단면역 형성을 시도하는 방향으로 초기 방역 정책을 잘못 설정한 것이 패착이 아니었을까 짐작된다. 여타 국가가 방역에 실패한 이유에 대해서는 향후 심층적인 연구가 필요할 것으로 보인다.

조정된 사망률과 각종 국제 지수의 관계를 중위회귀분석을 통해 검토한 결과에서는 『*Sustainable Development Report*』(Sustainable Development Solutions Network and Bertelsmann Stiftung)에서 발표되는 지속가능성 지수(SDG Index)가 높은 국가들, UNDP에서 『*Human Development Report*』를 통해 매년 산정하여 발표하는 인간개발지수(Human Development Index)가 높은 국가들이 방역에 상대적으로 성공하고 있는 것을 확인할 수 있다. 세계은행에서 산정하는 기업활동환경순위(Ease of doing business)가 높을수록 방역 성과가 좋은 것도 확인할 수 있다. 이런 결과는 국가경제의 기본 역량에 더하여 포용적인 인적자원에 대한 투자, 지속가능성을 제고하기 위한 투자에 충실한 국가들이 코로나 방역에도 상대적으로 우수한 성과를 올리고 있는 것을 의미한다.

코로나로 인해 사회와 경제의 수많은 영역이 타격을 입었다. 많은 국제기구와 정치인들이 보다 나은 방향으로의 재건(building back better)을 이야기한다. 새로운 방향을 모색하면서 버릴 것은 무엇이고 지킬 것은 무엇인지 가릴 수 있는 지혜가 필요할 것이다. 선진국을 선진국이 되게 만드는 국가와 사회의 기본실력은 방역에도 도움이 된다. 사회의 생산성, 효율성과 함께 포용성, 상생, 환경친화성 등이 어우러질 때 비로소 포스트 코로나 시대의 지속가능발전의 길이 열릴 것이다.

2. 코로나 방역 성과의 국제비교

WHO는 매일 국가별로 신규 확진자 및 신규 사망자, 그리고 이들 통계의 누계를 집계하여 발표하고 있다[WHO Coronavirus Disease(COVID-19) Dashboard]. ⟨표 7-1⟩은 2020년 7월 12일 기준 인구 10만 명당 코로나19 사망자 수를 단순 비교하여 하위 20개 국가 및 상위 20개 국가를 나누어 제시한 것이다. 사망자 수가 낮은 나라들이 방역에 상대적으로 성공한 나라들이라 볼 수 있는데 한국을 포함하여 국제적으로 방역에 성공한 것으로 조명받고 있는 나라들이 대부분 빠져 있는 것을 알 수 있다. 사망자 수가 적은 것은 물론 부러운 일이다. 하지만 사람과 물자의 국제적인 이동에서 상대적으로 고립되어 있다거나 경제활동이 활발하지 못하다거나 고령인구의 비율이 낮은 등등의 이유로 인해서도 사망자 수는 적을 수 있다. 따라서 사망자 수가 적은 것이 반드시 그 나라의 방역 체제와 노력이 우수했음을 의미하지는 않는다는 점에 주목해야 할 것이다. 사망자 수가 많은 나라들을 살펴보면 거의 전수가 유럽과 미주 지역에 위치한 국가들이라는 것이 눈에 띈다. 하지만 이 역시도 나라가 처한 조건의 차이를 감안하지 않은 결과라는 점을 기억해야 한다. 방역의 관점에서 조건이 열악했기 때문에 사망자 수가 많았을 수도 있다는 것이다. 선진국, 민주주의 등 한국이 발전의 푯대로 삼아온 가치들이 무력한 것처럼 보일 수 있으나, 결론을 내리기에는 이르다.

〈표 7-1〉 인구 10만 명당 사망자 수 단순 비교(2020년 7월 12일 기준, WHO)

인구 10만 명당 사망자 수 하위 20 개국/지역(괄호 안은 사망자 수)	인구 10만 명당 사망자 수 상위 20 개국/지역(괄호 안은 사망자 수)
그레나다, 피지, 그린란드, 도미니카, 지브롤터, 캄보디아, 라오스, 패로 아일랜즈, 몽고, 뉴 칼레도니아, 동티모르, 베트남, 부탄, 에리트리아, 불령 폴리네시아, 세이셸, 파푸아 뉴기니, 우간다(이상 사망자 수 0), 부룬디(0.01), 미얀마(0.01)	산 마리노(121.90), 벨기에(85.39), 안도라(68.26), 영국(67.22), 이탈리아(57.89), 스웨덴(54.02), 프랑스(44.63), 미국(40.57), 칠레(36.31), 아일랜드(35.60), 네덜란드(35.46), 페루(35.37), 브라질(33.35), 에콰도르(28.96), 아일 오브 맨(28.37), 멕시코(26.80), 캐나다(23.41), 파나마(20.32), 스위스(19.72), 아르메니아(19.10)

〈표 7-2〉 조정된 10만 명당 사망자 수 비교(2020년 7월 12일 기준, WHO)

인구 10만 명당 사망자 수 하위 20 개국/지역(괄호 안은 사망자 수)	인구 10만 명당 사망자 수 상위 20 개국/지역(괄호 안은 사망자 수)
일본(-17.5), 싱가포르(-17.2), 오스트레일리아(-14.1), 말타(-12.8), 뉴질랜드(-11.9), 그리스(-11.7), 라트비아(-11.2), 한국(-11.2), 아이슬란드(-11.2), 노르웨이(-11.1), 미국(-10.8), 체코(-10.7), 리투아니아(-10.7), 슬로바키아(-10.4), 핀란드(-10.4), 크로아티아(-9.9), 브루나이(-8.7), 사이프러스(-8.6), 불가리아(-8.5), 슬로베니아(-8.4)	벨기에(70.4), 영국(52.1), 이탈리아(42.1), 스웨덴(37.8), 페루(30.5), 프랑스(28.5), 칠레(27.4), 에콰도르(24.1), 네덜란드(19.6), 아일랜드(18.7), 멕시코(17.4), 브라질(17.3), 파나마(13.2), 아르메니아(13.1), 북 마세도니아(10.3), 몰도바(9.6), 볼리비아(9.2), 이라크(5.8), 온두라스(5.7), 캐나다(5.7)

〈표 7-2〉는 〈표 7-1〉의 약점을 보완하기 위해 기초 방역 조건의 차이를 회귀분석이라는 통계학적 기법을 활용·반영하여 계산한 "조정된" 10만 명당 사망자 수를 기준으로 한다(상세한 기법에 대해서는 잠시 후 설명하기로 한다). 〈표

7-1)에서와 마찬가지로 사망률 하위 20개 국가, 상위 20개 국가를 나누어 보여주되 조정된 사망률을 기준으로 한다. 노령인구 비율, 당뇨병 유병자 비율, 공항 수, 1인당 소득 등 조건의 차이를 감안하여 국제 평균에 비해 얼마나 적게 혹은 많이 사망자를 냈는지 보여주는 것이 조정된 사망률이다. 단순 사망률에 비해 방역 체제 및 노력의 우수성을 보다 잘 반영해주는 성과지표로 해석해도 좋을 것이다.

〈표 7-2〉의 왼쪽 칸에 위치한 국가들은 해당 국가의 방역 조건상 기대할 만한 사망자 수에 비해 실제 사망자 수가 적었던 나라들이다. 괄호 안의 조정된 사망률이 음수로 되어 있는 것은 방역 조건을 감안했을 때 기대할 수 있는 평균 성적에 비해 사망률을 그만큼 낮은 수준에서 막아냈다는 의미이다. 방역 체계의 우수성, 활발한 방역 및 의료활동으로 사망자 수를 그만큼 줄인 것으로 해석해도 무방하겠다. 포함된 국가들의 경우 10만 명당 사망자 수를 줄인 정도가 대체로 10~20명 정도인 것으로 되어 있다. 한국의 경우 조정된 사망률은 -11.2이다. 한국의 실제 인구는 약 5천만 명이기 때문에 괄호 안의 숫자 -11.2에 500을 곱하여 약 5,600명가량의 사망자 발생을 방역 노력을 통해 줄인 것으로 해석할 수 있다. 2020년 7월 12일 기준 한국의 누계 사망자 수가 289명인 것을 감안하면, 그 수십 배에 달하는 사망자가 발생했어도 놀랍지 않을 여건에서 사망자 수를 300명 이내로 막아낸 한국의 방역 성과를 다시 새겨볼 수 있겠다.

왼쪽 칸은 동아시아와 태평양 지역의 고소득국가(일본, 싱가포르, 오스트레일리아, 뉴질랜드, 한국), 북유럽의 선진국(노르웨이, 아이슬란드, 핀란드)들을 다수 포함하고 있다. 이 나라들은 모두 보건 의료 선진국으로 분류될 수 있으며 인적자원에 대한 투자도 상대적으로 포용적인 것으로 알려져서 우수한 방역 성과가 특별히 놀랍지 않다고 할 수 있겠다. 유럽의 구사회주의 권역 국가들(라트비아, 체코, 리투아니아, 슬로바키아, 크로아티아, 불가리아, 슬로베니아)이 다수 포함되어 있는 것이 주목된다. 사회주의 시대의 보건의료시스템의 유제가 긍정적인 영향을 미치고 있는 것이 아닌지 생각해볼 수 있다.

특별히 미국이 방역 모범국가에 포함된 것에 놀라는 독자가 적지 않을 것으로 생각된다. 사람의 왕래와 국제 통상교류가 활발하여 방역에 열악한 조건을 감안한 평가라는 점을 기억해야 할 것이다. 전 세계 누적 확진자 수 가운데 4분의 1이상을 배출하고 있는 미국이 사망률에서는 상대적으로 우수한 성과를 보이고 있는 것은 방역에는 성공하지 못했으나 의료시스템으로 이에 대응하고 있는 것으로 보아야 할 것이다. 조정된 사망률 기준으로 볼 때 일본이 우수한 방역 성과를 올린 것으로 나타난 것에 대해서도 놀라는 독자가 많을 것으로 생각된다. 감염자 수의 추이와 관련하여 일본 정부의 대응이 혼선을 겪고 있다는 인상을 가진 독자가 많을 것이나 적어도 방역 여건을 감안하여 사망자 수를 국제적으로 비교해본다면 일본도 코로나 방역에 성공하고 있는 것으로 평가할 수 있다.

〈표 7-2〉의 오른쪽 칸에 제시된 국가들은 대표적인 방역 실패국이라 할 수 있는데 그 구성이 흥미롭다. 방역체계 인프라에 허점이 비교적 많을 것으로 예상되는 중남미, 아프리카, 아시아 국가들이 10개국 포함되어 있는 동시에 고도의 복지선진국으로 분류되는 다수의 유럽 국가들이 포함되어 이채로운 조합을 보이고 있기 때문이다. 벨기에, 영국, 이탈리아, 스웨덴, 프랑스, 네덜란드, 아일랜드 등이 치명적 자만 또는 오판의 실수를 범한 나라들인데 감염증 상륙 이후의 정책판단 착오, 근년의 보건분야 재정투자 삭감 등 다양한 사례들이 있을 것인바 추후 보다 상세한 분석이 필요할 것으로 보인다.

〈표 7-2〉에서 소개하고 있는 조정된 사망률의 계산 과정에 대해 간략히 설명해보기로 한다.

먼저 코로나19로 인한 인구 10만 명당 사망자 수에 어떠한 요인들이 어느 정도 영향을 주고 있는지 회귀분석을 통하여 평가했다. 사망자 수에 영향을 줄 수 있을 것으로 판단되는 요인들로는 노령인구 비율(65세 이상 인구의 전체 인구에 대한 비율, %), 당뇨병 유병자 비율(성인인구 가운데 당뇨 유병자 비율, %), 공항 수(국제선, 국내선 모두 포함한 공항 개수), 1인당 소득(실질구매력기준환산, 단위는 미국 달러), 무역개방도(수출+수입 무역 총액이 GDP에서 차지하는 비율, %), 인구밀도(평방제곱킬로미터당 거주 주민 수), 비만인구 비율(%), 도시화 비율(도시지역 거주민이 전국 인구에서 차지하는 비율, %)을 설명 요인으로 우선 선정해 보았다. 〈표 7-3〉의 첫 번째 열(회귀식 1)이 각 요인의 영향을 보여주는 계수와 그 표준오차를 보여준다. 계수의 부호가 양이면 해당 요인과 사망률 사이에 양의 상관관계가, 부호가 음이면 음의 상관관계가 있는 것으로 해석할 수 있다. 계수의 절대값이 크면 클수록 해당 요인의 영향력이 크다는 것을 의미한다. 추정된 계수의 값을 표준오차로 나눈 것이 t값이다. 대략 t의 절대값이 2보다 크면 해당 요인이 사망률에 체계적으로 유의미하게 영향을 주는 것으로 볼 수 있다. 반대로 t의 절대값이 2보다 작다면 해당 요인은 사망률에 영향을 주지 못하는 것으로 해석할 수 있다. 회귀식 1의 추정결과를 살펴보면 노령인구 비율이 높을수록, 공항이 많을수록, 그리고 1인당 소득이 높을수록 사

〈표 7-3〉 코로나19 사망자 수에 영향을 줄 수 있는 요인들에 대한 회귀분석 평가

10만 명당 코로나19 사망자 수	회귀식 1			회귀식 2		
	계수	표준오차	t	계수	표준오차	t
노령인구 비율(%)	0.45	0.20	2.26	0.49	0.17	2.93
공항 수	0.007	0.003	2.75	0.003	0.001	3.36
1인당 소득(USD, PPP)	0.0002	0.0001	2.14	0.00012	0.00005	2.57
당뇨 유병자 비율(%)	-0.59	0.31	-1.89			
무역개방도	-0.02	0.02	-0.88			
인구밀도(인/km^2)	-0.002	0.002	-1.07			
비만인 비율(%)	-0.03	0.20	-0.16			
도시화 비율(%)	0.09	0.08	1.03			
상수항	-0.11	4.35	-0.03	-1.46	1.56	-0.94
Adj. R^2	0.27			0.24		
관측치수	134			161		

망자 수가 늘어나는 경향이 있는 것을 알 수 있다. 반면에 무역개방도, 당뇨 유병자 비율, 인구밀도, 비만인 비율, 도시화 비율 등의 요인은 사망률에 영향을 미치지 못하는 것으로 보인다. 〈표 7-3〉의 두 번째 열에서 보고하고 있는 회귀식 2에서는 회귀식 1에서의 분석을 통해 사망률에 유의미한 영향을 미치는 것으로 판정된 요인들, 즉 노령인구 비율, 공항 수, 1인당 소득 등의 요인만을 포함하여 새롭게 추정한 요인별 계수와 표준오차를 제시한다. 역시 노령인구가 많을수록, 공항이 많을수록, 1인당 소득으로 평가되는 경제활동의 정도가 활발할수록 사망자 수가 늘어나는 것을 다시 확인할 수 있다. 회귀식 2의 추정된 계수를 사용하여 코로나19 사망자 수와 이에 영향을 주는 요인들의 관계식을 다음과 같이 적어볼 수 있다.

추정된 관계식에 나라별로 해당 요인의 실제 값들을 대입하여 그 나라의 방역 여건상 기대할 수 있는 사망자 수를 계산할 수 있다. 나라별로 실제 사망자 수에서 기대할 수 있는 사망자 수를 차감하여 얻은 것이 〈표 7-2〉에서 제시한 조정된 사망률이다. 조정된 사망률은 양의 값도 음의 값도 가질 수 있는데, 양의 값은 그 나라의 방역 여건상 기대할 수 있는 수준보다 사망자 수가 다수 발생하고 있음을 가리키고, 음의 값은 기대할 수 있는 수준보다 사망률을 낮은 수준에서 막아내고 있음을 의미한다는 것은 이미 설명한 바와 같다. 조정된 사망률이 음의 값을 취하면 평균 이상의 방역 성과를 보이고 있는 것으로, 음의 값의 절대치가 클수록 방역 성과가 뛰어난 것으로 평가할 수 있을 것이다.

3. 방역 성과와 여타 국제 지수와의 관계

이 책의 6장에서 한상진 교수는 코로나 방역의 성과의 차이로 인해 국가에 대한 이미지가 자국민 사이에, 그리고 세계의 시민들 사이에 어떻게 변모하고 있는지 설명하고 그러한 변화에 숨어 있을 수 있는 위험에 대하여 경고한다. 한국의 방역 성과가 상대적으로 우수하고 이를 반영하여 한국의 국가 이미지가 세계적으로 높아진 것은 사실이지만 한국만이 방역에 성공하고 있는 것이 아님에도 불구하고 한국 시민 스스로에 의한 한국의 평가가 세계 시민들의 평가에 비해 지나치게 높은 나르시시스트적인 경향도 위험 가운데 하나로 지적되고 있다. 미국과 함께 유럽의 다수 선진국이 방역에 실패하고 있는 것으로 인식되면서 민주주의적인 가치와 질서, 흔히 생각되는 선진국의 특성이 평가절하될 수 있는 가능성도 우리가 경계해야 할 위험 가운데 하나이다.

코로나에 대한 방역 성과를 바탕으로 미래를 위한 우리의 지향점을 생각해 보려 한다면 몇 개 국가의 사례, 특히 자국의 사례에 함몰되어 큰 그림을 놓치는 우를 범하지 않도록 노력해야 할 것이다. 앞서 2절에서는 통계학적인 기법을 활용하여 각국이 처한 방역 여건상의 차이를 감안하여 조정된 사망률을 계산하여 살펴보았다. 이번 절에서는 조정된 사망률로 평가해본 방역 성과와 각종 국제지표의 상관관계를 살펴봄으로써 국가의 성격과 지향 그리고 방역성과 사이의 관계에 대해 대국적 관점에서 살펴보고자 한다.

특별히 UNDP가 발표하는 불평등조정 인간개발지수(Inequality-adjusted Human Development Index: IHDI), SDSN(Sustainable Development Solutions Network)이 발표하는 지속가능성 지수(Sustainable Development Goals Index), 그리고 세계은행이 발표하는 기업활동환경지수(Ease of doing business rankings)와 조정된 사망률의 관계에 주목해본다. 각 지표들과 조정된 사망률 사이의 상관관계를 살펴보기 위해 자료를 얻을 수 있는 모든 국가들을 산포도로 표시해보면 〈그림 7-1〉, 〈그림 7-2〉, 〈그림 7-3〉과 같이 나타난다. 각 그림에서는 종축을 따라 조정된 사망률을, 횡축을 따라서는 〈그림 7-1〉 불평등조정 인간개발지수, 〈그림 7-2〉 지속가능성 지수, 〈그림 7-3〉 기업활동환경지수를 각

〈그림 7-1〉 불평등조정 인간개발지수와 방역 성과의 상관관계

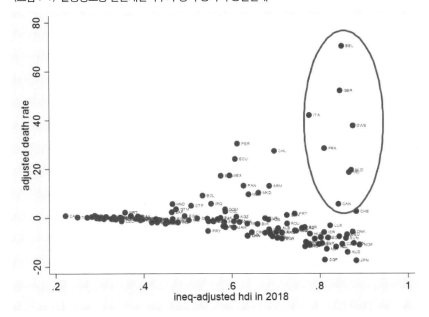

〈그림 7-2〉 지속가능성 지수와 방역 성과의 상관관계

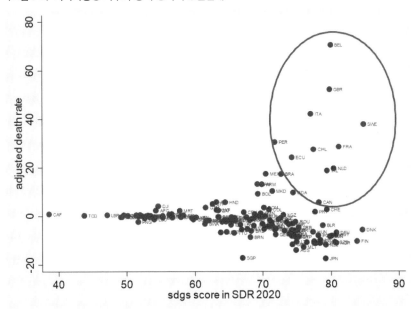

〈그림 7-3〉 기업활동환경지수와 방역 성과의 상관관계

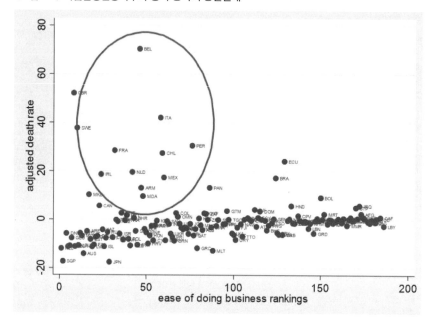

각 제시해 보여준다.

　세 그림에서 우선 눈에 띄는 것은 일반적인 패턴에서 벗어나 국가의 발전 수준에 비해 높은 사망률을 보이고 있는 일군의 국가들이다. 그림에서 붉은 색 타원으로 묶어보았는데, 이들은 대체로 2절의 〈표 7-2〉에서 오른쪽 칸에 포함되었던 국가들이다. 치명적 오만 또는 오판을 범한 것으로 보이는 일군 의 유럽 선진국들이 영향력이 큰 이상치(outlier) 그룹을 형성하고 있는 것을 알 수 있다. 벨기에(BEL), 영국(GBR), 스웨덴(SWE), 이탈리아(ITA), 프랑스(FRA), 네덜란드(NLD), 아일랜드(IRL) 등이 이에 해당된다.

　우선 붉은색 타원으로 묶인 이들 국가를 제외하고 살펴본다면 인간개발지 수 값이 높은 나라들, 그리고 지속가능성 지수 값이 높은 나라들일수록 조정 된 사망률이 낮아 방역 성과가 높은 것을 알 수 있다. 〈그림 7-3〉에서 횡축의

숫자는 기업환경에 유리한 환경을 제공하고 있는 순서로 국가의 순위를 나타낸 것이다. 기업활동에 유리한 환경을 갖춘 나라들이 상대적으로 방역에 더 성공하고 있는 것을 알 수 있다.

이상치를 보이고 있는 일부 유럽 국가들을 분석에 포함한다면 다른 결론을 얻게 될까? 답은 통계학적 기법의 선택에 따라 달라지겠으나 이상치의 과도한 영향을 제한하기 위해 흔히 사용되는 중위회귀분석을 활용한다면 결론은 그대로 유지되는 것을 볼 수 있다. 불평등조정 인간개발지수가 높고, 지속가능성 지수가 높으며 기업활동에 유리한 환경을 갖춘 나라들이 상대적으로 방역에 성공하고 있음을 다시 확인할 수 있는 것이다. 이러한 상관관계는 통계적으로도 유의미한 것을 또한 확인할 수 있다.

인간개발지수는 평균기대수명, 평균학력, 1인당 소득의 세 요소로 구성된다. 시민들이 오래 살고, 학력 수준이 높으며, 소득이 높아 풍요로운 나라의 인간개발지수는 1에 가깝게 그렇지 못할수록 0에 가깝게 지수 값이 계산된다. 불평등조정 인간개발지수는 인간개발지수에서 출발해서 세 구성요소별로 주민들 사이에 불평등도를 반영하여 감점하는 방식으로 계산된다. 2018년 한국은 인간개발지수 값이 0.906로 세계 22위 수준인 것으로 나타났으며 유엔에 의해 인간개발 최상위 국가 가운데 하나로 분류되었다. 안타깝게도 불평등조정 인간개발지수를 보면 한국은 불평등에 따른 감점을 심하게 당해 0.777, 세계 순위는 31위로 밀려나 있다. 단순히 인간개발지수를 비교했을 때 한국보다 하위였던 슬로베니아, 프랑스, 체코, 말타, 에스토니아, 사이프러스, 폴란드, 슬로바키아, 헝가리 등의 국가에 불평등을 감안하여 조정한 순위에서는 추월당하고 마는 것을 볼 수 있다.

지속가능성 지수는 널리 알려진 바와 같이 지속가능개발을 위한 17개 목표 달성을 위해 국제적으로 합의된 169개 타깃의 달성도를 수치로 보여주는 지수다. 대단히 포괄적인 지표이나, 경제의 활력이 높고 사회지표가 환경 및 상생에 친화적이면 지수 값이 올라가도록 설정되어 있다. 한국은 2018년 지속가능성 지수의 값이 100점 만점 기준으로 78.342점, 세계 순위는 21위로 평가되어 있다. 한국보다 상위에 자리 잡은 나라들은 정상으로부터 보아 스웨덴, 덴마크, 핀란드, 프랑스, 독일, 노르웨이, 오스트리아, 체코, 네덜란드, 에스토니아, 벨기에, 슬로베니아, 영국, 아일랜드, 스위스, 뉴질랜드, 일본, 벨라루스, 크로아티아 등이다. 이들 국가 가운데 스웨덴, 프랑스, 네덜란드, 벨기에, 영국, 아일랜드 등이 감염 통제에 실패하고 있고 조정된 사망률도 높게 기록되고 있다는 것은 이미 지적한 바와 같다. 인간개발지수, 후술하는 기업활동환경지수 등과 함께 지속가능성 지수는 국가의 기본실력을 측정해준다고 할 수 있다. 기본실력이 있다고 해서 시험에 실수를 말라는 법은 없지만, 기본실력이 낮다면 시험에 좋은 성과는 바라기 힘들 것이다.

마지막으로 기업활동환경지수를 살펴보자. 기업활동환경지수는 세계은행에서 매년 평가하여 발표하는데 한국은 2015년 이후 세계 5위 안에 들고 있으며 2016년, 2018년에는 4위까지 그 순위가 오르기도 했다. 참고로 세계은행은 세계 50여 위권까지의 국가에 대해서 기업활동환경이 "대단히 양호"한 것으로 분류한다.

4. 맺음말

신종 코로나바이러스의 대유행이라는 충격파에 고통을 겪으며 우리는 사회의 미래, 나라의 미래, 세계의 미래에 대해 새롭게 생각하지 않을 수 없다. 우리의 안전, 미래 세대의 안전, 삶의 지속가능성을 지키기 위해서 어떠한 변화가 필요한가에 대해 우리는 알게 모르게 질문을 던지고 답을 구하고 있다. 이러한 질문에 보다 체계적으로 답을 구해나가자면 어떤 나라가 방역에 상대적으로 성공하고 있는지 조심스럽게 살펴보지 않으면 안 된다. 감염자 수에 대한 국제 통계는 나라마다 검사 능력에 차이가 심해서 신뢰하기 어렵다. 단순 사망률 비교는 각국이 처한 방역 여건의 차이를 감안하지 못하기 때문에 착시현상을 불러일으킬 수 있다. 이러한 어려움들을 피하여 코로나바이러스 방역 성과를 국제적으로 비교하기 위해 이 글에서는 각국의 여건을 감안하여 조정된 사망률을 계산하고, 조정된 사망률과 여러 국제 지수들 사이의 관계를 살펴보았다. 이 글의 분석을 통해 드러난 주요한 사실을 정리해보면 다음과 같다.

첫째, 한국은 방역에 우수한 성과를 보이고 있지만 우리나라 이외에도 우수한 성과를 보이고 있는 나라들이 있다는 당연한 사실을 확인했다. 한국을 포함한 동아시아·태평양 지역의 고소득국가, 북유럽의 복지국가들, 그리고 중부유럽의 구사회주의권 국가들이 동시에 우수한 성과를 올리고 있다. 조정된 사망률을 기준으로 할 때 통상적인 인식과는 달리 미국과 일본 역시 우수한 방역 성과를 내고 있는 것을 볼 수 있었다.

둘째, 일부 예외에도 불구하고 기본에 충실한 나라들이 코로나 방역에도 우수한 성과를 내는 경향이 있다는 것을 확인했다. 지속가능성 지수가 높은 나라, 불평등조정 인간개발지수가 높은 나라, 기업활동에 유리한 환경을 갖춘 나라들이 그렇지 못한 나라들에 비해 우수한 방역 성과를 올리고 있다. 우리나라가 코로나 방역에 상대적으로 성공하고 있는 것은 이렇게 보면 우연이 아니고 위기를 맞아 우리나라의 기본실력이 발휘되고 있는 것으로 해석할 수 있겠다. 기업활동에 유리한 환경을 평가하는 세계은행의 지표에서 한국은 이미 수년간 세계 정상급 성과를 내고 있는 중이다. 우리나라의 불평등조정 인간개발지수와 지속가능성 지수도 국제적으로 보면 상당히 높은 편에 속하지만 여기에는 아직 많은 개선의 여지가 있다. 포용적인 인적자원에의 투자, 지속가능성에 대한 깊은 배려 등 기본에 더욱 충실한 방향으로 우리나라의 재정투자가 확대되어야 할 필요성을 확인했다고 볼 수 있다.

셋째, 다수의 유럽 선진국을 포함하여 나라의 수준으로 보아 방역 성과가 실망스러운 나라들을 발견할 수 있었다. 스웨덴, 영국, 이탈리아 등 매스미디어에 자주 언급되는 나라들 이외에도 벨기에, 프랑스, 네덜란드 등의 나라들이 이에 포함된다. 이들 나라가 범한 오판/오만을 따라 하지 않도록 경계해야 할 것이다. 이러한 나라들은 큰 패턴으로 보면 예외에 해당한다고 볼 수 있고, 바로 위에서 지적한 바와 같이 한 나라의 방역 성과를 결정하는 것은 역시 인적 개발, 지속가능성, 기업활동환경 등 그 나라의 기본적 수준이라는 점을 잊지 말아야 하겠다.

우리나라의 현대 경제사는 포용성과 지속가능성의 측면에서 대단히 모범적인 정책의 사례를 풍성하게 보여준다. 삶의 수준의 지속가능성을 확보하기 위해서는 물적 자본은 물론 인적 자본, 환경 자본, 사회적 자본이 지속적으로 충전되어야 한다. 우리나라는 자칫 모자라기 쉬운 인적 자본, 환경 자본, 사회적 자본에 대한 투자를, 특히 취약계층을 포용하는 창의적인 방법을 동원하여 지속적으로 충전하며 발전의 동력을 유지해왔다고 볼 수 있다. 이러한 재정정책의 전통을 창의적으로 살려감으로써 코로나는 물론 앞으로 다시 올 수 있는 신종 감염병의 위협, 기후변화의 위협, 인공지능의 진화와 확산에 수반되는 위협 등에 선제적으로 대응해 나아가야 할 것으로 믿는다.

POST COVID-19
KOREA

코로나19로 인한 의료시스템 및 제약산업의 전망

강건욱 (서울대학교 의과대학 핵의학교실 교수)

인류의 삶은 미생물과 전쟁의 역사였다. 조선 후기만 하더라도 평균수명은 35세 전후로(황상익, 2013) 태어나자마자 상당수는 홍역, 천연두 등의 바이러스에 걸려 사망했다. 서울 서소문 밖에는 아이들을 묻던 애오개가 있었고, 아이들은 살아남았다고 해도 장티푸스, 콜레라, 결핵 등으로 오래 사는 것이 어려웠다. 그래서 환갑은 잔치를 하여 장수를 축하할 만한 행운이었다.

바이러스는 인간뿐만 아니라 동식물, 심지어 박테리아 미생물에서도 기생하여 번식하는 특성을 갖고 있으나 특정 종에 특이적인 감염을 일으켜 개, 고양이나 과일, 채소 등에 있는 바이러스는 사람을 감염시키지 못한다. 그러나 바이러스는 유전자 변이를 매우 잘하여 동식물들이 항체를 형성하여 기존 바이러스에 저항성을 가져도 이를 피하여 재감염을 일으켜서 스스로 생존 번식한다. 이러한 변이의 특성은 드물게 다른 종으로 옮겨 감염을 일으키게 된다. 우리가 흔하게 접하는 감기바이러스는 약 200종으로 그중 4종은 코로나바이러스이다(Paules CI, Marston HD, Fauci AS, 2020). 이는 수백 년 전 박쥐 등 동물에서 기생하던 것이 유전자 변이를 일으켜 사람에게 옮겨 온 것으로 추정한다. 따라서 메르스, 사스, 코로나19는 최근 들어 인류가 새로이 경험하는 바이러스의 침략이 아니라 늘 상존했던 위험이다. 단, 과거에는 사람들 간의 이동이 거의 없어 널리 퍼지지 못하고 지역에 있는 풍토병 형태로 존재했다.

코로나19는 이전의 메르스, 사스와 달리 노인을 제외하면 치사율이 낮고 특히 무증상 감염이 많아 확산 속도가 매우 빠르다. 이로 인해 확산을 좀처럼 통제할 수 없게 되고 항공 교통의 발달로 금세 전 세계로 퍼져 팬데믹이 되었다. 그러나 1911년 제1차 세계대전 종전 이후 전 세계로 확산되어 많은 사람을 죽였던 스페인 독감과 달리 지금은 유전자 검사가 발달하여 감염자를 구별할 수 있고 사회적 거리 두기로 감염경로를 차단하는 방법을 시행하고 있어 1~2년 안에 인류가 면역이 생기는 집단면역이 일어나지 않는다. 이는 백신이나 치료제 개발 없이는 향후 3~5년 이상 현재의 상태가 지속될 것을 의미한다. 따라서 의료 분야도 지금과는 다른 시스템으로 변하지 않으면 붕괴될 수밖에 없다.

1. 코로나 팬데믹으로 인한 의료현장과 제약산업의 영향

1) 진단키트 개발과 K-방역

우리나라는 다른 나라에 비해 비교적 효과적으로 방역을 하고 있다. 전 세계에서 가장 빠르게 콧속 도말 검체에서 코로나19 바이러스의 유무를 실시간 유전자 증폭 PCR(Polymerase Chain Reaction) 검사법으로 진단하는 검사가 승인되었다. 기존 바이오 연구에 대한 투자로 PCR 검사는 연구실마다 흔하게 하는 기법이었고 바이러스 유전자 정보만 확보되면 쉽게 검사키트를 제작할 수 있었다. 단, 검사의 정확도를 확인하는 절차에 소요되는 시간이 길어 승인에 시간이 걸리는 데 질병관리본부는 구정 연휴에도 관련 업체와 개발에 대한 독려와 신속 승인에 대한 희망을 주었고 식품의약품안전처와 협의하여 신속 승인을 함으로써 해외발 감염자를 조기에 발견하여 격리하고 대구에서의 대규모 확산도 차단하는 등 K-방역의 단초를 만들었다.

2) 기존 의료체계의 붕괴와 비대면 의료 필요성 증가

우리나라는 대구 신천지와 같은 급격한 코로나19 환자 수 증가에도 유럽, 미국과 달리 사망자가 많지 않았다. 이는 인구당 병상 수가 가장 많은 의료서비스 공급 과잉이 큰 역할을 했으며 늘상 비어 있던 연수원 시설이 경증환자에 대한 생활치료센터로서 톡톡히 역할을 하고 20년 전부터 진행했던 수많은 원격의료 시범사업으로 생활치료센터에 입소하는 환자들이 중증으로 나빠질 때 바로 병원으로 이송할 수 있는 시스템을 갖추었기 때문이다. 평상시에는 자원을 갉아먹는 공급 과잉이 위기에서는 마치 잘 훈련된 예비군처럼 작동되었다.

2020년 코로나19로 인한 병의원의 타격은 경증환자의 병의원 방문 기피 현상으로 대형병원은 20% 정도의 환자 감소로 인한 적자가 발생했으나 개인의원은 매우 심각한 수준의 환자와 수입 감소가 진행되고 있다. 내과, 이비인후과, 가정의학과 등은 감기, 독감 등 호흡기 감염 질환자들의 비중이 컸는데 국민들의 생활방역으로 급성 호흡기 감염환자가 감소한 데다가 고열, 기침 등의 증상이 코로나19와 구별이 어려워 증상이 있을 경우 개인의원 방문 이전에 보건소 등에서 코로나19 검사를 완료하고 음성이 나와야 진료가 가능해 개점 휴업상태에 가까워 의원 운영이 심각한 상태이다.

환자 역시 코로나19 감염에 대한 두려움으로 인해 병이 심각하지 않고서는 병의원 방문을 꺼리고 있다. 이러한 상황이 장기화되면 경증이 악화되어 중증으로 발전한 뒤에 병의원을 찾음으로써 예방적 진료가 불가능하고 병을 키워 치료 효과가 떨어지는 사태가 벌어질 것이다.

코로나19 발생 초기에 몇몇 병원은 코로나19 환자가 응급실로 내원하거나 병실에 입원하여 응급실 또는 병원 전체 폐쇄를 경험했다. 이후 병원 건물 밖에 코로나19 검사 임시시설을 구축하여 고열, 기침 등 코로나19 의심 증상이 있는 경우 사전에 감염 확인을 한 후 병원 안으로 진입을 허용한다. 그러나 무증상 감염이 많다는 것이 알려진 현재 이 방법도 완벽할 수 없는 상태이다. 이는 만성질환뿐만 아니라 응급상황에서도 비대면 진료가 필요함을 뜻한다.

3) 신종 감염병 예방백신의 신속한 개발 필요

18세기 영국에서 에드워드 제너가 세계 최초의 백신인 천연두 백신을 개발한 후 WHO팀이 인구조사에도 없는 인도 시골마을까지 찾아다니며 예방주사를 놓아 1977년 마지막 환자 발생 이후 인류가 박멸한 최초의 바이러스가 되었다. 현재에는 홍역, 볼거리, 소아마비, 수두, 황열, 폐렴구균, B형 간염, 독감 등 많은 백신이 개발되어 인류를 괴롭혀온 질환을 예방할 수 있다.

그러나 백신 개발은 항상 성공적이지 않아 에이즈바이러스(Human Immuno-deficiency Virus: HIV) 백신은 아직도 개발되지 못했다. 바이러스는 변이를 매우 잘 일으켜 독감을 일으키는 인플루엔자 바이러스는 4가지 변종에 대해 방어하는 4가 백신까지 개발되었다. 200여 종에 달하는 감기바이러스는 변종 발생이 워낙 빨라서 아직 개발된 백신이 없다.

백신을 개발하는 제약회사의 입장에서는 변종이 너무 빨리 발생하면 백신 개발과 임상시험에 걸리는 10~15년의 투자 후 판매 시장이 없어져서 매우 위험한 투자이기도 하다. 이에 치명적인 질병을 일으키는 중요한 백신은 정부 또는 빌게이츠 재단과 같은 공공성이 강한 곳에서 투자를 한다.

바이오 기술의 발전으로 신종 코로나19의 발생이 얼마 지나지 않아 바이러스를 분리하여 유전자를 해독했고 바이러스 표면의 돌기 단백질이 사람 세포에 있는 ACE2(Angiotensin Converting Enzyme 2) 수용체에 붙어 세포 내로 바이러스가 들어온다는 사실이 밝혀졌다(Lan et al. 2020). 곧이어 돌기 단백질을 만드는 RNA, DNA 유전자와 돌기 단백질 자체를 이용한 다양한 백신이 개발되었고 현재 13개의 백신 후보가 임상시험 중이다. 그중 가장 빨리 개발된 것은 미국 벤처회사 모더나(Moderna)가 개발한 RNA 백신으로, 개발 속도가 유난히 빨랐던 이유는 이미 알려진 돌기 단백질 염기서열을 제작하는 것은 연구실 수준에서도 할 수 있는 쉬운 방법이 되었기 때문이다. 모더나는 독성 여부를 평가하는 임상 1상 시험이 진행되는 도중 효과가 있을 수 있다는 중간결과를 미리 언론에 보도하고 주가가 폭등하자 주요 주주들이 대거 주식을 내다 팔았다. 이는 백신 개발이 성공하는 것이 하늘의 별따기만큼 어렵다는 것을 방증한다.

임상시험은 소수의 환자를 대상으로 독성을 평가하는 임상 1상 시험을 수행한 후 효과를 평가하는 임상 2상을 수행한다. 임상 2상 결과 가장 효과가 좋은 주사 용량과 주사 횟수를 대규모의 자원자를 대상으로 임상 3상을 수행하여 부작용에 비해 효과가 뛰어나면 백신 제품으로 승인이 나고 대량 생산하여 보급한다. 백신개발 과정에서 이런 단계를 하나라도 실패하지 않고 성공할 경우 3~5년이 걸리고 일부 실패할 경우 10~15년이 소요되었다.

코로나19 팬데믹은 전 세계의 경제를 불황으로 빠뜨리고 있어서 주요국 정치 지도자들을 곤혹스럽게 만들고 있다. 그리하여 18개월 만에 신속 임상시험과 허가를 승인하는 제도가 도입되었다. 즉, 임상 1상 시험의 부작용이 분석되기도 전에 임상 2상을 시행하고 임상 2상의 결과가 나오기도 전에 대규모 인구를 대상으로 임상 3상의 시행이 이루어지게 된 것이다. 현재의 기술로 여러 회사에서 임상시험이 동시에 이루어진다면 효과나 부작용이 제대로 검증되기도 전에 제품이 출시될 가능성이 높다.

코로나19는 70세 이상 노인에서 사망률이 높으며 어린이 감염은 치명적이지 않다. 그렇지 않아도 백신에 대해 불신이 많은 부모들은 자녀들에게 검증이 덜 된 백신을 맞추려 하지 않을 것이다. 또한 백신 발매 초기에는 공급량이 부족해 1~2년 안에 70억 인구가 백신을 맞을 수 없기 때문에 우선 위험집단인 70세 이상 노인을 대상으로 백신을 집중 보급하고 젊은 사람들에게는 감염을 조장하여 집단면역을 일으키는 전략도 고려해볼 만하다.

4) 치료제 개발 및 신속허가제도의 필요성 증가

바이러스 치료제는 입술이 부르트거나 대상포진을 일으키는 헤르페스 바이러스, 독감을 일으키는 인플루엔자 바이러스, B형·C형 간염 바이러스, 에이즈를 일으키는 HIV바이러스 치료제가 개발되었다. 바이러스 증식을 억제하는 소분자 약물형태의 치료제는 쉽게 개발이 안 되어 로또 당첨만큼이나 개발이 어렵다. 왜냐하면 바이러스의 유전자 증식만 선택적으로 억제하고 인간 세포의 유전자에는 영향이 없어야 부작용이 없기 때문이다. 치명적인 에볼라 바이러스를 치료하기 위해 개발된 렘데시비르(Remdesivir)가 에볼라 출혈열 창궐이 사라지면서 임상시험이 중단되었는데 이를 개발한 길리어드 사이언스 회사가 코로나19 환자를 대상으로 임상시험을 시행하여 회사가 투자한 돈을 회수할 수 있는 기회가 생겼다. 부작용이 강해 중증환자를 대상으로 임상시험을 했는데 일부 환자에서 입원기간을 단축시켜 치료제로 미국 FDA(Food and Drug Administration)가 긴급사용승인 조치를 했다. 이 정도의 효과로 일반적인 상황에서는 승인되기 어렵지만 다른 치료방법이 없는 상태여서 신속허가제도를 이용했다.

한편 우리나라 굴지의 바이오 기업인 셀트리온은 이미 항체 후보를 확보해 치료제로 개발하고 있다. 항체는 항원만 명확하면 쉽게 만들 수 있는데 코로나19는 돌기 단백질이 밝혀져서 표적이 되는 항원으로 선택하면 된다. 문제는 충분히 효과를 발휘할 수 있는 돌기 단백질 결합력과 중화를 시킬 수 있는 능력을 갖춘 항체를 찾아내는 것이 관건이라 시간이 많이 걸린다. 또한 항체는 먹으면 소화되어 약으로 작동하지 않고 음식의 일부가 되기 때문에 주사로 맞아야 하고 대량생산이 어려워 고가의 비용이 든다. 따라서 대량보급이 어려워 출시되어도 중환자 중심의 치료제로 선택될 것이다. 그러나 효과가 있는 치료제가 있으면 경제 봉쇄를 상대적으로 완화할 수 있다.

코로나19 폐렴으로 사망하는 환자 상당수는 이미 바이러스는 사라졌는데 과잉 면역으로 인한 사이토카인 폭풍에 의한 쇼크나 폐를 비롯한 다발성 장기 손상이 일어나서이다. 이를 완화해보려고 염증을 완화시키는 여러 가지 약제를 시험하고 있는데 그중 염증 억제가 강한 전통적인 스테로이드 제제인 덱사메타손이 어느 정도 효과가 있다는 결과가 나왔다(RECOVERY Collaborative Group et al., 2020). 그 외에도 줄기세포 등 새로운 치료가 응급임상시험 승인 및 다른 치료법이 없는 중증환자를 대상으로 치료목적사용 승인이 되어 신약개발 기간이 단축되고 있다. 이는 국민뿐만 아니라 식품의약품안전처 자신을 보호하기 위한 과도한 규제를 완화하여 빠르게 신약이 개발될 수 있는 규제 정책에도 새로운 실험이 될 것이다.

2. 의료와 제약산업의 포스트 코로나 발전 방향

1) 원격 비대면 의료와 디지털 헬스케어

필자가 내과 전공의로 훈련을 받던 1990년대는 의사의 진찰이 매우 중요했다. 회진을 돌 때 노 교수님은 진찰을 중요하게 생각하시어 진찰을 충분히 하지 않고 불필요한 검사를 과잉으로 시행하면 회진 시 크게 혼이 났다. 과거에는 충수염[1]이 의심되어 응급실을 방문하면 배를 만져보고 의심이 되면 수술을 했다. 수술 중 충수염이 아니더라도 예방적으로 충수를 제거한 후 환자나 가족에게 특별한 문제가 없다고 하면 고마워하던 시절이었다. 지금은 초음파, CT 등 복부 내부를 손쉽게 영상으로 볼 수 있는 시대라 오진해서 수술을 하면 고소를 당한다(Kim K. et al., 2012).

현대의학은 문진, 진찰과 더불어 다양한 검사 결과를 아울러 해석하는 데이터 중심 진료이다. 진찰의 역할은 과거에 비해 매우 줄어들어 청진기가 없이 진찰을 하는 의사가 대부분이며 환자를 만져보는 촉진을 하지 않는 경우도 태반이다. 에릭 토폴이 저술한, 디지털 혁명이 바꿔놓을 의학의 미래를 예측한 『청진기가 사라진다』는 우리나라에서 이미 현재인 것이다(토폴, 2012). 이는 5분 진료 중에 상대적으로 정보가 적은 진찰을 할 수 없는 현실적인 이유도 있다. 진료 중 컴퓨터로부터 검사 결과를 읽고 분석하고 타이핑으로 의무기록을 해야 해서 환자를 앞에 두고도 의사들이 모니터만 보며 비대면 진료를 하고 있다.

비대면 진료라 하더라도 화상으로 문진[2], 시진[3]은 가능하며 청진, 타진[4], 촉

---

[1] 일반인들은 맹장염이란 명칭으로 알고 있다.
[2] 물어보고 대답하여 정보를 얻는 진찰.

진은 어렵다. 초진일 경우 다음 검사를 의뢰하는 데 정보가 부족할 수는 있으나 여러 검사정보를 통해 데이터가 있는 재진 환자의 경우 비대면이라도 큰 문제가 되지 않는다. 이 경우 심지어 얼굴을 보지 않는 전화진료도 가능하다. 필자 역시 대구지역에서 코로나19가 창궐할 당시에 서울로 올라오기 어려운 기존 환자를 원격으로 진료하고 처방하여 별 불편한 점 없이 비대면 진료가 가능했다.

원격의료 초기 시범사업은 통신사업자와 대기업이 산업자원부의 지원을 받아 추진했고 의료전용 고속통신망과 고가의 화상회의 시스템 및 데이터 연동형 가정용 혈압측정기 등 산업적, 기술적 타당성을 검증하는 사업이었다. 이는 의사가 바라볼 때 대부분 불필요한 부분이었다. 고속망을 이용한 대량의 데이터는 필요 없었으며 일반 가정용 혈압기로 측정한 결과를 전화로 문진해도 진료할 수 있는 상황이어서 의료계에서도 논란이 많았고 시민단체에서 대기업 중심의 영리의료 사업으로 프레이밍(framing)했다. 한편 대한의사협회는 원격의료가 본격적으로 도입되면 대형병원 중심으로 콜센터가 운영되고 환자들이 대형병원을 선호하여 경증 만성질환도 의료전달체계를 무시하고 대형병원에서 진료받는 행태가 더욱 심해져서 1차 의료기관의 존립이 흔들릴 것으로 판단했다.

코로나19가 장기화하면서 그동안 시민단체의 반대의견을 받아들인 현 정부에서조차 원격의료 도입을 추진한다는 의견이 나왔을 때 대한의사협회는 반대하고 대한병원협회는 찬성하는 등 의료계에서도 의견이 분열되었다. 정부는 원격의료 반대에 부딪히자 비대면 진료라는 새로운 용어를 만들어, 원격의료는 고가의 장비와 시스템으로 운영하는 상업적 영리가 개입하지만 비대

---

3 눈으로 관찰하여 정보를 얻는 진찰.
4 두들겨서 정보를 얻는 진찰.

면 진료는 통신수단을 이용한 1차 의료기관 중심의 기존 의료체계 내에서 운영한다는 입장이다. 코로나19가 3~5년 지속된다면 현 체제로서는 개인의원의 존립이 어려워져서 결국 적절한 선에서 비대면 진료 도입에 대한 타협이 이루어질 것으로 보인다.

비대면 진료는 응급상황에서도 도움이 된다. 어린이가 고열이 날 때 감기 등 심각하지 않은 바이러스 감염일 수도 있고 위험한 폐렴일 수도 있다. 복통을 호소하는 경우도 수술을 요하는 충수염일 수도 있고 심한 변비일 수도 있다. 특히 밤 시간이나 주말에 이러한 증상이 나타나면 응급실 방문 외에는 다른 선택이 없다. 필자는 24시간 편의점에 헬스부스(health booth)를 운영할 것을 제안한다. 기존 원격의료 시범사업은 개인 가정에 혈압계, 원격청진기 등 다양한 의료기기를 갖추는 것으로 시행했는데 자주 사용하지 않는 기기는 효용이 떨어질 뿐 아니라 유지보수가 안 되어 고장도 잦다. 이러한 필수 의료기기를 24시간 운영하는 헬스부스에 두어 운영하면 이를 연계한 의료기관의 당직의사가 원격 환자 정보를 바탕으로 응급상황인지 아닌지 구별하여 결정할 수 있다. 예를 들어 원격 청진을 통해 단순 감기인지 폐렴인지를 구별하여 편의점에 상비되어 있는 해열제를 복용하고 귀가시킬 것인지 가까운 응급실로 연계할 것인지 결정하는 의료서비스를 할 수 있다.

2) 원격약국과 드론택배

우리나라는 1인이 경영하는 개인약국 위주로 OECD 국가 대비 약국 수는 많지만 약사 수는 평균 이하이다. 개인약국이다 보니 대형병원 인근에는 특성이 없는 여러 개의 약국이 난립하여 환자를 유치하고 있고 목이 좋은 약국이 수익을 많이 내는 구조를 이루고 있다. 동네마다 약국이 있어 접근성이 좋다고는 하지만 야간이나 주말 운영은 거의 이루어지지 않아 막상 필요할 때는 접근성이 떨어진다. 외국은 대형약국에 다수의 약사를 고용하고 있으며 미국, 영국 등은 접근성이 떨어지는 소비자를 대상으로 의약품 원격택배를 시행하고 있다. 미국의 대형 약국체인 CVS는 스마트폰 앱에서 가상현실을 적용한 약국 판매대를 갖추어 OTC(Over the Counter) 의약품[5]인 경우 손쉽게 인터넷 구매를 할 수 있고 의사 처방의약품인 경우 처방전 바코드를 스마트폰 카메라로 인식시키면 구매는 물론 원격약사와 연결되어 복약지도도 가능하다.

대한약사회는 약국을 대형화할 수 있는 법인약국 도입을 반대한다. 대기업이나 외국계 드럭스토어(drug store) 체인이 들어와서 영리행위를 하면 국민 건강에 위협이 된다고 주장하지만 실상은 개인약국 역시 영리기관이며 원가 절감이나 서비스 질 향상에서 대형 법인약국과의 경쟁이 어려워 기존 약국의 존립이 위협받기 때문이다. 최근 코로나19로 인한 언택트 투약의 필요로 무인 원격영상투약기가 개발·보급되는 시점에서 대한약사회는 또다시 법인약국 도입을 반대하고 있다. 이는 코로나19에 대한 감염 확산을 방지하는 비대면 의료시스템의 필요를 느끼는 의료 소비자의 관점이 아니라 이로 인한 손해를 걱정하는 공급자 관점의 시각이다.

일본은 탈규제 정책의 일환으로 2017년 의약품 드론배송을 실증했다. 우리나라도 약국 접근이 어려운 도서, 산간 지역을 중심으로 의약품 드론배송 시범사업을 하고자 했으나 약사법에서 약국 또는 점포(24시간 편의점 등) 이외의 장소에서 의약품 판매를 금지하고 있어 불가능했고 대한약사회는 입법과정에서 보건복지위 소속 국회의원들과 협력해 이를 적극 막겠다고 밝혔다. 소비자는 훨씬 많지만 의견이 통일되지 않고 공급자는 똘똘 뭉쳐서 한목소리를 낸다. 지금은 24시간 편의점에서 해열진통제를 쉽게 구입할 수 있지만 약국 이외에서 의약품을 판매하게 되기까지의 과정에서 대한약사회의 반대에 부

5 처방 없이 구매할 수 있는 해열진통제, 소화제, 알레르기약 등이다.

딮혔고 이를 끝까지 추진한 시민단체와 소비자 편에 서서 입법을 추진한 국회의원 덕에 심야에도 필수 의약품을 구입할 수 있게 되었다. 의료소비자가 스스로의 권리를 찾기 위해 목소리를 내야 할 때이다.

3) 인공지능, 빅데이터, 나노기술 이용 조기진단 및 신약개발

의생명 관련 연구 분야에서는 해마다 250만 개의 논문이 발간된다. 이러한 빅데이터와 인공지능을 활용하면 직접 실험을 하지 않고도 무수히 새로운 생명의 원리와 치료를 개발할 수 있다. 그러나 전 세계 논문을 검색할 수 있는 데이터베이스를 갖춘 구글(구글 스컬라)도 이러한 시도를 하지 않는 것은 이 중에 상당수는 사실이 아닌 쓰레기 데이터이기 때문이다. 쓰레기 빅데이터로 인공지능을 통해 결과를 유추하면 사실이 아닌 결과가 나온다. 심지어 네이처, 사이언스 같은 최고 권위의 과학 잡지에도 30%의 논문만이 재현된다고 한다. 많은 경우 소규모 실험실에서 대학원생 등 피교육생인 연구자가 새로운 지식과 실험을 배우면서 숱한 시행착오 끝에 결과를 얻는 환경이다. 제약회사에서 수행하는 의생명 실험은 일정한 조건에서 대량으로 빅데이터를 얻을 수 있는 장비를 활용하여 수행하므로 더욱 신뢰할 수 있는 결과를 얻는다. 그러나 이는 기업 비밀로 논문으로는 공개되지 않아 널리 활용되지 못한다. 향후 이러한 장비가 많이 보급되고 특히 학교 등 공공영역에서 손쉽게 활용된다면 양질의 의생명 연구실험 데이터가 축적되고 이는 인류 발전에 큰 도움이 될 것이다.

나노기술의 발전은 정밀한 나노미터 크기의 물질을 조절하여 정밀 고감도 진단검사법과 표적 성능이 뛰어나 부작용을 낮추고 효과를 높인 약물 개발을 가능하게 하고 있다. 백신 분야에서는 나노입자를 이용하여 유전자 백신의 인체 세포 내 전달을 효율적으로 매개하는 연구가 한창이며 백신을 마이크로

바늘이 붙어 있는 반창고 형태로 만들면 보건소, 병의원에서 주사를 맞지 않고 집으로 배달된 백신 반창고를 어깨에 하루 정도 부착했다가 때면 되는 세상이 올 것이다.

4) 유전체와 감염 및 면역체계 맞춤 생활

감염에 대한 개인차가 크기 때문에 팬데믹이 오더라도 모든 사람이 죽어 인간이 멸종되는 일은 없다. 특정 바이러스에 취약한 유전체와 무증상으로 나타나는 유전체를 구별할 수 있다면 바이러스에 대한 공포도 적어질 것이다. 유전체 검사의 비용이 저렴해지고 있어 대부분 사람이 자신의 유전체 정보를 갖게 되면 바이러스 질환 등이 창궐할 때 질환 감수성의 차이를 판별하는 자료로 활용할 수 있을 것이다.

우리 몸의 면역시스템은 과해도 안 되고 모자라도 안 된다. 과하면 류마티스 관절염과 같이 자신을 파괴하는 자가면역질환을 일으키고 모자라면 바이러스나 세균의 침범을 방어하지 못해 폐렴이나 패혈증 등을 일으킨다. 젊을 때는 적절한 면역 균형이 유지되나 나이가 들면 이런 균형이 깨진다. 많은 건강보조식품이 면역에 좋다고 홍보하지만 불행하게도 아직 면역 균형을 측정할 수 있는 방법이 없어 검증이 안 된다. 현재까지는 적절한 칼로리 섭취 및 운동만이 효과가 있는 것으로 밝혀졌다. 최근에는 사람 몸에 있는 단일 B 세포마다 다른 mRNA 유전체 발현을 분석하여 면역 반응에 대한 개인 차이를 측정하는 연구를 하고 있다. 향후 이러한 면역체계의 신비가 밝혀진다면 이에 따른 바이러스에 대해 적절한 방어를 할 수 있는 치료제가 나올 것이고 개인마다 대처가 다른 적절한 예방적 생활을 수행할 수 있을 것이다.

코로나19는 인류가 역사적으로 경험해오던 수많은 질병 중 하나다. 지금까지 인류는 특별한 과학지식 없이도 질병들을 극복했다. 그러나 그 극복 과정에서 많은 희생이 따랐다. 현대는 과학기술이 발달하여 희생을 줄이면서 극복할 수 있는 방법이 많다. 팬데믹은 그동안 탐욕에 빠진 제약회사와 이들을 규제하는 국가의 비효율적인 신약개발 과정을 합리적으로 바꾸고 여러 이해관계자들이 공공적 협업을 하게 만드는 계기가 될 것이다.

포스트 코로나와 공중보건

강은정 (순천향대학교 보건행정경영학과 교수)

1. 서론

공중보건(public health)이란 주로 개인보다는 인구집단의 건강을 고려하는 것으로서 종종 건강과 관련된 광범위한 결정요인과 일반적인 공동의 이익에 관심을 갖는 분야이다(Beaglehole et al., 2004). 팬데믹, 즉 세계적인 대유행으로 번진 코로나19에 대응하면서 우리나라의 공중보건체계가 얻은 경험을 바탕으로 향후의 공중보건체계를 더욱 강화하기 위해서는 코로나19 이전부터 존재했던 공중보건 문제와 코로나19가 던져준 공중보건 문제를 같이 이해할 필요가 있다. 따라서 먼저 코로나19가 등장하기 전부터 우리나라가 직면한 공중보건의 메가트렌드를 제시하고, 코로나19가 건강에 미친 영향을 살펴본 뒤 포스트 코로나 공중보건체계에 필요한 요소들을 제안하고자 한다.

2. 공중보건 문제의 메가트렌드

1) 저출산 고령화

2020년 1분기 우리나라의 가임여성 1인당 출생아 수를 나타내는 합계출산율은 0.9명이었다(저출산고령사회위원회, 2020). 또한 사망자 수가 출생자 수를 넘어서 우리나라의 인구는 자연감소가 시작되었다. 2017년 우리나라를 방문한 크리스틴 리카르도 IMF(International Monetary Fund) 총재는 이러한 우리 사회를 '집단자살 사회'로 표현한 적이 있다. 반면에 노인인구의 비율은 빠른 속도로 증가하여 2026년에는 노인인구 비율이 20%를 넘는 초고령사회가 될 것으로 예측된다. 노인인구의 증가는 만성질환자의 증가로 인한 의료비 및 돌봄 비용의 증가를 수반하게 된다. 또한 저출산과 동반되는 인구 고령화는 생산인구(15~54세) 대비 노인인구의 비율을 의미하는 노인부양비가 크게 증가한다는 의미이며, 이는 건강보험의 지속가능성을 크게 위협하는 요인이 된다.

2) 세계화, 국경을 초월하는 공중보건 문제, 기후변화

중국발 황사나 미세먼지는 작년까지만 하더라도 봄철마다 찾아오는 불청객으로 여겨졌다. 메르스는 중동 여행으로부터 국내에 유입되었으며 동남아 등 열대지역으로의 여행이 늘어나면서 뎅기열과 같은 열대성 전염병도 국내에 증가했고, 우한발 코로나19는 전 세계적 유행, 즉 팬데믹을 일으켰다. 이처럼 공중보건, 특히 감염병의 문제나 환경오염은 한 나라의 문제라기보다는 국경을 초월하는 문제가 다수이며 따라서 국제적인 공조가 요구된다.

기후변화는 여러 가지 경로로 건강을 위협한다. 폭염은 '침묵의 살인자'로 불리는데 그 이유는 심혈관계 질환, 호흡기계 질환, 신경계 질환을 악화시킬 수 있으나 폭염의 영향을 인지하지 못하는 경우가 많기 때문이다. 전 세계적으로 태풍, 홍수, 가뭄, 화재 등 자연재해의 숫자가 지속적으로 증가하고 있다. 태풍과 홍수는 직접적인 사상자를 낳을 수도 있고 전염성 질환의 증가를 통해 건강을 위협한다. 고온과 가뭄으로 인한 화재는 생태계를 파괴할 뿐만 아니라 대기오염을 통해 우리의 건강에 영향을 미친다. 기온의 상승은 대기오염 물질을 증가시키고 알러지를 유발하는 꽃가루 등을 증가시킨다.

3) 건강형평성

19세기부터 시작된 제약산업의 발전으로 수많은 전염병들이 더 이상 인류 건강에 위협이 되지 않고, 20세기 의료기술의 발달로 이제는 암이 더 이상 불치병이 아닌 만성질환의 하나로 여겨지게 되었다. 그러나 안타깝게도 의료기술은 높은 비용을 수반하여 모든 사람들이 동등한 혜택을 누리지 못함으로 말미암아 건강불평등의 문제가 드러나게 되었다. 물론 우리나라는 1979년에 전 국민의료보험이 실시되었고, 그 이전인 1977년에 의료보호법이 제정되어 건강형평성을 높이기 위한 제도적 기반이 확립되었다. 그러나 2004년부터 2017년 사이 소득5분위 간 기대여명 격차가 증가했으며 도시에 비해 농촌의 기대여명이 낮았고, 특히 기대여명이 낮은 지역에서 소득수준별 기대여명과 건강수명의 격차가 더 컸다(강영호, 2019). 또한 국민건강증진종합계획 2010과 2020을 통해 지난 20년간 건강형평성이 국가 건강증진 정책의 궁극적인 목표로 정해졌음에도 불구하고 아직 형평성 개선을 위한 뚜렷한 정책이 없는 실정이다.

4) 자살

한국은 '자살공화국'이라는 오명을 가진지 오래다. IMF 금융위기 때 증가한 자살률은 그 이후 계속 증가했고 IMF 이전 수준을 회복하지 못하고 있다. 2003년부터 지금까지 2017년 2위를 했을 때를 제외하면 OECD 국가에서 자살률 1위이다. 한때 유명 연예인의 자살이 큰 화제가 되었고 지금은 대통령, 서울특별시장, 재벌총수, 정당대표 등 소위 부나 권력을 가진 사람들도 자살을 하니 이제는 보통 사람의 자살은 크게 언론의 주목을 받지도 못하는 서글픈 현실이다. 하지만 분명한 것은 한국에서 자살은 모든 계층의 문제라는 것이다. 노인층에서는 자살자 수도 가장 많지만 자살률도 가장 높다. 10대, 20대, 30대에서 자살은 사망원인 1위로 청년층의 문제이기도 하다(통계청, 2019). 2018년의 경우 3대 자살원인은 정신적 문제(31.6%), 경제 문제(25.7%), 그리고 육체적 질병(18.4%)이었다(중앙자살예방센터, 2020).

3. 코로나19로 인한 건강영향

1) 초과사망

코로나19 확진자 수와 사망자 수의 집계에 온 관심이 집중되어 있을 때 실상은 코로나19 이외의 다른 요인으로 인한 사망자 수가 과거보다 늘었다는 BBC의 최근 보도는 많은 이들에게 코로나19의 건강영향이 생각보다 더 심각함을 깨닫게 해주었다. 초과사망이란 지난 5년간의 평균 사망자 수를 넘는 사망자를 의미한다. 한국의 경우 2월 1일부터 3월 30일까지 단 두 달의 기간 동안 초과사망자 수는 2,400명이었고(평균 대비 5% 증가) 이 중 코로나19 사망자는 단 163명에 불과했다(데일 & 스틸리아누, 2020). 2020년 1분기 초과사망률은 전국적으로 6.0%, 서울 6.5%, 대구 10.6%, 경북 9.5% 정도 높아졌다는 보고도 있다(김상기, 2020). 대구 경북은 그렇다 치더라도 서울에서도 6.5%의 초과사망이 발생했다는 점은 보건의료체계가 제대로 작동하지 못했다는 반증으로 보인다. 이는 코로나19로 인해 의료기관이 방역 대응에 집중하고 코로나19 음성이 확인된 환자들을 응급실에 수용하는 점, 또한 사회적 거리 두기로 인해 병의원 이용을 꺼리는 점 등의 이유로 의료서비스를 적기에 받지 못하는 사례가 많아졌기 때문으로 추정된다.

2) 건강행태

흡연, 음주, 영양, 신체활동은 암, 심혈관 질환, 만성 폐쇄성 폐질환, 당뇨병 등 주요 만성질환의 공통 위험요인이다. 즉, 4가지 생활습관을 잘 관리하면 이들 만성질환을 모두 예방할 수 있다는 의미이다. 효산건강환경재단이 5월에 전국의 1,117명을 대상으로 조사한 결과에 따르면 음주횟수가 늘었다고 응답한 비율은 13.7%인 데 반해 줄었다고 응답한 비율은 39.6%였으며, 한 번 마실 때 음주량이 늘었다는 비율은 6.0%에 불과한 데 반해 줄었다는 비율은 34.2%였다.[1] 반면에 신체활동은 감소했다는 비율이 48.2%이고 증가했다는 비율은 17.4%였다. 요즘 거리에서는 언택트 교통수단인 자전거와 전동스쿠터 이용이 조금씩 증가하는 것처럼 보인다. 하지만 대중교통의 이용은 감소하고 자동차 이용이 증가한 것으로 조사되었다. 신체활동의 감소는 체중증가로 이어졌는데, 체중이 증가했다는 비율이 40.8%였고 감소했다는 비율은 5.2%였다. 동 재단이 전국의 500명 청소년을 대상으로 조사한 결과에서도 성인에서와 비슷한 경향이 나타났다. 신체활동은 줄고 비만이 증가한 것이다. 청소년은 개학이 연기됨에 따라 집에 있으면서 인터넷과 게임 이용 시간이 늘

---

1 5월 21일 효산건강환경재단이 주관한 'COVID-19와 건강도시' 세미나에서 발표된 자료로 원 자료는 재단에 문의하면 얻을 수 있다.

었다고 응답한 비율이 각각 89.2%와 56.8%인 것으로 조사되었다.

3) 취약한 계층에게 더 가혹한 코로나19

코로나19는 노인, 저소득계층, 만성질환자 등 취약계층에게 더 큰 부담이
되고 있다. 건강보험 가입자보다 의료급여 수급자의 코로나19로 인한 사망률
이 2.81배 더 높고, 도시보다는 농촌, 심부전, 신부전증, 전립선의 악성신생
물, 급성 심근경색증, 당뇨병 등의 질환이 동반될 경우 치명률이 높아진다
(Kim, Byeon, Kim, Cho, Lee, 2020). 미국은 더 심각한 인종 간 격차를 보인다.
흑인 인구는 12.5%이지만 코로나19 사망자 중에서는 흑인이 23%를 차지한다
(정다슬, 2020).

신천지 교인을 중심으로 대규모 감염을 경험한 대구지역의 확산세가 줄어
들면서 수도권을 중심으로 산발적인 집단감염이 시작되었다. 집단감염은 종
교시설과 클럽 같은 다중이용시설에서도 발생했지만 콜센터, 택배업체 물류
창고, 방문판매업소 등 비정규직 근로자 많은 작업장에서 주로 발생하고 있
다. 이들은 동료 간 거리를 두기 어려운 사무실 환경, 아파도 쉬지 못하는 근
무조건, 마스크를 착용하기 어려운 업무 강도 등 개인 방역수칙을 지키기 어
려운 환경에 처해 있는 경우가 많다. 올해 5월 지급된 실업급여는 2019년 5월
에 비해 무려 33.9%가 증가한 1조 162억 원이었다(≪매일경제≫, 2020). 코로
나19로 인해 폐업을 한 자영업자나 해고를 당한 근로자들의 증가로 인해 중
장기적으로 사망, 질병, 사고 등 여러 가지 부정적 건강영향이 예상된다.

4) 블루 블루, 코로나 블루

효산건강환경재단의 조사에서 성인의 41.3%, 청소년의 31.8%가 코로나 이

전보다 더 자주 우울감을 경험한다고 응답했다. 외로움과 스트레스 또한 코로나 이전보다 증가했다. 일반인들의 불안우울 증상의 원인은 주로 사회적 거리 두기로 인해 일상적인 사회생활이 제한됨으로써 발생한다고 볼 수 있다. 이와 더불어 코로나19 확진자에 대한 사회적 낙인이 심한 상황에서 감염으로 인한 질병과 사망에 대한 두려움은 사회적 낙인으로 인한 두려움으로 인해 더욱 증폭될 수 있다. 우리나라는 코로나 이전에도 자살률이 세계에서 가장 높았는데 코로나로 인한 우울과 스트레스는 정신건강 수준을 더욱 약화시킬 가능성이 있다. 특히 실업자, 비정규직 종사자, 노인, 저소득계층, 시설 입소자 등 정신건강에 취약한 집단들이 자살 고위험군으로까지 갈 우려가 있다.

4. 포스트 코로나 공중보건을 위한 제언

1) 건강한 환경 조성을 위한 건강도시 전략

1978년 알마아타 선언은 일차보건의료, 즉 모든 사람을 위한 필수 의료가 선진국으로부터 개발도상국까지 모든 나라에서 필요함을 표방했다. 치료를 위한 의료서비스뿐만 아니라 예방, 건강증진, 재활을 포함한 연속적이고 포괄적인 보건의료서비스가 모든 사람들에게 제공될 수 있도록 국가보건체계가 마련되어야 함을 강조했고, 이를 위해서는 보건의료 부문만이 아니라 농업, 축산, 식품, 산업, 교육, 주택, 공공사업 등 지역사회의 개발을 위한 모든 부문이 협력해야 한다고 주장했다. 건강한 먹거리, 안전한 산업장, 건강한 주거환경, 안정된 고용, 노인 일자리 등이 건강에 필수적인 환경임을 누구나 쉽게 이해할 수 있을 것이다. 또한 인구 고령화로 늘어나는 의료비 부담을 줄이기 위해서 질병의 예방과 건강증진의 중요성은 아무리 강조해도 지나치지 않다.

1986년 세계보건기구 주관으로 캐나다 오타와에서 개최된 제1차 세계건강 증진대회에서는 여러 부문들에서 '건강한 공공정책'과 '건강을 지원하는 환경 을 조성'하는 것이 건강증진의 활동 전략이라고 했다. 1987년 유럽 지역에서 최초로 '건강도시'가 등장한 이후 제4차와 제9차 세계건강증진대회에서도 '건 강도시'를 건강증진의 핵심 정책으로 제시했다. 건강도시는 시민의 건강증진 과 건강형평성을 향상시키기 위해 도시 모든 부문이 물리적, 사회경제적 환경 을 개선시키기 위해 노력하는 도시이다.[2]

최근 대한민국건강도시협의회 사무국은 회원도시 실무자들과 단체장들을 대상으로 코로나19 대응에 우선적으로 필요한 도시의 전략에 대해 설문조사 를 실시했다. 이 설문조사 결과 우선순위가 높다고 인식되는 건강도시 사업 은 다음과 같다(대한민국건강도시협의회, 2020). 경제생활 분야에서는 현재 실 시 중인 '소상공인 지원' 이외에도 디지털 소외계층에 대한 교육, 택배노동자 의 안전보장, 배달음식의 안전, 온라인 주문 제품의 쓰레기 재활용 등 보다 다 양한 분야에 대한 정책과 지원이 필요한 것으로 나타났다. 문화체육관광 분 야에서는 현재 공공도서관 온라인 콘텐츠 제공이나 온라인 전시는 어느 정도 제공되고 있으나 실내 신체활동 프로그램과 공공 온라인 교육 프로그램에 있 어서는 획기적인 확대가 요구된다고 했다. 공간교통 분야에서는 '비대면 시민 활동 공간 확충'과 '스마트워크 확산 대비 공간계획'의 우선순위가 가장 높았 다. 복지행정 분야에서는 '공동체 강화를 통한 나눔 실천', '평생교육체계와 연 계한 재난안전교육', '시민참여형 사회혁신 플랫폼 구축', '재난안전 스마트행 정 서비스 강화', '재난회복심리지원 및 마음건강서비스 확대' 등 다양한 정책 에 대한 필요성을 높게 인식하고 있었다. 마지막으로 보건의료 분야에서는

---

2 현재 국내에는 101개의 광역 또는 기초 지방자치단체가 대한민국건강도시협의회 회원으로 활동 하고 있다.

'지자체 차원의 감염병체계 구축'이 필요하다고 응답한 비율이 가장 높았고, '공공의료지원체계 강화', '권역별 방역시스템 구축', '스마트헬스케어 사업 확대'도 필요하다고 응답했다. 지자체 수준에서 주민을 위하여 이러한 통합적인 접근이 가능하도록 가칭 '건강도시법'과 같은 지원 근거가 마련되어야 하고, 지자체는 구체적인 실행 방안들을 조속히 마련해야 할 것이다.

2) 회복력 있는 도시 보건의료체계 구축

재난이나 위기를 겪은 뒤 정상적인 생활로 돌아가는 힘을 회복력이라고 부른다. 코로나19라는 신종 감염병을 겪으면서 특히 신천지 신도를 중심으로 대규모 집단감염을 경험했던 대구지역은 엄청난 공중보건체계의 위기를 겪었다. 예를 들어, 확진자 숫자가 너무 빠르게 증가하면서 역학조사관을 통한 역학조사는 환자 발생 후 며칠 만에 기능이 마비되었고, 환자관리를 위한 정보체계가 없었으며, 가벼운 증상의 환자가 병상을 차지하는 등 효율적인 병상 배분이 이루어지지 못했던 점, 그리고 중증 요양시설 입소자 등 의료취약계층에 대한 대책이 미흡했다는 등의 한계를 경험했다. 그럼에도 불구하고 대구지역이 결국에는 정상적인 수준으로 회복하게 된 데는 시민들의 적극적인 방역에 대한 참여와 민관협력체계, 그리고 중앙정부 및 타 지자체의 협력 등이 있었기 때문으로 분석된다(김종연, 2020).

그러나 코로나19의 제2차 유행이나 새로운 공중보건 위기가 전국의 여러 지역에 더 큰 규모로 닥칠 가능성을 배제하지 못하며, 따라서 보다 체계적인 접근과 준비가 필요하다. 공중보건체계로 말하자면 공중보건의 필수 서비스들을 국가뿐만 아니라 지역 차원에서 구축하는 것의 필요성이 대구 사례를 통해 분명해졌다. 회복력 있는 도시 공중보건체계를 위해서는 첫째, 지자체의 공중보건의 위기 대응 역량을 강화해야 한다. 질병관리본부뿐만 아니라 각

지자체는 다양한 공중보건 위기의 시나리오를 작성하고 그에 따른 대응 훈련을 할 수 있도록 중앙정부의 지원이 필요하다. 여기에는 병상과 인력 수급, 소통, 취약계층에 대한 대책, 다부문 협력체계 등이 고려되어야 할 것이다. 둘째, 각 지역별로 감염병 발생뿐만 아니라 의료자원에 대한 감시와 정보체계가 필요하다. 중환자실, 응급실, 병상에 대하여 상시 모니터링을 통해 병상 수급에 대한 주의-관심-심각 단계를 정의하고 대응 지침과 훈련을 마련해야 한다(허탁, 2020). 셋째, 위기 대응에 종사하는 의료인과 보건소 인력의 소진(burn-out)을 막기 위해 적절한 보상과 충원 등의 인력 관리가 필요하다. 넷째, 만성질환 등의 문제를 가진 사람들이 의료서비스를 중단 없이 받을 수 있는 기술적, 제도적 뒷받침이 필요하다. 현재 활발하게 논의되고 있는 스마트 헬스케어 또는 원격진료는 불필요한 사망의 예방과 건강형평성 개선이라는 공중보건의 관점에서 이루어져야 한다.

5. 맺음말

우리나라는 코로나19 이전에 이미 저출산 고령화, 기후변화, 건강불평등, 자살 등의 매우 어려운 공중보건 문제를 안고 있었다. 이런 상황에서 코로나19는 감염병 그 자체로서도 부담일 뿐만 아니라 다른 질병으로 인한 초과사망, 신체활동 부족 등 건강행태의 악화, 건강불평등의 심화, 불안과 우울 등의 추가적인 공중보건 문제를 안겨주었다. 비록 2020년 상반기는 우리의 방역체계가 성공적으로 작동한 것으로 보이지만 제2, 3의 코로나19 유행 혹은 또다른 새로운 종류의 위기 상황 아래 공중보건체계의 지속가능성과 회복가능성에서 아직 보완해야 할 점들이 많다. 단지 감염병을 막기 위함이 아니라 건강증진을 위하여 각 지역별로 건강도시 전략을 실행함으로써 건강한 물리적, 사회경제적 환경을 조성하고 회복력 있는 도시 보건의료체계를 구축할 수 있도록 국가의 법적, 예산적, 기술적 지원이 시급하다.

코로나19와 심리방역*

장은진 (한국침례신학대학교 상담심리학과 교수, 한국심리학회장)

1. 코로나19와 한국인의 정신(심리)건강

코로나바이러스 감염증(COVID-19)은 자연재난과 사회재난의 성격을 동시에 갖는 복합재난으로, 발생 원인이나 피해 규모를 예측하기 어려운 불확실한 현대의 재난으로 볼 수 있다. 재난 상황에 처한 사람들은 심리·정서적으로 곤란을 겪으며, 재난 이후에도 변화된 환경과 재정적 손실, 가족관계의 변화 등이 장기적인 생활 스트레스로 작용하여 2차 트라우마의 요인이 되기도 한다 (Norris, Friedman, & Watson, 2002). 이에 재난 이후 사람들은 급성 스트레스 장애 (Acute Stress Disorder: ASD), 외상 후 스트레스 장애(Post Traumatic Stress Dis-

---

* 초고 자료와 참고문헌 정리를 도와 준 정재우 선생과 원고의 완성도를 위해 조언해준 한영주 교수께 감사드린다.

order: PTSD)를 경험하거나 우울증, 자살 등의 정신건강 문제를 경험할 수 있다. 코로나19와 같은 신종 바이러스 출현 역시 예측 가능성이 낮고 감염 가능성은 가시적이지 않으므로 감염 지역 내 주민들은 만성적인 불확실성을 경험함으로써 불안 증상 등의 심리적 장애를 가질 수 있게 된다. 또한 코로나19는 개인의 심리적 피해를 비롯해 긴장, 두려움, 유언비어를 확산시켜 사회적 불안 및 구성원들 간의 다양한 심리적 갈등이나 집단 트라우마를 유발하기도 한다(허연주·이민규, 2017; Knudsen, Roman, Johnson, & Ducharme, 2005).

이번 코로나19 사태가 일어난 직후, MHPSS(Mental Health and Psycho Social Support) 기관에서는 국제 저명 학술지 ≪LANCET≫에 게재된 감염병으로 인한 격리, 그로 인한 심리적 영향과 개입 방향에 대한 개별 논문 24편을 분석한 리뷰논문을 게재했다(Brooks et al., 2020). 연구결과, 과거 사스(SARS) 감염병으로 인해 격리조치가 내려진 기간 동안 20%의 사람들이 공포감을, 18%가 긴장감을, 또 다른 18%가 슬픔을, 10%가 죄책감을 경험했다고 보고했다(Reynolds et al., 2008). 또한 재난을 경험한 지 4~6개월 후에도 3~6% 정도는 여전히 불안과 분노를 경험했고, 특히 이미 정신질환을 겪고 있었던 사람이나 의료영역 종사자들에게서 정서 문제가 더욱 심한 것으로 나타났다(Wu et al., 2008). 감염병이 잦아든 시점에도 의료영역 종사자들의 불안과 극심한 스트레스 반응이 회피행동으로 나타나 지속적인 심리적 개입이 필요함을 알 수 있다. 격리되었던 사람들도 격리가 해제된 후 직장 및 대인관계로부터 불이익, 차별, 회피를 경험하는 것으로 보고되어(Cava, Fay, Beanhands, McCay, & Wignall, 2005) 격리대상자에 대한 지속적인 심리개입은 물론 주위 사람들, 특히 직장에서의 심리적 반응에 대한 교육 및 심리지원 지침의 필요성을 제기했다.

국내의 코로나19 관련 조사 현황을 살펴보면 다음과 같다. 2020년 3월 한국트라우마스트레스학회(Korean Society for Traumatic Stress Studies: KSTSS)에서는 국민 1,014여 명을 대상으로 정신건강 실태조사를 실시했다. 그 결과,

연구 참여자 중 상당수가 코로나19로 인한 걱정과 두려움을 경험했는데, 코로나19로 인해 가족이 감염되는 것에 대한 걱정과 두려움을 일주일 이상 경험한 응답자의 비율이 76.80%로 가장 많았다. 이어 자신의 감염이 타인에게 전염되는 것(75.52%), 자신의 감염으로 인해 타인에게 피해를 주는 것(72.45%)에 대한 걱정과 두려움을 다수가 느끼는 것으로 나타났다. 다음으로 불안을 경험한다고 응답한 참여자가 많았는데, 가벼운 수준의 불안을 경험한 비율은 48%, 중간 이상의 심한 불안을 느끼는 위험군도 19%에 달하는 것으로 나타났다. 우울감과 관련된 영역에서는 가벼운 수준이라도 우울을 경험한 비율이 42.5%, 중등도 이상을 경험한 우울 위험군의 비율도 17.5%에 해당되었다(한국트라우마스트레스학회, 2020.4.7). 이후 2020년 5월에 전국 1,002명을 대상으로 실시한 2차 국민 정신건강 실태조사에서는 1차 조사와 유사하게 가족 감염, 자신의 감염으로 가족과 타인에게 전염되는 것에 대한 두려움이 가장 높았다. 이어 불안 위험군은 15%로 1차 조사에 비해 감소했지만, 우울 위험군은 18.6%로 1차 조사에 비해 증가한 결과를 보였다(한국트라우마스트레학회, 2020. 6.18). 이로 볼 때 코로나19가 장기화될수록 우울 관련 질환에 대한 위험성이 높아질 가능성을 생각해볼 수 있다.

한편, 한국심리학회에서는 코로나19 특별대책위원회를 구성하여 2020년 3월 9일부터 1,028건의 대국민 무료 전화상담을 진행했다(7월 31일 기준). 진행된 상담에 대한 분석 결과, 심리상담의 주요 문제로는 코로나19 감염에 대한 불안(약 22.5%), 코로나19 관련 우울(약 21.2%)이 가장 많았고, 가족 갈등(약 10.3%), 학업 진학 및 취업(약 9.5%)에 대한 어려움을 호소하는 내담자도 많았다. 이 외에 기저정신질환, 대인관계, 직장 내 갈등, 경제적 어려움, 양육 스트레스도 상담의 주요 문제였다. 특히, 자살행동을 주요 문제로 상담을 요청하는 경우도 있었다. 이로 볼 때, 코로나19로 인한 어려움이 단순히 심리정서적인 문제에 그치지 않고 행동화 문제가 발생할 수 있어 이에 대한 적절한 관리

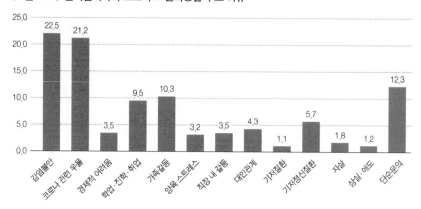

〈그림 10-1〉 한국심리학회 코로나19 전화상담 주요 이슈

〈그림 10-2〉 한국심리학회 코로나19 전화상담 연령별 주요 이슈

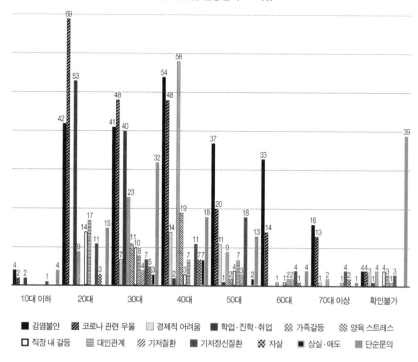

가 필요한 상황이다. 연령별로 살펴보더라도 전반적으로 감염으로 인한 불안으로 상담을 요청한 경우가 많았다. 20대는 주로 우울감을 호소했고(69명, 29.6%), 30대도 마찬가지로 우울감을 호소했다(48명, 20.1%). 그리고 40대는 가족 간의 갈등이 주요 이슈였고(58명, 23.4%), 50대 이상은 감염에 대한 불안을 가장 많이 호소하는 것으로 나타났다(육성필, 2020.8.20). 이로 볼 때 연령별 주요 이슈가 서로 다름에 따라 이슈에 따른 맞춤형 개입도 필요할 것으로 생각된다. 박용천(Bahk. Y. C) 등은 2020년 5월(n=1,167), 7월(n=936), 9월(n=842)에 코로나19 발병의 심리적 영향에 대해 종단 연구를 실시했다. 연구 결과 5월과 7월 경도 이상의 우울, 불안 증상을 경험한 비율이 대략 30%대 초반이었으나 9월 들어 우울 38.4%, 불안 41%로 상승했다. 중등도 이상의 우울과 불안 증상도 5월과 7월에 각각 20%대 초반이었으나, 9월에는 우울 29.5%, 불안 31.4%로 상승했다. 자살 위험성의 경우에도 자살 고위험군 비율이 9월에는 20.2%로 보고되었다(김민아, 2020.9.19). 주목할 만한 부분은 여성이 남성에 비해, 그리고 20대와 30대 참가자들이 다른 연령대보다 더 높은 수준의 심리적 고통을 보고했고, 코로나19 발생 이전에 비해 가계 수입이 줄거나 직장을 잃은 경우에는 심리적 고통 수준이 더욱 높게 나타났다. 다른 국가에서 보고된 정신건강 현황과 비교할 때, 우리나라 국민들은 상대적으로 불안 증상은 다소 낮으나 우울 증상은 더 높은 것으로 나타났다. 이러한 코로나19 기간에 보고된 심리적 고통은 수면, 식사, 대인관계 등 일상 활동에 대한 참여 수준이 높을수록 낮은 것으로 보고되었다(Bahk et al., 2020). 이런 연구결과들을 종합해 보면, 코로나19 상황에서 불안이나 우울 증상을 겪는 사람이 많아지고, 특히 우리나라의 경우 우울의 정도가 더 심각하다는 것을 알 수 있다. 이러한 심리정서 증상뿐 아니라 자살시도 등과 같은 행동화 문제도 나타나므로 코로나19 상황에서의 심리적 문제에 대한 개입은 필수불가결하다고 볼 수 있다. 특히 일반인들보다는 취약계층에서 심리적 문제가 유의하게 심해지는 것으로 나타났기 때문에 향후 이에 대한 연구가 필요하며, 국가기관과 민간 전문가가 함께 합리적이고 효율적인 전반적인 정신(심리)건강 대책을 마련해나갈 필요성이 있다.

2. 코로나19와 심리방역의 실제

코로나19는 비말 등으로 공기 중의 전염력이 강한 데다가 아직 백신이나 치료제가 개발되지 않았고, 전 세계적인 팬데믹(pandemic)의 양상으로 나타나기 때문에 세계인의 신체질환 문제뿐 아니라 이와 관련된 심리적 불안과 공포 등의 정신건강도 매우 위험하고 취약한 상황이다. 감염 가능성으로 인한 대인관계의 불신과 회피, 사람들의 사망이나 질환으로 인한 트라우마와 스트레스 반응 등 다양한 정신건강의 문제를 야기하고 있다. 최근에는 '코로나 블루(우울)', '코로나 레드(분노)'이라는 용어가 등장할 정도로 코로나19 사태로 인한 우울, 불안, 초조, 걱정, 분노 등 심리적인 불편감을 호소하는 경우가 많다. 동시에 소비생활의 위축과 이로 인한 생산 활동의 저하 등을 불러일으켜 사회적, 경제적으로도 엄청난 파장을 일으키고 있으며, 이는 또다시 생활 전반에 대한 불안을 유발하는 악순환으로 이어지고 있다(장은진, 2020.5.29). 위기 관리적인 측면에서 본다면 지금과 같이 감염병으로 인한 재난은 반복되어 나타날 수 있고, 이로 인한 어려움도 언제든지 나타날 수 있기 때문에 선제적으로 예방적인 조치를 하는 것이 매우 중요하다. 특히 예방의 측면에서는 물리적인 영역만이 아니라 심리적 영역에서의 방역이 필수이다. '심리방역'이란 감염병의 발생이나 유행 시 생길 수 있는 심리적 문제에 대처하고 예방하는 것이다. 특히 코로나19는 신체질환뿐 아니라 경제, 사회, 심리 영역 전반에 걸쳐 매우 다양한 부정적인 영향을 미침에 따라, 개인이 포스트 코로나 시기 기간의 변화와 스트레스에 대처할 심리적 역량을 키우는 심리방역이 중요하다.

재난 관련 스트레스에 대처하는 심리적 역량에서 중요한 개념은 '회복 탄력성(Psychological Resilience)'이다. 국제협력기구에서 발의된 『Rio+20, post-2015 제안서』(United Nations, 2012)에서는 재난의 위험 감소와 회복 탄력성이라는 두 가지 방향을 제시하며, 이를 위해 공적인 영역과 사적인 영역에서 다양한 전략과 계획을 실행할 것을 촉구한 바 있다. 심리적 회복 탄력성은 자신에게 닥친 스트레스나 시련에 적극적으로 대처하고 그 상황을 효과적으로 극복하는 개인의 내적 능력으로, 이를 통해 환경에 적응하고 심리장애를 예방할 수 있으며, 정신적으로 성장할 수 있다. 특히 심리적 회복 탄력성은 각종 재난에서 개인과 사회를 보호하는 강력한 보호요인이자 위험 감소의 전략으로 알려져 있으며(민문경·주혜선·안현의, 2018; Höfler, 2014), 시간의 흐름에 따라 변화하며 훈련과 노력을 통해 후천적으로 개발할 수 있는 보다 광범위한 개념이다. 회복 탄력성에 영향을 미치는 개인의 내적 요인들로는 삶의 의미 발견, 낙관성, 그리고 내적 통제 소재와 강한 자기 효능감이 알려져 있다. 회복 탄력성에 영향을 미치는 환경적 요인으로는 사회적 지지가 대표적이며, 부모, 친구, 기타 사회적 네트워크, 그리고 긍정적 역할 모델 등을 예로 들 수 있다. 그동안 재난 경험과 관련된 기존 연구들은 PTSD 케어에 대해 개인 중심 치료를 중점적으로 다루었으나 최근에는 가족, 사회, 지역, 나아가 국가 차원의 사회적 지지를 중요한 역할로 지목한다. 따라서 사회적 지지망이 취약한 이들을 고위험군으로 선별하고, 이들에 대한 장기적인 지원을 하는 것이 재난 경험에 대한 심리적 회복을 위한 일차 목표가 되어야 한다. 다시 말해 재난 경험자들이 주변인들로부터 도움이나 지지를 받기 어려운 환경이라 할지라도 지역사회가 가진 자원(예: 의료나 복지기관 등)을 통해 도움을 받음으로써 사회적 지지를 구할 수 있어야 한다는 것이다. 사회적 지지는 피해자의 회복에 있어 정서적, 정보적, 물질적 자원을 제공해줄 뿐 아니라, 개인이 자신의 취약성을 보완

할 수 있다는 믿음을 강화하고 격려시키는 역할을 한다(최승미·김영재·권정혜, 2013). 이렇듯, 다양한 요인으로 구성된 회복 탄력성의 광범위하고 효과적인 강화를 도울 수 있도록 심리학자들을 비롯한 사회 각계에서 체계적이고 전문적인 연구와 다각적인 노력을 기울이는 것이 필요하다.

이러한 노력의 일환으로 KSTSS에서는 『감염병 심리사회방역지침』을 제작하여 코로나19 등의 감염병이 유행하는 상황에서 직접 피해자, 감염병 재난업무 종사자, 재난 취약계층, 국민, 관련 직군에 따라 심리사회적 방역을 위한 가이드라인을 제시하고 있다. 특히 피해자나 국민들이 심리사회적 방역을 위해 할 수 있는 방안을 소개하고 있는데 그 내용은 다음과 같다. 첫째, 확진자와 격리자들의 경우, 코로나19로 인한 스트레스가 심할 때는 가까운 정신건강 전문가의 도움을 받을 것을 권장한다. 둘째, 스트레스를 줄이는 데 도움이 되는 활동을 권장하는데, 그 예로는 신체활동(요가, 스트레칭 등), 생각 전환 활동(게임, 카드놀이 등), 안정화 활동(복식호흡, 명상 등), 책이나 잡지 읽기, TV 등에서 무서운 장면에 노출 줄이기, 건강하고 지지적인 사회관계망 활동 유지, 유머나 희망과 관련된 글 읽기 등이 있다. 셋째, 격리기간 동안에는 스트레스를 악화시키는 활동을 줄일 것을 권장하고 있다. 구체적으로, 최악의 시나리오를 상상하거나 온종일 잠자는 행동, 뉴스와 정보의 과도한 탐색, 주변과 단절하는 행동 등을 줄이는 것이 도움이 될 것으로 설명하고 있다. 일반 국민들에 대해서는 무엇보다도 감염병 예방수칙을 잘 따르는 것이 중요하고, 감염병에 대한 불안과 공포에 과도하게 반응하지 않아야 한다고 설명한다. 그리고, 믿을 수 있는 정보에 집중하되 잘못된 정보는 불안과 스트레스를 증가시키므로 멀리하는 것을 권장하고 있다. 그뿐만 아니라, 감염병 확산으로 생기는 의료와 복지시스템의 변화를 이해하고, 자가격리자와 가족, 이웃을 서로 돕는 것도 중요하다고 강조한다. 마지막으로, 식사, 운동, 수면 등에서 규칙적인 생활을 유지하는 것과 서로를 향한 감사와 응원을 보내는 것도 코로나19를 극복하는 데 도움이 된다고 제안하고 있다(고진선 외, 2020).

한편, 코로나19의 심리적 방역을 위한 국가 차원의 방안이 마련되고 있다. 보건복지부는 국가트라우마센터, 국립정신의료기관, 보건소 및 정신건강복지센터와 코로나19에 대한 통합심리지원단을 구성하여 2020년 1월 29일부터 심리상담 핫라인을 운영하여 상담을 실시하고 있다(전화 1577-0199). 국가트라우마센터에서는 정신건강포털, 웹진, 앱 등을 활용하여 정신건강 정보를 제공하거나, 심리상담 안내, 불안, 우울 등에 대한 마음건강 검사를 받을 수 있도록 하고 있으며, 코로나19 대응인력의 소진관리 및 예방을 위해 심리지원 프로그램도 운영하고 있다. 그 밖에도 대한적십자사에서는 홈페이지 게시판을 통한 상담이 이루어지고 있으며, 산림청에서는 코로나19 대응인력의 심리건강을 위해 2020년 7월부터 숲 치유 시설을 활용한 숲 치유 지원사업도 운영하고 있다.

이를 종합해볼 때 심리방역을 위해서는 우리 스스로가 우선 과학적인 근거에 의한 정확한 지식과 정보를 알고 있어야 하며, 자신의 신체 및 심리 상태를 정확하게 인식하고 모니터링함으로써 본인의 상황에 맞는 스트레스 대처방안을 적용하는 것이 필요하다. 이를 위해 국가트라우마센터, (사)한국심리학회 홈페이지에 탑재된 "마음건강 검사"나 "간편 심리건강 자가진단 검사" 등을 활용하여 심리상태를 체크하고, 필요할 경우 정신건강 및 심리 전문가를 찾아가서 전문적인 도움을 받는 것이 중요할 것이다. 한국심리학회에서는 일반국민 대상 무료 심리상담을 전화(070-5067-2619)와 온라인으로 실시하고 있으며, 감염병 취약대상인 아동에 대해서는 국제심리학연맹과 연대하여 심리방역 동화책『내 영웅은 너야(*My hero is You*)』의 동영상[1]을 제작하여 전국의 아동

---

[1] 헬렌 패턱(Helen Patuck) 원작 『*My Hero is You: How Kids Can Fight COVID-19!*』 동화책 영문 원판을 Inter-Agency Standing Committee의 저작권 동의하에 한국심리학회와 질병관리본부가

〈그림 10-3〉 심리방역 동화 동영상 '내 영웅은 너야'

들에게 지원하고 있다.

　코로나19 사태로 인한 우울이나 불안은 전 국민 누구나 경험하는 정상적인 반응이며, 심리적 불편감이 우울증이나 외상 후 스트레스 장애로 곧장 이어지는 것은 아니다. 따라서 이에 대한 심리교육과 더불어 평소 '믿을 수 있는 사람과 이야기하기, 적당한 정도의 운동하기, 명상하기, 복식호흡하기, 자신의 하루를 간단하게 적어보기, 좋은 영화 보기, 지지가 되고 의미 있는 타인과 영상이나 전화통화로 소통을 유지하기, 국가나 단체에서 운영하는 프로그램 참가하기' 등 개인의 환경이나 성향에 맞는 방법을 통해 스트레스를 관리하도록 권유한다.

　동영상으로 제작했다. 유아용(3~5세용, 5분, https://www.youtube.com/watch?v=DYs8pxNbGy0&feature=youtu.be), 아동용(6~8세용, 7분, https://www.youtube.com/watch?v=2uavuR46y7A&feature=youtu.be) 2가지 동영상이 있다.

3. 코로나 이후 심리영역 제안

코로나19에 대한 한국의 대책은 무조건 외국 사례를 벤치마킹하기보다 우리의 보건과 복지체계 안에서 과학적이고 특화된 접근을 하는 것이 중요하다. 심리건강과 안전을 확보하기 위해서는 지역공동체에 기반한 접근이 도움이 될 것이며, 이를 위해서는 국가와 민간의 적절한 협업체계를 구축하는 것이 필요하다. 이때 전문가의 전문적 판단을 기초로 한 결정과 적용이 우선시되어야 할 것이다.[2] 그리고 재난이 발생했을 때 인력 구조, 전문성 확보, 전달체계 구축 등의 사회안전망을 보다 촘촘히 구축해서 재난위기 시 필요한 재난구호시스템이 적시에 가동될 수 있도록 해야 한다. 이 같은 노력의 예로 한국에서도 재해구호법 제8조의 2와 동법 시행령 제4조의 3에 근거, 행정안전부가 주축이 되어 보건복지부를 중심으로 교육부, 여성가족부, 외교부, 법무부, 고용노동부, 경찰청, 산림청 등의 정부 부처와 국가트라우마센터, 대한적십자사 등을 통합하여 당연직 위원과 위촉직 전문위원을 포함한 중앙재난심리회복지원단이 구성되어 2020년 7월 30일부터 활동을 시작했다. 국제적으로는 전 세계 심리학 연맹 소속의 70여 개 국가의 학회가 코로나19 이후 가정폭력에 대한 대처방안을 함께 논의하고 있으며, 유아와 아동을 위한 그림책 공동 출판, 정기적인 온라인 회의 등 심리학자들의 국제적인 협력과 공조체계를 유지하고 있다. 중국심리학회에서는 코로나19 초기 상황에서 우한에 직접 심리전문가를 파견하여 상황을 파악하고 지원을 하는 등의 노력을 했으며, 한국심리학회에서도 전 국민을 대상으로 전문성이 높은 심리서비스를 적극적으로 제공하고 있다. 한국심리학회에서는 이번 감염병 재난 위기상황에서 더 많은

---

2 미국의 경우와 한국의 경우 완화된 사회적 거리 두기, 생활방역으로의 전환과정에서 전문가의 판단보다는 가외적인 부분이 영향을 미쳐 사회 확산의 빌미를 제공하기도 했다.

국민들에게 심리서비스를 전문적으로 제공할 필요성을 절감하여, 대부분의 OECD 국가와 심리학 연맹 소속 국가에 있는 국가전문자격심리사(Licensed Psychologist) 제도의 법제화에 매진하고 있다. 심각한 정신질환을 가진 대상만이 아니라 일상생활에서 누구나 한 번쯤은 경험하는 가벼운 정도에서 중간 정도의 심리적 어려움을 도와줄 수 있는 심리전문가의 역할이 필요하며, 실제로 국가전문자격심리사는 지역사회 일반 국민에게 도움을 줄 수 있을 것이라고 생각한다. 또한, 어릴 때부터 심리학 교육을 통해 자신의 심리상태를 잘 이해하고 스트레스 상황에서의 대처방법을 배우고, 부부교육 및 부모교육을 실시하여 행복하고 건강한 가정이 되도록 도와주며, 학교에서도 모든 학생들을 위한 예방 및 조기 개입을 실시함으로써 위기 상황뿐 아니라 일상생활에서도 더 잘 적응하도록 도와주는 것이 필요하다.

또한, 심리학 연구결과를 통해 일반 국민과 취약대상에 대한 심리상태와 어려움을 파악함으로써 그에 적절한 대책을 수립하는 것이 필요할 것이다. 연구자료를 토대로 어떠한 변인이 코로나19 상황에서의 위험요인인지(예: 실직이나 수입 감소), 누가 보다 더 절실하게 심리서비스를 필요로 하는지(예: 사회경제적 약자, 20~30대 취업 준비자, 기존에 정신질환이나 신체질환을 가진 자) 등에 대해 정확한 대책을 세우는 것이 필요하다. 인공지능이나 빅데이터 기반 자료들을 활용하여 심리적 취약성에 대한 예측변인을 파악하며, 적절한 평가도구의 개발 및 심리서비스 실시 이후 근거 기반의 효율성 등을 파악하는 것 역시 중요하다.

현재 코로나19 상황은 치료제와 백신이 개발되지 않아 그 누구도 사회적 상태나 결과를 예측하지 못하는 불확실한 상황이며, 우리 각자가 당장 주변의 상황을 바꿀 수도 없다. 하지만 그 상황을 바라보는 시각이나 대처방식을 변화시킴으로써 코로나19 이후 우리의 생활과 행동을 통제할 수 있을 것이다. 현재까지 나온 결과로는 각자 방역지침을 지키면서도 일상 활동을 유지하는 것이 심리적 고통이나 문제를 줄이고 심리방역을 잘할 수 있는 것으로 알려져 있다. 또한 사회적 거리 두기 지침 등으로 힘든 시기이지만 이 기회에 이전보다 본인 스스로를 더 알아가고, 가정 내에서 가족과 더 많은 시간을 보내며, 온라인 네트워크를 통해 평소 자주 만나지 못했던 대상의 안부를 더 자주 확인하고, 온라인 플랫폼을 통한 업무를 활성화함으로써 주어진 상황에 잘 대처해갈 수 있을 것이다. 한편 코로나19 관련 업무를 하는 의료인과 공무원들은 과중한 업무와 소진(burn out)으로 인한 심리적 어려움을 경험할 수 있으므로 이에 대한 적극적인 관심과 개입이 필요할 것이다. 국민 모두가 국가의 방역 지침을 잘 지키면서 각자의 자리에서 자신의 역할을 감당해나갈 때 심리방역도 잘할 수 있으리라 생각한다. 결론적으로, 재난 상황에서는 심리방역과 함께 명확한 컨트롤타워 중심의 일관적이고 일사불란한 움직임, 자료와 근거에 기반한 정확한 정보 제공, 정부와 국민의 상시적인 의사소통, 예측되는 위기 상황에 대한 충분한 검토와 시뮬레이션 등을 통해 시행착오를 줄이고 위기에 대응할 것을 제안한다.

POST COVID-19
KOREA

코로나19의 도전과 바뀌는 문화예술

김규원 (한국문화관광연구원 선임연구위원)

러시아를 대표하는 작곡가 쇼스타코비치는 1941년 레닌그라드의 독일군 포위의 공포 속에서 곡을 하나 완성한다. 이는 쇼스타코비치 교향곡 제7번 C장조 작품 60, 일명 '레닌그라드'이다. 최악의 상황에서 이 곡을 창조하게 된 이유는 쇼스타코비치 본인이 레닌그라드 포위 상태에서 말했듯이 이러한 창작을 통해 '삶이 정상적으로 계속되고 있다는 것'을 보여주려 했다는 것이다. 그리고 포위가 끝나지 않은 레닌그라드(현재 상트페테르부르크)에서의 초연 때는 영양실조 상태의 단원들을 포함하여 육체와 정신이 누더기가 된 예술가들이 이 곡을 선보이게 된다.

문화예술이 정상적인 일상을 보여준다는 것은 코로나로 피폐해진 우리의 일상에서 문화의 가치를 생각하게 하고 나아가 앞으로 변화할 문화에 대해서 고민하게 된다. 이 글은 쇼스타코비치, 침몰하는 타이타닉에서 실제로 끝까지 연주를 계속한 월레스 하틀리를 비롯하여 우리의 삶을 다시 복원시키고 극복하게 한 문화예술인을 위해 그리고 함께한 시민의 위대함에 대한 글이며 나아가 미래의 문화를 위기에서 극복하는 것을 꿈꾸게 하는 글이다.

1. 문화예술계의 코로나 피해 현황

1) 세계 문화예술계의 피해 현황

코로나19로 인한 국내 첫 확진자는 2020년 1월 20일에 발견되었고 3월경부터는 전 세계로 확산되어 WHO가 3월 11일 팬데믹을 선언한 이후 현재까지도 진행 중인 재앙이다. 전 세계적으로 이동이 제한되고 사람 사이에 만남이 금지되고 모임이 제한되면서 확진자, 사망자가 지속적으로 발생하는 현대사의 최대 재앙이 펼쳐지고 있다.

문화 분야의 상황만 가지고 이야기한다면, 대표적으로, 유명한 미국 스미소니언 박물관이 문을 닫았고, 뉴욕 메트 박물관, 구겐하임 박물관이 휴관했고 카네기홀, 브로드웨이가 문을 닫았다. 영국에서는 테이트모던, 대영박물관, 바비칸 센터(Barbican Centre)가 휴관하고 공연을 취소했다. 프랑스 루브르, 오르세이, 퐁피두 미술관 그리고 파리 오페라 등도 문을 닫았다. 일본도 전국 국립박물관 미술관이 임시휴관, 국립극장이 휴관했다.

코로나가 진행되면서 피해는 급증하는데 예를 들어 프랑스의 경우 3월 4일 '5천 명 이상 행사금지'에서 3월 10일 '1천 명 이상 행사금지', 그리고 3월 12일 '100명 이상 모이는 모든 모임 금지', 그리고 3월 14일에는 결국 공연장, 박물관, 영화관, 스포츠 센터, 음식점 등 공공시설 운영금지로 금지가 확산되는 것을 볼 수 있고 이러한 확대에 따라 피해 규모도 함께 늘어났다.

미국의 경우 비영리 예술지원 기관인 아메리칸 포 아츠(American For the

Arts)에 따르면 3월 19일 3,188개 예술기관에서 약 2,500만 달러의 경제적 손실 및 75%의 관객 감소(취소 포함)가 보고되었다고 발표되었으며,[1] 뉴욕 필은 2019~2020 시즌 나머지 공연과 유럽 투어(10회 공연) 취소로 1천만 달러 손실(연간 운영예산 8,700만 달러)을 예상하고 있다(허은영, 2020: 9). 피해가 가장 심한 이탈리아의 경우 'DOC 연구센터 재단(Fondazione Centro Studi Doc)에 의하면 3월 11일을 기준으로 업무를 중단한 공연예술 종사자들은 34만 명이고 한 달간 영업 중단으로 예상되는 손실은 약 80억 유로'(허은영, 2020: 10)이며 호주의 경우 3월 21일 기준, 취소된 행사로 인한 소득 손실액 280백만 호주 달러, 피해인원 50만 명, 취소된 행사 25만 5천 건[2]이라고 한다.

한마디로 문화예술이 멎었다고 볼 수 있다. 공연은 멎었고 전시는 문을 닫았으며 50인 이상의 모임이 대부분 제한되면서 예술가는 폐업하고 시민은 예술을 만나지 못했다.

더구나 관련 기사(≪서울경제≫, 2020.7.13)에 따르면 "유네스코 리포트는 전 세계 미술관과 박물관의 90%가 코로나19 확산 상황에서 문을 닫았고, 이 중 10% 이상은 재개관을 하지 않고 영구 폐관할 것이라고 응답했다"라며 "국제박물관협회(ICOM) 리포트가 코로나로 인한 경제적 영향을 분석한 데에 따르면 12.8%의 뮤지엄이 폐관을, 19.2%가 고민 중이라고 답하는 등 합계 30% 이상의 뮤지엄이 코로나의 팬데믹이 끝난 이후에도 다시 문을 열지 못할 것에 대해 고민하는 것으로 나타났다"고 전하고 있다.

---

1 American For the Arts 홈페이지에서 피해상황 집계, https://www.americansforthearts.org/by-topic/disaster-preparedness/the-economic-impact-of-cor.

2 https://ilostmygig.net.au.

2) 국내 문화예술계 피해 및 현황

국내 상황도 세계적 상황과 별반 다르지 않다. 2월 24일 문체부 소관 국립 박물관, 미술관 24개 기관의 휴관 결정, 25일 국립 공연기관 및 단체 공연 중단을 시작으로 공공 공연시설은 현재까지 거의 다 (잠시 주춤할 때 개관한 것은 제외) 휴관이며 공공 도서관도 (잠시 개관 제외) 대부분 축제, 행사를 모두 멈춘 상태이다. 안동국제탈춤축제, 춘천마임축제, 함평나비축제, 연천구석기축제, 광주비엔날레, 서울미디어시티비엔날레를 비롯한 축제들이 취소 및 연기되었다. 반면 부천판타스틱영화제는 온라인, 오프라인을 병행하여 진행하는데 관마다 매진일 정도다. 한편 내한 공연, 어린이 공연, 소극장 등의 공연 등이 중지되어 시민의 문화예술 향유는 매우 위축된 실정이다.

한편, 문화예술인의 피해 규모의 산정이 쉽지는 않지만, 문화체육관광부의 조사결과에 따르면 코로나19로 예술활동이 취소·연기된 예술인은 87.4%이며, 고용피해 규모는 50만 원 이하(9.3%), 50~100만 원(20.5%), 100만~500만 원(49%), 500만~1,000만 원(12.1%), 1,000만 원 이상(9.1%)으로 나타났다. 또한 고용피해의 양상은 일방적 계약해지(40.5%), 계약기간 축소(20%), 임금 미지급(14%), 기타(계약연장 거절, 계약거절, 구두계약 등)(25.5%)로 나타나고 있다.[3] 또한 한국예술문화단체총연합회(예총)가 산하 회원협회 및 연합회, 지회를 대상으로 3월에 수행한 조사결과에 의하면 취소·연기된 문화예술행사는 2,511건이며 피해금액은 약 523억 원에 이르는 것으로 나타나기도 했다.

---

[3] 문화체육관광부의 조사개요
• 설문대상: 예술활동 증명자 7만 6,201명(2020년 4월 21일 기준, 응답자: 2만 4,330명)
• 설문기간: 2020년 4월 20~26일(7일)
• 설문방법: 온라인 설문조사
• 설문내용: 코로나19로 인한 고용피해와 고용안정을 위해 필요한 지원제도에 초점

특히 '코로나 상황이 장기화되면서 프리랜서, 계약직 노동자, 시간제 근무 노동자의 비율이 높은 예술인들은 소득감소를 넘어 생존위협에 직면하고 있다'(한국문화관광연구원, 2020: 1)고 파악된다.

3) 문화소비 및 문화향유 현황

시민들의 문화활동은 피해 규모를 이야기하기 전에 전면 제한되었다고 볼 수 있다. 일부 민간 공연장이 어렵사리 공연을 진행하고, 일부 사립 미술관의 경우 전시를 지속하지만, 공립 시설은 도서관을 비롯하여 전면 휴관 중인 상태이다. 따라서 그렇지 않아도 일반적으로 높지 않은 문화에 대한 접근성 상태가 더 악화된 지경이다. 문화산업까지 포함하면, 게임, OTT(넷플릭스 등) 방송 등을 제외하고는 문화를 즐기고 체험하는 기회가 전면적으로 제한되었다.

2. 국내외 정부 차원 문화예술 관련 대응현황

1) 코로나19에 대응한 국외 국가들의 대응

국외의 대응을 보면 시급한 긴급지원이 우선 시행되었다. 이는 생계지원 중심으로 일단 문화예술 인력 및 전문가, 예술가가 생존할 수 있는 최소한의 지원 중심으로 이루어졌다.

이러한 창작 및 공급자 지원방안은 크게 예술가 생계 긴급지원 및 공공사업비 지원을 통한 민간예술단체 지원, 문화시설 및 기관 운영비 지원 및 해고방지와 인건비 지원, 세금혜택(면세 등)을 통한 지원 2가지가 대표적이다. 이 외에 면세 및 세금 경감, 작품 구입, 프로젝트 지원금 반환요구 포기, 고용보험 등을 통한 지원이 있다.

첫 번째의 경우 대표적으로 영국예술위원회(Arts Council England)의 긴급지원을 들 수 있는데 예술단체, 개인 예술인에 지원되고 있다. 프랑스는 반면 국립기관(예: 국립음악센터, 국립도서센터) 등의 민간분야 지출확대를 통한 민간예술인 지원과 비정규직 엥떼르미땅(intermittents du spectacle) 예술인을 위한 특별지원 등이 있다. 독일 역시 즉시지원금을 1인 기업 및 프리랜서 등을 위해 운용하는데 여기에 문화예술 분야가 해당된다. 두 번째의 경우는 미국 스미소니언 단지의 20여 박물관 운영지원, 영국 바비칸 센터, 런던심포니 운영지원 등이 있다.

특히 많은 부분의 지원이 가장 타격이 큰 민간예술단체 및 개인 예술인의 생계지원, 그리고 문화기관들의 직원 해고방지 및 실직대응책 등에 집중되어 있다. 이는 일단, 예술공급생태계를 살려야 한다는 목표에서 실시되고 있다. 즉, 코로나 회복 이후 그리고 코로나 사태에서도 예술인의 가치가 보존되어야 한다는 것에 대부분 공감하는 취지에서 정책을 제시하고 있다.

관련하여 프랑스는 3월 18일 1차 대응방안 보도자료[4]에서 문화부장관을 통해 '국가를 흔들고 있는 예측하지 못한 보건 사태는 문화 분야에 치명타를 주고 있다. 우리는 문화 생존을 위해서 가능한 모든 것을 해야 한다. 우리 문화의 미래가 위험에 처해 있다'고 천명하며 지원방안을 제시했다.

한편, 이후 일반 국민들이 문화로부터 멀어지게 되는 상황에 대한 대응들이 나타났다. 그리고 이러한 대응들의 기저에 깔린 생각은, 복지, 경제와 같이 국민에게 문화라는 것이 필수적으로 중요하고 이는 국가, 정부 혹은 공공에서 반드시 공급해야 하는 시급한 분야라는 것이다. 이에 따라 중요한 문화에서

---

4 "문화부의 문화분야 지원을 위한 1차 대응방안(Premières mesures du ministère de la Culture en soutien au secteur culturel)", 김규원 번역.

차단되고, 멀어진 국민을 위한 대책들이 다양하게 시도되는 것을 볼 수 있다. 대부분은 온라인 전시, 공연 등 비대면 활동과 서비스를 지원하여 방을 탈출하지 못한 시민들에게 문화의 기회를 제공하는 경우이다.

유럽에서 코로나 피해가 가장 큰 이탈리아의 경우 "문화부장관 다리오 프란체스키니(Dario Franceschini)는 국민의 '문화향유권'을 보장하기 위해 문화는 정지되지 않는다(la cultura nonsi ferma) 캠페인을 열어 여러 문화예술 기관들이 온라인으로 국민들에게 문화서비스를 제공할 것을 장려하고 예술인들에게 소셜 생중계 영상 등을 통해서 퍼포먼스를 계속 제공할 것을 장려"(허은영, 2020: 77)했다. 역시 코로나 피해가 큰 스페인에서는 왕립극장 온라인 스트리밍 오페라 공연(3월 19~25일), 프라도 미술관 디지털 서비스를 실시했다. 중국의 경우에도 베이징 경극원, 베이징 서커스단 인기공연 동영상 인터넷서비스를 시작했고, 이외에 베를린 필하모닉, 뉴욕 메트로폴리탄 오페라, 빈 국립오페라단 등은 매우 수준 높은 온라인 영상을 무료로 제공하기 시작했다.

나아가 이탈리아에서 시작된 발코니 콘서트는 이동이 제한된 시민들에게 문화를 전해주고 감상할 기회를 주었으며 이어서 이스라엘 등 해외로 퍼져 가게 되었고 한국의 경우 경인지역에서 아파트 놀이터 공연으로 이어지는 것을 볼 수 있다. 이렇듯 비대면 외에도 야외공간을 활용한 문화서비스 등이 함께 창의적으로 확산되는 것을 본다.

전반적으로 보면 초기에는 시급한 전 국민 대상 공적 지원과 이후 문화예술 관련 창작자 위주의 긴급 예산지원이 이루어지며, 이 같은 지원이 장기화되는 경향을 볼 수 있다. 그리고 이후에는 대응전략으로 비대면, 디지털, 온라인 등에 대한 정책적인 노력들이 이어지는 것을 볼 수 있다. 이는 국내의 경우도 유사하다.

2) 코로나19에 대응한 국내의 지원 및 정책

(1) 국가 중심의 대응, 단계 및 내용

국내에서는 우선 2월 20일 가장 시급한 공연분야 정부 차원 긴급지원 방안이 발표되어, 긴급생활자금 융자지원, 민간소규모 공연장 방역용품, 열화상카메라 지원, 예술경영지원 센터 내에 코로나19 전담창구 운영, 공연단체 피해보전 지원, 창작준비금 지원사업 내 코로나19 피해 예술인 가점 신설 등이 추진되었다. 이후 3월 17일 코로나19 대응 추경예산 통과에 의해 통합문화이용권 추가 공급, 3월 18일 소극장 공연기획·제작 등 지원, 예술인 및 단체 공연제작비 지원, 공연관람객 대상 관람료 지원 등이 이루어졌다. 즉, 이 시기부터 공급자뿐만 아니라 문화향유 관련 국민대상 지원이 시작되었다. 이후 문체부 포털 온라인공연 전시 안내페이지 개설, 전자책과 오디오북 국민 지원, 예술인 창작준비금 확대 등이 추진되었다. 이후 4월에 이르러서는 국립 박물관·미술관 전시교육 영상 콘텐츠 제공(4월 14일), 문화예술교육 전문 온라인콘텐츠 제공(4월 20일)이 이루어졌다.

영화산업의 피해도 막심했다. 특히 영화관 방문이 제한되면서 영화개봉 자체가 어려워지는 일이 발생했다. 이에 4월 21일 영화산업 피해 긴급지원 대책이 발표되어 부과금 한시감면, 영화제작·개봉지원, 영화관람 할인권 지원 등이 이루어졌다. 이후 4월 29일 추가로 공연장 대관료 지원사업이 시행되고 5월 8일 한국문화예술위원회의 공연실황 생중계 지원사업이 시작되었다. 5월 12일에는 미술분야 시각예술창작산실 전시공간 긴급지원사업이 시행되었다.

그동안 해결이 안 되던 예술인고용보험제도 도입이 5월 14일 가능해졌으며 드디어 5월 20일 고용보험법이 국회 통과되어 예술인고용보험제도가 도입되었다. 이후 문체부 3차 추경예산안(3,399억 원) 편성이 발표되었다.

〈표 11-1〉 문체부 3차 추경 편성(안): 일자리사업 주요 내용

사업	내용	예산	일자리
공공미술 프로젝트	전국 기초지자체별 1개 프로젝트 지원 (4억 원)	759억 원	8,436명
공연예술분야 인력지원	연극·뮤지컬·음악·국악·무용 분야 보조인력	288억 원	3,000명
관광지 방역·수용태세 개선	관광지 방역·생활방역수칙 지도	354억 원	6,441명
공연장 방역안전지킴이	중·소규모 공연장 방역안전인력 지원	31억 원	537명
전국 여행업체 실태 전수조사	여행업계 매출액·고용현황 등 조사	16억 원	850명
문화예술교육 자원조사	문화예술교육사 활용, 교육자원 (인력·단체 등) 조사	115억 원	2,000명
지역문학관 소장유물 체계화	지역문학관 소장유물 정비·체계화	14억 원	90명
예술자료 수집 및 디지털화	예술 관련 기록, 자료 디지털화	33억 원	310명
애니메이션 디지털 아카이빙	애니메이션 데이터 수집·기록·보존 등 아카이빙	46억 원	340명
공공도서관 비대면 서비스	이용자 접근성 개선 (도서배달·드라이브스루)	26억 원	570명
온라인 불법복제물 모니터링	청년 대상 불법복제물 재택 모니터링	17억 원	200명
합계		1,699억 원	22,774명

자료: 문화체육관광부 보도자료(2020.6.3).

(2) 지역에서의 다양한 전략과 대응

이번 코로나19 사태로 나타난 국내의 특이사항은, 중앙정부가 주도했던 과거와는 달리 지역에서 발 빠르고 참신한 계획(박경동, 2020)들이 많이 나왔다는 것이다. 일단 긴급예술지원은 서울, 인천, 경기, 대전, 세종 등 많은 광역단체에서 시도하고 있다. 이를 통해 수도권 인근과 대도시에 집중되어 있는 예술인들에게 의미 있는 지원이 되고 있다. 이 외에 공공예술프로젝트 백만 원의 기적(경기), 코로나 극복 예술배너달기(광주), 아트트레일러 이동공연(광주), 소규모 예술 공간 방구석 프로젝트(부산), 방구석 콘서트 으랏차차(경남문

화예술회관), 힘내라 강원미술 릴레이 웹전시(강원), 힘내라 단골집프로젝트(제주) 등이 광역지자체의 정책들이었다. 기초재단에서는 문화안전망 사업과 동네방네 예술프로젝트(포항), 청년 예술단체와 활동가를 위한 춘천 태세전환 활동사업(춘천), 랜선 문화배달사업(부천), 공연방송 공모사업(진주), 문화예술인 100명 코로나 극복 간담회(전주) 등이 있다.

주민을 직접 찾아가 코로나 블루를 해소하기 위한 참신한 사업들도 있다. 예를 들어 아파트 발코니 음악회(용인), 베란다 콘서트(세종), 찾아가는 문화마중 일상 찾기(수원), 힐링콘서트(천안) 등 공연을 즐길 수 있는 프로그램들이 있다. 이 중 베란다 1열 콘서트 프로젝트는 수원시, 성동구, 남양주시, 대구, 충북, 대전 등이 열고 있다. 이와 함께 울산문예회관, 대전 이응노 미술관, 대구미술관 등은 온라인 작품 감상서비스를 열었다. 충북 영동과 용인시, 안성시 맞춤아트홀의 자동차 극장 등도 있다. 한편 야외 페스티벌로 유명한 자라섬 재즈 페스티벌은 온라인으로 중계되었다. 더 나아가 공원 등에서의 공연도 활발히 이루어지고 있는 실정이다.

3. 바뀌는 문화예술, 열리는 문화예술

1) 문화의 창조와 제작 형태의 변화

(1) 문화예술을 이루는 가치사슬의 변화

코로나19는 문화예술, 산업의 가치사슬 자체에 변화를 가져올 전망이다. 일반적으로 이야기하는 가치사슬은 '창작 → 제작 → 유통 → 판매/서비스 → 소비/향유'로 볼 수 있는데 이 모든 단계에서 변화를 요구하고 있다.

창작의 경우 단체에서는 온라인을 통한 협업의 가능성이 나타나고 있고 창작/제작 회의, 비교 및 검토, 아이디어 교환, 나아가 협연 등에서 비대면의 가능성이 나타나고 있으며, 제작의 경우 이미 코로나 이전에도 비대면의 기반이 마련되고 있었다. 유통의 경우에 디지털 콘텐츠 산업은 이미 그 단계를 넘어섰는데, 순수예술에서도 비대면 유통, 홍보 등의 가치가 입증되고 있다. 나아가 가장 중요한 소비 향유에서도 비대면을 고려한 변화가 일어나고 있다. 한편 협력 차원에서 국제 간 경계가 오히려 완화되는 부분이 있는 반면, 대면이 제한되면서 국내 협력은 어려워지는 부분도 발생한다.

(2) 새로운 경향으로 문화예술에서의 비대면 확대

공연과 시각예술의 경우 중요한 견본시의 역할도 하는 비엔날레 및 페스티벌도 온라인으로 변경되는 경우가 확대되고 있다. 예를 들어 올해 50주년을 맞는 아트 바젤(Art Basel)은 오프라인이 취소되고 홍콩, 바젤 등에서 온라인 창(窓)이 각광을 받고 있다. 한편 에든버러 프린지(Edinburgh Festival Fringe) 같은 공연 페스티벌도 이미 가상(온라인) 개최를 표명했다.

(3) 그래도 계속되는 아날로그에 대한 욕구

이러한 경향을 볼 때, 앞으로 순수예술분야도 온라인, 비대면, 디지털에 홍보, 유통, 판매가 유리한 점 혹은 강점을 드러내는 쪽으로 흐를 가능성이 있다. 단, 예술자체의 오래된 속성에 의거하여 이런 변화에 대해 가치평가를 무조건 긍정적으로 내리기는 어렵다. 한편 일각에서는 가장 아날로그(analogue)한 형태에 대한 욕구가 증가할 것이라는 의견도 있다. 뒤에 다시 이야기하겠지만, 온라인의 변화 외에도, 문화예술분야에서 오픈스페이스, 지역공동체라는 개념은 창작에서도 매우 중요히 여겨지게 될 분야로 예측할 수 있다. 개방된 공간에서의 예술행위, (이동이 제한됨에 따라) 지역 안에서의 문화예술활동, 커뮤니티 혹은 네트워크가 더욱 확산될 것으로도 보인다. 따라서 국제, 지역의 지리적 관계가 코로나 이후의 새로운 예술에서의 변화를 보여줄 수 있다.

2) 문화의 향유와 소비의 변화

(1) 새로운 서비스의 변화, 우수한 콘텐츠가 답이다

코로나19로 문화예술공연·전시·축제 등의 축소, 문화예술시설의 휴·폐관으로 인한 예술활동의 위축, 나아가 예술인의 생존위협 등 심각한 피해가 발생했다. 그러나 한편으로는 창의적인 문화예술인 그리고 긍정적인 국민들의 의지로 새로운 변화도 나타났다.

예술에서의 변화를 보통은 첫 번째로, 누구나 알 수 있는 온라인·비대면 혹은 기술과 결합한 실험들이 증가하고 있는 것을 이야기한다. 문화예술의 아우라를 고려하면 비대면이 답이라고 하는 것은 문제가 있지만, 서비스 차원에서 온라인에 대해 고려하는 것은 예술의 영역을 확대하는 중요한 시점이라고 볼 수 있다. 또한 두 번째로 많이 이야기되는 점이 예술의 가치에 대한 확산이라는 부분인데, 어려운 상황에 예술이 가지는 가치 가운데 사회적 가치에 대한 요구가 높아졌다는 점을 들 수 있다. 이 중 먼저, 시민 입장에서 '문화를 향유하고 소비하는 변화'를 이야기하겠다.

온라인·비대면이 갑자기 문화예술계에 등장할 수밖에 없는 상황이 전개되었다. 실재로 몸으로 부딪히고 오감으로 받아들이는 예술에서 온라인은 지금까지 논외의 분야였다. 그러나 그것만이 가능한 상황이 되자 온라인 콘텐츠들이 등장하기 시작했다. 결론부터 이야기한다면, 대면 문화예술 콘텐츠의 가치는 영원할 것이고 그것의 감동은 온라인과 비교할 수 없다. 그러나 지금까지 접근성이 어려웠던 예술로의 사회적, 물리적 접근성을 대폭 확대하는 데 있어 기술을 활용한 비대면 콘텐츠의 가치는 매우 높다. 그것도 최고품질의 온라인 콘텐츠는 대면 활동을 이끌어낼 수 있는 중요한 가능성을 보이고 있다. 예를 들어 국립중앙박물관의 상설 전시되지 않은 수장고의 수많은 작품들이 온라인으로 서비스될 수도 있으며, 박물관의 우수한 자료(소장품) 관련 콘텐츠들이 온라인에서 제대로 제작·서비스된다면, 지금 이 시점은 박물관 전시에 일반 시민들을 유도할 뿐만 아니라 그 자체로도 훌륭한 콘텐츠가 될 수 있는 기회이다. 또한 아직 문화향유 비율이 낮은 공연분야에서도 온라인을 통한 다양한 홍보가 가능하다면 향후 실재 공연의 관객 개발을 위한 큰 걸음이 될 수 있다.

(2) 오픈스페이스, 도시와 문화가 만나는 새로운 무대

온라인 외에도 바뀌고 있는 부분이 있다. 첫 번째는 오픈스페이스와 문화예술의 결합이다. 코로나 이후 밀폐된 공간에서의 코로나 블루를 해소하기 위해 현재 공원, 광장 등 오픈스페이스가 각광을 받고 있고 나아가 도시 녹지의 가치가 확대되고 있다. 따라서 정부(지방자치단체 포함) 차원에서 문화시설의 정의를 새로이 생각해야 할 필요가 있다. 문화예술진흥법(제2조 3항)에서 문화시설은 공연시설, 박물관 및 미술관 등 전시시설, 도서관 등 도서시설, 복합된 종합시설 등을 명시하고 있으나 향후 공원, 광장, 강변 둔치 등 다양한 공공 개방공간이나 현재도 실험되고 있는 대규모 주차장 등이 중요한 문화가 이루어지는 공간이 될 수 있다. 그리고 이를 위한 물리적, 사회적, 제도적 준비 등이 필요할 것이다.

(3) 지역, 새로운 문화 창조와 소비의 플랫폼

두 번째로는 지역 안에서의 문화 중요성이 확대된다는 것이다. 이동의 제한으로 인해 과거와 같이 대표적인 (대부분 서울에 위치) 문화시설에서의 감상 행위가 어려워지면서 지역 안에서의 감동을 찾게 될 것이다. 때로는 소규모, 때로는 지역에서 가능한 대규모 문화활동이 가능해질 것이다. 나아가 인접한 거리에서의 문화활동에 대한 욕구도 늘어날 것이다. 이런 시점에서 현 정부가 추진하는 생활 SOC라든지, 지역의 소규모 상점·카페·레스토랑·서점 등의 장소에서 문화활동을 이웃과 즐기는 기회에 대한 수요와 공급이 늘어날 전망이다. 이러한 확대가 중요한 것은, 지역 안에서의 공동체 활동과 문화예술이 결합할 가능성이 매우 높기 때문이다. 따라서 지역의 공동체 활동(공유활동을 포함), 지역사회 네트워크, 지역의 예술인 발굴 및 양성, 아마추어 동호회 활동 등이 향후 매우 중요한 문화예술의 기반이 될 수 있다. 이는 나아가 문화체육관광부보다 지방자치단체 혹은 지역의 문화재단, 문화원, 문화의 집 등이 문화를 생산하고 지원하고 발산하는 거점, 정책의 중심이 될 수 있는 가능성을 말한다.

4. 열리는 문화예술, 영원한 문화예술

1) 변하지 않는 문화예술의 가치

세상을 다양한 시선으로 바라보게 하는 문화예술의 창의성, 자율성, 다양성이라는 3대 가치는 코로나19에도 변하지 않을 것이다. 나아가 사람의 온기를 느낄 수 있는 예술 원본만의 아우라(aura)도 지속될 것이다. 단, 아우라의 가치에 대한 인식과 아우라의 형태는 변할 수 있을 것이다. 원본 혹은 실재 체험하는 가치는 그대로이지만 이러한 원본이 복제가 아닌 보완재로서의 새로운 기술과 결합하는 시도가 증가할 것이다. 물론 바람일 수도 있지만, 근접할 수 없는 높은 위치에서의 아우라가 아니라 오히려 물리적으로 그리고 사회적으로 가깝게 느껴지는 아우라, 여기저기에서 흔적을 찾을 수 있는 유비쿼터스(ubiquitous)한 아우라로 진화할 것이다.

2) 변하는 문화예술의 방식

온라인, 비대면, 개방공간, 지역공동체 등 여러 가지 변화를 앞서 이야기했다. 이 모든 개념을 꿰뚫고 있는 큰 변화가 있다. 이는 쌍방향성 혹은 상호 간의 변화이다. 즉, 문화예술의 공급자와 수요자 혹은 소비자의 간극 및 역할이 모호해진다는 것이다. 더 나아가 이것들이 결합하거나 뒤바뀌기도 할 수 있다는 것이다. 간단히 이야기해서 기존의 접근하기 어려운, 근엄한 문화시설에 갇힌 예술이 아니라 일상으로 나오는 예술로 변화되면서 일반 시민이 접근하기 좋아진다는 것이다. 게다가 감상을 위한 접근뿐만이 아니라, 즉 문화예술의 수동적 향유가 아니라 능동적 창작에의 접근성 또한 높아졌다.

이러한 변화 속에서 시민이 예술가와 협력하고 함께 만들고 함께 향유하는 형태의 예술이 더 노골적으로 자리 잡을 수 있다. 물론 이 같은 상호 시도는 무용, 미술, 연극 등 예술분야에서 있어왔지만 기술의 도움을 업고 상호 관계와 상호 작업으로 만들어지는 예술이 확대될 수 있다. 이렇다면 조지 디키(George Dickie)[5]의 예술계(artworld) 혹은 예술제도론(institutional theory of art)보다는 요셉 보이스(Joseph Beuys)[6]의 "창조적인 활동은 모두 예술이다. 그러므로 살아 있는 사람들은 모두 다 예술가이다"라는 선언이 더 설득력이 높아질 것이다.

---

5 조지 디키(1926.8.12~2020.3.24): 미국의 철학자, 미학자.
6 요셉 보이스(1921.5.12~1986.1.23): 독일의 전위예술가.

코로나19와 지속가능한 문학

김소임 (건국대학교 글로벌캠퍼스 영어문화학전공 교수)

1. 들어가기

재난은 문학의 소재를 확장시키며, 삶의 조건에 대해 성찰할 수 있게 한다는 의미에서 훌륭한 자원이다. 코로나는 흑사병이나 한센병, 에이즈, 메르스가 그러했듯이 문학에 소재로 들어와서 인간과 사회와 자연에 대한 새로운 성찰을 요구할 것이 분명하다. 이왕 그리 된다면 코로나바이러스가 인간성의 확장에 기여하고, 문학도 풍요롭게 해주기를 기대한다.

이 글에서는 전염병을 다룬 세계문학의 대표적인 작품들의 전망과 방법론을 참고로, 코로나 이후 문학에 대한 예단과 희망을 함께 공유하고자 한다. 가이드라인을 제공해줄 문학작품으로는 전염병을 배경으로 탄생했거나 소재로삼고 있는 이청준(1939~2008)의 『당신들의 천국』(1976)과 알베르트 카뮈(Albert Camus, 1913~1960)의 『페스트(*La Peste*)』(1947), 조반니 보카치오(Giovanni

Boccaccio, 1313~1375)의 『데카메론(*Decameron*)』(1350~1353), 다니엘 디포(Daniel Defoe, 1660~1731)의 『전염병 연대기(*A Journal of the Plague Year*)』(1722) 등을 활용했다.

2. 바이러스를 중심으로: 생태문학

코로나 사태가 장기화되면서 세간에 회자된 책들 중 하나는 재레드 다이아몬드(Jared M. Diamond)의 『총, 균, 쇠(*Guns, Germs, Steel*)』(1998)이다. 20년 전에 이미 베스트셀러가 된 다이아몬드의 책은 진화생물학자의 시각에서 세균이 인류의 역사에 어떻게 영향을 미쳐왔는지 서술하고 있다. 이 책은 AI와 생명공학이 만들어낼 '초인간'의 세상에 들떠 있는 우리가 잠시 잊고 있었던 사실, 즉 전 세계인이 뒤섞여서 살아가는 현대인의 삶의 현장은 거대한 세균 번식장, 세균의 도가니라는 것을 일깨워주고 있다는 점에서 코로나 현장을 살아가는 우리에게 큰 의미를 지닌다. 인간은 바이러스와 더불어 살아가고 있었던 것이다.

특히 이 책에서는 세균의 관점에서 질병을 보자는 대목이 눈길을 끈다. 일부 생태인문학자들을 제외하고 문학작품들은 질병을 인간이나 신의 관점에서 이야기해왔다. 하지만 2020년을 강타한 바이러스는 강력한 존재감을 통해 우리가 살고 있는 지구의 주인이 인간이라는 것은 다분히 작위적인 착시임을 상기시킨다. 인간이 바이러스의 존재를 알게 된 것은 불과 1800년대 후반부터이지만, 바이러스는 지구에 생명체가 존재하기 시작한 때부터 존재해왔다. 생명체가 있는 모든 곳에 존재하는 바이러스는 연배로 보나 존재하는 범위로 보나 인간에 비할 수 없는 지구의 지배자이다.

바이러스를 중심으로 생각해보는 것은 인간의 삶의 현장에 대한 생물학적,

문화인류학적, 생태학적 성찰을 요구한다. 다이아몬드는 세균이 인간을 본격적으로 괴롭히기 시작한 것은 야생동물을 길들여 가축화하기 시작한 이후, 특히 집단 정착생활을 시작한 농경의 시작과 도시의 발생 이후로 보고 있다.[1] 하지만 바이러스를 포함한 자연과 인간은 공존해왔으며 지금도 그러하다. 수백만 년의 공존이 어긋나기 시작한 것은 자연에 속했던 동물들의 생태계를 파괴하고, 그들을 인간의 세계로 끌어들이기 시작했던 때이다. 코로나바이러스는 박쥐, 천산갑에서 인간으로 이동하여 전염병이 시작되었다는 주장이 거의 정설로 받아들여지고 있다. 자연에 속한 천산갑을 인간의 식탁 위로 끌어내린 것은 질서의 파괴였다. 바이러스의 관점에서 보면, 바이러스는 자신들의 개체 수를 늘리는 것이 목표일 뿐이다. 숙주가 동물이든, 인간이든 바이러스에게는 무관한 일이다. 인간이 기침을 해서 비말을 뿜어내어 바이러스를 전파시킨다면 바이러스 입장에서는 아주 고마운 일일 것이다.

자연을 중심으로 생각해본다는 것은 20세기 후반의 중요 트렌드 중 하나인 생태인문학과 문학의 발전을 의미한다. 최고의 생태문학으로 꼽히는 『월든(Walden)』(1854)의 저자 헨리 데이비드 소로우(Henry David Thoreau)(1817~1862)는 초절주의자로서 자연을 단지 이용의 대상이 아니라 인간의 동반자, 스승, 신의 현신으로 생각했다. 소로우에게 월든 호수 주변의 자연은 전부 신비스러운 거대한 영의 일부를 담고 있는 텍스트이다. 그 텍스트를 읽어냄으로써 인간은 거대한 영과 하나가 될 수 있다. 즉, 자연도, 인간도 거대한 영 안에서 하나라는 주장이다. 20세기 후반의 생태인문학자들이 강조하는 '생태적 자아'도 유사한 면을 지닌다. 그들은 "'아름답든 추하든, 크든 작든, 감각을 갖췄든 아니든 모든 자연 생명체와의 동일시'를 통해 개체적 자아를 넘어서서

---

1 다이아몬드는 바이러스와 박테리아를 구별하지 않고 세균(germs)이라는 용어를 사용한다. 그가 말하는 세균 안에 바이러스와 박테리아가 다 포함되어 있다.

확장되고 심화된 생태적 자아로 성숙"(신문수, 2012: 35)해갈 것을 강조한다.[2] 자연을 인간으로부터 분리된 착취의 대상으로 간주하고 착취를 체계화할 때, 수백만 년의 질서는 무너지고 자연의 역습이 시작된다. 인류의 번영을 위해서도 자연이 그들의 영역을 지키도록 하는 것이 바람직하다는 것이 코로나의 명백한 교훈이다. 자연과의 공존을 주창하는 생태문학, 환경문학이 다양한 형태로 등장할 것을 예측할 수 있으며, 이는 문학의 폭과 사유의 깊이를 증진시킨다는 점에서 바람직하다.

3. 고발과 충고: 『당신들의 천국』

코로나는 인간과 문명의 무한 발전에 대한 기대에 브레이크를 걸면서 갑자기 우리의 민낯을 드러냈다. 인간과 사회의 모순이 한꺼번에 햇빛 속으로 들어왔다. 이청준의 『당신들의 천국』 또한 그 모순에 확대경을 들이댄다. 이 소설은 실존하는 장소와 인물에 대한 꼼꼼한 자료 조사를 바탕으로 질병이 인간과 사회에 미치는 영향의 실타래를 짚어가면서도 인간과 사회의 근본적 모순과 문제를 짚어낸다는 점에서 감염병을 소재로 한 문학작품의 좋은 예를 제공한다.

『당신들의 천국』은 질병을 매개로, 질병을 넘어선 우리 사회 속 뿌리 깊은 편견과 이기심, 그리고 사회의 구조적 모순과 비리를 파헤치고 있다. 이 소설은 소록도를 배경으로 한센병 환자들과 병원 직원들과의 관계를 통해, 병자와 건강인, 장애인과 비장애인 간의 진정한 의미의 소통과 배려는 무엇인가를 묻

---

2 생태적 자아는 개인주의를 선양해온 근대 자유주의 전통의 인본주의적 자아와는 차별화된다(신문수, 2012: 38).

고 있다. 소설은 새 원장으로 부임한 조백헌 대령의 리더십 문제를 물고 늘어진다. 조 원장과 그를 의심의 눈초리로 바라보는 보건과장 이상욱의 갈등 속에서 수십 년에 걸친 소록도의 어두운 역사가 하나둘 밝혀진다. 소록도의 역사는 결국 한국의 역사다.

한센병은 작가 이청준이 우리 사회에 대해서 하고 싶은 말을 할 수 있는 매개체이다. 코로나 사태 또한 우리가 무심코 지나쳤던 인간관계와 사회의 시스템 문제를 다시 바라보게 할 것이며 문학은 이를 전반적 대안을 제시할 수 있는 소중한 자원으로 활용해야 한다.

『당신들의 천국』에 나타난 공동체 내외의 여러 문제와 심리적 왜곡은 코로나 사태와 공명한다. 앞에서 말한 대로 코로나와 함께 지구촌 곳곳에서는 그 사회의 잠재된 문제점들이 더욱 부각되었다. 의료시스템과 제도가 다르듯이 양상은 다양했으나 결국 주연은 인간이었다. 보다 구체적으로 코로나 사태는 인간 안에 숨어 있던 질병과 인종에 대한 편견의 추한 모습을 드러내는 촉매 역할을 하고 있으며 문학은 그것을 직시해야 한다. 미국에서 코로나 사태로 직장을 잃고 생계를 위협받은 흑인들의 분노가 경찰에 의한 플로이드의 죽음과 함께 폭발, 대규모 약탈, 무력시위로 이어진 것은 하나의 예에 불과하다. 코로나를 둘러싼 이념적 갈등, 계층 간 갈등, 인종적 갈등은 그동안 물밑에서 숙성되고 있던 문학의 주제를 부각시키고 소재 폭을 확장시킨다.

코로나 사태는 환자들의 사생활 보호와 인권의 문제를 제기하면서 문학의 더듬이를 자극한다. n차 감염까지 초래하는 이른바 슈퍼 전파자에 대한 사회와 의료계의 차가운 시선이 환자들에게 엄청난 압박감을 주었다는 것이 인터뷰 등을 통해서 밝혀졌다. 『당신들의 천국』에서 한센병 환자들은 그들의 병이 유전병이 아님에도 불임 수술과 낙태를 강요당한다. 소록도에서는 성관계를 비롯한 프라이버시 또한 철저한 통제의 대상이다. 코로나 시대도 이 소설 속의 세계와 크게 다르지 않다. 코로나 사태는 질병 예방을 목표로 개인의 동선 파악을 정당화한다. 개인정보법 뒤에 숨어 있던 빅 브라더가 전염병과 함께 갑자기 모습을 드러내며 방역이란 명분으로 사생활 침해를 정당화한다. 빅 브라더의 행보가 어디까지 갈 것인지를 문학은 예의 주시해야한다.

코로나 사태는 경제 위기, 안보 위기, 외교치안 위기 등 일련의 글로벌 위기를 초래하면서 어떤 리더십이 바람직한가를 생각하게 하는데 문학 또한 이를 외면할 수 없다. 『당신들의 천국』은 질병의 창궐이라는 상황을 통해서 개인의 이익과 명성 또는 정치적 지분을 확장하는 사람들을 보여준다. 소록도를 낙원으로 만들겠다는 명분하에 수용인들을 강제 노역에 내몰고, 자신의 동상을 세우기 위해서 하수인들을 시켜 성금을 강요한 주성수 원장은 결국 피살된다. 이상욱은 조백헌을 제2의 주성수 원장으로 보고 있지만 섬에서 쫓겨났던 조백헌은 완쾌한 나환자와 건강한 여성의 결혼식 주례로 작품의 끝을 장식한다. 그는 "따뜻한 인정이 넘나들 믿음과 사랑의 다리"(이청준, 1976: 496)를 놓자고 이야기한다. 과연 바람직한 리더십이란 무엇일까?

군이 소설과 연결시키지 않더라도 전 세계적으로 코로나 사태 속의 리더들의 무모하거나, 비겁하고 이기적인 행보가 노출되면서, 비전을 제공할 수 있는 리더십에 대한 갈망도 커져 가고 있다. 전염병은 각 국가의 문제점과 리더십의 실체를 적나라하게 드러낸다. 글로벌 리더 역할을 해왔던 미국은 트럼프 대통령 취임 이후 자국 이익 우선에 천착해왔다. 일부 정치인들은 코로나 위기를 활용해 자신의 권력을 공고히 하거나, 코로나의 영향력을 빌려 책임을 피하려 하거나 이슈를 분산하려 하며, 방역 실패의 책임을 다른 나라나 기구에 돌리고, 성공은 의료진이 아닌 자신의 공으로 돌리는 행태 또한 목격된다. 결국 코로나 사태는 정치와 외교 그리고 비즈니스라고 하는 매우 공적인 영역이 다양한 이해관계 속에 정도를 걸어오지 못해왔음을 적나라하게 드러내는 단초를 제공한다. 이러한 상황들은 여러 문학 장르에 매우 좋은 원천자료이다. 문학은 코로나 사태를 통해 얻은 정치, 경제, 외교 리더십의 실체를 고발하고, 분석하며 대안을 모색할 수 있다. 코로나19에 지친 사람들은 세계대전 시절 못지않게 훌륭한 리더십을 갈망하고 있으며 문학 또한 이를 주시할 필요가 있다.

4. 부조리에 대한 성찰과 극복:『페스트』

전염병을 소재로 다룬 작품 중 가장 유명한 『페스트』는 페스트에 시달리는 알제리의 오랑시를 배경으로 하고 있지만, 작가인 카뮈도 전염병에 대한 경험이 없을 뿐 아니라, '페스트'는 삶의 부조리를 나타내는 은유적 성격이 강하다. 사실 질병의 창궐은 평온하고 자연스럽다고 여겨졌던 삶의 부조리함을 날카롭게 드러낸다. 인간관계는 결국 바이러스 하나로 쉽게 무너질 수 있다는 것이었다. 전염병에 의한 삶의 파괴는 『페스트』가 그려내는 세상과 2020년의 지구촌이 별반 다르지 않다. 코로나 사태를 통해서도 우리의 삶과 사회 속에 깊숙이 내재한 부조리를 확인할 수 있다. 모여 살기를 원하고, 모여 살고 있는 상호 의존적인 인간이 '거리 두기'를 해야만 살 수 있다는 것은 부조리한 삶의 조건이다. 코로나 사태는 고립이 죽음일 수도 있지만 함께하는 것도 죽음일 수 있음을 자각시키고, 문학은 이 문제를 외면할 수 없다. 가족은 허무하게 와해되며, 죽음은 예고 없이 찾아온다. 경제적으로 빈곤한 자들에게 어려움은 더 급격하게 다가오고 누추한 일상은 더 쉽게 무너지고 공포는 현실이 된다. 사랑과 자비를 이야기하는 종교를 신봉하는 사람이 절반이 넘는 지구촌에서 이 또한 부조리하다.

『페스트』는 부조리 앞에서 결연히 연대를 선택한다. 삶의 부조리함을 거론하면서 결국 그것을 이겨내는 방법을 이야기한다. 외부 세계로부터 고립된 평범한 사람들은 보건대를 결성해서 무차별하게 공격해 들어오는 질병과 맞서 싸운다. 죄 없는 어린이에게 고통을 주는 신의 존재에 의문을 제기하고 부조리한 삶의 조건을 직시하면서, 그들은 묵묵히 연대를 구축하고 삶을 지속해 간다. 그럼으로써 영웅이 되어간다.

『페스트』가 주고자 하는 메시지는 전염병을 극복하자는 것이 아니고 부조리와 싸우려는 용기가 아름다운 것이라는 점이다. 이 소설의 가장 중요한 메시지는 보건대 결성의 주축인 영웅 타루의 대사에서 찾을 수 있다. 타루는 의사 리유에게 무자비하게 사형을 구형해온 검사 아버지의 편을 묵시적으로 들어온 것에 대한 속죄로 반생명에 저항하고자 기치를 들었다고 고백한다. 즉, 타루에게 생명을 죽이는 모든 것은 페스트이다.

> 내가 확실히 알고 있는 것은 … 사람은 제각기 자신 속에 페스트를 지니고 있다는 것입니다 … 자연스러운 것, 그것은 병균입니다. 그 외의 것들, 즉 건강, 청렴, 순결성 등은 결코 멈춰서는 안 될 의지의 소산입니다 … 페스트 환자가 된다는 것은 피곤한 일입니다. 그러나 페스트 환자가 되지 않으려고 발버둥 치는 것은 더욱더 피곤한 일입니다(카뮈, 2020: 328~329).

타루에 의하면 페스트는 자연스러운 것이다. 즉, 병균은 그 정체가 무엇이든지 간에 인간에게 내재된 것이다. 그것을 스스로 극복해내고, 타인에게 감염시키지 않기 위해서는 엄청난 인간 의지가 필요하다. 그 의지를 발휘하지 않으면 인류는 죽음에 도달할 것이다. 『페스트』는 그렇게 경고한다. 신도 침묵하고 있는 이곳에서 생명을 지켜내기 원한다면 인간에게는 그런 강력한 의지가 필요하다. 작품의 마지막, 내레이터인 리유는 자신이 기록을 남기게 되는 이유를 다음과 같이 밝힌다. "입 다물고 침묵하는 사람들의 무리에 속하지 않기 위하여, 페스트에 희생된 그 사람들에게 유리한 증언을 하기 위하여, … 즉, 인간에게는 경멸해야 할 것보다는 찬양해야 할 것이 더 많다는 사실만이라도 말해두기 위하여"(카뮈, 2020: 401) 글을 쓴다고 말한다. 이 작품이 인간에 대해서 비관적이기만 한 것은 아니다.

『페스트』속 보건대뿐 아니라 코로나 현실 속에서도 인간의 생명을 소중히 여기고 진실을 위해 일하는 사람들이 있다. 그런 생명의 존중과 진실에 대한 헌신을 다행히도 코로나 사태에서 확인할 수 있다. 괴질의 시작을 제일 먼저 알렸던 이웃 나라의 젊은 의사는 가족을 두고 병에 걸려 제대로 치료도 받지 못하고 사망했다. 인간은 부조리의 생산자이면서 또한 그 부조리와 싸우는 전사이기도 하다. 진실을 숨기려는 거대 세력은 언제나 존재해왔지만 진실을 밝힌 사람에 대한 경의는 여전히 유효하다. 문학 또한 다양한 형태로 진실과 생명에 대한 경의를 표방해왔으며, 앞으로도 그럴 것이다. 지난 초봄, 대구에서 확진자가 기하급수적으로 증가했을 때 전국에서 많은 의료진이 대구로 달려갔다. 방호복을 입고 탈진할 때까지 환자들의 목숨을 살리기 위해 분투하는 이들은 히포크라테스부터 내려온 환자의 생명에 대한 헌신의 약속을 지키고 있다. 보도 사진을 통해서 알려진 이들 ─ 코로나에 걸린 할머니를 살리기 위해 감염 위험을 무릅쓰고 인공호흡을 실시한 손자, 격리된 채 죽어가는 어머니를 만나기 위해 매일 밤 병원 벽을 타고 올라가 유리 너머로 어머니를 확인하던 아들 ─ 은 자신의 소중한 사람을 잃었지만 우리에게 인간은 '사랑'의 힘을 가진 존재임을 확인시킨다. 이들의 이야기는 있는 그대로가 도전과 응전, 헌신과 구원이라는 인간이 좋아하는 주제를 담고 있다. 코로나 이후 인간의 가능성을 고양시키는 문학의 출현을 기대해봄 직하다.

5. 위로문학:『데카메론』

『데카메론』은 보카치오가 1340년대 유럽을 강타한 페스트를 실제로 겪고 나서 사람들에게 위로를 주기 위해서 쓴 작품인데 이를 언급하지 않을 수 없다. 당시 페스트는 유럽 인구 중 약 3분의 1의 목숨을 앗아갔다. '10일 간의 이야기'로 번역되는 『데카메론』은 페스트를 피해 외딴 성으로 들어간 10명의 남녀가 10일에 걸쳐 나누는 이야기로 구성되었는데, 평범하고 세속적인 인간들의 소소한 행복 쟁취와 난관 극복 과정을 통해서 죽음 너머의 삶이 지속될 수 있음을 보여준다. 신부도 수녀도 귀족 부인도 욕정을 해결하기 위해서는 신분도 체면도 뒤로 하고 달려든다. 단테의 『신곡』과 대비해서 『데카메론』을 인곡이라고 부르는 이유를 알 수 있다. 이 소설집은 역병에도 불구하고 세상은 여전히 살 만하며, 사람들은 계속 다양한 모습으로 살아갈 것이라는 점을 이야기한다.

포스트 코로나 블루 속에서 일상의 행복을 찾으면서, 자신의 삶이 여전히 살 가치가 있다는 것을 확인하고 위로받을 수 있는 이야기들이 환영받을 가능성이 있다. 무엇보다 고무적인 것은 도서 구입이 증가했다는 것이다. 향유하지 못한 대면 만남을 대체할 랜선 모임이 성행하고 있듯이 대면으로 이루어져야 할 온갖 종류의 욕구에 대한 대리만족을 문학이 제공할 수도 있다. 문학은 군집함으로써 쾌감을 느끼는 사회적 동물인 인간, 움직이는 것을 좋아해 호모 모벤스로 불리기도 하는 인간에게 혼자이면서도 함께 움직이는 간접 경험을 제공할 수 있다. 인간을 위로하는 문학의 가치를 폄하할 이유는 없다. 『데카메론』은 르네상스 시대를 연 최고의 위로문학이라고 할 수 있다. 『데카메론』의 위로는 중세의 신 중심 사고에서 벗어나 현세 중심의 사고에 기반을 둔다. 작품 속 인물들은 중세 문학에서 볼 수 있는 유형적인 인물들이 아니라 개성 있는 존재들이며, 어려운 상황을 창의적인 '꾀'를 통해서 극복하고 버텨낸다.

『데카메론』에서처럼 다양한 위기를 나름의 방식으로 극복해내는 새로운 인물 유형이 포스트 코로나 시대에 각광받을 수도 있다. 코로나바이러스와 함께 학교든 기업이든 교회든 거대한 건물에 수백 수천 명의 사람들이 모여서 작업하는 것의 위험성이 백일하에 드러나면서 새로운 인간상이 부각되고 있다. 혼밥과 집콕을 즐기는 '괴짜'들이 포스트 코로나 시대에 롤 모델이 될 수도 있다는 말이 나오고 있다. 마주 앉아서도 SNS로 소통하는 요즘 세대에게 비대면은 도리어 자아 확장을 가능하게 할 수 있다. 무엇이든지 크고 넓게만 추구하던 세계관에서 벗어나, 고립되어 있으면서도 인간성을 잃지 않고 창의성을 발휘하는 새로운 캐릭터의 등장을 꿈꿔볼 수 있다. 연애이건 우정이건, 학업이건, 일이건 마찬가지다.

6. 기록의 의미: 대니얼 디포

마지막으로 기록을 주문하고 싶다. 1660년대 런던을 강타한 전염병의 고난과 그 극복의 과정을 적은 대니얼 디포의 『전염병 연대기』는 코로나 문학의 또 다른 예가 될 수 있다. 이 책은 『로빈슨 크루소』의 작가인 디포가 삼촌의 일기에 자신의 상상을 추가해서 출판한 것으로 알려져 있는데, 질병을 소재로 한 17세기 런던의 풍속사라고 할 수 있다. 이 책은 전염병 발생 시 다섯 살에 불과했던 디포가 직접 경험한 것은 아니겠지만 대역병을 맞은 런던 시민들의 행태를 지역별, 시기별로 상세히 기술하고 있을 뿐 아니라 그 시대 사람들이 갖고 있던 미신과 신앙을 포함해 질병을 대하는 다양한 관점과 태도를 함께 보여줌으로써 질병을 배경으로 한 런던의 풍속도로서 큰 의미를 지닌다. 이 책은 당시 사람들이 갖고 있던 질병에 대한 의학지식 또한 제공한다. 오늘날과 같이 다양한 매체가 존재하지 않았던 시절에 이 책은 평범한 사람들이 재난 앞에서 어떤 생각을 하고 어떻게 살아냈는지를 생생하게 전해주는 소중한 기록이다. 디포의 책은 질병을 거두어 간 신에 대한 찬미로 끝난다. 런던 사람들은 신의 도우심이 없었다면 이 끔직한 질병이 수그러들 이유를 찾을 수 없었기 때문이다.

2020년에는 다양한 매체를 통해 온갖 읽을거리들이 제공되고 있다. 그럼에도 코로나 사태를 겪고 있는 자신만의 기록은 의미가 있다. 그 기록은 현재에 최선을 다하며 미래를 믿는다는 것이며 결코 포기하지 않는다는 것이기 때문이다. 결국은 우리 각자가 이 재난과 화해하고 이 재난을 해결해야 한다. 30도가 넘는 무더위 속에서 마스크를 쓰는 것은 우리가 나를 사랑하고 남을 배려한다는 의미이다. 마스크 안의 뜨거운 숨결을 기억하고 기록하자. 기록을 통해서 우리 각자는 우리의 신념을 남겨놓을 수 있다. 기원전 5세기 고대 그리스의 극작가 소포클레스(Sophocles)는 『오이디푸스』에서 테베를 괴롭히는 역병은 오이디푸스의 생부 라이오스의 죽음 때문이라는 신탁을 말하고, 결국 오이디푸스가 범인임이 밝혀지면서 비극은 끝난다. 오늘날 그것을 있는 그대로 믿는 독자는 없을 것이다. 하지만 그리스 신화와 작품을 통해서 우리는 그 시대의 인간, 자연, 재난 그리고 신에 대한 관망을 더듬는다. 한 개인이 살고, 느끼고, 견뎌냈던 증언으로서의 기록이 모여 문화와 철학이 되고 또한 무기가 될 수 있다. 질병을 기화로 어떤 개인이나 단체가 정보를 독점하고 권력을 남용하는 일이 생겼을 때 나와 이웃의 생명에 대한 관심을 담은 기록은 이 전염병을 통해 더 나은 세상으로 나갈 수 있는 마중물이 될 것이다.

코로나를 비롯한 어떤 재난 앞에서도 지금까지 그래왔듯이 인간이 꿋꿋하게 버텨내면서 공동 번영을 모색할 수 있기를, 그리고 그런 노력에 문학도 일조하기를 기원해본다.

포스트 코로나와
지속가능한 디자인 싱킹(Design Thinking)

이혜주 (중앙대학교 예술대학 명예교수, 지속가능과학회 공동회장)

1. 2020년 코로나에 나타난 '재난 유토피아'

2020년 세계적으로 불어닥친 코로나는 사회·경제·인간적으로 대혼란을 야기시켰다. 이 재난의 시기를 지혜로 창출하기 위해서 "코로나라는 대재난은 우리에게 어떤 교훈을 남길 것인가", "재난으로 야기된 세계적 갈등 속에서 지속가능한 디자인의 본질을 찾아 어떻게 대응해야 할 것인가" 등의 질문이 제기된다. 필자는 코로나 확산에 의해 혼돈된 사회를 긍정적으로 인도하기 위해 코로나 재난 속에서 발견되는 '재난 유토피아'를 인식하고 삶의 혁신으로 구현할 수 있는 '디자인 싱킹' 방법론을 통해 그 해법을 찾아보고자 한다.

일반적으로 재난이 발생할 때 언론에서는 "아비규환의 순간은 죽음과 상실을 가져오고, 사람들을 정신적 충격에 빠뜨린다"와 같은 기사를 유포하곤 한다. 문명비평가이자 재해 전문 연구가인 레베카 솔닛(Rebecca Solnit)[1]은 일반적으로 대중매체는 재난에 직면한 사람들에 대해, 병적 흥분에 빠지고 광폭해진다고 규정짓는 경향이 많다고 규탄했다(Solnit, 2012: 머리말). 또 솔닛은 이런 유형의 기사는 언론이 상상의 글로 기사화해 무책임하게 유포하는 재난 피해자에 대한 묘사이며 소수 권력자이자 상류층인 언론의 '엘리트 패닉(elite panic)'을 퍼뜨리는 것일 뿐이라고 강조했다(Solnit, 2012: 242~243). 또한 '안정성의 혜택'을 가장 많이 누리는 언론이나 상류층 엘리트의 그릇된 판단은 물론이고 무능한 관료체제야말로 합리적으로 대응하려는 재난 지역의 분위기를 망쳐버린다고 비난했다.

이에 반해 재난을 당한 시민들이 형성한 공동체 연대와 풀뿌리 조직이야말로 오히려 재난 상황을 해결하기에 훨씬 효율적이고 신속하다는 것이다. 재난을 겪는 당사자들은 혼란 속에서도 자발적으로 이타주의 정신과 효율적인 연대를 만들어 유토피아에 가까운 이상적인 공동체 생활을 이끈다는 것이다. 사회적 구조가 작동하지 않아 개인의 미래가 사라지는 순간 인간은 이타적인 판단을 통해 공동체를 인식하는 시민적 기질을 드러낸다는 논리이다. 이와 같은 솔닛의 확고하고 투명한 낙관론은 2020년 코로나 재난에서도 중요한 시사점을 준다. 이와 유사한 논리로서 스탠퍼드 대학교 심리학과 자밀 자키(Jamil Zaki, 2019) 교수는 지진·허리케인 등 재난 발생 시 사람들이 이기적·폭력적인 반응을 보이는 '생존본능' 외에, 위기 상황에서 오히려 타인에게 친절함을 베푸는 '친절본능'이 있다고 지적했다(MK Biz+, 2020.5.14). 재난 시 발현

---

1 레베카 솔닛은 1906년 샌프란시스코 대지진부터 2005년 뉴올리언스를 강타한 허리케인 카트리나에 이르기까지 99년 동안 북아메리카 대륙에서 발생한 5건의 대형 재난을 심도 있게 조사·연구했다. 그 결과 그녀는 샌프란시스코나 뉴올리언스에서 재난의 피해자는 언론에서 묘사되는 것처럼 무질서를 즐기는 잠재적 범죄자가 아니며, 위기에 빠진 이들에게 가장 먼저 도움의 손길을 내민 것은 외부 자원자나 정부의 구호가 아니었고 오히려 그 재난을 겪었던 사람들이었다고 기록했다.

되는 인간의 이타주의 정신과 연대 욕구는 어쩌면 인간의 심리적 내면이나 사람 간의 관계를 통해 오랫동안 존재해온 진솔한 인간적 면모일 수 있다. 재난을 경험하면서 사회학자의 시각으로 발견한 '재난 속의 유토피아'의 기록은 재난에 대한 새로운 인식의 패러다임을 제시했다는 점에서 그 의미가 크다.

전 세계적 팬데믹으로 확산되었던 2020년 코로나 재난에서도 솔닛의 연구 결과와 같은 사례를 발견할 수 있다. 한국에서 코로나가 최고의 극성을 부릴 때 감염의 위험을 무릅쓰고 감염 지역으로 달려가는 지원자들, 헌신하는 의사와 간호사, 병원 앞에 남몰래 걸어놓은 마스크, 누군가 끼니마다 보내주는 음식, 외출과 모임을 자제하는 한국민의 자발적인 '거리 두기' 실천 등은 큰 감동으로 다가왔다. 특히 코로나 감염이 심각했던 대구에서도 차분한 분위기 속에서 생존경쟁 대신 상호부조가, 이기주의 대신 이타주의적 공동체 운영 원리가 작동하는 기적이 일어난 것이다. 재난을 마주한 인간의 생존적·이성적·이타적 행동은 서로가 서로에게 눈을 돌리고 서로를 위해 손을 내밀어 '상호연대'의 공감을 이루는 인간적·사회적 유대감으로 나타났다.

이처럼 재난은 지옥일 수도 있지만, 우리가 어떻게 신뢰하고 준비하며 행동하느냐에 따라 미래의 혁신으로 인도하는 유토피아가 될 수도 있다. 인간은 목숨을 잃을 법한 순간에도 본성이 발동되어 패배자가 되는 대신 낡은 사회질서를 작동 불능으로 만들어 새로운 사회혁신으로 나아가고자 한다.[2] 어쩌면 재난은 지옥을 관통해 도달하는 낙원일 수 있다는 점에서 '재난 유토피아'는 코로나 이후 펼쳐질 세상에 대해 깊이 사고하게 만든다.

---

2 14세기 페스트라는 재난은 유럽인의 기존 사고를 바꾸어 인간과 신의 관계에 균열이 발생시켰다. 그 결과 신정정치가 사라지고 계몽주의가 활발해지면서 농업의 몰락과 문화·의술·과학의 발전 그리고 상업의 발달을 가져왔다.

2. 디자인 싱킹: 우리 모두가 디자인하는 지속가능한 공감의 지도 (Empathy Map)

재난은 파괴와 죽음의 절정인 동시에 개방과 혁신으로 인도한다. 재난이 미래 혁신으로 인도한다는 솔닛의 긍정적 메시지는 암담한 코로나 사태 속에서도 아뜩한 '구원'의 메시지로 들려온다. 재난 속에서 발견되는 희망의 메시지를 실제 사회적 혁신으로 구현하려면 어떤 방법이 있을까. 이번 절에서는 '모두를 위한 디자인'을 표방하는 공감의 지도로서 지속가능한 '디자인 싱킹'에 대해 논의하고자 한다.

디자이너는 감각적 스킬의 소유자이며 문제의 코드를 발견해 논리적으로 해결하는 분석적 사고력은 물론 번뜩이는 직관성이 결합된 통합적 사고를 지닌 전문가이다. 디자이너는 태생이 호기심으로 충만한 동적 인간인 셈이다. 디자이너의 호기심은 시대적 변곡점마다 변화하는 인간의 행복 코드를 탐색해 구체화하는 역동성으로 나타난다. 그렇다면 디자인이란 무엇인가? 디자인은 변화하는 역사의 중심에 서서 구체적인 솔루션을 제시하면서 혁신을 주도해왔다. 디자인의 기본 의미는 낡은 사회질서에서 벗어나려고 하는 인간 내면에서 꿈틀거리는 행복 코드를 파악해 구체적인 물질·비물질로 창조·서비스하는 모든 것을 말한다.

디자인은 어떻게 탄생했을까? 19세기 후반 디자인은 당시 귀족의 전유물이었던 '예술을 위한 예술(art for art)'을 타파하고 어느 누구나 누릴 수 있는 '삶을 위한 예술(art for life)'을 구현하려는 의지에서 탄생했다. 그 후 혁신적 디자인 교육시스템을 구축한 독일의 바우하우스(Bauhaus)의 교육철학은 세계적으로 전파되어 20세기 산업시대(modernism)에서 대량생산 제품의 질적 제고와 매력도를 높이는 데 큰 공헌을 한다. 미디어 문화가 확산되는 포스트모더니즘(postmodernism) 시대에서 디자인은 대중의 삶에 감성적 공감도를 높여 고

부가가치를 창출하는 핵심적 역할을 했다.[3] 1990년대 말부터 본격화된 정보화·세계화 시대는 다차원적 융합산업이 활성화되는 시대로, 디자인은 창의적 브랜드 경영 R&BD의 핵심기술에 의거한 디자인(design engineering)(KEIT, 2015) 공공기관과의 연계 미디어·서비스 분야 등으로 그 영역이 확대되었다. 무엇보다 지속가능한 디자인은 기업 발전의 기본 정신이 되고 있다. 다양한 사회 및 산업 환경을 맞이하는 오늘날 인간·사회 친화적 디자인이 요구되면서 "모두를 위한 디자인"을 표방하는 '디자인 싱킹'이 다방면에서 문제해결을 위한 지속가능하고도 유효한 방법으로 평가되고 있다. 디자인 싱킹은 제품, 서비스부터 의료시스템은 물론 정치·경제·경영·교육·예술 등 개인적·공공적 주제를 망라한 비즈니스 프로세스에 이르기까지 다양한 분야에 적용할 수 있다. 캐나다 토론토 대학교의 로저 마틴(Roger Martin, 2010) 교수는 디자인 싱킹이란 새로운 해결책을 찾기 위해 서로 상충되는 아이디어와 조건을 모두 이용하는 통합적 사고로 접근하는 것이라고 했다. 미국 최고의 디자인 회사 IDEO의 팀 브라운(Tim Brown, 2009) 대표는 디자인 싱킹은 인간 본성에 내재된 창의성을 발휘하도록 독려하면서 디자이너의 감수성과 작업방식을 이용해 모두가 대화에 참여하여 다극화된 경험을 만들어 만족스러운 전달을 하는 기술적 방법이자 비즈니스 전략이라고 했다. 또한 정용진 신세계 부회장은 실용적 측면에서 "임직원이 가져야 할 '이마트 웨이(way)'의 철학이자 정신은 고객 마인드, 브랜드 차별화, 디자인 싱킹이다"라고 강조했다.

재난 유토피아에서 나타나는 생존력(viability), 공유의 가치(values for sharing), 진정한 사회(veritable society)를 추구하는 기본 요소는 지속가능한 디자인 싱킹에도 유효한 기본 요소가 된다. 범사회적 혁신을 도모하는 디자인 싱

---

3 이 시대까지의 디자인 개념은 '건축·공간·의상·광고 등 유형적 제품에 미학적·실용적 요소를 부여하는 시각적인 스타일(style)'을 뜻하는 협의의 특징을 지닌다.

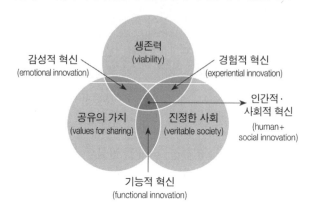

킹은 '인간 중심적 디자인(human-centered design)'이라는 뼈대를 토대로 문제를 탐색·해결하는 과정에서 순차적으로 프로세스를 찾아가도록 도와주는 나침판과 같다. 따라서 사회혁신을 목적으로 인간 중심적 문제해결의 방법을 습득하고 상상 속에서 무엇이든 창안하기를 원하는 사람이라면 어느 누구나 디자인 싱킹을 활용할 수 있다. 디자인 싱킹 프로세스는 '우리 모두를 위한' 창조적 혁신에 바탕을 두는 에너지원이다. 디자인 싱킹이 성공하기 위해서는 관련 사람들이 경험한 세계에 대한 공감적 대화, 자유로운 발상을 통한 새로운 아이디어를 구체화·시각화하는 유연한 사고가 필요하다. 〈그림 13-1〉은 재난 유토피아의 혁신성과 지속가능한 디자인 싱킹의 혁신성의 공통점을 도출한 모델이며 궁극적으로 지속가능한 사회·인간적 혁신을 이루는 기본 개념을 제시한 것이다. 코로나 재난을 극복하고 우리의 질적 삶의 향상을 위해 이러한 요소들이 선순환되어 감성적(emotional) 혁신, 기능적(functional) 혁신, 경험적(experiential) 혁신을 만들어간다면 궁극적으로 인간적·사회적(human social) 혁신을 이룰 것이다.

3. 가족 모두를 위한 디자인 싱킹 프로세스: 코로나의 극복과
   삶의 질적 혁신

1) 코로나로 인한 공간에 대한 왜곡 현상: 물리적·심리적 차원의 문제제기

2020년 코로나의 엄격한 방역 정책에 의해 '사회적 거리 두기'가 반강제적으로 실행되었고, 인간을 '언택트(untact)' 삶으로 몰아넣었다. '사회적 거리'를 강요당하는 코로나 재난이 인간에게 미친 영향은 '그동안 관습적이었던 가족공간'에 대한 재인식'이었다. 사회적 소단위인 가족공간은 '공간-인간-물체'와 연결되고 추억과 지혜가 쌓여 유전자로 각인된 소프트 공간이다. 그동안 가정이란 어느 정도 이기심이 용서되는 심리적으로 자유롭고 여유로운 공간이었다. 그러나 집에서의 '딥택트 라이프(deep contact life)'가 장기화되면서 관습적으로 편안한 가족공간이 변질되고 '행태적·심리적인 혼돈 현상'이 나타났다. 코로나 재난에서 가족공간은 온 가족이 이용하는 집무실로, 온라인 강의실로, 홈 트레이닝 공간으로 혹은 방역·재해방지 공간으로 공유·혼용되면서 업무와 일상이 모호한 공간이 된 것이다. 집에서의 '딥택트 라이프'는 가족을 서로 깊은 관계로 인도하기는커녕 심리적 스트레스의 요인이 되었다. 미디어의 취향적 소비 또한 가족 구성원 간 다르게 나타나 언택트 라이프는 가족 간의 갈등과 고립감을 심화시켰다. 집콕으로 인해 사회적으로 격리된 외로움은 정신건강에 독약으로 작용했고 건강 염려·불안증까지 겹치면서 심각한 '코로나 블루(Corona Blue)' 현상이 나타났다.

사회적 격리에 의해 스트레스로 나타난 뇌의 부정적 반응을 치유하려면 취향적 공감을 지닌 '사람의 격려'가 필수적이라는 것이다(Zaki, 2019). 자키 교수는 '사회적 거리 두기' 용어에 소통을 단절하는 뉘앙스가 담겨 있어 물리적 거리에도 사회적으로 연결된다는 '신체적(physical) 거리 두기'로 용어 재정립이 필요하다고 강조했다(≪매일경제≫, 2020.5.14). 결국 코로나 환경이 야기한 불안정한 심리를 완화시키기 위한 최선의 방법은 사회적 관계의 유지 또는 결속(solidarity)이라는 것이다. 이때 스트레스 문제를 해소하기 위한 유용한 도구는 아이러니하게도 디지털 기술에 기반한 온라인 소통(connected communication), 즉 '온택트(online contact)'용 디지털 기기라는 것이다. '컨택트 커뮤니케이션' 못지않게 '온택트 커뮤니케이션'은 인간의 정신적 삶에서 관대함을 교류하고 공감대를 연결하여 새로운 세계를 열어주는 마음의 빛이 된다는 것이다. 이렇게 인간적 면모와 디지털 기기의 결합을 통한 커뮤니케이션의 위력이 코로나의 강력한 유산이 된다는 셰리 터클(Sherry Turkle, 2018)의 논리는 그 시사점이 크다.

코로나 환경이 인간에 미친 영향력으로는 첫째, 가족공간의 관습적 의미를 왜곡시켜 공간의 모호성과 혼돈을 야기했고 둘째, 이는 스트레스 지수를 높여 심리적 건강에 부정적 결과를 낳았으며 셋째, 컨택트 소통을 보완하기 위해 그동안 부정적이었던 디지털 스마트 소통기기의 중요성을 재인식시켰다는 점이다. 이상과 같이 코로나19로 인해 새롭게 발생한 가족 간의 문제를 최소화하기 위해서는 가족 모두를 위한 지속가능한 디자인 싱킹의 방법을 활용해 가족 스스로 리디자인(redesign)하는 '셀프 디자인 챌린지(self design challenge)'에 도전해볼 수 있다. 디자인 싱킹을 원활하게 진행하기 위해서는 가족 간의 충분한 감성적 교류가 필요하다. 인간의 '감성이란 인간의 내부에서 일어나는 정서적·생리적 반응으로부터 심리적·표현적 행동으로 이어지는 동적인 사고(thought)'로 정의되는데 이때 '상호신뢰'가 가장 중요하다(이혜주 외, 2006). 가족 간에 감성적 대화를 하려면 위험한 코로나 의료현장에 직접 뛰어들어 봉사했던 많은 이타주의적 사람들의 정신을 상기시키는 지혜가 필요할 것이다.

2) 코로나를 극복하기 위한 디자인 싱킹: 리디자인을 통한 삶의 질적 혁신

가족 모두가 참여하는 디자인 싱킹이란 가족의 바람직한 미래를 설계하는 과정이다. '셀프 디자인 챌린지'는 그동안 건축주에 의해 디자인된 '표준적·획일적 공간'을 탈피해 코로나로 초래된 불만요소를 최소화하고 가족 모두가 만족할 만한 새로운 언택트 라이프로 개선하는 데 그 목적이 있다. 가족공간을 개선하기 위한 디자인 싱킹은 다섯 단계를 거치면서 기존의 삶을 리셋(reset), 혁신해 가족만의 콘텐츠를 창출하는 과정이다. 다음은 디자인 싱킹의 진행과정인데 각 단계에서 가족 간 수평적 차원의 충분한 대화가 중요하다.

① Empathize: 가족 간 상호 공감하는 가치를 공유하기 위해 자유롭게 질문한다. 가족의 내면의 욕구를 찾을 수 있도록 충분히 대화하는 개방된 감성적 교류가 필요하다.
- 가족 간의 솔직한 대화를 통해 가족 구성원에 내재된 문제를 탐색하면서 '발전욕구'와 '해방욕구'를 발견하고, 크게 "Want"와 "Like" 요소에 대해 대화한다.
- 코로나에 대응할 수 있는 가족공간을 상상하면서 가족공간을 생리적 욕구, 안전 욕구, 애정·소속 욕구, 존경 욕구, 자아실현 욕구로 세분화시켜 대화한다.
- 가족공간의 한계를 극복하기 위해 근거리의 공공기관이나 공원 등을 활용·연계해 활동의 범위를 확장시켜 탐색한다.

② Define: Empathize 단계에서 얻은 통찰을 바탕으로 가족이 지닌 문제를 정의한다.
브레인스토밍(brain storming)을 통해 다양한 의견을 충분히 수용하며 통합적·수평적 사고로 판단한다. 구체적으로는 각 가족의 '페르소나 맵(Persona Customer Journey Map)'을 작성해 불만 요소(pain point)를 도출·

정리할 수 있다.

- 코로나19를 극복하기 위한 가족공간 디자인에 대해 참고할 디자인 요소는 △구성의 미니멀화, △기능의 멀티플화, △가구의 경량화, △구조의 가변화, △가족 간의 관계화, △공간의 공유화, △위생적 안전화, △효율적 모듈화, △가사노동의 최소화, △판단의 유연화 등이다. 이 중 각 가정에 맞게 타당성 있는 순서로 열거해본다.

- 가족공간의 효율성을 높이고 특히 활발한 온라인 소통을 위해 디지털 기술을 활용한 '감성 기반 반응형'의 오감형 인테리어 디자인을 논의·구상한다. 예컨대 홈 트레이닝·홈 쿠킹·홈 헬스케어링 등 홈 오토메이션의 기기, 혹은 자동화·모바일 연동 제어·기기 연계 스마트화 등으로 분류하며 대화를 통해 선별한다.

- 느슨한 취향공동체로서 가족 간의 심리적 갈등요소와 공간 간의 갈등요소 등에 대해 다각도로 접근·정리하면서 논의한다. 예컨대 소프트 vs. 하드/ 현실 vs. 가상/ 이성적 vs. 감성적/ 보편적 vs. 개성적/ 일상적 vs. 특별한/ 정적 vs. 변화적/ 효율적 vs. 비효율적/ 스마트 vs. 아날로그/ 물리적 vs. 심리적/ 인공적 vs. 자연적/ 여유의 vs. 활동적/ 재미있는 vs. 지식을 충전하는/ 개인적 vs. 상호적용적(통합적)/ 내부적 vs. 외부적/ 의 vs. 식/ 근거리 vs. 원거리 등과 같이 대비적 차원에서 접근하면서 대화·정리한다.

③ Ideate: 가족의 불만요소 개선을 중심으로 확산 및 수렴의 방식을 반복하는 통합적 접근 과정을 통해 구체적으로 아이디어를 발굴한다. 가족 구성원 간에 자유로운 방식으로 논의하면서 적합한 해결방안을 제시·발전시킨다.

④ Protype: 새롭게 도출한 아이디어를 프로토타입으로 만들어보거나 서비스에 대한 시나리오를 구성하여 구체화하는 데 완성도가 낮아도 빠르게

진행하는 것이 현명한 방법이다. 이 단계에서는 가구점을 함께 방문하여 전문가의 아이디어를 참고하고 시각적 시뮬레이션(simulation)을 통해 구체화할 수 있다.

⑤ Test: 1차적으로 완성된 프로토타입에 대해 피드백을 받는 과정으로 제품의 문제점을 알아내기 위해 사용자의 사용성 테스트를 반복하면서 개선점을 찾아내어 완성도를 높인다.
   지속적이고 빠른 반복·수정을 통해 최적의 솔루션을 만들어내도록 노력한다.

4. 나아가며: 포스트 코로나, 공감을 공유하는 지속가능한 디자인

역사적으로 인류는 재난이 닥치더라도 공포의 노예로 전락하지 않았으며 오히려 이타적 본성과 연대의식을 통해 미래로의 혁신을 꾀하는 재난 유토피아라는 모습을 보여줬다. 코로나 팬데믹 상황에 의해 사회 전반에 변동성, 불확실성, 복잡성, 모호성이 넘칠 때 분명히 이를 치유하고 감성적·합리적으로 개선할 디자이너의 책임과 역할이 존재한다. 디자이너에게 고독함은 혁신의 조건이 되며 공허한 마음의 공간은 창의력의 시작점이고, 개인성은 민주주의를 이끌어가는 원동력이 될 수 있다. 필자는 이 책에서 재난 유토피아의 개념을 실제 삶에 구체화하여 적용할 수 있는 인간·사회 친화적인 지속가능한 디자인 싱킹 프로세스를 구체적으로 제안했다. 삶의 질의 혁신을 꾀하는 디자인 싱킹의 방법론은 위기 상황에서도 문제를 발견·탐구·실험하고 구체화할 수 있기 때문에 우리 모두에게 귀중한 도구가 될 수 있다. 따라서 어떤 가족이라도 코로나로 인해 붕괴된 가족공간의 개념을 개선해 삶의 질을 높이려면 디자인 싱킹의 방법을 도입·시도할 수 있다.

코로나 이후 디자인의 혁신을 살펴보면 기술적, 감성적 가치를 충족시킬 독창적인 콘텐츠 창출로부터 비롯되며 나아가 상호 연결된 플랫폼에서 통합될 것이다. 코로나 이후 전개될 디자인 분야를 열거하면 첫째, 코로나 이후 더욱 성숙해진 인간을 위한 공감 디자인(empathy design)과 생태적·사회적·물리적 환경과 연계된 생태학적 디자인(ecological design)이 유용해질 것이다. 그리고 '디지털라이제이션화(digitalization)'[4]로 가속화되는 4차 산업혁명에 대비한 스마트 디자인(smart design)과 위급한 상황에도 속도(speed), 협업(colla-boration), 회복력(resilience)'을 동원하는 유연한 디자인(flexible design)이 요구된다. 무엇보다도 '호모루덴스(homo ludens)'인 인간의 재미 본성을 살려 의미 있고 풍요한 삶을 부여하는 엔터테인먼트 디자인(entertainment design) 등은 매우 중요한 감성요소가 될 것이다. 이러한 분야들은 창의적 차원에서 상호 연계를 통해 무한한 발전이 가능할 것이다.

---

4 디지타이제이션(digitization)은 아날로그 정보를 디지털 정보로 바꾸는 것이고 디지털라이제이션(digitalization)은 디지털 기술과 정보를 이용해 비즈니스 운영 방식을 바꾸는 것이다. 디지털 혁신은 디지털 기술을 통해 우리 기업의 상품, 서비스, 프로세스를 바꾸어 성과를 창출하고 기술이 가져다주는 기회를 이용해 신사업을 개발하는 등 지속적인 프로세스를 뜻한다.

포스트 코로나 시대, 학교와 교사의 재발견

홍미화 (춘천교육대학교 사회과교육과 교수)

1. 코로나와 학교 교육의 현황

학교가 문을 열고 우리는 철저한 방역을 해야 했다. 온라인 생활수칙과 등교일 지정, 좌석 배치는 물론 재택수업을 하는 학생에게 전화를 걸고 온라인 수업을 준비하는 모든 것이 우리 몫이다. 시간이 갈수록 우리는 지쳐갔고 교육에 대한 회의감도 깊어졌다. 웃으며 다가오는 아이에게 2m 거리 유지를 강조하고 발열 체크를 하며, 평소라면 어림없던 핸드폰 사용도 허락했다. 이제 아이들은 놀랍도록 기계적으로 움직이고 있다.

역사상 처음으로 초·중·고, 대학 전 교육기관의 개학이 연기되고 정상적인 교육이 불가능한 상황이 되었다. 약 540만 명의 초·중·고등학생과 300만 명 정도의 대학생, 대학원생이 교실을 떠나 온라인 수업을 받는 상황이 된 것이다. 교육부와 초·중·고등학교는 코로나의 감염 상황과 위험도 등을 점검하며 4월 9일에서야 온라인 개학을 했고, 지금도 대면 수업과 비대면 수업을 병행하고 있다. 사회적 거리 두기와 생활 속 거리 두기 상황은 학교의 철저한 방역과 열감 체크, 출결상황 점검과 확인, 철저한 온라인 수업 준비, 학생 간 대면접촉 최소화 등 많은 것을 요구했다. 교실은 수업을 촬영하는 녹화실로, 가족과의 일상을 누리던 가정은 교육을 담당하는 교실로 대치되는 이중적 공간이되었다. 교육공간의 경계가 허물어지고, 그 자리를 대신하는 사이버 공간이화두가 되고 있다. 현대사회에서 공간의 경계가 허물어진 것은 비교적 오래되었지만, 코로나 상황은 이를 더욱 빠르게 확장시키고 있다. 코로나 상황에서 나타난 학교교육의 난제는 단순히 온라인 학습 환경에 익숙해지는 일만으로 해결되는 것이 아니다. 그것은 미래의 교육 환경과 그에 대한 해답을 찾기위한 노력이 있어야 가능한 일이다.

세계적 인터넷 환경을 자랑하는 한국이 온라인 교육에 있어서 이러한 혼란을 겪을 것을 상상하기는 어려웠다. 코로나의 확산은 교육과 수업에 대한 개념부터 바꾸고 있다. 교사들은 새로운 교육 환경에 적응하기 위해 많은 시간과 노력을 투자하면서 자신의 교육 방식을 탐색해가고 있다. 그들은 클래스 플랫폼(EBS 플랫폼과 구글 클래스룸)이나 쌍방향용 어플리케이션(일명 줌)을 활용하여 영상을 촬영하여 수업에 활용한다. 학생들 또한 탑재된 수업 콘텐츠나 관련한 URL을 클릭하며 수업을 듣거나 교사가 초대한 실시간 온라인 학습에 참여하며 새로운 수업에 익숙해져 간다. 그러나 교사와 학생 모두 이러한변화에 만족하지 못한다는 것이다.

교육계에서는 인공지능(AI)이라는 개념으로 혹은 플립 러닝(일명 거꾸로 학습)이라는 방식 등으로 미래의 교육 변화를 예측하며 준비를 해왔다. 문제는교육이 추구하는 미래사회 인간의 능력이 무엇이며 어떠한 상황에서 어떻게활용하도록 하는가와 관련한 절실함을 느끼지 못했다는 데에 있다. 그러한 문제를 직접적으로 깨닫게 하는 것이 지금의 코로나 상황이다. 유능한 교사란 훌륭한 인격과 교수법적 지식, 충분한 교과내용 지식과 학생에 대한 이해, 그리고 미래사회를 예측하고 그에 합당한 새로운 능력과 기술을 갖춘 사람이다. 그런데 미래사회에 요구되는 능력이 무엇인가에 대해서는 직면한 환경이나 사람에 따라 다른 해석을 내놓는다. 지금까지 학교는 다문화교육, 인권교육, 세계시민교육, 환경교육, 지속가능한 교육 등의 이름으로 교육적 캐치플레이를 바꾸어왔다. 이러한 캐치플레이는 국가와 사회의 발전, 사회문제의 해결, 그리고 개인의 책무와 능력 발휘 등을 목적으로 추구되어왔다. 미래 교육이 추구하는 방향은 언제나 인간 중심의 세계관을 전제했던 것이다.

과연 코로나 상황에서도 이러한 관점이 의미 있는 것인가? 지금까지와 다름없는 방식, 예를 들어 '감염사회의 교육은 온라인 교육으로 해결할 수 있다'는 등 일련의 믿음만으로는 교육의 문제를 근본적으로 해결하기 어렵다. 학교는 온라인 수업 시스템, 혹은 대면과 비대면 병행 수업을 위한 지원, 그 이상의 교육적 역할을 담당해야 하는 곳이다. 이제 '교실 밖 공교육'을 위해 교육기관과 학교는 무엇을 어떻게 시도하고 변화시켜야 하는지 적극 논의해야 할 때이다.

2. 위드 코로나(With Corona) 시대, 교육을 고민하다

코로나 시대의 교육적 쟁점은 온라인 교육 체제를 어떻게 지원해야 하는가의 문제, 그리고 온라인 교육이 인간 삶에 미칠 영향을 예측하여 어떠한 방향으로 교육을 실천해야 하는가의 문제에 있다. 온라인 교육은 코로나가 종료되더라도 여전히 진행될 것이고[1] 그에 따른 디지털 교육의 강화나 스마로그(smalogue, smart+analogue)형 교육[2] 또한 중시될 것이 분명하다. 지금까지 우

리나라의 온라인 교육은 e학습터와 EBS 온라인 클래스 등을 통해 시도되어
왔으나, 이 상황을 해결하기에는 역부족이다. 무선 인터넷망을 무한대로 갖
춘 우리나라가 그러한 지원 시스템을 얼마나 잘 활용해 왔는지에 대한 결과는
빈약하기 그지없다. 한국교육학술정보원의 보고서(2020)에 따르면 가정에서
의 디지털 기기 접근성은 OECD 31개국 중 28위, 학생 수 대비 PC 비율은 37
개국 중 32위, 학교의 디지털 기기 접근성은 22위, 학교 내 디지털 기기 사용
빈도는 27위, 디지털 기기를 활용한 자율적 문제해결 지수는 31개국 중 31위
이다. 이는 교육기관 중심의 빈약한 온라인 교육 시스템에서 벗어나서 타 기
관이나 기업과의 연계를 통한 통합 시스템의 전환과, 모든 학교와 학생이 동
시에 접속하여 활용 가능한 에듀테크 인프라 구축이 필요함을 암시한다.

또한 온라인 교육 방식이 가정소득의 격차에 따른 학업 성취수준의 격차를
증대시켰다는 학교 현장의 조사결과는 모든 학생이 동등하게 교육받아야 할
권리 자체를 침해하는 중요한 문제를 제기한다. 온라인 교육은 가정의 관심과
참여가 매우 중요하므로 가정의 형편에 따른 온라인 교육 방법의 다양화가 매
우 절실한 것이다. 이는 비대면 수업에 대한 학교의 또 다른 지원 방식과 교사
의 노력, 그리고 온라인 교육에 대한 학부모의 인식 개선이 필요함을 뜻한다.

온라인 교육의 문제를 해결하기 위해서는 좋은 교육을 위해 무엇이 보다
중요한가에 대한 본질적인 합의가 필요하다. 물론 가장 급한 일은 온라인 교
육이 제대로 이루어지도록 물적·인적 지원을 아끼지 않는 일이지만, 그 방향

---

1 코로나는 종식될 수 있을까? 그 답변은 다양하다. 그러나 코로나가 종식된다 하더라도 또 다른
바이러스는 인간을 대상으로 그 전파력을 키워나갈 것이라는 점이 일반적인 예측이다. 코로나가
아닌 또 다른 바이러스와의 공생을 위드 코로나(With Corona)로 명명한다.
2 스마트형 교육이란 스마트교육과 대면교육을 결합한 형태를 일컫는다. 교사는 대면과 비대면
교육을 교육의 목적에 적합하도록 설계하고 실천하는 스마트적 역량을 길러야 하는 것이다(에
듀인뉴스, 2020.4.13).

과 내용에 대해서는 교육 관계자 모두의 성찰과 노력이 필요한 것이다. 교육 주체들은 '교육받은 사람은 어떤 사람이어야 하며, 왜 그러한 사람을 길러야 하는가'에 대한 논의를 지속적으로 해야 할 것이다.

1) 교육의 목적과 코로나 대응: 민주시민

교육의 목적은 코로나로 인한 교육계의 반응에서도 찾을 수 있다. 코로나 상황에서의 교육은 기술의 확장으로 이루어진다고 믿는다. 첨단 교육기술을 제대로 갖추어야 변화에 대응하는 교육을 할 수 있다고 여기는 것이다. 그런데 교육의 목적은 좋은 콘텐츠를 만드는 자체에 있지 않다. 코로나 상황에서도 학부모들은 아이들을 학원에 보낸다. 그러나 교육의 목적은 좋은 대학에 입학하는 일이나 다른 학생보다 우월한 평가를 받는 것에 있지 않다. 교사는 온라인 수업을 잘하는 것 이상으로 학생들을 사랑으로 품으며 가르치고 싶어한다.

교육의 목적은 인간다운 삶을 살아가는 교양 있는 민주시민을 기르는 데에 있다. 물론 인간다움이나 시민을 한마디로 정의하기는 곤란하지만 보편적으로 동의하는 기준은 교육 문서에도 존재한다. 2015 개정 교육과정 총론에서는 이를 명시적으로 기술하고 있는바, "교육은 자주적인 사람, 더불어 사는 사람, 창의적인 사람, 그리고 교양 있는 사람을 길러야 하며, 이를 위해 자기관리 역량과 공동체 역량 등을 비롯한 인간이 갖추어야 할 기본 역량을 위해 노력해야 한다"라고 되어 있다(교육부, 2015). 교육이 지향하는 인간상은 상식과 교양을 갖춘 사람, 삶을 위한 기본적인 지식과 기능을 익히되 그 의미와 가치를 이해하며 실천하는 사람, 즉 '삶의 목적을 위하여 실천하고 노력하는 존재로서의 인간'이다.

그러나 우리의 교육은 교과의 내용 지식을 외우고 평가를 통하여 인정받는 시스템에 익숙하다. '왜' 라는 질문을 하지 않는 이러한 교육 현실은 교육과정에서 강조하는 역량과도 맞지 않는다. 4차 산업혁명 담론을 통하여 인공지능(AI)이 인간의 지능을 넘어선 시대에 살아갈 수 있음을 알면서도,[3] 교육은 여전히 지식과 정보를 강조하는 것이다. 지식과 정보는 시시각각 변화하는 것이기에 기억할 내용이 아니라 문제해결을 위한 도구에 불과하다. 학교 교육은 교육과정이 담고 있는 지식과 기능을 왜 알고 어떻게 활용해야 하는가에 초점을 맞추어야 한다.

'호모사피엔스', 즉 생각하는 사람이란 기계가 할 수 없는 인간만의 사고 과정을 중시한 말이다. 여기서의 사람은 지성과 더불어 감성(혹은 감정, 정서)을 지닌 존재를 의미한다. 앞으로의 시대에서는 인간의 지능만이 아니라, 인공지능 또한 인지력과 감정을 소유할 수도 있다. 생각하는 자체만으로는 인간다움을 증명할 수 없는 것이다. 그렇다면 기존의 교육에서 말하는 인간다움, 즉 '호모사피엔스'와 달리 지금 교육에서 필요로 하는 인간다움은 무엇인지에 대한 고민이 필요하다. 아이러니하게도 코로나 상황은 교육이 추구해야 할 인간다움을 깊이 고민할 수 있는 기회를 주고 있다. 인간으로서 지향해야 할 그 무엇이 곧 학교 교육에서 추구해야 할 교육의 목적과 관련된 것이다.

'인간다움'에는 인간만의 존재론적 가치를 품은 어떤 삶이 존재한다. 그런데 이것은 쉽게 배우거나 가르칠 수 없다. 따라서 교육의 목적을 실현하기 위해 무엇이 필요한지를 깊이 숙고하여 내용 요소를 추출해야 한다. 물론 교육은 이러한 엄밀한 내용만으로 구성되지 않는다. 교육은 좋은 삶을 위해 요구되는 지식과 능력을 유연한 태도와 공감을 통해 배우고 실천하는 과정이며,

---

3 인공지능은 자신이 하는 일의 목적을 알고 행하는 것이 아니다. 결과를 산출하는 데 특화되어 있기에 이해하는 일과는 별개로 해결할 문제를 확인할 뿐이다. 인공지능의 목적은 인간이 부여하는 것이며 지식과 기능에 특화되어 있지만 인간의 감성과 교양을 갖추었다고 보기 어렵다.

교육이 추구하는 좋은 삶은 일상에서 보람을 느끼고 자신의 사회적 행위를 반추하며 공동의 안녕을 위해 노력하는 삶이다. 교육은 학생들이 자신의 삶에서 의미 있는 일을 찾아, 그것을 타인과 공유하며 자신의 삶에 적용해보는 과정에서 비로소 그 가치를 증명한다.

교육의 목적이 이러하다면 코로나로 인한 혼란과 난제에서 놓치지 말아야할 것은 분명하다. 비대면 수업이 가져올 두려운 일을 막는 것, 즉 인간에 의해 인간에 대한 이해의 한계가 오지 않도록 하는 일이다. 코로나 상황은 학교가 추구해오던 목적을 알리는 계기가 되고 있다. 그동안 학교는 친구와의 대화에서 배우는 또래 관계, 현장 학습을 통해 배우는 문화의 가치와 세대 간 소통, 협동 학습에서 배우는 개인의 다양성과 협력의 의미 등 무수한 인류 공동의 소중한 가치를 가르쳐왔다. 인간다움과 관계된 이러한 가치들은 몇 시간의 온라인 수업이나 책과 자료에서 찾아 배울 수 있는 것이 아니라 인간 간의 면대면 접촉과 대화의 과정을 통해 배울 수 있는 것이다. 코로나 상황에서의 교육은 이를 위한 새로운 노력이 필요하다.

2) 교육의 내용과 코로나 대응: 교과와 역량

교육의 목적이 민주시민의 역량이나 인간다운 삶을 살아가도록 하는 것이라면 이를 위해 교육은 무엇을 가르쳐야 하는 가? 지금까지의 교육 내용은 주로 학문적 개념과 원리들이었고, 유사한 내용을 경계로 한 '교과'를 설정하여 이를 가르쳐왔다. 추상적인 교육의 목적을 실현하는 방법은 각 교과의 내용을 가르침으로써 가능하다고 본 것이다. 학교 교육에서 중시하는 교육 내용은 인류가 발견하고 축적한 이론과 관계된다. 그러나 오늘날처럼 지식과 정보가 폭증하고 사회적 상황이 급변하는 시대에서 인터넷으로 쉽게 확인 가능한 지식과 정보를 교과서에 그대로 기술하는 것은 문제가 아닐 수 없다. 교과

마다 개념을 가르쳐야 할 이유는 있겠지만 그 개념을 배우는 목적이 학생의 삶과 유기적 연관성을 갖지 못한다면 그것은 문제인 것이다. 코로나 상황은 학생들이 무엇을 배워야 자신과 관련한 어려움을 해결할 것인지를 생각하게 한다. 그것은 교과서에 담긴 지식이 아니라 이런 문제 상황을 인지하고 해결하기 위해 어떤 정보를 어떻게 수집하고 활용해야 하는가와 관계된 역량과 태도일 것이다.

라일(Ryle, 2002: 27~32)은 이를 방법적 지식(knowing how)으로 부른 바 있으며, 오우크쇼트(Oakeshott, 1991: 15)는 이를 정보와 판단이 연결된 실천적 지식(practical knowledge)이라고 언급한 바 있다. 이는 이론을 아는 일과 실천할 수 있는 일이 다르다는 것을 의미하는데, 이론을 배우는 자체만으로 실제 상황에 적용하기 어렵다는 점, 지적으로 행동하는 일은 수많은 사고와 경험의 과정을 거쳐 체득되는 것임을 강조한 것이다. 교사가 교육학을 배웠다고 해서 교육을 잘 하는 것이 아니라, 교육 활동을 수행함으로써 그 가치를 인정하고 보다 유의미한 교육 실천을 할 수 있는 것과 마찬가지다. 교육 행위란 주어진 내용을 가르치는 일이 아니라 가르침의 과정에서 성찰(일종의 reflection-in-action)을 거쳐 터득하는 실천 행위인 것이다. 교육 주체들은 비대면 교육에서 이루어지는 교육 내용의 대부분이 명제지 중심의 사실과 정보가 아닌지를 확인하고 재고할 필요가 있다.

지금의 온라인 교육은 교육의 내용보다는 교육의 방식에 치중되어 있다. 이는 어떠한 내용이 왜 필요한가에 대한 답과는 거리가 있다. 교과 중심의 비대면 수업은 교과서의 내용을 토대로 간략하면서도 명쾌하게 설명하는 일에 관심을 쏟으며 잘 기억하도록 전달하는 방식에 초점을 둔다. 지속적으로 이러한 방식을 사용할 경우 그 위험성은 여러 갈래로 드러날 수 있다. 한 뉴스 매체는 온라인 수업이 현실 세계에서 교육을 통해 배워야 할 중요한 내용, 즉 공감과 소통이 사라질 위험에 처하게 했으며, 정서적 교류와 대화를 끊임없이 방해하는 특유의 매체 구조로 인해 인간임에도 상대의 표정을 읽지 못하는 인간을 기르는 위험한 교육이 될 수 있다고 지적한 바 있다(오마이뉴스, 2020. 6.18). 대면 수업이 제공해왔던 감정 교류와 공감, 소통 등은 인류의 삶을 풍부하게 만든 최고의 교육 내용이었기에 이러한 가상수업 시스템의 문제를 직시하지 못할 경우 인간다운 삶 또한 무너질 수 있음을 경고한 것이다.

코로나 시대에 적합한 교육 내용은 삶을 위한 유용한 지식이나 기술이라기보다는 인간 삶을 의미 있게 만드는 생명력이 있는 지식과 관련된 일종의 역량과 태도이다. 이것은 학생이 자신의 것으로 소화할 수 있는 내용, 자신의 삶에서 일어나는 문제와 사건을 해결하는 데에 도움이 되는 내용이며, 그 내용이 자신에게 어떠한 의미가 있는지를 알게 하는 내용이다(Whitehead, 1967: 15~18; 홍은숙, 2009: 59).

3) 교육의 방법과 코로나 대응: 온라인 수업 방식

코로나 상황 자체로도 '왜 온라인이어야 하는가'에 대한 이유는 충분했기 때문에 다른 방식을 생각할 여유는 없었다. 온라인 교육의 가능성은 교사의 온라인 수업 기술과 자료 제작, 영상 촬영과 플랫폼 활용 등과 결부되어 있다. 본래 교육의 방법이란 가르쳐야 할 교육의 내용을 어떻게 가르치는 것이 합당한가의 문제이지만, 코로나 상황에서의 교육 방법은 곧 온라인 수업 방식이었고 이를 어떻게 신속히 시도할 것인가에 초점이 맞추어졌다.

교육 방법은 교과나 교과 내용에 따라 다양하다. 음악교육에서는 소리를 통해 인간의 감정과 사상을 느끼도록 유도하는 방법이 요구되고, 사회과교육에서는 사회 현상을 바르게 인식하여 관련한 문제를 잘 해결하기 위한 분석과 토론의 방법이 중요할 수 있다. 코로나 상황의 온라인 교육은 교과의 성격과 교사에 따라 다양하게 펼쳐왔던 교육 방법의 획일화를 유도하고 있다. 교사

개개인의 수업 방식보다는 온라인 시스템에 탑재된 동일한 방식으로 이루어지는 경우가 많아진 것이다. 물론 교사의 역량에 따라 직접 수업을 구성하는 경우도 있지만, 현재까지는 온라인 콘텐츠를 중심으로 듣고 말하며 쓰고 확인하는 방식에 치우쳐 있다. 쌍방향 교육 플랫폼 중심의 수업 또한 기대한 만큼 소통과 참여가 그다지 높지 않고, 예체능 교육의 경우에는 대면 수업을 대신할 적절한 방법이 여전히 미비하다.

교과를 어떻게 배워야 하는가의 문제, 즉 배움의 방식은 학생의 흥미와 관심, 그리고 미래 진로와 삶의 가치를 깨닫게 하는 방법과 연계되어 있다. 교육 방식은 어떻게 효과적으로 가르칠 것인가와 다른 중요한 배움의 의미를 담고 있는 것이다. 예술 교과의 수업이 기교를 익히고 그대로 표현하는 일종의 절차적 행위로만 진행된다면 이는 예술도 수업도 아닌 것이다. 교육 방법은 어떤 자료(소재)를 왜 쓰고자 하는가를 비롯하여 어떤 자료를 활용하여 수업을 어떻게 왜 만들 것인가의 문제를 모두 포함한다. 코로나 상황에서는 교사들이 이전까지 축적한 좋은 방법을 활용하기 어려우며, 이를 자신만의 새로운 방식으로 만들어가는 일 또한 쉽지 않다. 비대면 수업에서 교사는 학생 개개인의 창의성이나 문제해결 과정을 지원하기 어려운 것이다. 좋은 교육을 위해서는 지금 실천하는 온라인 수업 방식이 학생의 사고에 미치는 영향을 확인하고, 학생 개개인을 위한 교육 방식을 버리지 않도록 해야 할 것이다.

코로나 상황에서의 비대면 수업은 홀로 학습을 감내해야 하는 학생들의 부담감과 우울감은 물론, 수많은 과제를 안고 콘텐츠 교육을 시도하는 교사의 피로감 또한 극대화하고 있다. 교육기관과 학교는 잘 가르치는 방식의 문제와 더불어 교사와 학생이 잘 가르치고 배울 수 있는 환경과 교육적 치유 방식 또한 마련할 필요가 있다.

3. 포스트 코로나 시대, 바람직한 교육을 위한 제언

1) 포스트 코로나 시대, 교육의 방향과 교육 내용

교육의 목적을 생각할 때, 지금까지의 인간 중심 교육관에는 변화가 필요하다. 코로나의 발생 원인에서도 알 수 있듯이 인간이 세계의 중심이며 자연은 인간을 위한 수단적 위치에 불과하다는 기존의 교육적 입장은 수정이 불가피하다. 교육이 인간답게 살아가도록 돕는 실천의 행위라고 할 때, 인간다운 삶이란 지구 생명체에 대한 존중, 함께 살아가는 인류 공동의 가치에 대한 존중을 전제한다. 인공지능을 만들고 인간의 삶을 유익하게 하는 위대한 기술력을 갖추었지만, 알다시피 코로나 상황은 기술의 발전과는 다른 차원의 자연적 재앙에 기인한다. 인공지능을 활용하여 이를 극복하고 치유하려는 과정이 꾸준히 시도되겠지만 그러한 기술력만으로는 인간의 삶을 영속하기 어렵다. 앞으로의 교육은 자연과 더불어 살아가는 인간의 존재를 이해하는 교육, 자연과 인간이 함께 만들어가는 지구 공동체를 위한 교육이어야 한다.

자연과 인간의 조화로운 삶이나 교육은 한순간에 이루어지지 않는다. 그것은 지금까지의 교육과는 달라야 가능하다. 전 지구적 삶을 전제하는 교육 내용과 방법을 만들고 가르쳐야 한다. 온라인 수업 방식에 능숙하면서도 교육의 목적에 적합한 교육 방식, 학생과의 직접적인 소통과 대화를 강구하는 방식 등의 노력을 지속해야 한다. 세계가 주목하고 있는 역량[4]은 기존의 기능이

---

4 역량에 대한 논의는 OECD가 DeSeCo 프로젝트를 통해 필요성을 공식적으로 표명하면서 세계적으로 큰 교육적 관심을 받게 되었고, 한국에서도 2007년 이후 역량 기반 교육과정에 대한 연구가 지속적으로 이루어졌다. 그러나 현재까지의 역량 또는 역량 기반 교육과정에 대한 논의는 주로 이론적 담론이나 외국 사례를 소개하는 수준에서 수행되어 실제적인 시사점을 얻기에는 한계가 있다(이주연 외, 2017).

나 능력과는 다른 것으로, 문제에 직면해 해결할 수 있는 에너지와 힘, 그리고 실천력을 모두 포함하는 용어이다.[5] 인간과 자연이 조화롭게 살아가기 위해 갖추어야 할 역량에는 지적, 정의적, 기술적 역량 모두가 포함되며, 이것이 곧 교육을 통해 가르쳐야 할 필수적인 교육의 목표이자 내용이며 가치인 것이다. 역량은 감정과 정서가 교차하는 지점에서 나타나고 이를 행하겠다는 의지로 발현되며 직접 참여하려는 태도로 표출되는 것으로 교육은 역량이 발휘되는 기회를 제공해야 한다.

2) 포스트 코로나 시대, 교육을 위한 지원 체제의 변화

지금까지의 온라인 수업에서 가장 많이 활용되는 수업 유형은 교육 콘텐츠를 활용한 유형이다. 교수자가 직접 교육과정과 교과서를 재구성하여 만든 온라인 교육용 콘텐츠는 기존의 온라인 학습터 활용을 넘어서는 추세이다. 이런 현상은 그동안 개발된 공공용 온라인 콘텐츠가 매우 빈약하며 학교 현장에 적합한 보다 많은 콘텐츠의 개발이 시급함을 의미한다. 물론 교육용 콘텐츠의 질이 온라인 교육의 질을 담보하는 현실에서 가장 시급한 것은 다양한 콘텐츠를 제작할 수 있도록 유연한 교육지원 환경을 만들어주는 것이다. 온라인 수업을 위하여 디지털 교과서를 교육용으로 개방하거나, 수업 콘텐츠 제작에 필요한 자료의 저작권 문제를 해결하는 일, 혹은 여러 콘텐츠를 새롭게 재구성하여 공유할 수 있는 플랫폼을 구현하는 일 등이 그것이다.

---

5 역량은 일반 역량과 교과 역량, 두 차원에서 파악된다. 범교과적인 성격의 일반 역량, 즉 핵심 역량은 미래사회에 요구되는 역할이나 삶에서 겪을 수 있는 문제해결에 초점을 둔다. 2015 개정 교육과정에서는 6개의 핵심 역량을 제시하며 이것이 학교 교육 전 과정을 통해 중점적으로 길러져야 함을 강조한다(교육부, 2015). 이러한 핵심 역량은 교과 역량을 통해 구현되며(백남진, 2014: 168), 교과 역량은 학생들이 각 교과의 성취 기준에 도달함으로써 달성할 수 있다고 본다.

또한 현재의 쌍방향 교육용 플랫폼의 한계를 인지하고, 우리 수업문화에 적합한 능동적인 쌍방향용 플랫폼, 자기주도학습과 협력학습, 혹은 설명과 발견학습 등이 자유롭게 이어지는 다차원적 플랫폼의 지원이 필요하다. 강의의 형태나 수업의 맥락에 따라 다양한 형태의 수업 방식을 하나의 플랫폼에서 구현할 수 있을 때 수업의 질은 물론 수업 시간의 한계도 극복할 수 있는 것이다. 더불어 일반적인 멀티미디어보다는 감각을 자극하는 콘텐츠 혹은 놀이형·체험형 콘텐츠를 개발·보급하여 교과와 수업 상황에 따라 언제든지 편리하게 활용하도록 함으로써 교수자와 학습자의 심리적 학습 거리를 좁히는 것도 중요하다.

한편 민간과 정부가 협력하여 에듀테크 서비스를 지원하는 일 또한 요구된다. 이것은 교육청과 학교, 그리고 기업이 함께 만드는 교육과 기술의 협력적 구축망으로, 교육 콘텐츠와 학습관리시스템(LMS), 소통도구(SNS)와 학습평가 등의 서비스 기능을 자유롭게 제공·활용할 수 있도록 체제를 구축하는, 일종의 교육 시스템 환경의 혁신적 변화를 유도하는 서비스이다. 그 외에도 교육 콘텐츠의 질을 관리하는 콘텐츠 관리 표준기구나 개발된 콘텐츠를 수집하고 분류·보존하는 교육 콘텐츠 아카이브 등을 구축하여 대면 교육과 비대면 교육에서 활용된 자료와 콘텐츠를 보관하고 그 질을 관리하여 앞으로의 포스트 코로나에 대비해야 한다.

그러나 그 무엇보다도 이 모든 교육적 지원의 전제에는 비대면 수업에서 놓치기 쉬운 '보다 인간다운 성장', 그 성장의 과정을 자연스럽게 유도할 수 있는 민감하고 세심한 교육적 안목을 놓치지 않아야 한다.

3) 포스트 코로나 시대, 학교 교육의 변화

"10년에 걸쳐 전환될 수 있는 일이 2개월 만에 가능했다." 코로나가 가져온 교육 현장의 변화 속도를 가늠하게 하는 말이다. 이러한 변화의 중심에는 교사가 있다. 교사는 수업의 전체적인 흐름을 고려하여 콘텐츠를 만들고 활용한다. 이러한 수업 경험은 교사의 사고와 수업의 흐름을 변화시키고 있다. 교사의 사고와 인식이 달라진다는 것은 수업의 개념이 달라짐을 의미한다. 코로나 상황에서는 교사 스스로 달라지지 않으면 가르침 자체를 행할 수 없는 것이다. 코로나로 인한 교육의 변화는 앞으로도 지속될 것이며, 따라서 대면 교육과 비대면 교육의 장단점을 비교하는 일은 더 이상 의미가 없다. 무엇이 더 교육적인가를 떠나 어떤 환경에서 어떠한 수업을 하는 것이 더 적절할지를 고민하는 것이 훨씬 중요하다.

코로나 이후의 학교 교육은 작금의 경험을 소중히 여기고 새로운 변화에 대응하려는 노력을 지속해야 할 것이다. 그것은, 첫째, 교육의 사각지대에 있는 개별 학습자를 고려하는 교육 방식을 고민하는 일이며, 둘째, 기술을 활용한 과도한 통제와 감시를 줄이면서도 교육의 목적과 질을 담보하는 유의미한 내용의 콘텐츠를 개발하고 공유하며 관리하는 데에 힘쓰는 일이며, 셋째, 교사 간은 물론 교사와 학생 간, 혹은 학생 간의 적극적인 온라인 소통 방식을 고민하는 것이며, 넷째, 필요한 교육 콘텐츠를 쉽고 빠르게 제작하고 공유하는 학교 교육 중심의 교육 아카이브를 구축하기 위해 노력하는 일들이다.

포스트 코로나는 언제든지 재현될 수 있는 위험한 지구 환경과 그에 대한 인간의 노력을 동시에 포섭하는 개념이다. 포스트 코로나 시대의 교육 문제들은 현 코로나 상황에서 새로운 교육을 시도하고 경험한 학교와 교사의 고민과 의견을 경청할 때 해결할 수 있다. 물론 그 과정에는 지금까지의 교육 목적과 내용, 그리고 교육 방법에 대한 교육계의 깊은 성찰과 숙의의 결과가 전제되어 있어야 할 것이다.

5부 사회와 환경

POST COVID-19
KOREA

코로나19로 바뀐 일상과 미디어 소비 행태
새로운 기회와 보이지 않는 위협 사이에서

김명중 (한국교육방송(EBS) 사장, 전 호남대학교 신문방송학과 교수)

미디어 이용은 일상생활과 밀접한 관계가 있어 사람들의 생활이 어떻게 구성되는지에 따라 미디어 이용 행태가 달라진다. 일례로 주중에는 스마트폰을 많이 이용하던 사람들이 주말에는 TV를 더 많이 시청한다. 바쁜 주중에는 일상생활에 집중하기 때문에 TV처럼 집에서 이용하는 미디어의 이용 시간이 적어 스마트폰을 많이 이용한다. 반면에 상대적으로 여가 시간이 많은 주말에는 스마트폰보다는 TV를 이용하는 경향이 나타난다. 결국 미디어 이용 행태는 미디어를 자유롭게 이용할 수 있는 여가 시간이 얼마나 큰지, 그리고 다양한 미디어를 편리하게 이용할 수 있는 재택 시간이 얼마나 되는지에 따라 결정된다. 이런 미디어 이용의 특성은 하루 단위에서 주시청시간대(prime time)로, 연간으로는 계절적인 변화로 나타나며, 미디어 사업자는 이러한 이용 특성을 반영하여 서비스를 제공한다.

사람들의 일상은 쉽게 변하지 않을 뿐 아니라 변화가 일상생활에 반영되는 속도도 그다지 빠르지 않다. 그러나 2020년부터 창궐한 코로나19는 사람들의 일상생활을 현저하게 변화시켰다. 눈에 보이지 않는 바이러스를 피하기 위해 외출과 모임을 자제했고, 바이러스의 확산을 막기 위해 지역별로 격리조치가 시행되었다. 이러한 과정에서 사람들의 일상은 점차 집으로 한정되거나 집중되는 현상을 보였다. 특히 코로나19 대응 단계가 "심각"으로 격상되고, 재택근무와 자가학습을 진행하는 온라인 개학이 시행되면서 집에 머무는 시간이 큰 폭으로 증가했다. 사람들의 일상생활은 갑자기 크게 변화했고, 그에 따라 사회 각 부분의 변화가 이루어졌다. 미디어 부분의 변화는 다른 부분보다도 즉각적이고 큰 폭의 변화를 불러왔다. 코로나19로 인한 일상의 변화는 우리나라만의 일이 아니라 지구촌 전체에서 세계인의 일상을 변화시키고, 경제적, 사회적으로 엄청난 영향을 미치고 있다.

세계적인 대유행병 코로나19(Pandemic COVID 19)로 인한 급격한 변화를 코로나19 이전으로 돌아갈 수 없는 불가역적인 변화로 생각하는 경향이 점차 강해지고 있다. 초기에는 코로나 대유행을 극복할 수 있다는 희망을 가졌으나(Post COVID 19), 이제는 이를 극복하기에는 상당한 시간이 필요하고, 일정 기간 동안 코로나와 동행해야 할 것이라는 의견이 주를 이루고 있다. 그러나 코로나19로 인한 일상의 변화는 아직도 진행 중이기 때문에 사람들의 미디어 이용에 미치는 영향을 판단하는 것은 시기상조일 수 있다. 그럼에도 불구하고 코로나19로 인해 변화한 미디어 이용 행태의 양상을 살펴보고, 앞으로 나타날 수 있는 변화 방향을 살펴보는 일은 필요한 작업일 것이라 생각한다.

1. 코로나19, 미디어 소비를 변화시키다

코로나19로 인한 미디어 소비 변화를 크게 3가지로 요약할 수 있다. 첫째는 위기대응 정보를 수집하는 과정에서 대형 언론사의 뉴스에 의존하는 경향이 높아진 것이다. 둘째는 사회적 언택트로 인한 일상생활의 변화, 특히 여가 시간의 증가에 따라 미디어 소비가 증가한 것이다. 마지막은 늘어난 미디어 소비가 대부분 집으로 집중되면서 콘텐츠 소비 방식의 변화가 나타나는 것이다.

먼저 뉴스 소비의 변화를 살펴보면, 일상생활에서 우리는 다양한 방식으로 뉴스를 소비한다. 기존 언론사를 이용하거나 SNS 또는 지인들을 통해 뉴스를 접한다. 하지만 위기 상황에서의 뉴스 소비는 기존의 다양한 방식보다는 보다 정확하고 신뢰할 수 있는 미디어를 통해 관련 위기상황 정보를 접하는 경향이 있다. 다시 말해, 위기상황에서 사람들은 비공식적인 정보보다 정확하고 신뢰할 만한 매체가 제공하는 정보를 찾는다. 코로나19 확산 과정에서 미확인 정보들로 인해 많은 논란이 일었고, 사람들은 상황을 보다 정확하게 파악하고자 기존 방송사의 뉴스나 대형 언론사의 뉴스를 선호했다. 이소은·오세욱(2020)에 따르면, 코로나19 관련 뉴스 및 정보 이용순위를 설문한 결과 지상파 채널, 포털 뉴스섹션 또는 언론사 홈페이지, 종편이나 보도 전문채널이 가장 높았으며, 새로운 뉴스유통 경로로 부상하던 유튜브, SNS, 블로그를 통해 코로나19 관련 정보를 이용했다는 응답은 상대적으로 낮았다.

이러한 현상은 미디어 의존 이론(media dependency theory)이 이미 1970년대에 증명했다. 미디어-수용자-사회는 서로 독립적으로 운영되는 것이 아니라 각 부분의 상황에 따라 상호 의존하는 정도가 다르다는 것이 주요한 내용이다. 코로나19로 기존 방송과 언론사의 뉴스 가치가 높아진 것은 사회적으로 지나치게 많은 뉴스가 급속도로 유통되는 인포데믹(infodemic) 상황에서 신뢰할 만한 뉴스가 얼마나 중요한지를 자연스럽게 인식하는 계기가 되었다 (금준경, 2020). 이러한 상황에 맞추어 방송사는 코로나 관련 뉴스특보를 다수 편성하여 방송했고, 관련 정보를 수집하기 위해 사람들은 저녁 종합뉴스를 많이 시청하여 저녁뉴스 시청률은 전년 대비 30~100% 이상 증가한 것으로 조사

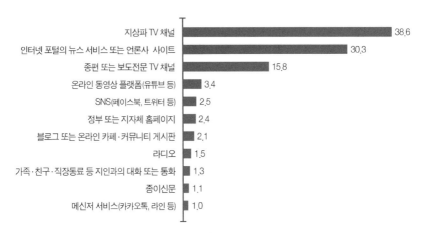

〈그림 15-1〉 코로나19 관련 뉴스 및 정보 이용 1순위 매체

(단위: %)

매체	%
지상파 TV 채널	38.6
인터넷 포털의 뉴스 서비스 또는 언론사 사이트	30.3
종편 또는 보도전문 TV 채널	15.8
온라인 동영상 플랫폼(유튜브 등)	3.4
SNS(페이스북, 트위터 등)	2.5
정부 또는 지자체 홈페이지	2.4
블로그 또는 온라인 카페·커뮤니티 게시판	2.1
라디오	1.5
가족·친구·직장동료 등 지인과의 대화 또는 통화	1.3
종이신문	1.1
메신저 서비스(카카오톡, 라인 등)	1.0

자료: 한국언론진흥재단 미디어연구센터 온라인 설문조사(2020.3.9~12, n=1,000).

〈그림 15-2〉 PC와 모바일에서 시청한 방송 프로그램 유형별 시청 시간

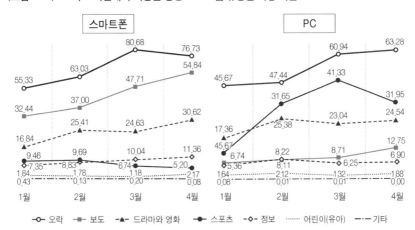

자료: 방송통신위원회(2020).

되었다(닐슨미디어코리아, 2020). 또한 PC와 스마트폰에서의 방송 프로그램 시청을 조사하는 방송통신위원회 N스크린 조사에서도 코로나19가 확산되던

15 코로나19로 바뀐 일상과 미디어 소비 행태: 새로운 기회와 보이지 않는 위협 사이에서   227

3~4월에 스마트폰과 PC를 통한 뉴스시청 시간이 크게 증가한 것으로 나타났다(방송통신위원회, 2020).

그뿐만 아니라 PC와 스마트폰을 통해 뉴스를 이용하는 경향도 크게 증가했으며, 특히 포털과 각 언론사 홈페이지를 통한 뉴스 이용도 크게 증가했다.

이처럼 믿을 만한 뉴스의 증가는 미국의 경우에도 유사한 것으로 나타났는데, 손재권(2020)에 따르면 코로나19의 급격한 확산에 따라 사람들의 정보추구 욕구가 크게 증가하면서 신뢰받는 정보 출처로서 '브랜드 뉴스 미디어'에 대한 의존이 높아졌다고 한다. 그에 따라 미국 지상파 뉴스는 2000년 이후 최고 시청률을 기록했고, 신문의 온라인 구독이 크게 증가했다고 한다. 결론적으로 코로나19의 급격한 확산과 위기의식은 기존 미디어를 통해 믿을 만한 뉴스를 접하고자 하는 욕구를 크게 증가시켰다.

하지만 늘어난 뉴스 소비에도 불구하고 경기 부진에 따른 광고비 감소로 미국의 지역 미디어들은 공적 부조(public aid)를 촉구하고 있다(한정훈, 2020). 코로나19로 뉴스 소비는 늘어났지만 늘어난 소비만큼 광고가 늘지 않는 상황 아래 다수의 미디어에서는 감원과 임금 삭감 등이 이루어졌다. 위기 상황에서 기존 미디어의 뉴스에 대한 수요는 증가했지만 증가된 수요가 수익으로 연결되지 않는 현상은 우리나라에서도 비슷하게 나타나고 있다. 광고시장은 빠르게 디지털 부분으로 이동하고 있으며, 기존 매체의 광고비는 지속적으로 감소하고 있다. 이러한 경향은 코로나19로 기업의 마케팅 활동이 감소하면서 더욱 크게 나타나고 있다(이희복, 2020). 이에 대응하기 위해 새로운 광고를 개발하여 디지털 부분의 광고를 흡수해야 한다는 주장도 있다(조영신, 2020). 기존의 뉴스 소비가 다양한 창구를 통해 소비되던 것에 비해 이 같은 변화는 기존 미디어에게는 분명한 기회이면서 동시에 광고비가 크게 늘지 않는 위협이기도 하다.

두 번째로 살펴볼 변화는 여가 시간의 증가에 따른 미디어 이용 시간의 증가이다. 미디어 이용 시간은 여가 시간의 크기에 따라 크게 달라지며, 여가 시간 내에서의 야외활동 비율에 따라 달라진다(최세정, 2020). 코로나19가 우리나라에서 급격히 확산되던 시기, 상당수의 기업이 재택 근무로 전환했고, 학생들은 온라인 개학으로 대면 접촉을 줄이게 되었다. 그 과정에서 자연스럽게 외부활동은 자제되었고, 이동 시간 및 야외활동이 감소하면서 사람들의 여가 시간은 크게 증가했고, 증가된 여가 시간 내에서 야외활동의 비율이 급격히 감소하게 되었다. 결국 코로나19 확산으로 늘어난 여가 시간이 거의 그대로 미디어 이용 시간으로 유입된 것이다.

닐슨미디어코리아(2020)의 보고서에 따르면 코로나19로 사회적 거리 두기가 시행된 코로나19 팬데믹(COVID-19 Pandemic) 시기에 TV, PC, 모바일의 이용자 수 및 이용 시간이 이전에 비해 크게 증가했다. 특히 대구/경북 지역에서 코로나19의 급격한 확산으로 인해 재택 시간이 크게 증가했고, TV 시청률은 전국 평균에 비해 높았다. 코로나19로 인한 일상의 변화가 미디어 이용을 변화시킨 것이다. 반면, 상대적으로 코로나19 확진자가 많지 않았던 수도권의 경우 지난해보다 많이 TV를 시청했지만, 다른 지역에 비해서는 시청이 증가하지 않았다. 이는 코로나19의 확산 정도에 따라 미디어 이용이 달라지는 것을 보여주는 사례이다.

유건식(2020)에 따르면 코로나19가 급격히 확산되던 시기, 대부분의 사람들은 야외활동이나 취미활동을 하기보다 주로 집에서 머물렀고, 그에 따라 미디어 이용을 주로 했다. 결국 야외활동이 제한된 상황에서 늘어난 여가 시간은 대부분 미디어 이용 시간으로 사용된 것이다.

집에 머무는 시간이 늘어난 것은 야외활동 자제라는 측면도 있지만, 일상생활 중 가장 많은 부분을 차지하는 학교 생활 또는 직장 근무가 온라인 수업 또는 재택 근무로 변경되면서 자연스럽게 집에서 모든 일을 처리했기 때문이다. 학생들이 온라인 개학으로 학교에 가지 않고 집에서 수업을 듣는 새로운

〈그림 15-3〉 코로나19 이후 더 많은 시간을 할애하는 여가활동

(단위: %)

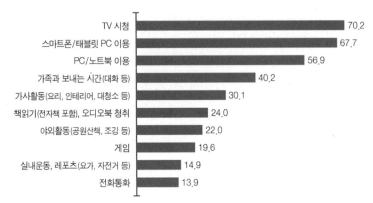

여가활동	%
TV 시청	70.2
스마트폰/태블릿 PC 이용	67.7
PC/노트북 이용	56.9
가족과 보내는 시간(대화 등)	40.2
가사활동(요리, 인테리어, 대청소 등)	30.1
책읽기(전자책 포함), 오디오북 청취	24.0
야외활동(공원산책, 조깅 등)	22.0
게임	19.6
실내운동, 레포츠(요가, 자전거 등)	14.9
전화통화	13.9

주: 조사기간(2020.3.31~4.2), 유효표본(1,069명/중복응답), 표본오차(95% 신뢰수준 ±3.0%p)
자료: KBS(2020.4.6), 코로나19: 2차 국민인식조사 결과.

상황이 나타났고, 코로나19가 비교적 진정된 시점에서도 순차등교가 시행되었으나 온라인 교육 서비스는 계속되고 있다. 이러한 경향은 데이터로도 나타나는데, 닐슨미디어코리아(2020)에 따르면 교육 관련 서비스 이용이 3~4월에 크게 증가해 직전 3개월 대비 이용자 수와 이용 시간이 증가했다.

특히 학생들이 등교하지 못하는 상황에서 개학이 미뤄지고 교육 공백이 발생하는 상황에서 EBS는 온라인 교육 서비스를 제공하기 위해 홈페이지 및 기존 방송채널과 신규 채널을 통해 온라인 강의를 실시하여 교육 공백을 최소화하기 위해 많은 노력을 기울였다.

성인들도 직장으로 출근하지 않고, 화상회의 서비스 등을 통해 업무를 처리하는 것이 코로나19 확산기에 나타난 주요 변화였다. 출퇴근 시간이 없어지면서 보다 많은 시간을 집에 머무르게 되어 사람들의 일상은 큰 변화를 맞이했다.

집에 머무는 시간이 증가하면서 사람들은 자연스럽게 온라인 쇼핑이나 배달 서비스를 보다 많이 이용하게 되었다(닐슨미디어코리아, 2020). 이른바 언택

트 기반 비대면 서비스의 확산은 미디어 이용뿐 아니라 사회 각 분야에 큰 영향을 미치고 있다. 코로나19로 인해 늘어난 재택 시간은 미디어를 보다 편리하고 다양하게 이용할 수 있는 계기가 된 것이다. 특히 디지털 매체로 상당수 이동했던 시청자들은 많아진 여가 시간을 보내기 위해 TV 시청을 많이 한 것이다. 이러한 현상은 미디어 이용에 있어 일상생활, 특히 재택 시간이 얼마나 큰 영향을 미치는지 확인하는 계기가 되었다.

마지막으로 살펴볼 변화는 가정으로 미디어 소비가 집중되면서 나타난 변화이다. 코로나19로 인한 사회적 격리(social un-tact)로 인해 가정에서 가족과 보내는 시간이 늘어났고, 그에 따라 이용하는 미디어 서비스가 가족 친화(family deep-tact)적으로 변화한 것이다. 본래 여가 시간의 증가와 그에 따른 미디어 이용 시간의 증가는 보다 다양한 콘텐츠와 서비스를 소비하는 형태로 나타나는 것이 일반적이다. 다양한 콘텐츠를 소비하면 자연스럽게 자신이 선호하는 콘텐츠로 시청자가 분산되는 시청 분화(audience fragmentation)가 일어나면서 개별 콘텐츠의 소비는 상대적으로 감소하는 경향을 보인다. 하지만 코로나19의 확산과 더불어 미디어를 주로 이용하는 장소가 가정 또는 집으로 한정되면서 가족 구성원의 미디어 이용이 공간적으로 중첩되었다. 다시 말해 PC와 스마트폰처럼 개별 이용자 기반의 미디어는 큰 변화가 없었지만, TV처럼 공동 시청(group viewing)이 가능한 매체의 경우에는 특정 연령층을 대상으로 하는 특화된 프로그램보다 모든 연령대가 함께 시청할 수 있는 프로그램의 시청률이 증가하고 있다. 특히 최근 일고 있는 트로트 관련 프로그램의 약진은 노령층뿐 만 아니라 젊은 시청층이 유입되면서 한동안 인기가 유지될 것으로 예상된다. 결론적으로 사회적 언택트 확산에 따른 재택 시간 증가로 가정에서 가족이 함께 보내는 시간이 증가하면서 가족 간에는 딥택트가 일어나고 있다. 때문에 가족 구성원이 함께 보기에 무리가 없는 프로그램이 다른 프로그램에 비해 각광받고 있으며, 이러한 경향은 코로나19 이전에도 있었으나 코로나19로 인해 더욱 강화될 것으로 예상된다.

2. 미디어 변화의 새로운 경향

코로나19로 나타난 미디어 이용 행태 변화의 경향을 살펴보면, 첫 번째는 미디어의 신뢰성이 주목을 받을 것이다. 그동안의 뉴스환경에서는 신뢰할 수 있는 사실을 전달하는 미디어와 그렇지 못한 미디어 간의 경쟁이 가짜뉴스 (fake news)의 형태로 나타났다. 그러나 코로나19와 같이 위협적인 상황에서 가짜뉴스는 이용자에게 실제적인 피해를 줄 수 있기 때문에 뉴스 신뢰성에 대한 궁극적인 의문이 이전에 비해 강력하게 제기되고 있다(금준경, 2020).

인터넷 환경을 기반으로 누구나 정보를 확산할 수 있으나 신뢰할 만한 정보인지에 대해서는 끊임없이 논란이 있어왔다. 특히 코로나19와 같은 사회적 위기 상황에서 가짜뉴스는 개인에게 큰 피해를 줄 수 있지만, 일부 부작용에도 불구하고 전반적으로 개인의 일상에 큰 영향을 미치지는 못했다. 따라서 보다 정확하고 신뢰할 만한 뉴스를 접하려는 욕구가 증가하면서 자연스럽게 뉴스의 신뢰성이 무엇보다 중요하게 작용할 것이다. 영국 옥스퍼드 대학교 부설 로이터저널리즘연구소(Reuters Institute for the Study of Journalism)의 조사 결과 우리나라는 코로나19에 대한 정보획득 경로 중 언론사가 차지하는 비중이 77%로 다른 나라에 비해 월등히 높았다. 뉴스를 접촉하는 경로는 다양화되었지만 아직도 많은 사람들이 기존 언론사를 통해 중요한 정보를 획득하고 있는 것이다. 따라서 사람들이 신뢰할 수 있는 정보를 수집해 뉴스로 만드는 사실에 기반한 뉴스 제작이 코로나19로 비롯된 정보추구 현상에서 뉴스 소비자에게 강한 인상을 주고, 신뢰할 만한 뉴스의 제공 여부가 저널리즘 서비스의 매우 중요한 판단요소가 될 것으로 보인다.

〈그림 15-4〉 코로나19 관련 뉴스나 정보의 출처 비중

	UK	US	Germany	Spain	South Korea	Argentina
News organisations	59%	54%	47%	74%	77%	74%
National government	56%	35%	33%	39%	31%	52%
National health organisations	48%	29%	21%	31%	37%	46%
Scinetists, doctors, health experts	35%	49%	44%	39%	21%	45%
Global health organisations	29%	32%	24%	33%	16%	43%
Ordinary people I know personally	18%	25%	23%	13%	19%	18%
Politicians	9%	14%	16%	18%	6%	16%

자료: 손재권(2020).

이러한 측면에서 미국 ≪뉴욕타임스≫의 구독 증가는 상당한 의미를 가지고 있다. 지난 2015년 발행된 『뉴욕타임스 혁신보고서』를 통해 디지털 시대에 본격적으로 대응하기 시작한 ≪뉴욕타임스≫는 기사에 대한 신뢰를 바탕으로 코로나19가 급격히 확산되면서 디지털 구독자가 크게 증가했다(손재권, 2020). 이러한 변화를 통해 ≪뉴욕타임스≫는 광고비가 감소하는 상황에서도 디지털 구독자의 증가에 힘입어 흑자를 기록 중이라고 한다. 사실에 근거한 믿을 만한 뉴스의 가치가 코로나19로 불어닥친 미디어의 위기를 극복하는 원동력이 되고 있다.

두 번째 경향은 특화된 미디어 서비스가 전 연령대로 확산하는 것이다. 코로나19로 인한 미디어 이용 시간 증가가 다양한 미디어 서비스 이용으로 나타날 것인가에 대한 의문이 있다. 그런데 늘어난 여가 시간으로 인해 다양한 미디어 서비스를 이용하는 경험이 축적되면서 미디어나 서비스를 이용하는 세대 간 차이가 크게 감소했다. 코로나19로 인해 한정된 공간에서 미디어를 함께 사용하면서 특정 연령대에 특화된 매체나 서비스가 모든 연령대로 확산

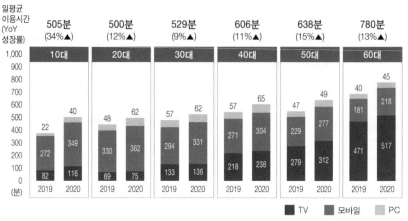

〈그림 15-5〉 연령별·매체별 이용 시간 변화

코로나19 팬데믹 시기 3-스크린 이용시간 변화(2~4월 일평균 시청시간)

디바이스별 이용행태 특성

PC	온라인 개강 및 교육 이슈로 10대(81.8%)와 20대(29.2%)에서 전년 대비 큰 폭으로 증가, 전체 비중은 여전히 미미
모바일	10대(28.4%)와 중장년층(50~60대) 중심으로 일평균 이용시간 격차가 두드러짐
TV	자택 시간이 증가한 10대(41.5%)와 50대(11.8%)에서 전년 대비 상대적으로 증가

자료: 닐슨미디어코리아(2020).

되는 양상을 보이고 있다. 예를 들어 10대의 TV 시청 시간이 전년 대비 75%이상 증가한 것과 유사하게 50~60대의 스마트폰 이용 시간이 전년 대비 20%이상 증가했다. 결국 코로나19로 인한 미디어 이용 공간의 집중은 세대별 미디어 이용 격차가 좁혀지는 계기가 되고 있다. 따라서 코로나19를 통해 특정 연령대에 특화된 서비스보다 모든 연령대를 대상으로 하는 서비스 전략이 필요할 것으로 보인다.

물론 아직도 여가 시간의 크기에 따른 모바일 서비스를 주로 이용하는 젊은 층과 TV를 중심으로 하는 50대 이상 간의 연령별 미디어 소비의 격차가 존재하지만 이전에 비하면 연령별 차이가 감소하고 있다.

세 번째 경향은 미디어 소비 단위와 소비 장소의 연계 전략 추진이다. 미디어 소비 단위로서 등장한 '가족'과 소비 장소로 등장한 '가정'에 대한 새로운 이해와 그에 바탕을 둔 연계 전략의 수립이 필요하다. 코로나19로 인해 집에 머무는 시간이 증가하면서 가정 내에서 여러 가지 변화가 일어나고 있다. 홈 카페를 만들기 위해 비싼 가격의 커피머신을 구입한다거나 고가의 운동기구를 구매하는 경향은 우리나라보다 더 강력한 폐쇄·격리 조치를 시행하는 나라들에서 두드러지게 나타나고 있다. 재택 시간 증가로 인해 미디어 소비 시간도 증가했지만, 다양한 여가활동을 집에서 즐기려는 경향도 나타나고 있다. 결국 제한된 외부활동으로 집과 가정의 의미와 가치가 중요해지고 있어 집에 주로 머무는 사람들을 위한 새로운 서비스를 개발할 필요가 있다.

예를 들어 코로나19로 인해 대부분의 시간을 집에 머물러 있는 사람들을 위해 ≪뉴욕타임스≫는 앳홈(at home) 섹션을 홈페이지에 별도로 마련하여 집에서 즐길 수 있는 다양한 콘텐츠를 제공한다. 집에 머무르는 사람들을 고려한 이러한 서비스가 ≪뉴욕타임스≫의 매출액 신장에 얼마나 도움이 되었는지 분석하기 어렵다. 그러나 상황의 변화와 그에 따른 독자의 일상 변화를 파악하고, 이에 대응하는 서비스를 제공한 것은 기존 서비스를 제공하는 데 급급한 대부분의 미디어 서비스와는 기획력이나 실행력 면에서 상당한 차이를 보인다.

3. 코로나19로 인해 미디어가 고려해야 할 것들

코로나19가 미디어 이용 행태에 미친 변화는 아직도 진행형이다. 그럼에도 불구하고 지금까지의 변화를 살펴보고 앞으로 미디어 산업이 고려해야 할 몇 가지 사항을 살펴보고자 한다.

먼저, 미디어의 기본적 책무인 환경 감시, 특히 코로나19와 같이 재난 상황에서 미디어의 역할을 다시 한 번 고려해보아야 한다. 현재까지 설정된 재난 상황은 길어야 2~3일 정도 단기간에 대비한 것이다. 하지만 코로나19가 6개월 이상 지속되면서 재난이 일상화되고 있다. 이러한 일상적인 재난 상황에서 적용 가능한 재난 방송이나 미디어 서비스를 고려할 필요가 있다. 이번 코로나19에서 EBS는 온라인 개학이라는 미증유 상황에 직면했다. 코로나19의 확산을 통제하기 위해 개학은 연기되었고, 학사 일정이 큰 차질을 빚게 되었다. 별다른 대안이 없던 상황에서 '온라인 개학'이 논의되고, 이 서비스를 준비하고 제공하기까지 많은 노력이 있었다. 교육부, 정보통신부, 방송통신위원회를 비롯하여 온라인 클래스의 운영 책임을 맡은 EBS와 유관 기관들의 유기적인 협력과 노력으로 단기간 내에 서비스를 제공할 수 있었다. 현재는 안정적으로 제공되고 있지만 초기의 혼란을 생각하면, 장기적인 재난 상황에 대비하지 못한 제도적인 공백은 반드시 보완되어야 할 것이라고 본다. 특히 사회적 재난 시 교육을 주관하는 재난 교육 주관 방송사의 지정 등은 신속히 이루어져야 할 정책적 과제가 된 것이다.

두 번째, 미디어가 시청자의 변화에 더욱 관심을 기울여야 한다. 흔히 생각하기에는 미디어가 시청자에 대해 잘 알 것 같지만, 시청자의 변화를 감지하는 것은 쉽지 않다. 코로나19로 사람들의 일상이 크게 변화했지만, 미디어는 그 변화의 양상을 즉각적으로 취합·분석하는 능력이 상당히 떨어진다. 시청자를 위해 열심히 프로그램이나 서비스를 제공하지만, 실제 시청자가 이를 어떻게 이용하고 있는지에 대한 데이터는 대부분 방송사 내부에 존재하기 때문에 시청자의 변화를 감지하기는 어렵다. 그래서 시청자의 변화에 대응하고 전략적 선택을 하는 데 필요한 자료를 수집·분석하는 능력을 강화할 필요가 있다. 코로나19로 가장 크게 성장한 《뉴욕타임스》의 사례를 보며 시청자 분석의 필요성을 재인식했으면 한다.

마지막으로 미디어를 자신의 욕구에 맞추어 사용하는 시청자에 대응하는 전략이 필요하다. 시청자는 자신의 상황과 욕구에 맞추어 실시간과 비실시간 서비스를, TV와 PC/스마트폰을 자유롭게 이용하고 있다. 이번 코로나19 상황에서 이러한 경향은 특정 세대에 한정된 것이 아니라 대부분의 시청자층에서 나타나고 있다. 이러한 변화에 대응하기 위해 프로그램도 TV를 비롯한 다양한 매체를 이용해 여러 가지 서비스로 제공되어야 할 것이다. EBS도 지난해부터 자이언트 펭TV를 중심으로 모바일 미디어 이용 전략을 시험해보고 있지만, 아직까지 이를 모든 프로그램에 적용하지 못하고 있다. 방송을 TV로만 보지 않는 상황, 그리고 프로그램을 방송사만 만들지 않는 상황에서 방송사의 제작과 유통 전략의 변화에 맞추어 방송을 TV로만 한정하는 관련 법 규정의 변화도 필요하다.

결론적으로 코로나19가 아직도 전 세계적으로 맹위를 떨치고 있는 상황에서 코로나 이후의 미디어를 논의하는 것은 어쩌면 시기상조일 수도 있다. 지금의 상황은 마치 움직이는 현상의 순간을 포착한 스냅 사진과도 같은 한계가 있기 때문이다. 미디어 이용은 사람들의 일상과 밀접하게 연결되어 있기 때문에 변화가 쉽게 일어나지 않는다. 또한 장기적인 재난 상황에서 코로나19가 어떻게 관리되는가에 따라 현재까지 일어난 변화가 불가역적인 변화로 안착될지, 다시 기존 행태로 회귀할지 구분될 것이다. 우리나라는 비교적 관리와 통제가 잘 이루어지는 편이라 일상이 어느 정도 유지되면서 변화가 이루어지고 있다. 변화의 폭을 가늠하기 어렵지만 코로나19로 인한 변화에 대응해야 하는 것은 분명한 사실이다. 이러한 변화에 적응하기 위해 무엇보다도 수용자들의 이용 행태에 부응할 수 있는 미디어의 변화와 혁신이 필요하다.

포스트 코로나 시대의 투표

지재식 (㈜한국전자투표 대표이사)

심선영 (성신여자대학교 경영학과 교수)

1. 코로나 팬데믹과 국내외 투표 실태

1) 코로나 팬데믹과 온라인 투표

전자투표란 컴퓨터 운영 기술을 투표에 접목한 개념으로, 미국에서는 1970년대에 처음 시도된 이래 2004년 대선부터는 일부 주에서 본격 도입했다. 한국의 경우 2002년부터 전자투표 도입을 추진했고 2006년에는 터치 스크린 투표기를 개발하여 정당경선이나 학교선거에 활용해왔다. 이후 전자투표는 인터넷을 기반으로 한 온라인 투표로 발전했다. 온라인 투표란 PC와 이동통신 단말기 등 디지털 기기를 이용하여 웹이나 모바일 환경에서 진행할 수 있는 투표를 의미한다(중앙선거관리위원회, 2018.4.22). 온라인 투표는 언택트 거버넌스를 실현시키는 출발점이자 최고의 수단이 될 것이다. 언택트 서비스를 제공함에 있어 가장 중요한 부분은 과연 이 작업이 비대면으로 하기에 적합하고 효율적인가에 대한 판단이다. 일반적으로 우리는 인간의 관여도가 낮은 것은 비대면으로 효율성을 추구하고, 반대로 관여도가 높은 것들은 직접 대면하기를 원한다. 함께 머리를 맞대고 해야 하는 일인지 개인적으로 해야 하는 일인지도 당연히 고려된다. 비밀주의 원칙을 고수하는 극단의 개인적 행위인 투표야말로 저관여와 비대면의 특성을 보이면서 태생적으로 '거리 두기'가 필요한 언택트 작업이다.

우리나라는 이미 10년 전에 상법 개정을 통해 주주총회에서 전자투표제도를 공식적으로 도입했다. 하지만 그 외의 영역에서는 법적, 제도적 준비의 미흡 등으로 공직선거뿐만 아니라 민간선거에서도 전자투표 도입이 더딘 편이다(김용섭, 2020). 하지만 신기술은 전에 없던 서비스를 탄생시키며 전통적 생활방식과 규칙의 한계를 뛰어넘을 수 있는 혁신의 기회를 제공한다. 4차 산업혁명이라는 큰 변화도 바꾸지 못한 우리의 일상을 이번 코로나 사태가 흔들면서 당연했던 기존 방식에 대한 검토와 혁신을 재고하게 했고 더불어 기술적 수준에서도 대한민국의 전자투표 기술은 사회적 수요와 확산을 논의할 만큼 충분한 수준에 이르렀음이 관찰되고 있다. 대한민국은 성공적인 K-방역으로 전 세계에 코로나 대응의 모범 사례가 되었으며 IT와 결합된 위기 대응과 관리 능력으로 포스트 코로나 신경제의 선진국으로 부상하게 되었다. 온라인 투표는 언택트 사회의 지속가능한 참여 및 합의 수단으로 더욱 부상했다. 코로나 사태는 인간의 생명과 글로벌 경제에 직접적이고도 위협적인 공격을 가한 가장 큰 사건으로 평가되고 있으며(진상기, 2020), 이번 위기를 극복하며 우리는 선제적 사회안전망 모델의 가치와 필요성을 절감했다. K-방역이 물리적 세계에서의 국민 일상을 보호했다면 이제 공정하고 안전한 K-전자투표로 디지털 세계에서 국민 주권을 보호하는 또 하나의 선도 모델을 제시할 시점이다.

2) 국내외 투표 현황과 주요 이슈

(1) 국내 현황

대한민국은 모범적 K-방역 모델을 토대로 코로나의 위협 속에서도 제21대 국회위원 선출을 위한 전국 단위 선거를 성공적으로 마치며 또 하나의 모범 사례를 만들었다. 하지만 오프라인 투표를 고수한 제21대 국회의원 선거는 전국 1만 4,330곳의 투표소에서 2,912만 8,040명이 참여하여 총 2만 7,700개의 투표함과 약 8,700만 장에 달하는 투표용지가 사용되면서 4,105억 원에 달하는 선거비용이 사용되었을 뿐만 아니라(Blocko, 2020), 코로나 감염에 대한 전 국민적 불안과 위험이라는 정서적 비용도 유발했다. 코로나로 선거 사무가 중지된 재외공관은 40개국 65개에 이르며 전체 재외선거인 17만 1,959명 중 8만 500명(46.8%)은 투표에 참여하지 못했다(월드코리안뉴스, 2020.3.31).

온라인 투표는 대표자 선출 외에도 사회적으로 '대국민 참여'가 전제되는 여러 분야에 적용됨으로써 보다 많은 사람의 손쉬운 참여를 돕는 '직접 민주주의'의 실현 도구가 되어가고 있다. 2019년, 30년 만의 지방자치법 개정으로 18세 고등학생도 주민조례안을 제출할 수 있으며 주민 생활에 영향을 미치는 정책 결정 및 집행 과정에 주민이 참여할 권리를 법으로 보장하게 되었다. 다양한 정책투표가 가능하게 되었고 이를 실현할 수 있는 수단이 바로 온라인 투표이다. 각 지방자치단체별로 온라인 정책투표 시스템을 운영함으로써 주민 제안부터 지자체의 진행과 최종 결과 평가까지 비대면으로 진행할 수 있다.

최근 일상에서도 대국민 참여투표가 증가하고 있는데 대표적인 것이 바로 경연투표이다. 화제가 되었던 미스터트롯 경연에는 773만 명이 참여하여 역대 최고의 경연투표 규모를 보여주었다. 특히 코로나로 무관중 녹화를 하면서 방송사와 시청자는 서로 의견을 전달할 수 있는 소통 채널로서 투표의 필요성을 절감하게 되었다. 온라인 투표가 방송투표에 활용될 경우, 신뢰할 수 있는 투표시스템을 통해 시청자 의견이 정확하게 반영된다는 믿음을 주는 것이 중요하다. M.net의 오디션 프로그램 〈프로듀스101〉의 담당 PD가 투표 조작 혐의로 구속 기소되고 징역형을 선고받는 사건을 통해 투표의 공정성과 신뢰성이 더욱 강조되었다. 한편 전 국민의 코로나 우울증에 단비가 되었던 미스터트롯 결승전의 경우 773만 표라는 방송 역사상 전례 없는 문자투표 수로 서버가 마비되고 집계 불가 및 결과발표 연기까지 초래하게 되었다. 전 국민의 참여가 높아질수록 실시간으로 안전하게 대응할 수 있는 신뢰시스템의 도입이 절실하다.

(2) 국외 현황

미국은 당원대회를 2020년 4월 4일로 예정했으나 코로나로 인해 직접투표를 취소하고 우편투표로 전환하여 4월 20일에 완료했다. 2020년 4월 30일, 미국 상원에서도 코로나 상황에서 의회 운영을 지속하기 위해 온라인 투표 도입을 논의했다(한국블록체인뉴스, 2020.5.4). 이때 3가지 보안기술이 언급되었는데 암호화 기술(종단 간 암호기술, 블록체인기술, 에어갭 시스템), 인증시스템(멀티팩터 인증, 강압에 의한 투표 방지), 검증(감사) 기술이다.

2020년 7월 30일, 트럼프 대통령은 "우편투표를 실시하면 부정선거 가능성이 높아진다"며 "국민이 적절하고 안전하게 투표할 수 있을 때까지 선거를 연기하자"고 주장했다. 사상 초유의 미국 대선 연기론은 여론의 반발에 부딪혀 결국 철회되었으나 몇 가지 시사점을 준다. 근본적으로 코로나 정국에서의 오프라인 선거가 얼마나 행정적 부담을 유발하는지, 그리고 그 부담을 핑계로 어떻게 선거를 정치적으로 활용할 수 있는지도 보여준다. 우편투표 불신뢰에 대한 언급에서는 대안적 투표시스템에 대한 니즈도 드러난다. '신뢰할 수 있는 조작 불가능한 투표시스템, 그리고 어떠한 팬데믹하에서도 지속가능한 투표시스템'의 마련이 시급하다.

2. 코로나 이전 국내·외 온라인 투표 현황

1) 해외 사례

[미국] 블록체인 기반 모바일 투표가 공직선거에서도 수차례 운영된 바 있다. 2018년 5월 웨스트버지니아주 지방선거에서 해외 주둔 군인과 군인 가족 등 해외 거주 유권자를 대상으로 사용했고, 2019년 5월 콜로라도주 덴버시와 카운티 지방선거의 해외 부재자 투표에도 활용했다. 2019년 8월 유타주 유타 카운티 지방 예비선거에 군인 및 군인 가족, 재외국민 등 부재자 투표에도 모바일투표를 활용했다.

[에스토니아] 에스토니아의 전 국민은 디지털 ID를 가지고 있어 세계 어느 곳에서든 온라인 투표를 할 수 있다. 감염병 상황에서 오프라인 투표를 굳이 시행할 필요도 없거니와 재외국민이 투표에서 배제되는 상황도 일어나지 않는다. i-Voting이라 불리는 에스토니아의 온라인 투표 시스템(https://e-estonia.com/solutions/e-governance/i-voting)은 2005년에 이미 지역선거에 도입되어 2007년 총선 때도 활용되었고, 2019년 총선에서는 전체 투표 중 온라인 투표 비율이 45%를 넘었다.

[일본] 2018년 8월 쓰쿠바시에서 행정·공공 서비스의 투명성과 간편성을 위해 일본 최초로 블록체인 기반 온라인 투표를 시행했다. 지역사회 개발 프로그램의 일종인 'Society 5.0 사회 구현을 위한 시범지원사업'을 최종 선정하는 단계에서 적용한 것이다.

[프랑스] 2009년 상원의원 선출 시 미주와 아프리카 재외국민을 대상으로

테스트를 거친 뒤, 2012년 재외국민에 한정해 온라인 투표를 전면 도입했다. 투표율은 2.2%p 상승했고 비용은 감소했다.

[러시아] 모스크바시는 2014년부터 도입한 '액티브 시티즌' 앱을 기반으로 비정치적 사안에 대해 시민의 직접투표로 결정했다. 2020년 7월 25일부터 진행된 국가개헌 찬반투표는 국민투표에 블록체인 기술이 사용된 첫 사례로 전 세계의 이목이 집중되었다.

2) 국내 사례

중앙선거관리위원회가 운영하는 K-Voting 온라인 투표 서비스는 현재까지 930만 명이 이용했고 정당대표 및 비례대표, 공동주택 대표, 협·단체 대표, 대학총장 등의 선출에 널리 적용되어 성공적으로 운영되어왔다.

[교육계] 2016년 한국교원단체총연합회는 제36대 한국교총 회장선거를 K-Voting으로 진행했다. 경북대학교, 경희대학교, 부산대학교, 숭실대학교, 서울대학교 등 전국 여러 대학교에서는 학생 대표자 및 총장(후보) 선거에 K-Voting을 활용했다.

[경제계] 예탁결제원은 2010년 8월부터 K-eVote 시스템을 운영하여 2020년 4월 기준 7만 5,000여 명의 주주가 K-eVote를 통해 의결권을 행사했다. 중앙선거관리위원회의 K-Voting을 통해서는 한국금융투자협회 회장 선거를 비롯해 다수의 금융기관 조합장 및 지부장 선거가 진행되었다.

[정치계] 2016년 정의당의 제20대 국회의원 선거 후보자 경선을 시작으로

2017년 바른정당 제19대 대선 후보자 경선, 당대표 및 최고위원 경선, 자유한국당 당대표 및 최고위원 경선, 국민의당 당대표 및 최고위원 경선이 모두 K-voting으로 이루어졌다.

[사회계] 2020년 현재까지 온라인 투표를 통해 약 200여 건의 노동조합선거가 진행되었으며 약 46만 명의 유권자가 노동조합선거에 참여했다. 위원장 선거, 근로자위원 선출, 합의안 찬반투표 등의 다양한 투표가 진행되었다. 그 외 대한의사협회, 한국기자협회, 대한전공의협의회 등 다수의 협·단체에서 온라인 투표를 통해 협회장 선거를 진행하고 있다.

〈표 16-1〉 K-Voting의 대표 선거

	기관명	선거명	선거인단	투표기간
1	자유한국당	당대표 및 최고위원 선출 경선	365,520	2019.2.27
2	바른미래당	당대표 및 최고위원, 전국청년위원장 선출 경선	340,195	2018.8.28~29
3	국민의당	바른정당과의 합당 결정 전당원 투표	266,964	2018.2.8~9
4	한국교원단체총연합회	한국교총 회장 선거	145,987	2016.6.10~20
5	경북대학교	경북대학교 학생 대표자 선거	21,601	2016.11.15~17
6	숭실대학교	숭실대학교 제14대 교내 총장 후보자 선거	512	2016.11.25
7	대한의사협회	제40대 대한의사협회 회장 선거	42,721	2018.3.21~23
8	한국사회복지사협회	제20대 한국사회복지사협회 회장 선거	18,748	2017.2.23
9	전국사무금융서비스노동조합	사무금융노조 제4대 임원 선거	35,384	2019.12.17~19
10	KB금융지주 우리사주조합	KB금융지주 우리사주조합장 선거	20,736	2017.12.11

3) 종합 검토

중앙선거관리위원회가 운영하는 K-Voting 온라인 투표 서비스는 현재까지 930만 명이 이용했고 정당대표 및 비례대표, 공동주택 대표, 협·단체 대표, 대학총장 등의 선출에 널리 적용되어 성공적으로 운영되어왔다. 단일선거에서 40만 명 이상이 단시간에 한꺼번에 온라인 투표를 하기도 했지만 매우 안정적으로 진행되었고 개표 또한 정확하고 신속하게 완료되었다. 전자주총을 통해 기업경영을 정상화한 사례도 있다. 경남제약은 2001년에 코스닥에 상장되었지만 2018년 회계처리 위반 등으로 주식거래가 정지되며 상장폐지 위기까지 갔다. 경남 의령에 본사가 있다 보니 그곳에서 열리는 평일 낮의 주주총회에 대부분 참석하지 못했고 정족수 미달로 주주총회 자체가 관행적으로 무산됨으로써 경영진을 견제할 방법이 사실상 없었던 것이다. 2019년 5월 주주총회에서는 온라인 투표를 도입함으로써 의결 정족수를 채웠고 결국 경영진 교체안건을 통과시켰다. 2019년 연매출은 전년 대비 8%나 증가했고 부채비율은 전년 동기 대비 84%가 줄었으며 결국 그해 12월에 주식거래가 재개되었다 (김용섭, 2020).

이렇게 민간 영역에서는 온라인 투표가 다양하게 활용되지만, 공직선거에서는 아직 도입되지 않았다. 공직선거 도입을 위해서는 유권자 인증, 투표 비밀 유지 등 기술에 대한 안정성과 신뢰성 확보를 검증해야 할 필요가 있다는 사회적 인식 때문이다. 현재 개발된 온라인 투표 시스템에는 안정성과 신뢰성 기술이 충분히 적용되어 성공적으로 운영되어온 실적에도 불구하고 기술적 이해의 부족이나 보수적 수용 문화 때문에 민간선거에서조차 더딘 도입을 보이고 있다. 최근 블록체인의 접목 등 고도화된 기술 진보가 지속적으로 이루어지고 있어 이에 대한 정확한 이해와 판단이 필요하다.

3. 포스트 코로나 시대 온라인 투표 시스템의 특성

1) 기술적 안전성

중앙선거관리위원회의 K-Voting에 제공된 ㈜한국전자투표의 온라인 투표 엔진은 은닉서명, 비트위임, 키분할을 기반으로 미국 의회가 제시한 인증, 암호화, 검증 기술을 종합적으로 구성하여 대국민투표를 위한 보안요구 사항을 충족하고 있다. 2018년 블록체인 실증사업에서 블록체인 기반 암호기술로 고도화했고 이 과정에서 익명화 기술인 믹스넷을 국내 최초이자 유일하게 온라인 투표에 적용함으로써 프라이버시 문제 또한 해결했다.

(1) 은닉서명(인증, 검증)

이 기술은 투표행위의 유효성을 검증하고 투표의 비밀성을 보장한다. 투표행위의 유효성이란 개인의 투표를 진행기관이 유효한 건으로 인정하는 것으로 오프라인 투표에서는 선관위의 인증도장이 찍힌 투표용지를 사용해야만 한다. 인증도장을 대신하여 온라인 투표에서는 전자서명을 이용한다. 하지만 행위의 내역을 모두 기록하는 일반적 전자서명을 그대로 적용하면 적어도 투표시스템은 투표 내용을 알 수 있게 되므로 '비밀성'이 침해된다. 이에 투표 내용은 가려진 채 서명이 진행되는 은닉서명을 함으로써 투표의 유효성과 비밀성을 동시에 보장할 뿐만 아니라 개표 시 투표 진위 여부에 대한 확인 및 위·변조 방지도 가능해진다.

(2) 키분할(암호화)

이 기술은 암호화된 투표 데이터의 임의적 복호화에 대한 시스템적 통제 기술이다. 암호화 기술인 PKI(Public Key Infrastucture) 기술은 복호화 키가 있으면 언제든 암호화된 내용을 풀 수 있다. 이를 방지하기 위해 복호화 키를 분할하여 통제하는 것이다. 개표 시까지 복호화 키를 투표시스템에서는 제거하고, 투표 참관인, 후보자, 선관위 위원 등 서로 부정할 수 없는 핵심 주체들에게 나누어 보관토록 한다. 개표 시 분할 보관된 키를 모두 모아 원래의 복호화 키로 복원하여 사용한다.

(3) 비트위임(검증)

이 기술은 투표 내용 및 집계에 대한 검증을 위한 것이다. 첫째, 투표 전체의 관점에서 누락 없이 모든 투표가 집계되었는지 확인한다. 이를 위해 투표시스템은 단순히 투표 데이터만 저장하는 것이 아니라 각 투표에 대응하는 투표용지 및 투표 검증키트를 담은 암호화된 전자봉투를 같이 저장한다. 오프라인 투표에서도 투표자 수와 투표용지 수의 동일 여부를 검증하듯 온라인 투표에서도 기록된 투표자 수, 투표용지 수, 투표 검증키트 수, 전자봉투 수를 비교하여 모든 투표가 누락 없이 집계에 반영되었는지 검증한다. 둘째, 개별 투표자 입장에서는 자신이 행사한 투표가 실제로 집계에 반영되었는지에 대한 검증이 필요하다. 실제 투표 수는 100건이고 기록된 투표 수도 100건으로 집계에 대한 검증은 되었다 할지라도 투표자의 입장에서는 그 100건의 투표 중 자신의 투표가 반영되었는지에 대한 확인이 필요한 것이다. 이때 서로가 유효한 한 쌍임을 확인하기 위해 증표의 조각을 맞추어보는 개념을 활용한다. 투표 검증키트는 두 조각으로 분할되어 투표 시 한 조각은 서버 시스템에 저장되고 나머지는 개인의 클라이언트에 저장되었다가, 검증 시 양쪽에 저장된 투표 검증키트 조각이 서로 정확하게 부합되는지를 통해 투표의 실제 반영을 확인한다.

(4) 믹스넷(익명성 보장)

'믹스넷'은 전자투표에 블록체인을 적용할 때 발생하는 익명성 침해 문제(≪중앙일보≫, 2017.9.25[1]; Boucher et al., 2017)를 해결하기 위해 추가된 기술로, 입력 데이터와 출력 데이터 간의 연결고리를 제거함으로써 투표 데이터의 추적을 불가능하게 하는 기술이다. 이때 출력 데이터가 입력 데이터와 서로 다른 형태로 변형되어 추적은 불가능하나 여전히 동일한 데이터임에 대한 검증은 필요하다. 이는 상기의 비트위임에서 설명한 검증의 내용과 동일하다. 믹스넷에서는 '영지식증명' 알고리즘을 이용하여 입·출력 데이터의 동일함을 검증한다(전웅렬 외, 2012).

〈그림 16-1〉 온라인 투표 안전요건

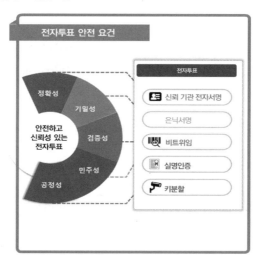

1 이더리움의 창시자 비탈릭 부테린은 블록체인 기반 시스템이 기존 투표 시스템에 존재하는 프라이버시 보호의 속성 일부를 손상시킬 수 있다고 지적한다. 즉, 블록체인 기술의 섣부른 적용은 문제의 소지가 있다.

〈그림 16-2〉 온라인 투표 보안기술

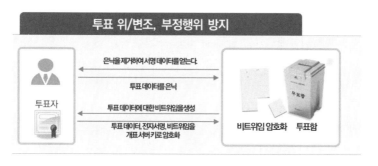

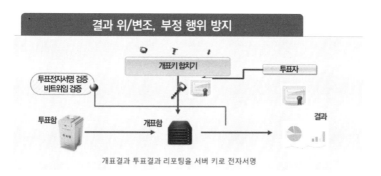

2) 운영적 특성

온라인 투표를 실시했을 때 투·개표 과정에서 기대할 수 있는 비용과 운영
상 장점은 상당하다. 일정 공간에 투표소를 마련해두고 유권자가 참여하는
오프라인 방식에 비해 온라인 투표는 시·공간적 편의성을 제공할 뿐만 아니
라 기존 방식에 잠재된 다양한 모순들을 해결한다. 예컨대 공동주택 선거와
같은 민간선거는 공휴일이 아닌 경우가 많아 투표 참가율이 저조했다. 또 후
보자가 한 명뿐일 때는 찬반 여부를 묻는 방문투표 방식을 이용하는데(서울시
아파트 선거관리위원회 규정 제32조 제1항) 이때 공개된 종이에 의사를 표시하도
록 하기 때문에 비밀선거의 관점에서 심각한 문제점이 있다(심선영, 2019). 온

라인 투표가 갖는 개표 시 장점 또한 상당하다. 제21대 국회의원 선거에서 정당투표용지의 경우 그 길이가 48.1cm였다. 전자개표기에는 34.9cm 이하의 투표용지만 들어갈 수 있기 때문에 모두 수작업으로 개표했다. 길어진 개표 시간뿐만 아니라 수개표 시 실수를 차단하기 위한 심리적, 물리적 비용의 지불은 실로 상당했다.

K-Voting을 기반으로 10여 년간 서비스해온 우리의 온라인 투표에는 진보적 기술뿐만 아니라 단시간에 따라올 수 없는 독보적 운영 노하우가 축적되어 있다. 대규모 유권자의 동시접속에 대응하고, 은닉서명, 키분할, 비트위임 기술로 보안을 강화하며 믹스넷을 기반으로 블록체인 투표에서도 익명성을 보장한다. 안전하고 검증된 K-Voting을 다양한 투표에 활용함으로써 전 세계를 대상으로 온라인 투표 모델을 제시하고 비대면 투표에서의 '초격차'를 실현할 때이다.

4. K-온라인 투표 모델을 위한 향후 과제와 기대

1) 향후 과제

온라인 투표 시 가장 우려되는 것으로 익명성이 보장되지 않는 것 또는 강요에 의한 투표를 드는데, 익명성의 문제는 ㈜한국전자투표의 믹스넷 블록체인을 이용하여 기술적으로 해결하거나 에스토니아처럼 국가선관위에서 투표시 일시적으로 유권자의 신원정보를 삭제하는 방식으로 해결할 수 있다. 강요에 의한 투표는 일정 기간 동안 투표 결과를 변경할 수 있게 함으로써 방지할 수 있다. 서버에 대한 해킹이나 보안 문제도 제기되지만 블록체인, 본인인증 및 다양한 보안 솔루션의 결합으로 충분히 대응할 수 있는 단계에 이르렀다. 2018년 정부의 공공블록체인 시범과제 중 하나였던 선거 영역에서 이미 믹스넷 기술이 적용되어 KISA와 함께 테스트를 마친 상태이다.

(1) 보안기술 요구 수준에 대한 규정 마련

전 국민이 안심하고 온라인 투표를 이용할 수 있도록 "보안기술 요구 수준"에 대한 제도적 규정화가 매우 중요하다. 첫째, 온라인 투표 시스템에 대한 보안기술 요구 사항은 보안의 전 단계(인증-암호화-검증)를 포괄하는 규정으로 수립되어야 한다. 암호화 기술의 알고리즘뿐만 아니라 투표자 인증과 사후검증까지 투표 전 단계에 걸친 종합적 보안 체계에 대한 기술 요구가 정의되어야 한다. 둘째, 온라인 투표 시스템의 안전한 이용환경 조성을 위해 CC(Common Criteria) 인증 획득을 필수 요건화해야 한다. CC 인증은 정보보호시스템의 보안위험 최소화를 위한 충분하고 정확한 보안기술 구현을 평가하는 것으로 획득 시 국제표준규격에 맞는 정보보호제품임을 보증함으로써 글로벌 진출의 가능성도 높아진다. 과학기술통신부 및 국가보안기술연구소를 중심으로 CC 인증 필수화를 위한 적극적 가이드와 정책이 필요하다.

(2) 법과 규제의 혁신

국민투표법, 공직선거법 등에서 온라인 투표를 시행할 수 있도록 세부 규정을 정비하고 공직선거법에 규정된 선거규정을 준수하는 산하 단체에도 온라인 투표가 가능토록 함께 검토해야 한다. 다만 아직 사회적 합의가 필요한 인명선거보다는 안건이나 주민 동의가 필요한 영역부터 순차적으로 시행함으로써 학습효과를 쌓아갈 수 있다. 특히 공동주택에서는 경비원 갑질, 주민 분쟁 등 생활 갈등이 끊임없이 발생하고 있다. 현재 공동주택의 임원 선출이나 각종 안건 합의 경우 온라인 투표를 할 수 있도록 근거는 마련되어 있으나 제21대 국회에서는 공동주택에서 온라인 투표를 우선적으로 시행토록 하는 법안이(제20대 국회에서 공동주택법 일부개정안 —의안번호 18364— 이 상정되었으나 처리되지 못했다) 통과되어 민주적이고 공정한 의사결정과 투명한 공동주택 관리의 토대를 마련하는 것이 시급하다.

2) K-온라인 투표 모델에 대한 기대

제21대 국회의원 선거를 치르면서 투표를 못하게 된 재외국민을 중심으로 "이참에 온라인 투표 논의를 본격화하자"는 목소리가 곳곳에서 흘러나왔다. 세상에 완벽한 제도는 없다. 도입으로 인한 수혜가 비도입으로 인한 불편함과 비용을 초과한다면 적극적으로 고려해보아야 한다. 기술의 진보는 온라인 투표의 위험성을 감소시켰고 성숙된 시민의식과 투표 참여에 대한 열망은 코로나의 장애에도 꺾이지 않았다. 지속적으로 발생할 수 있는 감염병의 N-데믹 상황에서 비대면과 비용 절감, 빠르고 정확한 개표 그리고 신뢰할 수 있는 보안과 공정성을 갖춘 투표 해결책은 바로 '온라인 투표'이다. 투표는 의견을 모으는 방법이다. 이동과 집합을 제약하는 위기 상황은 끊임없이 반복될 수 있다. 다양한 환경 변화 속에서 물리적으로 모일 수는 없어도 온라인 투표를 통해 얼마든지 의견을 모을 수는 있다. 환경 변화가 커질수록 오히려 과거보다 더 자주, 더 많은 의견 수렴이 필요할 것이다. 많이 참여할수록 민의도 올바르게 대변될 수 있다. 궁극적으로 스마트 직접 민주주의를 실현할 수 있는 온라인 투표는 집단 간 이해 상충이나 기존 제도에 대한 관성에 의해 놓쳐서는 안 될 국민과 정부의 협치를 위한 주요 전략 자산이 될 것이다. "모일 수는 없어도 모을 수는 있는" K-온라인 투표 모델은 언택트 사회의 지속가능한 참여 및 합의 수단으로 자리매김하여 대한민국 민주주의를 한 단계 더 성숙시킬 것이다.

포스트 코로나와 치안

서진석 (중부대학교 경찰경호학부 교수)

이상훈 (대전대학교 경찰학과 교수)

1. 들어가며

국가의 기본적인 존재 의의는 보호 기능의 수행에 있다. 국가의 보호 기능은 국가 외부의 공격으로부터 국민과 영토 그리고 주권을 지키고 보호하는 기능과, 국가 내에서 발생하는 각종 사건·사고로부터 국민을 보호하는 기능으로 구분한다. 그동안 국가 외부에서 발생하는 위해(危害)는 전쟁과 테러·납치 등이었으며, 국가는 국방과 외교, 정보기관 등을 통해 보호 기능을 수행하고 있다. 국가 내부에서 발생하는 위해 요인은 주로 범죄와 각종 재난이다. 국가는 범죄와 재난으로부터 국민을 보호하고자 다양한 유형의 치안제도를 통해 방범(防犯)과 방재(防災)에 막대한 예산과 조직 그리고 인력을 투입하여 대응해왔다.

특히 치안제도의 발전 과정은 민주성과 자치성을 중시하는 지방분권적인 영미법계와 능률성과 합법성을 중시하는 중앙집권적인 대륙법계 국가마다 상이한 발전 과정을 거쳐 왔으나, 20세기 중반 이후부터는 영미법계와 대륙법계가 혼성화(hybrid)되어가는 양상을 보이고 있다. 우리나라도 전통적으로 국가의존성이 강한 대륙법계 국가경찰제의 오랜 전통을 이어왔으나, 주민밀착형이고 지역적 특성에 맞는 영미법계의 자치경찰제 도입을 눈앞에 두고 있다.

이러한 치안제도는 다양한 기준에 따라 분류할 수 있다. 치안서비스 공급 주체에 따라 경찰·검찰을 비롯한 국가 형사사법 기관을 중심으로 한 공적 치안(public policing)과 민간보안산업(private security industry)을 비롯한 다양한 민간의 치안자원을 중심으로 한 사적 치안(private policing), 공적 치안과 사적 치안의 성격이 혼합된 혼성적 치안(hybrid policing)[1]으로 구분한다.

국가의 보호기능은 2019년 12월 중국 후베이성 우한에서 처음 발생한 코로나19바이러스로 인한 팬데믹 상황으로 큰 변화를 가져왔다. 우선 국가의 보호 기능에 있어 국내·외 구분이 없어졌다. 국가는 외국으로부터 코로나19 전염을 방어하기 위해 국가 간 봉쇄정책을 선택하지 않을 수 없게 되었다.

코로나19는 외국에서 국내로 전염되고 지역 내 감염이 시작되면서 새로운 치안 수요가 발생된다. 지역 내 확진자의 동선 파악과 추적에 경찰력이 동원된다. 국내에서는 가용 행정력을 동원하여 지역 간 봉쇄와 사람들 간의 거리 두기를 통해 확산에 대응한다. 이러한 과정에서 인적 네트워크를 중시하고 대면과 접촉을 인간적으로 여겼던 기존의 사회 분위기는 비대면과 비접촉 사회로 변화했다.

코로나19로 인해 기존의 방범과 방재 위주의 국가 보호 기재에 방역(防疫)의 중요성이 크게 인식되고 있다. 범죄와 재난은 시간적·공간적 제한이 있으

---

1 혼성적 치안은 영미법계 국가에서 다양한 사례를 찾을 수 있다. 우리나라의 경우 민간인 신분이면서 경찰관직무집행법상 경찰관에 준하는 법적 권한을 보유한 청원경찰을 예로 들 수 있다.

나, 코로나19는 시간적·공간적 제한 없이 전 세계로 무차별 확산되고 있으며,[2] 언제 끝날지 아무도 예측하지 못하고 있다. 그리고 전염의 매개(媒介)가 사람이다.

이 글에서는 코로나19로 인한 치안제도의 변화 양상을 공적 치안의 대표인 경찰과 사적 치안의 대표인 민간보안산업을 중심으로 소개하고자 한다.

2. 코로나19로 인한 치안제도의 변화 양상

1) 에듀테크(EduTech)의 재조명과 보안 문제

코로나19 이후 구글(Google)에서는 '홈 스쿨링'에 대한 검색이 폭발적으로 늘었다. 이와 더불어 온라인 교육 콘텐츠 및 각종 온라인 교육 플랫폼의 사용량도 급증했다. 우리나라도 대학뿐 아니라 초·중·고에서까지 온라인 개학이라는 초유의 사태를 맞이했다. 온라인 강의의 급부상으로 교육과 기술의 합성어인 '에듀테크'가 재조명되고 있다. 에듀테크는 정보기술과 교육의 화학적 결합을 의미한다.

그뿐만 아니라 온라인 강의 프로그램 결함과 개인정보 해킹 등 시스템 차원의 부작용도 발생했다. 그럼에도 불구하고 2020년 2학기의 코로나19 상황도 크게 나아지지 않아 온라인 강의는 계속 진행되고 있다. 따라서 학생들의 온라인 강의 수강에서 적절한 수준의 형평성이 갖추어져야 한다. 그러나 온

---

2 코로나19가 다른 감염병보다 위협적인 것은 치사율이 아니라 높은 전파력 때문이다. 사스는 29개국, 메르스는 27개국에 전파되었지만, 코로나19는 2020년 5월 기준 181개국에 확산되었다(김선숙 외, 2020).

라인 강의 무단 복제, 비대면을 악용한 무분별한 강의 평가 및 비난, 신상정보 공개 등의 부작용은 새로운 보안 문제를 야기한다. 온라인 강의 프로그램은 보안을 강화하고 불필요한 개인정보 노출과 악용 가능성을 방지해야 한다. 학교 측에서 자체적인 온라인 영상 강의 플랫폼을 구축·마련하는 노력을 보인다면 더욱 효과적일 것이다.

2) 재택 근무의 확대와 보안

코로나19로 인해 온라인 강의와 재택 근무가 도입되었고, 빠른 속도로 확산되었다. 시민들은 가족과 함께 집에 있는 시간이 많아지면서 안전에 대해 더욱 민감해지기 시작했다. 재택 근무로 인해 대두된 문제점은, 첫째 직원 간 소통과 인간관계 형성의 문제, 둘째 업무를 위한 문서나 파일의 공유 문제, 셋째 보안 문제이다. 특히 재택 근무에서 가장 문제로 꼽히는 것이 보안 문제이다. 회사가 아닌 집에서 근무를 하다 보니 보안 대책도 부족할 뿐만 아니라 회사 기밀자료가 유출될 가능성도 높아지기 때문이다.

3) 비대면-대면의 복합치안

코로나19로 인해 치안활동이 비대면-대면의 복합치안 형태로 변화할 것이다. 치안정책의 홍보활동이 기존의 합동순찰과 캠페인 방식에서 SNS를 통한 온라인 접촉 방식으로 전환되고 있다. 교육지원청과의 협업을 통해 유치원과 초·중·고등학교의 가정통신문에 동봉하는 형태를 택한다든지, 지방자치단체와 각종 공공기관이 운영하는 대형 스크린과 LED 전광판에 치안정책을 담게 된다.

언택트는 디지털 콘텍트를 의미한다. 언택트 생활의 확산으로 범죄 양상에서 적지 않은 변화가 나타날 것으로 예상된다. 사람 간 접촉 빈도가 줄어들면서 대인 범죄가 감소하는 반면, 사이버 공간에서 발생하는 범죄나 보이스피싱 등 비접촉 사기 사건의 확산 등 범죄의 종류가 다양화·고도화될 것으로 예상된다.

반면, 도보순찰을 상대적으로 강화하고 문안순찰 등 비대면 중심의 공동체 연결고리로서의 역할을 강화할 필요성도 대두하고 있다. 지역사회의 급격한 비대면은 익명성을 가져오고 이것이 범죄로 이어지고 있어서 이를 차단하기 위한 노력이 요구된다. 지역사회에서의 공인된 그리고 방역된 공식적 대면접촉 조직은 지역사회의 대면접촉을 강화하는 공동체의 촉매 역할을 하게 될 것이다. 예를 들어 복지치안 차원에서 1인가구, 독거노인 가구, 노숙자 등을 일반 행정기관의 복지기능과 연결시키는 거버넌스적 문제해결 치안활동(problem oriented policing)이 더욱 활발하게 전개될 것이다.

4) 투명성 원리의 강화

치안활동의 투명성 원리가 강화될 것이다. 코로나 감염병의 창궐과 국가적 대응은 감염병 발생 상황과 대응 조치에 대한 투명한 공개를 전제로 진행되었다. 다른 나라의 대응 방식과는 달리 우리나라의 경우에는 '단호한 투명성'을 기준으로 대응함으로써 국민의 불안을 덜어줌과 동시에 정부에 대한 신뢰를 쌓았고, 이를 통해 국민의 불확실성을 감소시킴으로써 감염병에 대한 행동 요령이 보다 국가정책에 호응하도록 유인을 제공했다는 점에서 설득력을 얻고 있다. 투명성의 원리는 개방성의 원리를 통해 결국 민주성의 가치로 연결되어 국가의 역량을 하나로 결집시키는 데 결정적인 역할을 하게 된다. 시민들의 사재기가 없는 나라로 찬사를 받게 된 이유에는 이 같은 투명성에 의한 불확실성의 제거가 그 저변에 깔려 있는 것이다. 정부의 지시가 없더라도 시민들이 손을 씻고 마스크를 하는 것은 과학적 사실을 이해하기 때문이며, 감염병에 관한 투명한 정보 공개는 자발적 수용의 시민정신을 가져왔다.

경찰의 사건·사고 정보에 대한 투명한 공개는 시민의 신뢰를 얻는 데 의미 있는 영향을 미친다. 코로나 감염병 대응에서도 나타났듯이 정부가 제공하는 정보는 시민에게 학습과 판단의 기회를 제공하고, 감염병에 스스로 대응하도록 하는 행동변화로 이어졌다. 타율적이고 피동적인 행동 효과와는 차별화되어 불필요한 저항과 비협조를 단숨에 뛰어넘는 효과를 가져왔다.

5) 과학치안의 가속화

치안에서는 과학치안이 더욱 가속화될 것이다. 코로나 팬데믹에서 기존의 노동집약적 생산라인은 멈출 수밖에 없고 봉쇄조치로 인해 생산 차질이 불가피했다. 반면 코로나 사태에도 자동화 비율이 높은 반도체 공장은 충격을 덜 받았다는 사실에 주목하게 된다. 코로나 대응 과정에서 가장 커다란 비중을 차지하게 된 사회안전망 강화에 대한 요구에 부응하려면 첨단기술과 접목된 치안과학화 정책이 탄력을 받을 전망이다.

3. 치안환경의 변화 양상에 따른 뉴노멀 치안활동(New Normal Policing)

1) 언택트 경찰활동(Untact Policing)

(1) 사이버 콘택트

일상의 언택트(untact)는 사이버 콘택트(cyber contact)를 의미한다. 범죄 발생의 비중이 사이버 공간으로 옮겨 가게 되고 이에 따라 온라인 범죄 중심의 수사 조직으로 변화가 이루어지게 된다. 보이스피싱 범죄나 다크웹 범죄 등에 대한 인력 채용과 교육의 비중이 늘어나게 된다. n번방 사건과 같이 온라인상의 범죄에 대응한 경찰정보 역량 강화도 요구된다. 사이버 범죄 정보 수집을 원활하게 할 수 있도록 다양한 정보 채널을 확보하고 운용할 수 있는 전략이 마련될 것이다. 예를 들어 인공지능(AI) 범죄 모니터링 시스템이 구현될 것이다.

정보 투명성과 관련하여 경찰의 공공관계 기능이 강화될 것이다. 투자자를 위한 기업의 IR(Investor Relation) 활동과 같은 수준의 적극적 홍보활동이 나타날 것이며 지금까지의 홍보 매체를 뛰어넘는 다양한 수단과 방법으로 이루어지리라 예상된다. 호주 경찰과 같은 웹진은 물론, IT 강국인 우리나라의 경우에는 밴드나 문자 등 SNS를 통한 정보 전달도 늘어날 것이다. 범죄시계(crime clock)[3]가 거리의 곳곳에 표시될 것이고 범죄지도(crime map)가 공개되어 현재 위치한 장소의 안전도와 위험도를 실시간으로 느끼고 안전한 행동을 스스로 할 수 있도록 판단 기준을 제공할 것이다.

---

3 범죄 1건당 평균 발생 주기. 범죄가 얼마나 자주 발생하는지 알아보기 위한 것으로 사건 수를 시간으로 나눈 수치이며 경찰청에서 발표한다.

(2) 온라인 고소·고발·민원접수 확대

고소와 고발 그리고 경찰민원을 위해 경찰관서를 내방하는 경로와 절차가 애플리케이션이나 인터넷 그리고 가까운 공동체 시설의 키오스크(무인 자동화 단말기)로 집중되면서 비대면 치안행정 서비스의 비중이 확대될 것이다. 예를 들어 온라인 운전면허 갱신이 가능해져서 자동차 면허 시험장을 다녀와야 하는 불편과 타인 접촉에 따른 위험을 피할 수 있을 것이다. 2020년 4월 기준 경찰청은 125억 원의 예산을 들여 AI 기반 대화형 경찰민원 챗봇인 '폴봇'의 연구개발을 진행 중이며 2023년에 가시적인 성과를 기대할 수 있다.

(3) 시민 참여에 기반한 치안조직의 분권화: 자치경찰제 시행

중앙정부의 역량 강화 요구와 더불어 지역 단위 고유의 치안 문제를 스스로 해결하기 위한 노력이 증가할 것이다. 현재 구상 중인 광역형 자치경찰제가 그 하나의 결실이 될 수 있다. 실시 단위는 시군구 자치경찰제로도 가능하다. 역대 정부에서 양자의 가능성을 각각 모색해왔으나 근거 법령의 마련은 물론, 현실적으로 이를 전면 시행하는 단계까지는 발전하지 못했다.

지방자치제의 완성이라고 할 수 있는 자치경찰제의 시행은 급속하게 진행될 것으로 보인다. 자치경찰제는 시민의 경찰행정 참여 폭을 넓히고 투명성과 민주성의 획기적인 진전을 가져올 것으로 평가된다. 자치경찰제는 경찰청장을 중심으로 하는 국가경찰시스템보다는 17개 시·도지사를 중심으로 현장에 보다 가까운 리더십하에 국민 불편에 더욱 관심을 기울이고 지역 현장을 속속들이 살펴줄 것으로 기대한다.

2) 스마트 경찰활동(SMART Policing)

스마트 경찰활동에서 'SMART'는 '똑똑한, 영리한'이라는 의미와 다르게 사용된다. 스마트 경찰활동은 전략적 접근 방법의 하나로서, 범죄와 일탈 등 경찰의 대응을 요구하는 사건과 사고가 지속적으로 증가하는 가운데 국가의 예산 절감을 위한 정책 중 하나이다. 스마트 경찰활동은 경찰 역시 제한된 자원에서 전략적 관리(strategic management)를 통해 과학기술을 활용하고 필요한 연구·개발기관들과 분석과 연구(analysis & research)의 파트너십을 통해 해당 지역 내 범죄 예방과 범죄감소 방안을 분석하는 과학기술(technology) 중심의 경찰활동을 의미한다.

3) 치안활동의 과학화

4차 산업혁명이 가져온 기술을 적용하여 일선 경찰력과 정보 분석의 조화를 강조하면 치안의 일정 부분을 아웃소싱하게 된다. 눈(Nunn, 2001)에 따르면 경찰이 사용하는 과학치안에서 이런 기술에는, 생체인식기술(biometrics), 영상기술(imaging), 감시기술(monitoring), 의사소통기술(communications), 결정지원기술(decision support), 기록관리기술(record-keeping), 무기기술(weaponry) 등이 있다. 남궁현·심희섭(2017)에 따르면, 생체인식기술은 DNA, 지문, 홍체 인식 등 경찰수사와 관련하여 피의자나 피해자의 생물학적 증거를 분석하는 기술이다. 영상기술은 사람, 장소, 기타 다양한 물리적 증거를 촬영한 사진과 영상자료 등을 활용 및 관리하는 기술이다. 감시기술은 방범용 CCTV나 교통용단속 카메라를 통해 개인이나 다중의 관찰, 감시를 목적으로 활용되는 기술이다. 의사소통기술은 유·무선 통신장비와 과학기술을 통해 경찰조직 내에서 의사소통을 하는 기술이다. 결정지원기술은 COMPSTAT나 GIS 등을 통해 각종 관내 치안정보를 분석하여 상황에 맞는 경찰활동계획을 수립하고 실행하는 데 도움을 줄 수 있는 정보 수집, 분석 및 배포용 기술이다. 기록관리기술은 경찰의 범죄정보나 지역의 치안정보, 경찰 내부의 인사 및 행정정보 등을 관리할 수 있는 데이터베이스 구축 및 활용 기술이다. 끝으로 무기기술은 테이저건(taser gun)이나 살수차 등 새로운 방식의 무기를 도입하고 활용하는 기술이다.

4. 개인정보 보호 문제

코로나19로 사회는 일시적으로 감시와 통제가 가능한 공간으로 변화했다. 코로나19 확진자는 완치될 때까지 분리된 공간에서 사소한 움직임도 제한된 상태로 지내야 한다. 확진자가 발생한 장소도 일정 기간 폐쇄된다. 확진자가 아니더라도 확진자와 접촉한 사람이나, 외국에서 온 사람 등 감염 가능성이 있는 사람은 무조건 진단 검사를 받아야 한다. 그와 동시에 동선을 공개하고 자가격리 조처를 해야 한다. 코로나19 재난 상황을 맞이하여 이전에는 자유권 침해를 이유로 개인에 대한 감시와 통제를 거부했던 나라조차, 이제는 '근접 감시(over the skin)'에서 '밀착 감시(under the skin)'로 태도를 전환하고 있다 (임순광, 2020; 김선숙 외, 2020 재인용).

코로나19 사태에서 개인정보란 확진자나 감염 의심자의 동선 공개를 말한다. 동선에 대한 정보는 다른 국민이 경각심을 가지고 위험지역을 피할 수 있게 제공되며, 막연한 공포함에 사로잡히지 않게 도와주는 역할을 한다. 또한 확진자의 동선에 시간과 공간이 겹치는 경우 서둘러 진단을 받아서 조기 치료와 2차 확진에 대비할 수 있다. 동선에 대한 정보는 역학조사를 하면서 어떤 경로를 통해 감염되는지 알 수 있도록 해주기 때문에 예방에 도움을 주지만, 너무 상세한 동선 공개는 개인 사생활을 침범하게 된다. 개인의 사생활 정보가 모르는 타인에게 공개되며, 그로 인한 악성 댓글 등의 2차 피해가 실제로 많이 발생했다.

동선 공개는 주로 주변 기지국을 통한 전화통화 추적, 신용카드 사용내역 추적, 주변 CCTV 추적으로 이루어진다. 일부지만 우리나라가 개인정보 남용으로 코로나19에 대응하고 있다는 경고도 있다. 통신자료와 신용카드 정보, CCTV 등의 개인정보를 활용해 추적하고, 동선을 공개하기 때문이다. 공개되는 정보가 타 정보와 결합되어 개인을 유추할 수 있다면 '개인정보보호에 관한 법률'을 위반할 소지가 있다. 다행스럽게도 정부는 최소한의 정보 공개, 활용 후 정보 폐기, 개인정보 취급자 관리, 정보 접근 모니터링 등을 시행하고 있다. 그러나 성별, 거주 지역, 종교, 유학 여부 등 바이러스 전파와 직접 관련이 없는 불필요한 정보는 감추고 개인정보 취급자 관리를 철저히 하지 않으면 안 된다.

감염병에 대해 경각심을 가지고 대응하는 것은 당연하지만, 개인에 대한 사생활과 자유에 무분별한 통제는 경계할 부분이다. 이런 맥락에서 유발 하라리(Yuval Harari)는 코로나19 사태에 대응하여 전체주의적 감시체제를 넘어서는 시민 역량 강화를 강조하면서, 민족주의적 고립이 아닌 전 지구적 연대를 제안했다. 한국과 대만, 싱가포르 등 코로나19에 성공적으로 대응했다고 평가되는 나라들은 감염병 추적에 힘쓰기도 했지만, 시민들의 자발적인 예방수칙 준수를 유도했다. 대중의 협조를 끌어내는 데 정부의 감시와 엄격한 처벌보다 효과적인 것은 폭넓은 진단과 투명한 정보 공개를 통해 국민이 자신의 이익을 알고 스스로 행동하게 하는 것이다(Harari, 2020; 김선숙 외, 2020 재인용).

코로나19 이후 환경법제의 변화

고문현 (숭실대학교 법학과 교수, 제24대 한국헌법학회 회장)

1. 들어가며

자연은 인간존재의 모체로서 인간은 자연 속에서 태어나 자연과 더불어 살다가 자연으로 돌아가는 존재이다(고문현, 2005: 11). 인간은 자연과 조화를 이루며 자연환경을 개발하고 이용해야 함에도 불구하고 과학기술을 과신하여 자연환경의 오염을 초래했다. 그리하여 지구는 위태로운 서식처로 변하고 카슨은 "새도 울지 않는 침묵의 봄이 왔다"(Carson: 1965: 21~22)고 절규한 바 있다. 인류는 그동안 자연환경의 가치를 저평가하여 아마존 열대우림, 갯벌 등의 자연자원을 보전하기보다는 농경지 등으로 개발하여 이용하는 데 치중해왔다. 그런데 '하나뿐인 지구'가 환경오염으로 시달리게 되자 비로소 인류는 환경의 가치를 깨닫게 되었다(Costanza et al., 1997: 253~260).

토머스 프리드먼은 우리가 직면하고 있는 시대를 에너지기후시대(Energy-

Climate Era)라고 명명하면서, 우리가 기후와 환경에 영향을 미친 모든 영향, 이를테면 산성비, 오존층 파괴, 전통적인 환경오염 등을 통제하고 회복할 수 있다고 여기던 시대를 뒤로 하고, 인간이 기후와 지구의 자연계에 미치는 영향이 회복할 수 없는 시대로 들어가고 있다고 경고한다(Friedman, 2008: 79~80). 여기에서는 코로나19 이후 환경법제의 변화에 대해 살펴보고자 한다.

2. 코로나19와 환경

우한 수산시장에서 시작된 이번 코로나19는 중국 국내에서뿐만 아니라 전 세계 사람들을 죽음의 공포에 몰아넣고, 경제와 생활을 마비시키는 나비효과를 떨치고 있다(이경상, 2020: 7; 셍커, 2020: 18~37). 안토니누스 역병(Antonine Plague) 때문에 로마제국이 멸망했듯이(라이트, 2020: 15) 코로나19 이후에 닥칠 미래에 대하여 불확실성이 많아 정확하게 예측하기가 쉽지 않다.

이번 코로나19로 인해 우리의 삶과 인식에서 대전환이 일어나고 있는바, '나도 코로나19에 감염될 수 있다'는 인식이 높아졌다. 코로나19로 인한 국민의 환경인식 전환을 보여주는 조사[1]에 따르면 "경제보다 방역이 우선"이라는 응답이 "방역보다 경제가 우선"이라는 응답보다 많아 방역과 경제 딜레마에서 방역에 더 무게가 실렸음을 알 수 있다. "당장 경제에 타격이 있더라도 지금은 감염 확산을 저지하는 데 더 집중해야 한다"는 데에 63.9%가 동의했다.

---

1 서울대학교 유명순 교수 연구팀이 2020년 6월 26~29일 ㈜한국리서치에 의뢰하여 만 18세 이상 성인 1,000명을 대상으로 진행한 6차 설문조사를 분석하여 2020년 7월 8일 발표했다.
http://news.khan.co.kr/kh_news/khan_art_view.html?artid=202007081449001&code=940100#csidx373f1326e9e5c5bb334ee336d9617c7.(검색: 2020.8.8)

"위험을 감수하더라도 지금은 경제 회복을 더 도모해야 한다"는 데에는 그보다 적은 26.9%가 동의했다. 총 6회에 걸친 조사에서 방역과 경제의 딜레마 중 국민들이 방역을 지지한 것은 의미심장한 결과이고 이것은 환경에도 원용할 수 있다고 판단된다.

3. 환경보호를 위한 헌법개정 이슈

1) 개설

현재 문제가 된 코로나19는 바이러스가 일깨운 기후위기와 생물다양성에 대하여 생태적 전환(ecological turn)을 하라는 의미 있는 시사점을 주고 있다(최재천, 2020: 53; 고문현, 2020c: 47). 따라서 자연의 가치에 대한 재평가가 이루어져 종래의 인간 중심적 환경법제에서 생태 중심적 환경법제로 바뀌어야 한다. 이를 위하여 다음과 같은 것들이 고려되어야 한다.

2) 헌법상 환경권에 대한 적극적 해석

헌법 제35조는 국민의 권리로서 환경권을 규정하고 있다. 환경권의 법적 성격을 종래의 추상적 기본권으로 보던 입장에서 탈피하여 구체적 기본권으로 새겨 환경오염에 적극적으로 대처할 필요가 있다.[2] 환경권의 내용에 포함되는 모든 대상에 대하여 구체적 권리라고 새기면 실효성이 떨어질 수 있으므로 대상을 좁혀서 '자연환경'의 침해로 국한하고 사회적 환경의 침해로 직접

2 환경권의 대상으로서의 환경, 법적 성격 등에 대해서는 고문현(2020a: 245~249, 253~258) 참조.

국민의 생명과 신체에 중대하고 명백한 영향을 미친 경우에만 구체적 권리로 인정하여 사법적 구제를 받을 수 있게 해야 한다.

3) 헌법개정

(1) 지속가능한 발전, 미래 세대, 기후변화 등의 헌법 수용

한국헌법학회 산하에 헌법개정연구위원회를 구성하여 마련한 헌법개정안처럼 '지속가능한 발전', '미래 세대', '기후변화' 등을 헌법 전문(前文)과 헌법 제35조에 넣어야 한다. 즉, 헌법 전문에는 "모든 분야에서 지속가능한 발전을 추구함으로써 우리와 미래 세대의 안전과 자유와 행복을 영원히 확보할 것을 다짐하면서"라고 규정하고(한국헌법학회 헌법개정연구위원회, 2020: 16), 아울러 헌법 제35조에 '생태계 보호', '기후변화', '미래 세대', '지속가능' 등을 넣어 미래 세대를 위한 환경보호의 근거로 삼을 필요가 있다. 더 나아가 헌법 제35조 제3항에서 '쾌적한 주거생활'을 규정하고 있는데 이것은 제34조에 규정되어 있는 인간다운 생활과 밀접한 관련이 있으므로 제34조로 옮겨서 규정하고 제35조 제3항과 제4항을 다음과 같이 신설할 필요가 있다. 즉, "③ 국가는 생태계와 기후변화, 에너지의 수급 등 자연적 생활기반을 법률이 정하는 바에 따라 보호하여야 한다. ④ 국가는 미래 세대에 대한 책임을 지며, 환경을 지속가능하게 보전하여야 한다"(한국헌법학회 헌법개정연구위원회, 2020: 27).

1987년 환경과 개발에 관한 세계위원회의 보고서인 『우리 공동의 미래(Our Common Future)』에서 처음 사용된 지속가능발전은, 미래 세대가 자신들의 요구를 충족시킬 수 있는 능력을 저해하지 않으면서 현재 세대의 요구를 충족시키는 발전이다(The World Commission On Environment And Development, 1987: 43). '지속가능한 발전'은 지속가능한 방법으로 개발을 이룰 '미래 세대의 권리'를 포함한다. '지속가능한 발전'을 위한 수단으로는 환경영향평가절차, 사전예방원칙, 오염자부담원칙, "공통되지만 차별화된 책임원칙" 등이 있다. 더 나아가 정보에의 접근권 및 정책 결정에 참여할 권리와 같은 지속가능한 개발의 절차적 구성요소들은 환경절차적 권리에 해당한다. 지속가능발전은 환경보전-경제성장-사회발전의 균형과 조화를 이루는 것이라 할 수 있다. 최근에는 유엔이 전 지구적인 과제로서 지속가능발전목표(Sustainable Development Goals: SDGs) 17개 목표를 제시했다. 지속가능발전목표의 17개 목표는 '사회발전', '경제성장', '환경보존' 3가지 축을 기반으로 한다. 목표 7(에너지 보급), 목표 12(지속가능소비생산 증진), 목표 13(기후변화 대응), 목표 14(해양과 해양자원의 보존과 이용), 목표 15(육상 생태계 등의 보호와 이용) 등이 지속가능한 지구를 만들기 위한 목표에 포함되어 있다(Sachs, 2015: 486~489).

(2) 공공신탁 이론의 헌법 수용

로마법에 기원을 두고 있는 공공신탁 이론(public trust doctrine)(고문현, 2006: 53)은 영국 보통법(common law)을 통하여 발전되고 미국에서 꽃을 피운 것으로서, 모든 항행 가능한 수로와 그 부대 토지와 같은 공동체의 존속과 번영에 필수 불가결한 몇몇 자연자원은 그 소유자가 국가이든 개인이든 상관없이 일반 대중의 편익을 위하여 공공신탁을 받은 수탁자(trustee)로서 일반 대중이 이용할 수 있는 상태로 그것들을 보전하는 것을 말한다. 이 이론은 많은 사람들에 의하여 공유지인 자연자원을 보호하는 데 가장 강력하게 활용할 수 있는 수단이라고 환영받았다.

헌법개정 시 헌법 제9조의2를 신설하여 다음과 같이 공공신탁 이론을 도입할 필요가 있다. "모든 사람들은 깨끗한 공기, 맑은 물, 그리고 환경의 자연적·경관적·역사적·심미적 가치의 보전에 대한 권리를 가진다. 대한민국의 공공의 자연자원들은 미래 세대를 포함한 모든 사람들의 공유의 재산이다. 정부는 이러한 자원들의 수탁자로서 이러한 자원들을 모든 사람들의 이익을 위해서 보전하고 유지하여야 한다."

4. 환경법의 제·개정 및 적극적 환경소송

1) 개설

지속가능한 발전을 위해서는 바람직한 환경정책의 수립과 이를 뒷받침하기 위한 제도적 장치로서 환경법이 요구된다. 2020년 8월 기준 환경부가 직접 관장하는 환경법은 60개가 넘는다(김홍균, 2019: 14 참조). 1991년 제정된 「환경범죄의 처벌에 관한 특별법」처럼 문제(낙동강 페놀오염)가 발생하면 임기응변으로 제정된 법률이 상당히 많다는 특징이 있다(홍준형, 2005: 1056). 이렇게 법률이 임기응변으로 제정되다 보니 현행 환경 관련 법률들이 복잡 다기하고 비체계적인 점은 짚고 넘어가야 할 필요가 있다. 환경정책의 변화에 상응하기 위하여 환경 관련 법률이 매년 증가하는 것은 법률의 홍수 현상으로, 이로 인한 법규범의 복잡화, 적정성 및 집행력의 결여 또한 심각한 문제가 아닐 수 없다. 환경법의 체계가 오염 매체별로 짜여진 복수법주의를 취하고 있어 환경보호 및 개선에 있어 비효율적이므로 환경법을 유형별로 통합하여 재정비할 필요가 있다(고문현, 2012: 463~493 참조).

2) 가칭 「기후변화대응법」 제정

현행 「저탄소 녹색성장 기본법」은 여러 가지 법규가 혼재되어 있는 법률 체계의 한계로 인해 법률 개정으로는 신기후체제 대응 및 온실가스 감축목표 달성을 위한 법률적 기능을 담보할 수 없다. 2015년 파리협정 채택(박덕영·최승필·고문현, 2019: 50~62 참조)으로 신기후체제가 출범하여 2030년까지 온실가스 배출량을 배출전망치 대비 37% 감축하려면 체계적인 기후변화 대응이 화급하다. 따라서 경제·사회활동 과정에서 배출되는 온실가스를 줄이고, 기후변화가 초래하는 부정적인 영향을 최소화함으로써 자연환경 및 기후시스템을 보호하고 국민의 삶의 질을 향상하기 위하여 가칭 「기후변화대응법」을 제정할 필요가 있다.

3) 가칭 「지속가능발전기본법」 제정 및 부총리급의 지속가능발전부 신설

2010년 「저탄소 녹색성장 기본법」의 제정으로 '지속가능발전'이 '녹색성장'의 하위 개념이 되었고 지속가능발전기본법은 일반법으로 개정되었고 국가지속가능발전위원회는 환경부 소속으로 격하되었다. 이렇게 잘못된 '지속가능발전'과 '녹색성장'의 개념적 위계와 법률체계를 바로잡기 위하여 「지속가능발전법」을 전면 개정하여 최소한 2007년 「지속가능발전기본법」 수준의 「지속가능발전기본법」을 제정하여 지속가능발전 기본원칙을 수립할 근거를 마련하고 지속가능발전 기본계획에 대한 최종 심의를 담당하는 국가지속가능발전위원회를 대통령 소속으로 격상할 필요가 있다(주대영, 2019: 17).

더 나아가 현재 지속가능발전의 중심 역할을 환경부장관이 담당함으로써 동등한 위치에 있는 타 부처에 대한 영향력의 한계를 극복하기 위하여 환경부, 국토교통부, 산업통상자원부, 해양수산부, 농림축산식품부 등을 통합하여 부총리급의 가칭 '지속가능발전부'를 신설할 필요가 있다.

4) 가칭 「환경정보공개법」의 제정

4차 산업혁명 시대에 맞게 모든 기업체의 환경 관련 정보를 정기적으로 공개하도록 하는 가칭「환경정보공개법」을 제정할 필요가 있다.「공공기관의 정보공개에 관한 법률」은 공공기관이 보유 관리하는 정보에 대한 규정이어서 이산화탄소를 배출하고 있는 대부분의 사기업의 환경 관련 정보 공개를 통한 통제가 필요하다. 성공적인 환경정책을 수립·집행하기 위해 공공기관뿐만 아니라 사기업체의 정확한 환경정보 수집 및 분석이 필수이므로 가칭「환경정보공개법」 제정의 중요성을 아무리 강조해도 지나치지 않다.

5) 학교 교육에서 환경 교과목의 필수과목으로 채택

가정에서 카슨의『침묵의 봄』에 대한 토론을 통하여 환경의 중요성을 깨달은 엘 고어 전 미국 부통령의 사례(Gore, 1992: 서문)를 고려하면 어릴 때부터 환경에 대한 가정교육과 학교 교육이 절실히 필요하다. 초등학교 교육에서부터 대학교 교육까지 환경 교과목을 필수과목으로 채택하여 어릴 때부터 체계적인 환경교육을 통하여 친환경적인 활동을 하도록 하는 것이 기후변화시대에 환경오염을 사전 예방하는 데 크게 기여할 것이다.

6) 적극적인 환경소송의 제기

2000년 새만금 갯벌 지킴이 어린이 100명이 제기한 새만금 미래 세대 소송[3]에서 김영란 대법관과 박시환 대법관은 "환경의 가치 중 아직 밝혀지지 않은 부분이 많고 환경의 훼손이 인간의 생존에 심각한 영향을 미칠 수 있는 가능성이 항상 잠재하고 있다는 점을 고려하면, 환경의 변화나 훼손은 이를 감수하고서라도 반드시 확보하여야 할 필수 불가결한 가치를 얻기 위한 것이거

---

3 이에 대해서는 고문현(2003: 173~207) 참조.

나 아니면 적어도 환경의 희생을 대가로 얻을 수 있는 가치가 월등히 큰 경우에만 허용될 수 있는 것이며, 그 경우에도 필요한 최소한의 범위 내에서만 훼손이 가능한 것으로 보아야 한다. 우리 헌법이나 환경 관련 법령에서도 인류 생존의 토대를 이루는 자연환경을 무분별한 개발과 이용으로부터 보호하여야 한다는 시대적 요청을 반영하여, 자연환경 보전의 가치가 개발에 따른 가치보다 우선적으로 보호되어야 할 가치임을 분명히 하고 있는 것으로 보아야 하므로 새만금사업계획을 취소 또는 변경해야 한다"는 소수의견을 냈는데[4] 이는 매우 의미심장하다.

대한민국 정부와 어른들을 상대로 청소년단체 '청소년기후행동' 소속 19명은 2020년 3월 13일 헌법재판소에 헌법소원 심판청구서를 제출했다. '청소년기후행동'은 "우리 정부의 감축 목표로는 지구 기온 상승을 2도 이하, 더 나아가 1.5도 이하로 억제하기 위해 체결한 파리기후변화협정을 지킬 수 없어 헌법에서 보장한 생명권과 행복추구권, 정상적인 환경에서 살아갈 환경권 등을 심각하게 훼손하게 될 것"이라고 주장했다.

5. 결론

코로나19로 인해 지난 수개월간 공장이 운영을 중단하고 회사와 학교가 문을 닫고 항공기가 운항을 중단한 결과 대기오염과 수질오염이 급격하게 줄어들고 미세먼지의 발생량이 크게 감소했다고 한다. 이탈리아의 베니스의 운하는 관광객이 없어 물고기와 새들이 노니는 물로 변하고, 인도 델리의 하늘이 백년간 유례없는 파란색을 보여준 것 등은 우리에게 시사하는 바가 매우 크

---

4 대법원 2006.3.16. 선고2006두330 전원합의체 판결[정부조치계획취소등].

다. 이번 코로나19바이러스의 원인이 무분별한 개발로 인해 서식지가 침범당한 박쥐나 천갑산을 약재로 이용하는 등 생태계를 파괴함으로써 발생했다는 점, 더 나아가 대기오염이 코로나바이러스를 악화시키고 있다는 강력한 증거가 나오고 있는 점 등을 간과해서는 안 된다. 이러한 점을 고려하여 종래의 인간 중심적 환경법제에서 생태 중심적으로 전환해야 '제2의 노아의 홍수'와 '제2의 코로나'를 피할 수 있다.

환경 교과목을 초등학교부터 필수교과로 채택하여 체계적으로 교육함으로써 현세대가 누리고 있는 자연자원이 미래 세대로부터 신탁받은 것임을 깨달아 '공유지의 비극(Tragedy of the Commons)'이 발생하지 않도록 해야 할 것이며, 첨예한 이해관계가 대립하고 있는 난제(이승은·고문현, 2019: 76)인 기후 및 환경 문제의 해결에 기여함으로써 '고라니에게 가스 마스크를 파는' 뉴노멀의 노멀 상황을 피하여(고문현, 2020.6.14) 미래 세대에게 부끄럽지 않은 현세대가 되어야 할 것이다.

6부 경제와 IT

POST COVID-19

KOREA

19

금융

포스트 코로나 시대의 금융계 위기와 혁신

김성엽 (전 하나은행 본부장)

1. 코로나 팬데믹으로 경제계에 닥친 충격

코로나 팬데믹은 사회 경제 전반에 이전에는 경험하지 못한 충격을 안겨주었으며, 이런 영향이 금융권으로 어떻게 전이될 것인지 촉각을 곤두서게 했다. 우리나라 금융은 외환위기, 금융위기에 큰 충격을 받은 바 있다. 특히 외환위기 때 고객들이 불안감으로 은행에서 출금 러시를 이루자 정부는 예금자 보호 한도 금액을 일시 전액으로 상향하는 조치를 취해 위기를 극복하기도 했다. 이후 부실은행을 우량은행에 통합하는 방식으로 은행의 파산이라는 최악의 사태를 피했다. 이는 은행의 파산이 사회 경제적으로 큰 파장을 미치기 때문이었다.

이러한 아픈 과거를 거친 우리나라 금융기관은 코로나 팬데믹으로 인한 리스크 관리에 초긴장하면서 대비했다. 다행히 금융권에 미친 영향은 아직까지 크지 않다. 이는 정부의 대대적인 유동성 완화 정책과 대출 연장 등 각종 지원에 힘입어 실물경제의 충격이 이연되어, 아직까지 본격적인 충격치가 나타나고 있지 않기 때문이다.

코로나19가 확산되던 초기인 3월에 증권사가 단기 유동성 위기에 봉착했으나 한국은행이 4월 16일 임시 금융통화위원회를 열어 추가 유동성 공급 대책의 하나로서 증권사 등을 대상으로 한 회사채 담보 비상대출 프로그램을 내놓으면서 위기가 안정화되었다.

한편 한국은행의 양적완화 정책으로 풍부한 유동성이 주식시장과 부동산시장으로 몰리면서 자산가격은 크게 상승했다. 이런 자산가격 상승과 양적완화가 또 다른 리스크를 유발할 가능성도 배제할 수 없기 때문에 각 금융기관에서는 각 산업의 향후 위험 예상과 함께 살얼음판 걷듯이 리스크 관리에 임하고 있다.

또한 코로나 충격에 따라 대면 접촉에 대한 불안감이 고조되면서 유통, 식당 등 사회 전반에 걸친 영향과 같이 금융권에서도 비대면, 디지털 금융이 더욱 활성화되었다. 사실 이는 그동안 꾸준히 진행되고 있었던 과정이지만 코로나의 강한 충격으로 그 속도가 빨라진 것이다.

금융기관의 '디지털 금융'과 '저금리와 부채급증'을 중심으로 코로나 팬데믹에 따른 변화와 위기 그리고 혁신에 대해서 알아본다.

2. 디지털 금융의 급성장

그동안 사회 변화에 맞춰서 금융의 디지털화도 계속 진행되었다. 은행업의 경우 1980년대 후반을 지나면서 성장의 한계에 도달하여 은행의 미래가 밝지 않았으나 IT에 대한 투자와 인력이 적게 소요되는 영업점 운영 구조를 만드는 등의 노력을 해왔다.

1997년 외환위기를 맞이하여 은행들은 리스크에 노출되면서 구조조정을 거쳐 통폐합되었다. 외환위기 전의 은행은 외형 중심의 성장에 비중을 많이 두었다. 그러나 외환위기를 거치면서 BIS(국제결제은행) 자기자본비율, 당기순이익, ROE, ROA, 리스크 관리 등에 중점을 두고 효율 경영을 추구하면서 미래가 불확실하던 은행산업은 다시 성장의 시기를 맞이하게 되었다. 외환위기 이후 IT 붐이 일어났는데 은행에서도 1999년에 인터넷뱅킹이 시작되었다. 그동안 비대면 거래는 텔레뱅킹을 통해서 이루어졌으나 통신사의 초고속통신망 발전에 발맞추어서 은행 인터넷뱅킹이 발달했다.

그로부터 10여 년간 은행은 안정화되고 내실을 기하면서 성장해 나갔으나 2008년 금융위기로 또다시 위기를 맞는다. 그러나 국내 은행들은 외환위기를 거치면서 탄탄해진 덕분에 이 위기를 비교적 잘 넘겼다. 한편 보다 높은 금리를 위해서 찾았던 저축은행 등 서민 금융기관이 많이 문을 닫았다. 이 시기에 국내에서 2008년 삼성 옴니아폰, 2009년 아이폰이 출시되면서 스마트폰 시대가 열렸고, 일부 은행에서 2009년 12월 스마트폰뱅킹 서비스가 시작되면서 새로운 디지털뱅킹 시대가 열렸다. 스마트폰뱅킹 사용자가 폭발적으로 증가하면서 창구에 내점하는 고객 숫자가 대폭 줄기 시작해 은행의 효율화에 크게

〈표 19-1〉 금융서비스 전달 채널별 업무처리 비중(입출금 및 자금이체 거래건수 기준)[1,2]

(단위: %)

연도	창구	CD/ATM	텔레뱅킹	인터넷뱅킹	전체
2016	10.9	35.7	11.3	42.1	100.0
2017	10.0	34.7	9.9	45.5	100.0
2018	8.8	30.2	7.9	53.2	100.0
2019	7.9	26.4	6.3	59.3	100.0

주 1: 해당 연도 말월의 일별 건수 합계 기준.
주 2: 2016~2018년 수치는 자료제출 기관의 수정·보고사항을 반영하여 수정.
자료: 한국은행(2020.4.1).

기여했다. 이 시기에는 처음 인터넷뱅킹이 시작되었을 때와는 다르게 소비자들의 비대면 거래에 대한 관심이 높아져 있어서 은행별 스마트폰뱅킹 편리성에 따라 만족도 차이가 커지면서 디지털뱅킹을 통한 고객 이탈 및 유입도 나타나기 시작했다.

이처럼 디지털뱅킹이 계속 확대되면서 은행 창구거래가 감소(2016년 10.9%> 2019년 7.9%)하고 인터넷뱅킹(스마트폰뱅킹 포함)이 더욱 증가(2016년 42.1%> 2019년 59.3%)했다. 은행들은 이러한 추이에 따라 2010년대에 들어서면서 오프라인 점포를 줄이기 시작했다. 창구내점 고객 수 감소 외에도 본사의 비용을 제외한 점포당 순이익에서 적자를 시현하는 점포가 늘어난 것도 또 하나의 요인이었다. 높은 임대료와 인건비로 인해 점포 운영의 효율이 더욱 낮아진 것이다. 우리나라 은행 점포는 허가제로 강력한 규제를 하다가 신고제로 바뀌었지만 여전히 오프라인 점포 수가 성장과 직결되어 있었기에 채널 확대는 매우 중요한 성장전략이었다. 하지만 디지털뱅킹이 성장하면서 오프라인 점포에 대한 의존도는 점점 낮아지게 되었다. 새로운 변화가 시작된 것이다.

금융감독원에서 2020년 7월 21일 발표한 바에 따르면, 국내은행 점포 수는 2012년 7,681개에서 2014년 7,383개, 2016년 7,086개, 2018년 6,752개, 2019년 6,710개, 2020년 3월 6,652개로 나타났다. 2012년 이후 2018년까지 연평균 155개 점포가 감소했고, 2019년에는 다소 주춤해서 88개점이 줄었다.

2020년에는 코로나 팬데믹으로 창구내점 고객이 급격히 줄어들면서 은행들은 2020년 1분기에만 126개 점포를 줄였다. 2020년 2~5월 중 인터넷뱅킹, 펌뱅킹 등 전자금융공동망을 통한 계좌이체 규모는 비대면 결제 선호, 주식투자자금 유입(전년 대비 +50.8%) 일평균 60.6조 원으로 전년 동기 대비 더욱 증가(+14.9%)했다. 소비자의 금융거래 흐름이 더욱 빠르게 비대면으로 옮겨가는 상황이라서 점포 축소라는 대세를 거스를 수 없을 것으로 예상된다.

한편 코로나 팬데믹으로 은행 오프라인 점포는 전 세계적으로 더욱 위축되

〈표 19-2〉 주요국 대형은행 조치 현황

은행	주요 내용
JP Morgan Chase	미국 내 5,000개 지점 중 1,000개 임시폐쇄, 영업시간 단축
Capital One	미국 내 461개 지점 중 120개 임시폐쇄
HSBC USA	미국 내 5개주 30개 지점 임시폐쇄
Charles Schwab	미국 내 모든 지점 임시폐쇄
PNC	미국 내 지점 1/3 임시폐쇄, 드라이브스루 창구와 예약 중심으로 운영
BBVA USA	드라이브스루 창구와 예약 중심으로 운영
Desjardins Bank	캐나다 퀘백과 온타리오주 내 872개 지점 중 523개 임시 폐쇄
Lloyds Banking Group	영국 내 1,100개 지점 중 130여 개 지점 임시 폐쇄
TSB	영국 내 500개 지점 중 100여 개 임시 폐쇄, 일부 지점 영업시간 단축
Bank of Ireland	아일랜드 내 262개 지점 중 101개 임시 폐쇄

자료: 한국은행(2020.4.3).

었다. 한국은행 조사에 따르면, 해외 주요국의 은행 경우에도 코로나 상황에서 영업점을 임시 폐쇄한 사례가 많았다. 이러한 상황에서도 디지털화의 진전으로 큰 불편 없이 금융거래가 이루어졌다.

우리나라 금융기관에게는 이번 코로나 팬데믹이 세 번째 큰 파도라고 할 수 있다. 첫 번째 위기와 두 번째 위기를 거치면서 디지털뱅킹을 강화하며 더욱 발전해온 금융기관이 이번에는 언택트(untact, 비대면 접촉)라는 큰 파도 앞에 서있다. 코로나19로 집에서 있는 기간이 길어지면서 언택트 환경이 그 이전과는 비교할 수 없을 정도로 변화하고 있기 때문이다. 이제는 소비자의 디지털에 대한 변화가 무서운 파도가 될 것이다. 한편으로는 빅 테크(big tech) 기업들의 공격 또한 거세다.

코로나 팬데믹 상황에서 디지털의 영향으로 크게 성장한 분야는 증권업이다. 증권사에서 2020년 상반기 고객예탁금(2019년 말 27조 원>2020년 7월 48조 원)과 주식거래대금(2019년 하반기 679조 원>2020년 상반기 1195조 원)은 2019년 대비 약 2배 이상 증가한 것으로 나타났다. 코로나 팬데믹으로 재택 근무

시간이 많아진 사람들이 신규 주식투자자로 대거 참여한 결과인데, 이러한 현상은 디지털뱅킹의 기반이 있었기 때문에 가능했다.

2020년 언택트 환경에서 네이버와 카카오의 주가는 폭등을 이어갔고, 마침내 7월 중순에 시가총액 기준 네이버가 4대 금융그룹을 한때 역전하기도 했다. 이는 새로운 변화의 신호탄이다. 변화의 크기와 속도를 제대로 읽지 못해서 위기에 처하거나 사라진 기업을 이루 다 헤아릴 수 없을 정도다. 스마트폰이 나올 때 그 변화에 따라가지 못한 국내외 기업의 위기도 그중 하나다. 현재 디지털 기술은 하루가 다르게 발전하고 있다. 그 기술을 빨리 접목시키는 것이 중요하다. 특히 은행은 기존 고객이 많기 때문에 그 고객들의 축적된 정보가 많다. 이 정보를 바탕으로 AI, 빅데이터로 고객에게 차별화된 서비스를 제공해야 한다. 사실 금융기관에는 그동안 시간이 많이 주어졌지만 변화다운 변화, 혁신다운 혁신 없이 지금에 이르렀다. 이번 파도에서 떨어져 나가면 금융기관의 미래도 알 수 없다.

카카오뱅크가 2017년에 출범하고 채 2년이 경과되기 전에 천만 고객을 유치하면서 큰 화제가 되었다. 이렇게 많은 고객이 왜 단기간에 몰렸을까? 친숙한 브랜드 이미지와 편리성 그리고 감성 마케팅이 큰 몫을 했다. 천만 고객 돌파 후 고객 증가세는 주춤한 편이지만 이미 확보된 고객은 매우 의미가 있다. 이들 고객을 바탕으로 다양한 교차판매를 늘려가는 마케팅 전략은 어려운 것이 아니다. 이제 크다고 유리한 시대가 아니다. 빠르고 편리한 자가 이기는 시대다.

증권사에서도 좋은 사례가 있다. 키움증권은 2000년 오프라인 지점이 없는 디지털 증권사로 출발하면서 온라인 위탁매매를 시작했는데, 현재 시장의 최강자로 자리 잡았다. 온라인 증권사이지만 소비자의 니즈를 잘 파악해서 빠르고 편리한 디지털 거래 환경하에 저렴한 수수료로 거래할 수 있도록 차별화한 덕분이다. 2020년 7월 7일 이데일리에 따르면, 국내에서 개인 투자자 주식거래 점유율 1위인 키움증권은 올해 상반기 총 144만 개의 계좌가 신규 개설되어 전년 대비 364% 성장해서 비교 증권사 중 1위를 차지했다.

근래 들어 유통의 혁신은 '새벽배송'이 아닐까? 새벽배송은 대형 유통회사가 아니라 '마켓컬리'에서 시작되었다는 점에 주목할 필요가 있다. 대형사는 그런 시도를 하지 않아도 소비자가 찾아오기 때문에 불필요한 비용과 일을 만드는 것이라고 생각했을 수도 있다. 소비자가 '새벽배송'에 만족하면서 빠르게 이탈하리라고 예상하지 못했을 것이다. 기업이 커지면 고객의 소리를 제대로 듣지 못하게 된다. '자기 파괴'를 통한 혁신이 필요하다.

또한 떠오르고 있는 중고물품 거래 플랫폼 '당근마켓'은 모바일 기반으로 서비스에 나선 지 5년 만에 월간 순 방문자 수(MAU) 900만 명(2020년 7월 기준)을 돌파했다. 기존의 중고물품 거래 강자인 '중고나라'가 네이버 카페 기반이어서 불편했던 점을 해결했고, 신뢰성을 높이면서 방문자 수가 증가하더니 코로나 팬데믹으로 폭발적인 성장을 하고 있다. 앞으로 이 플랫폼을 통해 교차 판매가 이루어질 것들이 무궁무진하다.

소비자는 이제 금융업종과만 비교하지 않는다. 이 업종의 디지털 환경에서 경험한 편리성을 금융기관에도 기대한다. 금융기관은 고객의 기대에 따르기 위해서 혁신적으로 변화해야 한다. 은행이나 증권사 등에서 기존 시스템에 의존한 채 고객의 불편을 외면하면 고객의 이탈속도는 빨라질 것이다. 이제 큰 불만이 아니라 작은 불편으로 거래 금융기관을 바꾸는 시대가 되었다. 2020년 8월에 국내 대형 금융기관과 게임업계 강자가 인공지능(AI) 기반으로 투자합작사를 만든다는 발표가 있었다. 이러한 콜라보레이션은 기존에도 있어왔지만 처음 시작할 때 이슈로 반짝 하고 큰 성과를 거두지 못한 사례가 많았다. 이제는 효과를 가시화할 수 있는 협업을 해야 한다.

소비자는 다양한 커뮤니케이션 채널을 통해서 불편함을 이야기한다. 따라서 더 디테일하고 냉철하게 소비자의 목소리에 귀기울여야 한다. 특히, CEO

가 디지털 금융에 대한 깊은 이해를 바탕으로 고객과 현장을 세밀하게 챙기면서 디지털금융을 혁신해야 한다.

무역협회장을 지낸 동원그룹 회장의 『김재철 평전』을 보면 다음과 같은 이야기가 나온다. "외환위기 가능성을 전해들은 오너는 전문경영인에게 몇 번씩이나 문제가 없는지를 다짐받지만 구체적으로 숫자는 확인하지 않았다. 막상 대란이 터지고 나서 1조 원 넘는 돈이 재개발사업에 묶여 있음을 알게 되었다. 훗날 그는 '너무 믿고 맡긴 것이 나의 실책이었다'고 뼈아프게 후회했다. 이처럼 '작은 차이'가 회사를 무너뜨리기도 하고 약진하게도 한다. 자기가 통제할 수 없는 일들이 많다."

아울러 금융감독 당국에서는 기존 금융기관에 대한 역차별적인 규제를 혁신적으로 없애야 한다. 지나친 규제로 인해 향후 발전과 성장의 기회를 놓치게 될 수도 있다. 금융은 더욱 발전시켜 나가야 할 미래 산업이다. 금융 당국에서도 옴부즈맨 제도 등을 통해서 규제 완화에 대한 노력을 많이 하고 있지만 이제 보다 본질적이고 혁신적인 접근이 필요하다. 금융 당국에서는 2013년부터 핀테크 기업을 육성하고 스타트업과 IT기업의 금융업 진출을 장려하기 위해 금융업 진입장벽을 꾸준히 낮춰왔다. 그동안 핀테크 기업을 성장시키도록 지원하는 것에는 나름대로 의미가 있었다고 생각한다. 이제는 변화가 필요한 시점이다. 금융기관들은 '은행법', '여신전문금융업법' 등으로 강력한 규제를 받는 데 비해서 핀테크 기업들은 '전자금융거래법' 아래 느슨한 규제를 받는다. 핀테크 기업은 2013년의 작은 기업이 아니라 빅테크 기업이다. 세부 항목별로 점검을 통해서 공정한 경쟁이 이루어지도록 해야 한다.

3. 저금리와 부채급증(양적완화)

금리하락 추세는 지난 40년 동안 이어진 장기적 현상의 일환이다. 글로벌 채권시장에서 장기금리의 기준이 되는 10년 물 미국 국채금리는 40년 가까이 장기적인 하락 추세를 지속하고 있다. 특히, 2008년 글로벌 금융위기 이후 금리는 지속적으로 인하되어왔다. 이는 우리나라에 국한된 현상이 아니라 글로벌 현상이었다. 글로벌 금융위기를 극복하는 과정에서 미국, 유럽, 일본 등 주요국의 금리인하와 양적완화라는 통화정책으로 글로벌 저금리 현상이 지속되어왔다(송민규, 2020).

우리나라의 경우에도 외환위기에 금리가 크게 치솟은 이후 점차 하락했고, 금융위기에 일시적으로 상승했던 금리도 다시 하락을 지속해왔다. 금리가 하락할 때마다 투자자들은 보다 나은 수익을 창출하기 위해서 새로운 투자 수단을 찾는다.

외환위기 때 부동산 가격은 크게 하락했고 상승 기미가 보이지 않았다. 정부에서는 부동산 거래를 활성화하기 위해서 '분양권 전매 자유' 등 많은 완화 대책을 내놓았고, 2000년대에 시중금리 하락과 풍부한 유동성을 바탕으로 금융기관의 CD 연동형 대출이 신규 출시되어 장단기 금리 차이에 의한 금리인하 효과가 발생해 부동산 투자로 자금이 크게 몰리면서 가격이 급등했다. 이때 상승하는 부동산을 규제하기 위해서 대책을 쏟아내기 시작했지만 상승 분위기는 잡히지 않았다. 2006년까지 부동산은 폭등했고, 2006년 부동산 대책에서 DTI(Debt To Income, 총부채상환비율)라는 대출규제를 전면적으로 시행하면서 부동산 상승이 잡히기 시작했다. 대출 규제를 통해서 시중에 풍부한 유동성 증가를 막은 것이다.

2006년 이후 부동산 안정기에 있다가 부동산 규제 완화와 2014년 8월과 10월의 기준금리 인하를 바탕으로 부동산 투자에 대한 관심이 조금씩 이어졌으나 여전히 미국 금리 인상 가능성과 미국 금리와 연동한 우리나라 금리의 큰 폭 상승 가능성 제기가 투자 부담요인으로 작용했다. 미국이나 우리나라의 급격한 금리 인상에 대한 우려가 해소되고 유동성이 더욱 풍부해지면서 낮아진 금리를 바탕으로 2017년 중반 이후 비교적 안정적이었던 부동산이 크게 상승했다. 이후 수많은 규제가 쏟아졌지만 상승을 막기에는 역부족이었다. 투자심리가 크게 움직였기 때문이다. 코로나 팬데믹으로 경제충격을 줄이기 위해 기준금리를 3월과 5월 두 차례에 걸쳐 0.75%p를 인하함으로써 연 0.5%라는 명실상부한 초저금리 시대가 열렸다. 주택담보대출 증가세는 사상 최고치를 경신하고 있다.

기업의 경우에는 외환위기 당시 1000대 상장기업의 부채비율이 496%였다. 기업들은 외환위기를 거치면서 부채비율이 높은 기업들이 무너지는 것을 보았기 때문에 부채가 얼마나 무서운지 알고 있다. 그 이후 국내 기업들은 부채비율을 꾸준히 낮춰왔다.

한국은행의 '2020년 1/4분기 기업경영분석' 자료에서, 국내 기업의 2020년 1분기 기준 부채비율은 88.0%로 집계되었다. 한국은행은 2018년 말 기준 주식회사 등의 외부감사에 관한 법률 적용 대상 법인기업에서 조사 부적합 업종 등을 제외한 1만 9,884곳 가운데 3,764곳을 표본 조사해 발표했는데, 부채비율은 2018년 이후 다시 증가하는 모습으로 전환되었다. 1분기 기준 2018년 85.4%를 기록했던 부채비율은 2019년 86.7%, 2020년 88.0%이다.

코로나 팬데믹으로 미 연준, 영국 등은 수개월 만에 신속하게 제로 수준으로 기준금리를 인하했다. 미 연준은 "경제가 위험 상황을 극복하고 완전 고용과 물가 안정을 달성할 것이라고 확신할 때까지 현재의 금리 수준을 유지한다"는 포워드 가이던스도 제시했다. 다만, ECB, 일본은행, 스위스중앙은행 등 마이너스 금리를 유지하고 있는 중앙은행은 금리정책 여력이 제한적이어서 금리를 동결했다. 또한 주요국이 양적완화를 재개하여 자산매입을 대폭 확대함에 따라 코로나19 대응에 따른 재정적자 확대 전망에도 불구하고 국채금리 상승을 조기에 차단했다. 미 연준의 경우에는 국채, MBS 외에 CMBS까지 매입대상을 확대하고 매입한도를 두지 않는 무제한 양적완화를 실시했다. 이러한 노력으로 단시일 내에 금융기관과 신용시장에 자금을 공급하여 금융시장 안정을 도모했다(박성욱, 2020).

우리나라는 3월에 증권사가 유동성 위기에 봉착했다. 증권사에서 손실을 피하기 위해 헤지(위험회피)를 걸어놓은 ELS에 대해 마진콜(추가 증거금 요구)이 하루 최대 1조 원 넘게 발생하면서 몇몇 증권사들이 단기 유동성 위기에 빠진 것이다. 한국은행은 4월 16일 임시 금융통화위원회를 열어 추가 유동성 공급 대책의 하나로 증권사 등을 대상으로 한 회사채 담보 비상대출 프로그램을 내놓는 등의 노력으로 위기를 넘겼다.

또한 코로나 팬데믹 이후 은행권은 지난 2월부터 정부의 코로나19 금융지원 방침에 따라 중소기업과 소상공인을 돕기 위해 원금상환 만기를 연장하고 이자상환도 유예했다. KB국민, 신한, 하나, 우리, NH농협 등 5대 시중은행에

〈표 19-3〉 M2(광의통화, 평잔)

(단위: 십억 원, %)

시점	지표	전년 동기 대비 증감률
2016	2,342,621.30	7.3
2017	2,471,225.60	5.5
2018	2,626,902.00	6.3
2019	2,809,943.70	7
2019.6	2,799,248.00	6.7
2019.12	2,912,434.10	7.9
2020.4	3,015,816.40	9.1
2020.5	3,046,050.50	9.9
2020.6	3,077,284.30	9.9

자료: 한국은행.

서 납기를 연장해준 대출 규모가 39조 원에 이른다. 만기연장·납입유예 시한이 9월 말로 다가오면서 금융 당국과 은행들은 재연장에 대해서 많은 협의를 했다. 은행권 일부에서는 추후 이자도 못 내는 기업의 부실화 가능성이 클 수 있는데 이로 인해 은행들의 리스크 관리에 대한 부담이 크다는 입장이었다.

사실 유동성은 글로벌 금융위기 이후 꾸준히 증가해왔는데, 코로나 이후 더욱 증가하게 되었다. 한국은행의 자료를 보면 2020년 4월 말 기준으로 M2(광의통화)는 사상 처음 3,000조 원을 돌파했다. M1은 금융기관 이외의 민간 부문이 보유하는 현금통화, 예금통화, 준통화 등의 잔고를 말하고, M2는 M1에 정기적금, 정기예금과 같은 은행의 저축성 예금과 거주자 외화예금까지를 포함한다.

금융기관에서는 코로나 팬데믹으로 유동성 부족에 처한 기업과 가계를 지원하기 위해서 자금을 꾸준히 지원했다. 5월 은행권 기업대출 증가율은 전년 동월 대비 11%를 기록했고, 지난 4월(10%)보다 1%p 더 올랐다. 정책금융기관과 시중은행 등의 소상공인 1차 금융지원 프로그램도 6월까지 13조 4,000억 원이 풀렸다.

가계에 직접적으로 뿌려진 '긴급재난지원금'도 14조 원 규모로 편성되어서 약 99%가 지급, 8월 말까지 대부분 사용되었다. 4월 기준 국내 본원통화(현금통화+지급준비금) 규모가 200조 원에 달하는 상황에서 유동성이 약 7% 증가했다. 이러한 상황에서 7월 3일에 3차 추경안 35.1조 원이 통과되었고, 이 추경안으로 유동성 확대와 국가부채가 더욱 증가하게 되었다.

또한 한국은행에서 2020년 7월 9일에 발표한 '2020년 6월 중 가계대출 동향(잠정)'에 따르면, 2020년 6월 중 전 금융권 가계대출은 8.5조 원 증가했는데, 이는 전년 동월(+5.1조 원) 대비 3.4조 원 확대, 전월(+3.9조 원) 대비 4.6조 원 확대되었고, 6월 말 전 금융권 가계대출 잔액은 전년 동기 대비 5.4% 증가했다.

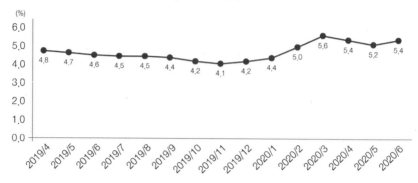

〈그림 19-1〉 전 금융권 가계대출 증가율(전년 동기 대비)

자료: 한국은행(2020.7.9).

민간부문 부채가 앞으로 어떤 모습을 보일까? 그 예측을 하기는 쉽지 않다. 다만 코로나 팬데믹이 쉽게 끝나지 않을 것이라는 점을 감안하면 민간 부채는 더 증가할 수 있다. 또한 코로나 팬데믹 종료 이후에도 경제 연착륙을 위해서는 풍부한 유동성을 바로 회수하기가 쉽지 않을 것이다. 경제 충격을 최소화하기 위해서라도 점진적으로 회수해야 할 것이다. 그럼에도 불구하고 양적완화를 마무리하면서 유동성을 회수하는 쪽으로 방향을 전환하는 시점은 투자환경에 큰 변곡점이 되기 때문에 주의해야 한다. 양적완화의 기간이 길어지고 유동성이 확대될수록 회수시점의 충격은 더 클 것이다.

블룸버그가 선정한 세계 1위 미래학자인 제이슨 솅커는 저서 『코로나 이후 세계』에서 "금융의 미래를 내다볼 때 큰 과제 중 하나는 미국의 국가부채가 갈수록 불어난다는 점이다. 경제학자, 연방공개시장위원회 위원, 연준 의장 등 모두가 한목소리로 국가부채가 심각한 수준이어서 장기 경제성장률에 부정적 영향을 끼칠 수 있다고 경고했지만, 씨알도 먹히지 않았다. 단지 우울한 과학자들만이 카산드라처럼 남아 불길한 미래를 쓸쓸히 점치고 있을 뿐이다" 라고 미국 국가부채 증가에 대해 우려의 시각을 나타냈다.

금리는 경제가 획기적인 변화로 고성장으로 바뀌지 않는 한 초저금리를 당분간 벗어나기 어려울 것이다. 한국금융연구원에서 2020년 5월에 발표한 '제로금리 시대, 금융시장의 리스크와 대응과제'(송민규)에서도 "코로나 팬데믹이 진정되더라도 글로벌 저금리 추세가 지속되는 가운데, 우리나라의 저금리 기조도 장기화될 가능성이 높다. 따라서 저금리 장기화에 따른 금융부문의 잠재적 리스크와 대응 방안에 대해 검토할 필요가 있다"고 주장한다.

4. 포스트 코로나 금융

불확실성의 시대다. 한 치 앞을 내다보기 어렵다. 따라서 금융기관은 물론이고 기업이나 개인 모두 리스크 관리를 최우선으로 생각해야 한다. 리스크 관리가 중요하다는 것을 모르는 사람은 없다. 그러나 리스크 관리 마인드가 확고하지 않거나 디테일한 부분에 관심이 부족하면 위험에 처할 수 있다. '설마' 하면 안 된다. 일본에서 기업 컨설팅을 하는 '비즈니스뱅크사'의 대표 하마구치 다카노리는 저서 『사장의 일』에서 다음과 같이 이야기한다. "100-1=99 라고 생각하는가? 비즈니스 세계에서는 다르다. 100-1=0이 될 위험성이 있다." 리스크 관리는 최악의 상황을 가정하고 대비하는 것이다.

큰 기업으로 성장하지는 못했더라도 오랫동안 존속하는 기업들은 리스크 관리를 잘해왔고, 자금관리를 보수적으로 해온 기업들이다. 그들은 남들이 주식이나 부동산 등의 투자나 사업의 레버리지를 극대화할 때도 소신을 갖고 회사를 안정적으로 탄탄하게 키워왔고 현금을 중요하게 관리했다. 최악의 상황을 가정하면서 선제적으로 움직여야 한다.

또한 소비자에 대한 집중과 혁신성을 강화해야 한다. 금융기관의 디지털 금융은 미래의 생존 조건이다. 모든 기업이 관심을 가져야 할 사항이다. 혁신은 잘나갈 때는 쉽지 않다. 코로나 팬데믹은 큰 위기이기는 하지만 혁신하기에는 최고의 기회다. 이를 활용하면 큰 성장의 계기가 될 것이다. 소비자에게 집중해서 불편을 제거하고 편리성을 높이는 것이 중요하다.

포스트 코로나 시대의 산업 전망

김수욱 (국가자산관리연구원 원장, 세계온라인학술협회 회장)

전 세계적으로 감염병이 갑작스럽게 돌면서 우리는 새로운 국면을 맞이하게 되었다. 2020년 3월 11일에 WHO가 팬데믹 선언을 한 이후, 아직까지 치료제 개발이 진행 중이고 코로나19의 종결은 예측이 불가능한 상황이다. 질병의 확대 범위가 한층 넓어지면서 과거의 SARS나 메르스 때보다 전반적으로 글로벌 경제에는 훨씬 부정적인 영향을 끼칠 것으로 파악되고 있으며 중국이 현재 글로벌 밸류체인의 중심에 있고, 전 세계 소비에서 차지하는 비중도 막대한 만큼 코로나19가 중국에 미친 여파와 더불어 미국에 미친 부정적인 영향은 글로벌 경제를 흔들고 냉각시킬 것으로 전망된다(삼일회계법인, 2020: 3). 이러한 생각지도 못한 변화에 많은 국가들이 당황했지만, 코로나19가 유행한 지 몇 달이 지난 지금은 이전과는 완전히 다른 포스트 코로나19 시대가 열리면서, 산업 동향은 이전과는 다르게 크게 변하기 시작했다.

1. 통신, 미디어, 엔터테인먼트 산업

WHO의 팬데믹 선언 이후, 전 세계적으로 이동이 제한되고 대중집회가 금지되면서 온라인을 제외한 오프라인 엔터테인먼트 행사들은 대부분 중단되거나 연기되었다. 영화 제작사들은 개봉을 연기했고, 공연 및 스포츠 업계는 잠정적으로 대부분 행사를 연기했다가 최근 무관중 또는 사회적 거리 두기를 통해 천천히 행사를 재개하고 있다. 하지만, 오프라인 소비가 줄어들면서 현재 영화관을 방문하는 관객 수도 현저히 줄었으며 많은 영화는 개봉을 미루고 개봉하지 않고 있는 실정이다. 영화진흥위원회에 따르면 2020년 3월 극장 관객 수는 183만 명으로 전년 대비 8분의 1가량 줄어들었으며 2004년 이후 월별 최저치를 기록했다. 하지만 코로나19가 장기화하면서 현재 오프라인에서 영화를 소비할 수 있을지는 의문이다.

오프라인 엔터테인먼트는 급격한 하락세를 보였지만 이에 반해 코로나19로 인해 온라인 콘텐츠의 수요는 급격히 증가했다. 데이터 소비 및 주문형 비디오의 수요가 증가하면서 전반적인 실적은 선방할 것으로 예상된다(딜로이트, 2020: 5). 또한, 미국의 버라이즌(Verizon)에 따르면, 비디오 스트리밍은 12%, 온라인 게임은 75% 증가하면서 온라인 엔터테인먼트 산업의 성장을 볼 수 있게 되었으며 이와 함께 OTT, 5G, AR/VR 기술이 함께 성장했다.

실제로 넷플릭스의 1분기 신규 가입자 수는 1,577만 명으로 대부분의 가입은 코로나19가 시작된 3월에 이루어진 것으로 확인되었다(삼정 KPMG 2, 2020: 19). 이에 따라서 갑자기 증가한 이용자 수를 감당하기 위해 넷플릭스는 전체적으로 모든 콘텐츠의 화질을 살짝 저하시켰다. 넷플릭스의 매출액은 전년 동기 대비 약 28%가 증가한 57억을 기록했다(삼정 KPMG 2, 2020: 20). 또한, 디즈니에서 자체적으로 만든 스트리밍 서비스인 디즈니 플러스(Disney+)의 수요도 급증한 것으로 알려졌으며 넷플릭스처럼 마찬가지로 급증한 이용자 수를 감당하기 위해 전체적으로 콘텐츠의 화질들을 모두 조금 저하시켰다. 더불어, 앱 분석 업체인 와이즈앱의 발표에 따르면 넷플릭스는 국내에서 2020년 3월 넷플릭스 사용자가 2월 대비 22% 증가했으며 서비스 총 사용 시간 또한 2월 대비 34% 증가하면서 역대 최고치를 기록했다. 국내 OTT 서비스인 웨이브(wavve)는 2020년 1월부터 3월 1일까지 총 스트리밍 시청 시간은 16% 그리고 영화 구매량은 19% 증가했다고 발표했다(삼정 KPMG 1, 2020: 21). 스트리밍 서비스나 콘텐츠 결제를 통해 집에서 영화를 시청하거나 드라마 시리즈를 즐기는 사람이 증가하면서 코로나19의 장기화가 예측되는 상황에서 스트리밍 서비스의 전망은 긍정적일 것으로 예상된다. 이처럼, 과거 오프라인으로 소비하던 소비 패턴이 온라인으로 이동하여 소비되는 경향이 나타나고 있다. 다양한 IT 회사들과 미국 방송사들도 개별적인 스트리밍 서비스를 선보이고 있고 앞으로 영화나 드라마와 같은 콘텐츠들은 디지털화되어서 스트리밍 서비스를 통해 온라인으로 소비될 것으로 예측된다. 이러한 변화에

〈표 20-1〉 2020년 미국 내 개봉이 잠정 연기된 영화들

스튜디오	영화제목	개봉 예정
유니버설 (Universal Studios)	프로미싱 영 우먼(Promising Young Woman) 더 포에버 퍼지(The Forever Purge) 프레이즈 디스(Praise This)	4월 17일 7월 10일 9월 25일
워너브라더스 (Warner Bros)	말리그넌트(Malignant) 가제(Untitled Fred Hampton Film) 마녀들(Witches)	8월 14일 8월 21일 10월 9일
디즈니/20세기 (Disney/20th Century Fox)	앤틀러스(Antlers) 우먼 인 윈도우(The Women in the Window)	4월 17일 5월 15일
A24	그린 나이트(The Green Knight) 세인트 모드(Saint Maud)	5월 29일 7월 17일
소니(Sony Pictures)	더 라스트 베르메르(The Last Vermeer)	5월 22일
파라마운트(Paramount)	스펠(Spell)	8월 28일
라이온스게이트(Lionsgate)	런(Run)	5월 8일

주: 2020년 7월 1일 기준.
자료: 하은선(2020).

맞춰 최근 영화들은 개봉과 동시 스트리밍 서비스에도 해당 영화를 올리거나 〈사냥의 시간〉처럼 오프라인 개봉을 포기하고 스트리밍 서비스와 독점 계약을 맺고 공개하는 형식을 보이고 있다. 유니버설픽처스 또한 최근 개봉작들을 모두 스트리밍 서비스에 출시할 예정임을 밝혔다(삼정 KPMG 2, 2020: 20). 이처럼, 콘텐츠 산업은 코로나19라는 패러다임 변화에 발맞춰 디지털화로 빠르게 변화하고 있으며 전망도 긍정적이다.

더불어 코로나19의 영향으로 공연 산업의 핵심인 콘서트도 오프라인에서 행사가 불가능해지자, 다양한 방송국과 기획사에서는 온라인 콘서트를 선보이기 시작했다. 현재 사회적 거리 두기로 인해 많은 가수들은 개최 예정이었던 콘서트 및 뮤지컬을 대부분 취소했고 공연 산업은 모두 멈추었다. 하지만, 최근 공연을 온라인으로 진행하면서 많은 사람들이 집에서도 관람하며 참여하는 형식을 선보이기 시작했다. 아이돌의 경우 젊은 소비층이 많은 유튜브나 V앱과 같은 실시간 스트리밍 서비스를 이용하여 마치 직접 콘서트에 간 것처럼 공연하는 가수들의 모습을 보면서 댓글로 소통하는 인터렉티브 미디어가 발달하기 시작했다. 실제로 방탄소년단이나 슈퍼엠, 그리고 (여자) 아이돌은 온라인 콘서트를 성공적으로 개최하면서 AR 기술과 같은 다양한 기술을 활용하여 더욱 현장감 있는 콘서트를 오프라인 대신 온라인으로 선보이면서 새로운 공연 사업의 시작을 알렸다. 또한, 미국에서는 방송사들이 연합하여 'One World: Together at Home'이라는 자선 콘서트를 개최하면서 다양한 플랫폼을 통해 생방송 진행하기도 했다. 해당 콘서트는 전 세계에서 337만 명 이상이 시청하면서 온라인 콘서트의 성공 가능성을 보여주었다. 코로나19로 인해 피해를 입은 공연 산업도 공간에 제약을 받지 않고 즐길 수 있는 온라인 공연 구성을 통해 전망이 보다 긍정적일 것으로 예측되며 이제 공연 산업의 문화도 디지털화되면서 크게 바뀔 것으로 예상된다.

게임 산업은 사실 온라인이 주 플랫폼이기 때문에 비대면 문화의 영향을 다른 산업에 비해 비교적 덜 받았지만, 홈이코노미에서는 주요 산업으로 꼽히고 있다. 코로나19로 인해 외부 활동에 제약을 받으면서 받는 스트레스, 업무 환경 및 공부 환경의 변화로부터 오는 스트레스들에서 벗어나기 위해 게임을 하는 것으로 파악된다. 특히 게임이라는 특수한 가상공간에서 친구들을 만나거나 새로운 친구들을 사귀면서 사회적 관계를 맺으며 유희를 얻는 이들이 많아지면서 게임의 소비는 증가하고 있다. 홈이코노미로 인해 볼 수 있는 게임 산업의 주요 트렌드 변화는 크게 두 가지이다. 첫째, 모바일 게임의 이용 증가이다. 스마트폰을 활용하여 간단하게 접근할 수 있는 모바일 게임이 진입장벽이 높고 어려운 게임보다는 더 쉽게 사용되어 사용량이 증가한 것으로 파악된다. 어려운 게임을 하기 위해서는 고급 장비와 게임 능력이 필요하기 때문에 시작이 어려운 반면, 모바일 게임은 스마트폰을 활용하여 쉽게 언제든지 할 수 있기 때문에 더욱 선호도가 높은 편이다. 특히, 스마트폰을 필수로 가지고 있는 현대인들에게는 더욱 적합한 게임 형식으로 볼 수 있다. 둘째, 코로나19로 인해 운동이나 사회활동이 제한되기 때문에 이를 해소할 수 있는 대체재로 게임들이 큰 인기를 얻기 시작했다(삼정 KPMG 2, 2020: 18). 헬스장과 같은 다중이용시설이 제한되자 육체적 스트레스를 해소하기 위해 Just Dance, Wii Fitness처럼 직접 몸으로 체험할 수 있는 피트니스 게임이 급부상하고 있다. 또한, 사회활동이 제한된 현대인들은, 온라인 공간에서 하지 못하는 사회활동을 이어나가려고 하고 있으며 그 결과 '동물의 숲'과 같이 평화롭고 소소하게 즐기면서 NPC 친구들이나 실제 친구들과 사이버 공간에서 만나며 사회활동을 이어나가는 게임이 크게 인기를 얻었다. 이처럼 코로나19로 인해 홈이코노미가 핵심 동향으로 자리 잡으면서 게임 산업의 전망도 주목해볼 만하다.

경기침체를 극복할 방안으로 5G 투자가 거론되는 만큼, 통신 산업도 코로나19 이후에 긍정적인 성장을 보일 것으로 파악된다. 과학기술정보통신부와 통신 3사는 2020년 상반기 5G 등 투자 규모를 2.7조 원에서 4조 원으로 확대하기로 했다. 통신망 투자가 ICT에 미치는 영향을 고려할 때 경제 활성화 효과가 있다고 예상되고, 재택 근무, 비대면 업무 증가 등 비대면 사회로 전환하는 생활 환경의 근본적인 변화로 인해 정보통신장비 수요 증가와 전산 환경 고도화가 필요해졌기 때문이다(딜로이트, 2020: 5). 중국 또한 경제성장률의 전망이 하향 조정되고 있는 만큼, 5G에 대한 투자를 가속화하여 이를 활용함으로써 경기침체를 극복하려는 것으로 파악된다. 중국 사업자들은 2020년에서 2025년까지 1,600억 달러 이상을 모바일 CAPEX에 지출할 것으로 예상되며 그중 약 90%는 5G 네트워크에 투자될 예정이다(딜로이트, 2020: 6).

2. 반도체 산업

코로나19 이전부터 하락세를 보이던 반도체 산업은 코로나19 이후 업계의 불확실성을 유발하면서 불안감이 고조되고 있다. 경제 활동 제한으로 소비심리가 위축되면서 스마트폰과 같은 IT제품들의 판매가 부진할 것으로 예상되며 코로나19가 장기화된다면 이와 관련된 전반적인 산업들의 침체로 인해 메모리 반도체의 출하량이 감소할 것으로 예측된다. 또한 글로벌 기업들의 반도체 생산기지들은 대부분 중국에서 전염병 관련 문제가 적은 곳으로 이전할 가능성이 높은 것으로 파악되며 그 과정에서 글로벌 반도체 장비 기업들인 ASML과 AMAT가 공장 가동을 중단할 것으로 보인다(삼정 KPMG 1, 2020: 14). 하지만, 긍정적인 영향도 있다. 코로나19 이후 재택 근무, 온라인 게임, 엔터테인먼트 서비스의 수요가 증가하면서 데이터 트래픽이 폭증하여 메모리 반도체 수요가 성장세를 나타낼 것으로 보인다(딜로이트, 2020: 7). 특히 북미와 중국에서 영화 및 게임 등의 콘텐츠 소비량이 증가하면서 이로 인해 온라인 트래픽이 증가하고 있다. 이러한 온라인 트래픽 증가는 데이터 센터 확장으로 연결될 수 있으며 이는 메모리 반도체의 수요를 증가시킬 수 있는 요인으로 파악된다. 더불어, 반도체 산업은 특성상 고도로 자동화되어 있기 때문에, 다른 제조 산업들보다 노동력 부족 및 인력 이동 제한의 영향이 적으므로 코로나19의 영향을 상대적으로 더 적게 받을 것으로 파악된다. 따라서, 전반적으로 코로나19가 반도체 산업에 미치는 영향은 제한적일 것으로 보인다. 하지만, 삼정 KPMG에서 지적했듯이, 반도체 공급보다는 수요 측면에서의 회복 속도가 반도체 업계의 전망 및 앞으로의 영향을 좌우할 것이다(삼정 KPMG 1, 2020: 14).

국내 반도체 산업의 경우, 코로나19 상황에서도, 전년 대비 10~20% 매출 상승을 보이는 것으로 파악된다. 특히 현재 국내 반도체 기업들은 공장 가동에 문제없이 생산을 이어나가면서 한국의 2월 반도체 수출은 전년 동월 대비 8.8%, 그리고 3월 1일부터 20일까지는 전년 동기 대비 20.3%의 상승률을 보이고 있다(딜로이트, 2020: 7).

3. 자동차 산업

자동차 산업의 전망은 전반적으로 부정적일 것으로 파악된다. 자동차 산업은 완성된 차와 부품 제조업체 간에 유기적으로 연결되어 있어 이번 코로나19의 확산이 전 세계적으로 공급망의 붕괴를 초래하면서 글로벌 자동차 업계들의 자동차 생산에 큰 타격을 주었다(딜로이트, 2020: 9). 현재 대부분의 글로벌 자동차 기업들은 자국 및 해외 공장의 가동을 중단시켰으며 국내 자동차 기업들의 경우도 마찬가지로 국내외 자동차 수요 위축과 부품 공급 차질과 같은 문제점이 발생했다. 현재 코로나19로 인해 자동차 생산이 중단되고 수요가 위축되면서 2020년 1분기 전 세계 자동차 판매는 작년 동기 대비 35% 급감할 것으로 전망된다(삼정 KPMG 1, 2020: 7). 또한, 산업통상자원부에 따르면, 2020년 2월 국내 자동차 내수 판매는 전년 동월 대비 18.8% 그리고 수출은 25.0% 감소했으며 2020년 3월에는 국내 자동차 부품 업계의 평균 가동률이 50~70% 수준으로 하락하면서 부품 공급에 심각한 차질이 생기고 있음을 볼 수 있다. 국내에서는 소비를 증가시키기 위해 3~6월 동안 개별소비세를 한시적으로 인하하여 소비가 촉진될 것으로 예상되었으나, 코로나19의 빠른 확산과 증시 하락으로 국내외 자동차 산업에 대한 불확실성은 이어질 전망이다. 이는 완성차 업체인 현대자동차와 기아자동차를 통해서 볼 수 있는데, 현대자동차와 기아자동차의 경우에도 상품성 높은 전략 차종의 연쇄적인 출시와 시장의 호평으로 2020년 실적에 많은 기대를 모았으나, 최근 좋은 성과를 냈던 미국과 유럽 시장에서의 판매 타격과 공장가동 중단 소식이 잇따르면서 코로나19로 인한 실적 피해가 불가피한 것으로 파악된다(딜로이트, 2020: 9).

4. 유통 산업

유통 산업은 코로나19의 영향을 가장 직접적으로 받은 산업 중 하나이자 온라인과 오프라인의 양극화가 심하게 생긴 대표적인 산업 중 하나이다. 코로나19로 인해 해외여행, 국내여행, 외출에 제한이 생기면서 오프라인 유통업체들은 큰 타격을 입었지만, 온라인 유통 산업은 큰 이익을 얻은 것으로 분석된다. 코로나19로 인해 안전하게 온라인을 통해 구매하는 소비자가 증가하면서 도입률 또한 증가하고 있다. 국내에서는 코로나19 확진자 방문에 따른 임시 휴업 매장의 매출 손실, 해외 입출국객 감소와 중국 소비 위축 등으로 인한 면세점과 백화점 매출 타격, 집합시설 기피로 인한 백화점 및 대형 마트, 전통시장의 영업 축소가 불가피한 상태이다. 실제로 소비자들의 외출이 감소하면서 오프라인 유통 채널의 매출이 타격을 입고 있는데, 2월 백화점 매출액은 전년 동월 대비 30.6%, 할인점 매출액은 19.6% 감소했다. 미국 또한 유사하게 오프라인 대형 마트나 대형 쇼핑몰들은 매장을 임시 휴업하면서 큰 피해를 보았다. 오프라인의 매출은 감소한 반면 온라인의 매출은 급증했다. 직접적으로 외출하지 않고 간편하고 안전하게 원하는 것을 구매할 수 있다는 장점을 가진 온라인 유통 플랫폼의 사용량이 크게 증가했다. 그중에서도 모바일 쇼핑이 가장 크게 증가했는데, 1월 온라인 쇼핑 총 거래액은 전년 동월 대비 15.6% 증가했으며 식료품 구매, 음식 배달 그리고 생활 필수용품 상품군에서 온라인 쇼핑을 통한 거래가 급격하게 증가했다(딜로이트, 2020: 14). 미국에서도 온라인 식료품 배달 앱의 다운로드 수가 급증했으며 아마존의 경우 코로나19 이후 온라인 쇼핑량이 급증해서 추가적으로 직원을 약 10만 명 더 채용했다.

앞으로도 코로나19 패러다임 변화에 맞춰 유통 산업은 변화할 것으로 예상된다. 기존보다 온라인 플랫폼이 더욱 발전할 것이며 많은 소비자 니즈를 충족시키기 위해 더욱 다양한 상품들을 제공할 것으로 예측된다. 또한, 사회적 거리 두기로 인해 외식을 피하는 소비자가 많아진 만큼, 대형 마트나 온라인 유통 산업은 간편하게 식사할 수 있는 신선식품 위주로 성장할 것으로 파악된다. 유통 산업의 전망은 일부만 부정적이며, 전체적으로는 다소 긍정적일 것으로 예측된다.

5. 항공 및 호텔 산업

항공·여행·호텔 산업은 코로나19로 가장 큰 영향을 받았으며 향후 전망도 부정적이다. 우리나라를 포함한 미국, 유럽, 중남미, 동남아 등 전 세계적으로 코로나19 확진자가 지속적으로 증가하면서 인적·물적 이동에 제한이 가해지고 있다. 국내의 경우, 2월 항공 여객 수는 전년 동월 대비 43.4% 감소했으며, 국제민간항공기구의 분석에 따르면 한국 노선 취항 항공사들의 매출액은 기존 계획 대비 약 11억~12억 달러 감소할 것으로 예측된다. 항공사 운항의 제한으로 많은 항공사는 채권 발행에 어려움을 겪고 있으며 실제로 이미 무급 휴가 조치, 근로 시간 단축, 교대 근무, 임금 삭감, 감축, 휴업을 진행하여 비용 절감 조치를 취한 것으로 알려졌다. 더불어, 기존의 운항 편수뿐만 아니라 운항 편당 이용객 수도 급격하게 줄어들고 미국과 유럽의 확진자 수가 꾸준하게 증가하면서 향후 항공기 운항이 불투명해지면서 항공 산업의 미래 수익성은 크게 악화할 것으로 보인다. 미국과 유럽의 경우, 국제민간항공기구의 분석에 따르면, 미국과 영국 및 아일랜드 포함을 포함한 셍겐조약 지역의 모든 항공편이 중단될 경우 기존 계획 대비 한 달에 약 550만 명의 승객이 줄어들고, 이탈리아는 코로나19로 1분기에 기존 계획 대비 약 9억 달러의 손실을 입을 것으로 예상되었다(딜로이트, 2020: 16). 실제로 이탈리아의 알리탈리아 항공은 심각한 경영 악화로 이탈리아 정부가 긴급 자금 지원 및 국영화를 결정했다.

호텔 산업 또한 매출이 크게 감소할 것으로 전망된다. 국가 간 이동 제한으로 외국인 관광객들의 국내 방문이 줄어들면서 객실 수입이 크게 감소할 것으로 파악된다. 2013~2018년 사이 외국인 관광의 증가로 관광호텔 이용객 중 객실 이용객의 외국인 비중이 약 44.2%를 기록하면서 지난 10년간 외국인 관광객 의존도가 더욱 높아진 상황에서, 코로나19로 인한 여행 제한의 영향은 과거보다 훨씬 더 클 것으로 예측된다. 또한 내국인들의 사회적 거리 두기로 인해 단체 활동 등이 제한되면서 세미나, 결혼식 등 다양한 행사들이 취소되어 호텔들의 관련 부대시설 매출이 감소할 것으로 전망된다. 특히, 부대시설 수입 비중이 높은 5성급 특급 호텔들을 중심으로 매출 감소의 여파가 클 것으로 예측된다(삼정 KPMG 1, 2020: 12). 이미 다수의 3~4성급 호텔들이 임시 휴

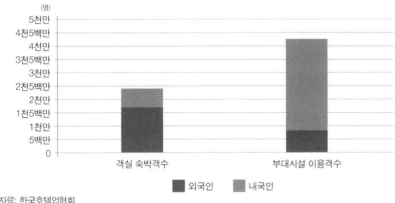

자료: 한국호텔업협회.

업을 결정했으며 워커힐 호텔도 객실 영업을 잠시 중단하는 등 다수의 호텔들이 객실 영업까지 임시로 중단하면서 호텔 산업의 향후 전망은 불투명한 것으로 파악된다. 코로나19가 종식되고 안정화되어서 국가 간 관광객 이동이 자유로워지기 전까지는 전체적인 수입이 크게 줄어들 것으로 예측된다.

6. 정유 및 석유화학 산업

코로나19로 인해 정유 및 석유화학 산업의 전망은 일부 부정적일 것으로 보인다. 유가 하락의 영향과 앞서 설명한 항공 산업의 침체로 인적·물적 이동 제한으로 인해 수송용 연료 수요 감소가 전 세계 석유 수요의 감소로 이어질 것으로 파악된다. 국제에너지기구는 최악의 경우에 원유 수요가 전년 대비 약 73만 배럴 감소할 것으로 전망했다(딜로이트, 2020: 18). 전 세계 석유제품의 수요가 빠르게 감소하면서 정제 이후 제품 가격이 원재료 가격 아래로 거래되면서 정제 마진이 하락하고 있다. 두바이유 가격이 배럴당 평균 29.01달러지만, 3월 3주차 기준으로 가공제품인 휘발유 가격은 배럴당 27.98달러를 기록했다. 또한 전 세계 주요 도시에서는 코로나19로 인해 교통 혼잡도가 감소하면서 도로 주행용 연료 소비의 감소가 두드러질 것으로 전망하고 있다(삼정 KPMG 1, 2020: 16). 현재 국제 유가는 20달러대 초반까지 폭락했으며, 정유업계 주가가 함께 추락하는 등 타격을 받고 있다. 가스 역시 악영향을 받고 있는데, 주요국 경제 위축에 따른 전력 및 에너지 소비 급감으로 LNG 가격 하락 가능성이 커졌다. 국내 정유사의 수출 의존도는 약 50%이며, 이 중 중국에 대한 수출이 20% 정도이기 때문에 중국 수요의 회복 여부가 가장 중요하다. 글로벌 유가 요인의 불확실성으로 인해 정유업의 회복이 어려울 것으로 예측되는 상황이며 상황이 장기화할 경우에는 주요국 수요 감소와 자국의 수요 급감으로 인해 산업 전반의 공급 과잉이 장기화될 가능성이 있다(딜로이트, 2020: 18).

석유화학 산업의 경우 유가 하락에 따른 원료인 납사 가격이 떨어지고 있으며, 합성섬유 체인은 미국과 유럽의 폴리에스터 수요 부진으로 인해 원료 가격의 하락세가 지속될 것으로 예상된다. 하지만, 글로벌 석유화학 수요의 30~40%를 차지하는 중국의 전방 산업 가동률이 점차 상승하고 있기 때문에, 화학제품 소비가 개선될 것으로 전망된다(삼정 KPMG 1, 2020: 16). 하지만, 이 또한 자동차 산업과 같은 전방 산업의 침체로 수요측에서 충격이 발생할 가능성이 있다. 만일 코로나19 상황이 현재보다 호전된다면 전 세계 석유화학 제품의 수요가 점차 회복되겠지만, 중국발 공급 과잉으로 인해 경기회복 이후에도 업계 전망은 긍정적이지 않을 확률이 높은 것으로 파악된다(딜로이트, 2020: 18).

국내 석유화학 산업의 경우 수출 물량의 절반가량이 중국에 수출되는데, 중국 국가통계국에 따르면 올해 1~2월 중국 산업생산이 전년 동기 대비 13.5% 감소하여 석유화학 산업에 큰 타격을 줄 것으로 예측된다. 현재 중국 기업의 정상화율이 98%까지 상승했다고 보도되지만, 지속적으로 회복 추이를 지켜볼 필요가 있다. 원유 가격이 하락하면 원가 절감의 효과가 있지만, 현재로서는 주요 석유화학 제품의 가격이 함께 하락하고 있기 때문에 수익성 회복 측면에서는 지속적으로 불확실성이 커질 것으로 예상된다. 하지만, 상반기글로벌 화학업체들이 정기 보수를 진행하고 중국 내 대규모 석화설비 증설 일정이 지연될 경우에는 스프레드 개선이 이루어질 수 있다(딜로이트, 2020: 18).

전반적으로 코로나19가 장기화되면 정유 산업과 화학 산업의 재무구조가크게 훼손될 수 있기 때문에, 지속적으로 강도 높은 모니터링이 필요하고 유가 변동이나 코로나19 확산과 같은 외부 충격에 따른 대응 방안을 마련할 필요가 있다(하나 산업정보, 2020).

7. 철강 및 조선해운업

코로나19의 확산으로 인해 중국 내 철강 주요 산업의 조업 중단으로 철강제품에 대한 수요량이 급격하게 감소하는 반면 재고량이 급증하는 등 중국 내수급에 차질이 발생했다. 재고량 급증에는 코로나19 이후 철강제품 수요 감소, 제품 수송 차질 문제, 가격 하락 등 다양한 원인이 있다. 일반적으로 계절적 비수기인 겨울부터 재고량이 늘어나고 있었는데, 코로나19 확산 방지를 위해 자동차 및 가전 산업과 같은 전방 산업들의 생산공장 및 철근 소비가 많은 공사 현장이 운영을 중단하면서 예상치 못하게 재고량이 급증한 것이다. 이로 인해 국내 제품 또한 가격 하방 압력이 커지면서 국내 철강 산업 및 관련업체들의 수익성이 악화될 가능성이 높다. 포스코, 현대제철 등 국내 철강 기업들은 2020년 상반기에 조선용 및 자동차용 등 주력 철강재에 대한 가격 인상을 기대하고 있었지만 코로나19로 인해 중국발 가격이 하락하고 전방 산업의 수요 부진으로 인해 가격 협상력이 약화되었다는 큰 단점이 있다(삼정 KPMG 1, 2020: 17). 이로 인해 철강 및 금속의 가격은 단기적 조정이 불가피한 상태이다. 하지만, 코로나19 사태가 진정되고 중국이 유동성 및 인프라 확대를 중심으로 투자를 늘린다면 중국 경기 부양 기조에 긍정적인 전망이 있을 것으로 예측된다(삼일회계법인, 2020: 11).

해운업계의 경우, 코로나19가 확산되면서 물류체계 혼란과 더불어 운송 감소로 인해 많은 어려움을 겪고 있다. 2020년 1월 기준 극동-유럽 노선의 물동량은 전년 동기 대비 4.2% 감소했고, 1월 말 이후 상하이와 닝보항과 같은 중국 항만의 항만 물동량이 일일 20% 이상 감소한 것으로 파악된다. 향후 피해는 더욱 클 것으로 예측된다. 올해 3월 기준, 2M은 아시아-북미 그리고 지중해 항로에 대한 임시 결항을 연장했고 오션얼라이언스도 아시아-지중해 서비스에 대한 추가 임시 결항을 발표하여 물동량은 계속 감소할 것으로 보인다. 특히, 중국 중심의 철광석 소비량 감소와 컨테이너 물동량 감소가 불가피한 것으로 보이는 상황이다. 더불어, 중국이 코로나19 확산 방지를 위해 후베이성 등 산업단지 내의 공장 운영을 중단하는 조치를 취하면서 석탄, 철광석 등 원자재 수요 감소로 이어질 것으로 예측된다. 이러한 원자재 수요 감소로 인해 건화물선 시장에 대한 우려가 확산되고 있다. 중국의 철광석 소비량이 전 세계의 65%를 차지하는 만큼 드라이벌크 해운 부문은 심각한 피해를 입을 것으로 예측된다(딜로이트, 2020: 11). 따라서, 코로나19 이후 해운업계의 전망은 다소 부정적일 것으로 보인다.

언택트 혁명
사회적 거리 두기 기술(SDT) 유망

문형남 (숙명여자대학교 경영전문대학원 교수, 지속가능과학회 공동회장)

1. 뉴노멀에 대한 이해: '코로나 시대 이전의 뉴노멀'과 '코로나 시대 이후의 뉴노멀'

코로나바이러스감염증-19(COVID-19, 코로나19) 사태 이후 뉴노멀(new nor-mal)이 화두가 되고 있다. '코로나19 이전의 뉴노멀'이란 말은 2008년 금융위기 때부터 코로나19 사태 이전까지 쓰였고, 2020년 '코로나19 이후의 뉴노멀'은 코로나19 사태 이후에 쓰이는 말로서, 두 가지의 다른 점을 이해할 필요가 있다. 필자는 코로나19 이전의 뉴노멀은 '제1의 뉴노멀', '1차 뉴노멀'이라고 표현하고, 코로나19 이후의 뉴노멀은 과거의 뉴노멀과 구별하기 위해 '포스트 코로나 뉴노멀', '제2의 뉴노멀', '2차 뉴노멀'이라고 표현할 것을 주장한다. 제 2의 뉴노멀을 이해하고 위기를 기회로 삼는 것은 우리 국가, 기업, 개인 등에게 매우 중요한 일이다.

먼저 과거의 뉴노멀은 2008년 글로벌 금융위기 이후 새롭게 나타난 세계 경제질서의 특징을 통칭하는 말로, 사회적으로 새로운 기준이나 표준이 보편화되는 현상을 이르는 말로도 쓰였다. IT 버블이 붕괴된 2003년 이후 미국의 벤처투자가인 로저 맥나미가 처음 사용했다고 한다. 이 용어가 처음 나왔을 때는 큰 주목을 받지 못했으나, 2008년 글로벌 금융위기를 거치면서 세계 최대 채권운용회사 핌코(PIMCO)의 최고경영자(CEO) 모하마드 엘 에리언이 저서 『새로운 부의 탄생(When Markets Collide)』(2008)에서 저성장, 규제 강화, 소비 위축, 미국 시장의 영향력 감소 등을 위기 이후의 '뉴노멀' 현상으로 지목하면서 널리 알려지고 글로벌하게 사용되었다.

2008년부터 2019년 코로나19 사태 직전까지 사용된 과거의 뉴노멀('제1의 뉴노멀', '1차 뉴노멀')과 2020년 코로나19 사태 이후의 뉴노멀('제2의 뉴노멀', '2차 뉴노멀')은 크게 다른데, 많은 사람들이 두 가지를 구별하지 않고 뉴노멀이라고 쓰고 있다. 과거의 뉴노멀은 미국 중심의 세계 경제질서에서 벗어나 신흥국들이 시장에 적극 참여함에 따라 세계 경제에서 미국이 차지하는 비중이 감소하고, 고속 성장보다는 지속가능한 성장이 부각되었다. 2020년 코로나19 이후의 뉴노멀(포스트 코로나 뉴노멀)은 과거의 뉴노멀 개념에 팬데믹이 중요한 비중을 차지하고 있고 인구 변화와 기후변화까지 아우르는 개념으로 재해석할 필요가 있다.

포스트 코로나 뉴노멀(제2의 뉴노멀)을 나타내는 키워드들을 살펴보자. 먼저 포스트 코로나 시대에 가장 많이 언급된 단어로 언택트(untact)를 꼽을 수 있을 것이다. 접촉을 뜻하는 컨택트(contact)에 언(un)을 붙여 비대면(비접촉)을 의미하는 신조어가 된 '언택트'는 여러 분야로 빠르게 확산되고 있다. 안전(safety)도 포스트 코로나의 핵심 키워드로 널리 사용되고 있다(〈표 21-1〉).

안전과 관련해 사회적 거리 두기(social distancing)와 손 소독, 마스크 착용 등이 일상화되고 있다. 포스트 코로나 시대에는 신조어의 등장뿐만 아니라

<표 21-1> '1차 뉴노멀'/'2차 뉴노멀' 용어와 키워드 구분

	1차 뉴노멀	2차 뉴노멀
유사 용어	(2008년) 금융위기 이후의 뉴노멀, 코로나19 이전의 뉴노멀	(2020년) 코로나19 이후의 뉴노멀, 코로나19 이후의 뉴노멀
개념(의미)	2008년 글로벌 금융위기 이후 새롭게 나타난 세계 경제 질서의 특징을 통칭	2020년 코로나19 사태 이후 새롭게 나타난 세계 경제·사회·문화의 특징을 통칭
뉴노멀을 나타내는 키워드	미국의 영향력 감소 지속가능한 성장	탈세계화 비대면(언택트), 사회적 거리 두기, 디지털 트랜스포메이션(디지털 전환) 팬데믹, 안전, 기후변화, 인구 변화

자료: 문형남(2020) 수정.

코로나 사태 이전에 관심을 받다가 포스트 코로나 시대 들어 더 주목을 받게 되는 키워드도 있다. 4차 산업혁명과 이를 달리 표현한 '디지털 트랜스포메이션'(디지털 전환)이 그것이다. 세계는 인공지능(AI), 5G, 빅데이터, 클라우드 등 디지털 인프라를 기반으로 디지털 전환을 통해 패러다임을 전환하고 있다.

그 밖에도 포스트 코로나 시대의 키워드를 살펴보면, 코로나19 사태 전에는 세계화(globalization)가 강조되었는데, 코로나19 사태 이후에는 슬로벌리제이션(slowbalization, 세계화 둔화)과 디글벌리제이션(deglobalization, 탈세계화)이 빠르게 확산되고 있다. 탈성장(degrowth), 긴급재난지원금(emergency payments), 보편적 기본소득(universal basic income), 방역권력(epidemiological power), 감시자본주의(surveillance capitalism), 큰 정부(big government) 등도 포스트 코로나 시대의 키워드로 언급되고 있다.

인구 감소와 고령화 및 저성장은 과거의 뉴노멀에서 2020년 현재에도 이어지는 뉴노멀 현상으로 볼 수 있다. 이에 대한 한국에서의 현상들을 살펴보자. 인구 감소와 고령화에 대해 통계청의 장래인구전망 자료를 보면, 2040년 우리나라 전 지역 가운데 81% 이상에서 인구 감소가 예측된다. 다음으로, 우리나라의 잠재GDP성장률은 2019년 2%에서 2040년 1.5%로 낮아질 전망이다.

뉴노멀은 변화(change)를 의미하며, 대부분 변화는 위기로 여기지만 변화 속에 반드시 기회(chance)가 있기 마련이다. 그래서 변화(change)에서 영어 단어 한 자를 바꾸면 기회(chance)가 된다고 한다. 국가와 기업 및 개인들은 2020년에 닥친 뉴노멀의 키워드들을 잘 분석해서 이해하고, 특히 4차 산업혁명을 잘 이해하면 새로운 기회를 창출할 수 있을 것으로 확신한다.

정부는 대대적으로 포스트 코로나 시대의 국가전략으로서 디지털 뉴딜과 그린뉴딜을 하겠다고 한다. 기업과 개인들도 인공지능(AI), 5G, 빅데이터, 블록체인, 헬스케어, 자율주행차 등 4차 산업혁명 관련 기술들에 관심을 갖고 새로운 비즈니스 기회를 찾도록 노력해야 한다. 4차 산업혁명 관련 교육도 강화해야 한다. 4차 산업혁명에 대한 다양한 교육을 통해 4차 산업혁명과 관련된 새로운 비즈니스 모델 발굴 및 일자리 창출이 가능할 것으로 본다. 또한 우리나라가 코로나 위기를 잘 극복해서 K-방역과 K-바이오 등의 이미지가 세계적으로 확산되고 있는데, 이를 비즈니스로 잘 연결해서 국익과 산업 발전에 도움이 되는 기회로 삼아야 한다.

2. 언택트(Untact) 전 산업과 사회 전반으로 확산, 온택트(Ontact)로 발전

'언택트(untact)'는 '콘택트(contact, 접촉하다)'에 부정의 접두어 '언(un-)'을 합성하여 만든, 비대면을 의미하는 신조어로서 코로나19 확산 이후에 화두가 되어 널리 쓰이고 있다. 그런데 언택트라는 말은 코로나19 이후에 나온 말은 아니고, 그 전에도 IT(정보기술) 전문가들 사이에 쓰이고 있었는데, 코로나19 이후에는 일반인들에게까지 널리 쓰이는 말이 되었다.

코로나19는 우리가 지금껏 오랜 기간 이어온 삶을 완전히 바꾸어놓고 있다. 포스트 코로나 시대의 변화로 여러 가지를 이야기하지만, 그중 가장 주목되는 것은 언택트다. IT 분야의 여러 기술 중 하나였던 언택트 기술이 코로나 19 사태를 겪으면서 언택트 기술과 언택트 산업 및 언택트 문화로 확대되고 있는 것이다. 이들은 IT 분야 하나의 기술이 아니라 여러 산업과 문화에까지 영향을 미치는 기술로 발전하고 있다.

코로나19 확산 이전인 2020년 1월 모대기업에서 언택트 기술을 도입하고 활용하기 위해 필자에게 자문을 요청한 적도 있다. 올해 1월에는 언택트라는 말이 일반인들에게는 조금 생소했는데, 지금은 모르는 사람이 없을 정도로 많이 쓰이고 있다. 언택트의 적용이 매우 빠르게 확대되고 있는 것이다. 처음에는 IT 전문가들이 언택트 기술을 어디에 어떻게 적용할지를 고민했는데, 언택트 기술이 언택트 산업으로 확장되었고, 언택트 경제라고 할 정도로 우리 산업과 경제에서 언택트(비대면)의 비중이 빠르게 커지고 있다. 최근에는 언택트 문화, 언택트 트렌드라는 말까지 등장하면서 우리의 생활을 바꾸고 있다.

언택트라는 말은 마케팅, 소비, 서비스, 교육, 콘서트, 세미나, 회의 등의 단어 앞에도 붙어서 언택트 마케팅, 언택트 소비, 언택트 서비스, 언택트 교육, 언택트 콘서트, 언택트 세미나, 언택트 회의 등 새로운 신조어들을 파생시키고 있다. 언택트 마케팅은 사람과의 접촉을 최소화하는 등 비대면 형태로 정보를 제공하는 마케팅을 말한다. 언택트 소비는 소비자와 직원이 만날 필요가 없는 소비를 말한다. 언택트 서비스는 고객들이 쇼핑할 때 직원과의 접점을 최소화하여 부담을 갖지 않고 마음껏 쇼핑할 수 있도록 하는 것이다. 이처럼 언택트는 빠른 속도로 여러 곳에 접목되고 있다.

언택트 기술과 언택트 트렌드를 잘 활용하는 언택트 기업들이 빠르게 성장하고 있다. 온라인 쇼핑을 비롯해 원격의료·교육·금융 등 언택트가 뉴노멀로 산업 개편을 이끌고 있고, 소비는 인터넷·모바일 쇼핑으로의 이동이 가속화되고, 재택 근무와 화상회의·원격교육 등 생산과 서비스 역시 비대면 방식이 급증하는 추세다. 세계 최대 전자 상거래 기업인 아마존은 쏟아지는 주문으로 20만 명을 추가 고용했고, 실시간 스트리밍 업체 넷플릭스는 2020년 1·4분기에 신규 가입자 1,580만 명을 추가했다. 아마존, 넷플릭스, 마이크로소프트(MS) 3개사의 시가총액은 나스닥 전체 기준으로 16.3%(2019년 말)에서 20.4%(2020년 4월)로 늘었다.

언택트 카페(무인 카페)가 국내에 등장했다. 로봇 바리스타가 커피를 만들고, 배달 로봇이 서빙을 한다. 그동안 바리스타 로봇이 커피를 만드는 경우는 여러 곳에 있었는데, 2020년 5월에 문을 연 무인카페에서는 바리스타 로봇이 커피를 만들면 배달 로봇이 커피를 배달해서 24시간 무인으로 카페가 운영된다. 여기서 주목할 것은 로봇끼리 협업을 하게 되었다는 점이다. 중국 상하이에서도 무인로봇 카페가 문을 열어 인기리에 운영되고 있다고 한다.

휴대폰 매장에도 언택트가 도입되었다. SK텔레콤이 재택 근무, 거점 오피스 도입에 이어 비대면(언택트) 무인매장까지 선보인다. SK텔레콤은 휴대폰 개통 및 체험이 가능한 비대면 무인매장을 연내 오픈할 계획이다. 언택트가 적용되는 산업이 빠르게 확대되고 있으며, 우리의 사회와 문화까지 바꾸고 있다. 비즈니스 모델도 바뀌고 있다. 이러한 변화는 글로벌하고 빠르게 확산되고 있다. 그러므로 우리는 이제 언택트를 어디에 어떻게 적용할지를 고민해야 한다. 비즈니스 모델도 바뀌고 새로운 언택트 시대에 걸맞은 비즈니스 모델을 찾아야 한다.

개인과 기업 및 행정기관과 공공기관 등 모든 경제 주체들이 언택트를 이해하고 활용해야 생존할 수 있다. 우리 정부도 언택트 사회 대응책을 내놓아야 한다. 코로나19로 거의 대부분 기업들이 어려움을 겪고 있지만, 언택트를 잘 적용하면 새로운 기회가 열릴 수 있다. 코로나19로 인한 위기를 언택트를 통해 우리 경제가 재도약하는 기회로 삼을 수 있기를 바란다.

1) 언택트에서 온택트 또는 인택트로 발전한다

언택트가 빠르게 확산되면서 언택트는 온택트라는 조금 더 발전된 신조어를 낳았다. 온택트(ontact)는 언택트(untact)에서 언(un-)이 빠지고 온라인을 통한 외부와의 연결(on)을 더한 개념으로, 단순한 비대면이 발전하여 비대면이면서 온라인을 통해 연결하는 방식을 가리킨다. 이는 코로나19 확산이 장기화되면서 등장한 새로운 트렌드이다. 온택트의 대표적인 사례로는 온라인을 통한 전시회와 공연의 증가, 재택 근무로 인한 화상회의, 온라인 개학에 따른 교육 분야의 온라인(실시간) 비대면 학습 이용자 증가 등을 들 수 있다. 기업들의 마케팅도 언택트 마케팅에서 온택트 마케팅으로 발전하고 있다.

일부 기업에서는 온택트 대신 인택트라는 표현을 쓰고 있다. 인택트는 '상호적인(interactive)'과 '비대면(untact)'을 합친 말로 다대다 상호 작용하는 비대면을 의미한다. 일부 대기업들은 언택트 채용을 발전시켜 '인택트 면접'이라는 새로운 채용 방식을 도입하고 있다.

2) 비대면 산업… '5G 네트워크' 기반 4차 산업혁명 가속

코로나19는 사람들이 빠르고 안정적인 네트워크 통신망의 중요성을 다시금 깨닫는 계기가 되었다. 전 세계적으로 집에 있는 시간이 많아지면서 넷플릭스, 유튜브 등 온라인 동영상 서비스(OTT) 사용량이 늘어나자 유럽 등 일부 지역에서는 기본 화질을 낮춰야만 했다. 우리나라에서는 초·중·고교 온라인 개학 후 불안정한 서버 등이 논란이 되었다.

'포스트 코로나' 시대에는 5세대(G) 네트워크 등 정보통신기술(ICT)과 이를 활용한 비대면 산업이 더욱 활기를 띨 전망이다. 사람이 밀집한 지역을 피하려는 경향이 커지면서 비대면화가 빨리 진행될 수 있기 때문이다. 네트워크가 발달할수록 기업의 생사(生死)도 빠르게 결정될 가능성이 크다. 네트워크가 발달하지 않았을 때는 기업이 내수시장만으로 버틸 수 있었지만, 앞으로는 글로벌 경쟁력을 갖춘 기업만 살아남을 수 있다.

3. 출퇴근이 사라지고, 재택 근무와 스마트워크가 빠르게 늘어난다: 트위터와 페이스북 "퇴직할 때까지 재택 근무"

포스트 코로나 시대에 IT 분야의 가장 큰 특징적인 변화는 재택 근무(tele-commuting, teleworking, working from home, mobile work, remote work, flexible workplace)라고 예상된다. 아마존은 당초 2020년 10월까지로 예고되었던 본사 재택 근무 정책을 2021년 1월까지 연장했다. 페이스북과 구글도 2020년 내 재택 근무를 유지할 예정이며, 애플은 2020년 말까지 지점폐쇄를 이어갈 것이라고 한다. 한편 다른 IT 기업인 페이스북, 구글, 애플 등도 2020년 말까지 직원들이 재택 근무를 할 것으로 보인다고 밝혔다. 트위터는 원하는 직원들은 평생 재택 근무를 해도 된다고 밝힌 상태다.

트위터 최고경영자(CEO)인 잭 도시가 2020년 5월 12일(현지 시각) 직원들에게 메일 한 통을 보냈다. 코로나19 사태가 끝난 뒤에도 재택 근무를 하고 싶으면 계속 집에서 일하라는 내용이었다. 트위터는 코로나바이러스 확산세가 커지면서 지난 3월 초부터 전 세계 직원을 대상으로 재택 근무를 해왔다. 재택 근무에 필요한 물품 구매비, 네트워크 이용료, 자녀 돌봄 비용 등도 지원했다. 그런데 사무실 출근이 가능해지더라도 퇴직할 때까지 집에서 일할 기회를 준다고 발표한 것이다.

페이스북 CEO 마크 저커버그도 트위터와 비슷한 방침을 내놓았다. 2020년 5월 21일 직원들과 주간 화상회의에서 "10년에 걸쳐 회사 운영방식을 재택 근무 중심으로 바꾸겠다"고 밝혔다. 초기에는 일부 엔지니어에게만 원격근무를 허용하고, 이후 다른 직원에게도 재택 근무 기회를 준다고 했다. 저커버그는 "10년 안에 페이스북 직원 절반이 재택 근무를 할 것으로 본다"고 말했다.

프랑스에서는 2020년 3월 17일, 코로나19 사태에 대한 프랑스 정부의 방역 방침으로 이동제한령이 내려졌고, 프랑스 정부는 사회적 거리 두기를 위해 기업들에 재택 근무(teletravail) 시행을 강력하게 권장했다. 8주간 약 70%(500만~800만 명)의 프랑스 근로자들이 재택 근무를 했다. 2020년 5월 11일, 이동제한령이 해지된 이후에도 대부분의 일터에서 유연한 방식으로 재택 근무 체제가 이어지고 있다. 이동제한기간 중에 프랑스의 취업 전문 사이트 'Choose my company'에서 150개 기업의 6,500명 근로자를 대상으로 한 설문조사에 따르면 약 74%의 근로자가 재택 근무가 효율적인 기업 운영에 도움이 된다고 생각하는 것으로 드러났다.

자유 출퇴근과 원격근무는 포스트 코로나 시대의 글로벌 트렌드가 되고 있으며, 비대면 사회에 적합하고 업무 효율성을 제고할 수 있는 데다 우수 인력을 확보하는 데도 유리해 '근태'를 중시한 전통적 근무방식을 밑바닥부터 뒤흔들어 놓을 것으로 전망된다.

스마트워크(디지털워크)가 '뉴노멀'로 부상하고 있다. 코로나19로 인한 업무

〈그림 21-1〉 재택 근무 효율성에 대한 조사

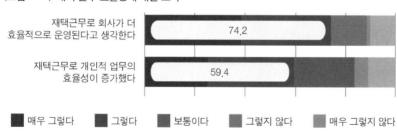

자료: Choose my company.

환경의 변화는 디지털 기술 도입과 일하는 방식의 변화를 이끌어내고 있으며, 이러한 변화의 흐름은 스마트워크(디지털워크)로의 전환을 더욱 가속화하고 있다. 코로나19로 근무 환경이 변화하고, 여기에 디지털 기술이 도입됨에 따라 일하는 방식이 변화하고 있는 것이다.

먼저 근무 환경의 변화를 살펴보자. 코로나19 확산으로 주요 기업들이 긴급하게 재택 근무에 돌입하여, 전 직원 재택 근무가 불가능한 업종에서도 감염을 최소화하기 위한 방편으로 일부 직원의 재택 근무, 순환출근제를 도입했으며, 재택 근무 종료 이후에도 일부 기업은 주 1~3일간 부분적으로 재택 근무를 시행하고, 향후 코로나19 재확산 등에 대비해 재택 근무의 효과와 문제를 평가하고 보완책을 마련할 것이라고 한다.

다음으로 디지털 기술 도입을 들여다보자. 재택 근무 확산에 따라 클라우드, 협업 툴, 화상회의 솔루션, VPN(Virtual Private Network, 가상사설망) 등 디지털 기술을 활용한 원격근무가 이루어지고 있다. 원격근무 인프라가 갖춰진 대기업들은 기존 인프라를 활용하고 있지만, 인프라가 없는 중견/중소 기업들은 신속하게 새로운 디지털 기술 도입에 나서고 있다. 비대면 업무 처리를 위한 협업 툴과 화상회의 사용량이 크게 증가했으며, 코로나19 종료 이후에도 이런 추세가 유지될 것이라는 전망이 제기된다.

마지막으로 일하는 방식의 변화이다. 향후 재택 근무의 도입 확산, 직원의 거주지 근처에 위치한 거점센터 근무, 비대면 업무를 활용하는 기업이 증가하면서, 이 같은 추세가 일하는 방식의 변화로 이어질 가능성이 있다. 기업은 이런 변화를 새로운 기회로 인식해 생산성과 업무 능률, 임직원의 근무 만족도 향상으로 이어지게 할 수 있는 방안을 모색 중이다.

4. 포스트 코로나 시대의 5대 유망 IT 기술

시장조사 기관 가트너가 향후 5~10년 내 디지털 경제를 좌우할 5가지 기술 트렌드를 담은 '하이프 사이클 2020(Hype Cycle for Emerging Technologies, 2020)' 보고서를 2020년 8월 18일(현지 시간) 발표했다. 필자는 이를 달리 표현하면 '포스트 코로나 시대의 유망 IT 기술'이라고 할 수 있다고 본다. 가트너가 선정한 5가지 미래 기술 트렌드는 다음과 같다.

〈그림 21-2〉 가트너의 '하이프 사이클 2020'

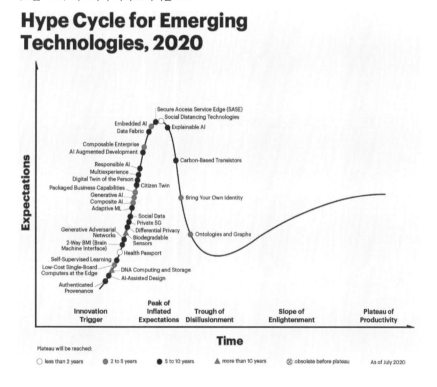

1) 트렌드 1: 포머티브 AI(Formative Artificial Intelligence)

포머티브 AI는 변화하는 상황에 대응해 변화할 수 있는 AI의 총칭이다. 시간이 지남에 따라 적응하는 AI부터 문제를 해결하는 참신한 모델을 만들 수 있는 AI까지 종류가 다양하다. 이 트렌드의 다른 기술로는 복합 AI, 차분 프라이버시, 소량 데이터 및 자가 관리 학습이 있다.

2) 트렌드 2: 신뢰할 수 있는 알고리즘(Algorithmic Trust)

사용자 데이터 유출, 가짜 뉴스와 동영상, 편향된 AI의 증가로 신뢰할 수 있는 알고리즘의 필요가 늘어나고 있다. 가트너는 블록체인에 대한 관심이 높아지면 디지털 인증과 검증 옵션이 늘어날 것으로 보고 있다.

3) 트렌드 3: 인간의 디지털화(Digital Me)

개인의 건강 상태와 코로나19 테스트 음성 판정을 입증하는 전자문서인 '디지털 건강 여권'을 도입하는 나라가 늘고 있다. 디지털 건강 여권에서 디지털 쌍둥이까지 사람과 기술이 하나로 융합하고 있다. 우리 자신의 디지털 버전을 만들 기회가 늘어나는 추세다. 이러한 디지털 모델은 현실계와 가상계 모두에서 인간을 대표한다.

4) 트렌드 4: 실리콘을 넘은 새로운 첨단 재료(Beyond Silicon)

무어의 법칙은 고밀도 집적회로에서 트랜지스터의 수가 2년마다 두 배씩 증가할 것이라고 예측한다. 하지만 기술은 실리콘의 물리적 한계에 직면하고 있다. 이는 더 작고 더 빠른 기술을 실행할 수 있는 새로운 첨단 재료를 가져왔다.

5) 트렌드 5: 복합 아키텍처(Composite Architectures)

급격한 변화와 분산에 직면해 조직은 보다 민첩하고 대응력이 뛰어난 아키텍처로 전환할 필요가 있다. 복합 아키텍처는 유연한 데이터 패브릭을 기반으로 구축한 패키지 비즈니스 기능으로 구성된다. 이를 활용한 기업은 급변하는 비즈니스적 요구에 대응할 수 있다.

'하이프 사이클 2020'에 새롭게 등장한 기술로는 '사회적 거리 두기 기술(social distancing technologies)'을 들 수 있다. 이는 우리나라에서 '언택트 기술'이라고 표현하는 것과 같다. 한국에서 신조어로 널리 쓰이는 언택트(untact)는 한국식 영어(konglish) 표현으로 정작 영어권에서는 잘 쓰지 않는다. 영어권에서 비대면을 언택트(untact)라고 하지 않고, 주로 콘택트리스(contactless)라고 하며, 인택트(intact)나 넌콘택트(non-contact)라고도 한다. 가트너에서는 '인택트 기술'이나 '넌택트 기술'을 대신할 용어로 '사회적 거리 두기 기술'이라는 용어를 사용한다. 우리가 널리 쓰는 '언택트 기술'이라는 표현과 달리 '사회적 거리 두기 기술'이 글로벌하게 주목받을 것으로 보인다. 그러므로 '사회적 거리 두기 기술'을 활용한 제품이나 서비스 개발에 관심을 가져야 할 것이다.

5. 지속가능성에 IT 접목, 지속가능한 IT 기술 부상

포스트 코로나 시대에는 지속가능성과 IT(정보기술) 융합이 강조될 것으로 전망된다. 그러므로 사회, 경제, 환경 등 지속가능성 3대 축 분야에 IT 기술을 접목하는 사례가 늘어날 것으로 예상된다. 또한 IT산업 내에도 지속가능한 기술 적용과 지속가능한 IT 연구개발 투자에 대한 정부와 기업의 관심이 필요하다.

7부 외교와 남북

POST COVID-19
KOREA

미중 패권경쟁과 한국의 대응

김연규 (한양대학교 국제학부 교수)

2020년 7월 23일 미국 로스앤젤레스에서 동남쪽으로 64km 떨어진 작은 도시 요바린다(Yorba Linda)에 있는 리처드 닉슨(미국 제37대 대통령) 도서관 겸 박물관(Richard Nixon Library And Museum)에서 폼페이오 미국 국무장관이 연설했다. 닉슨 대통령의 두 딸인 트리샤와 줄리, 그리고 트리샤의 아들인 크리스토퍼도 참석했다. 이날 연설은, 닉슨 대통령의 역사적 외교 업적인 중국과의 '핑퐁외교' 50주년(2022년)을 앞두고 그의 출생지에서 미국 국무장관이 새로운 대중국 정책을 발표했다는 점에서 중요하다. 폼페이오 국무장관은 닉슨 대통령은 역사적인 베이징 방문을 통해 포용전략을 시작했고 당시 미국의 정책 입안자들은 중국이 더 번영할수록 더욱 개방적이고 국내도 더욱 자유로워질 것이며 대외적으로도 덜 위협적이 되리라고 가정했다고 말했다. 그러나 "우리는 '평화로운 부상'이라는 중국의 말에 속았다"고 결론 내렸다. 폼페이오의 닉슨 도서관 연설은 미국과 중국의 결별(decoupling)과 전면적 대결이라는 미중 패권경쟁(hegemonic conflict)의 성격과 방향을 예고한다(지해범, 2020).

한국 정부는 미중 전략경쟁으로 인한 대외 안보·경제 환경의 불확실성을 최소화하고자 신남방·신북방 정책을 대외 경제정책의 핵심 두 축으로 삼고, 적극 추진해왔다. 아세안(ASEAN, 동남아국가연합)과 러시아, 몽골 등 북방 국가들로 경제 영토를 확장하여 외교·교역의 다변화를 꾀하겠다는 구상인 것이다. 중국의 '일대일로(一帶一路)' 구상과 신남방·신북방 정책의 연계 방안을 다각도로 모색하던 문재인 대통령은 2019년 12월 23일 중국 베이징에서 시진핑(習近平) 국가주석과 가진 회담에서 시 주석이 추진하는 '일대일로' 구상과 자신이 추진하는 신남방·신북방 정책의 연계 가능성을 거론했으며, 최근 구체적 협력 방안을 담은 공동 보고서가 채택되어 이를 토대로 제3국에 공동 진출하는 다양한 협력 사업들이 발굴될 것으로 보인다.

한편 2019년 6월 30일 문재인 대통령은 청와대에서 트럼프 대통령과 정상회담을 갖고 "신남방정책과 인도·태평양 전략의 조화로운 협력을 추진할 것"이라고 밝혔는데 문 대통령이 인도·태평양 전략에 협조하겠다고 공개적으로 밝힌 것은 이 당시가 처음이었다.

코로나 사태로 미국과 중국이 이념, 경제, 기술, 군사, 모든 영역에서 결별의 국면으로 접어들며 한국은 미국으로부터 인도·태평양 전략 본격 참여, 경제번영네트워크(EPN) 제안 수용, G11 참여, 남중국해에서 연합군사활동 참여, 달러 기축통화 지지, 5G 통신망 거부, 홍콩보안법 관련 강한 입장 표명 등 확실하게 미국 편에 서거나 아니면 중국의 희망대로 미국의 이런 요구들을 거부하고 중국과의 정치·경제·군사적 연대를 강화해나가는 어려운 선택 속에서 신남방·신북방 정책과 국제사회의 대북·대러 제재를 위반하지 않는 가운데 남·북·중·러 협력을 추진해야 하는 어려운 상황에 처해 있다. 코로나 이후 미중 신냉전이 가속화되는 상황에서 한국의 전략전술은 무엇이 되어야 할지 고민이 깊어지고 있다.

1. 100년 전 영국·독일 간 패권경쟁과 스페인 독감

국제질서 측면에서 19세기의 가장 큰 특징은 영국과 독일 간 패권경쟁이라 할 수 있다. 19세기 영국은 지금의 미국과 비슷하게 자유시장경제 체제에 기반해 산업혁명을 주도하면서 기술적으로 우월했다. 반면 독일은 후발 산업국으로서 현재 중국과 유사하게 정부 주도의 산업화 전략을 펼쳤으며, 독일 금융기관들에게 영향력을 행사해 자국 산업을 보호·육성하는 영국의 산업화와 기술을 추격·모방하는 전략을 펼쳤다(허재환, 2020). 19세기 말로 오면서 금융과 자유무역을 표방하던 영국의 제조업 경쟁력이 약화되고 독일의 제조업 기술이 약진하면서 영국이 독일의 성장 방식에 문제를 제기하고 무역과 관세 전쟁을 일으키면서 본격적인 영국·독일 패권경쟁이 시작되었다.

당시 영국이 기술적 우위를 가질 수 있었던 것은 무선 전신기술 덕분이었다. 영국 전신기술은 글로벌 스탠더드였다(영국 점유율 60%). 독일은 빌헬름 2세 주도로 독자 시스템을 개발했다. 독일에서는 영국 시스템 사용을 금지했다(허재환, 2020: 16). 19세기 영국은 독일이 기술을 훔쳐 영국 기술을 따라잡고 있다고 인식했으며 독일 제품에 대한 관세를 인상했다. 영국 해군의 영향력을 벗어나기 위해 독일은 베를린-바그다드-걸프만을 잇는 대규모 철도계획(1,000마일)을 추진했다(허재환, 2020: 17).

두 강대국 사이의 무역, 기술, 군사 등 전면적 영역에서의 경쟁은 에너지 자원, 광물, 식량을 확보하는 데 있어 당시 최고의 신흥시장이자 자원 공급지인 아프리카 쟁탈전으로 확대될 수밖에 없었다. 1884년 독일 재상 비스마르크는 아프리카 분할과 개발을 논의하기 위해 미국과 13개의 유럽 국가들을 소집해 '베를린 회의(Berlin Conference)'를 개최했다. 당시 언론은 이러한 강대국들의 움직임을 "아프리카 쟁탈전(scramble for Africa)"이라고 불렀다. 패권국은 항상 개도국의 에너지 자원과 광물들을 유리한 조건으로 확보하고 안정적으로 수

송하기 위하여 인프라를 구축하고 해군력을 이용해 수송로를 보호해왔으며 에너지 자원 무역을 통해 기축통화를 유지하는 등 금융 특권을 유지하는 방식을 택했다. 당시 석탄을 대체해 석유가 새로운 에너지로 등장하자 중동의 석유자원을 둘러싸고 발생한 영국과 독일의 치열한 각축전이 바로 제1차 세계대전의 중요한 원인이었다.

100여 년 전 영국·독일 패권경쟁도 1918년 10월 세계적으로 유행이 된 스페인 독감 팬데믹에 영향을 받았다. 스페인 독감 팬데믹은 영국 자유주의 체제에 기반한 세계화를 중단시켰으며 세계적 경제 침체와 보호무역주의, 영국·독일 패권경쟁을 더욱 촉진하는 요인이 되었다(Phillips, 2020). 제1차 세계대전 말에 시작된 스페인 독감으로 당시 전 세계 인구의 1/3인 5억 명이 감염되었고 사망자만 5천만 명에 달했다(Karl & Berengaut, 2020). 19세기 세계화의 종말과 국제협력의 와해를 스페인 독감 팬데믹의 영향에서 재조명한 연구가 로라 스피니(Laura Spinney)의 ≪*Pale Rider: The Spanish Flu of 1918 and How It Changed the World*≫(2017)이다. 현재까지 알려진 역사연구에 의하면 스페인 독감이 당시 연합군에 대항하던 독일군 사이에 퍼져서 독일의 패배와 오스트리아-헝가리 제국의 붕괴를 앞당겼다고 한다(Karl & Berengaut, 2020). 스피니(2017)에 의하면 제1차 세계대전 이후 국제연합의 필요성을 설파하던 미국의 우드로우 윌슨 대통령도 스페인 독감에 걸렸으며 미국에서는 수십만 명의 미국인들이 거리에서 "미국 우선주의(America First)" 구호를 외쳤다. 이외에도 인도의 마하트마 간디를 포함한 수많은 정치인과 지도자들도 스페인 독감에 감염되었다. 당시에도 아프리카와 인도 등 의료시설이 열악했던 개도국 서민층의 감염율이 높아 자본주의와 식민통치에 대한 반감이 고조되는 계기가 되었다(Phillips, 2020).

2. 코로나 이후 미중 패권경쟁

주지하다시피 21세기 국제질서의 가장 큰 특징은 미중 패권경쟁이다. 20세기를 주도하던 미국이 구축해놓은 이념과 제도들이 2008~2009년 글로벌 금융위기 이후 전방위적으로 중국의 도전에 직면해왔었다. 미국 패권을 지탱해온 이념적 기반은 자유시장과 민주주의였다. 미국은 시장과 민주주의 확산을 최상위의 '거대 전략(grand strategy)'으로 놓고 이념을 지탱하기 위한 패권의 경제적 수단으로 달러 기축통화와 석유, 그리고 물류 운송망을 지배했었다. 패권의 최종 수단은 군사력, 특히 해군력이었다. 2009~2019년 동안 미국 패권체제에 대한 가장 큰 위협은 중국이 1조 달러를 투자해서 중앙아시아, 동남아, 아프리카, 중동, 남미 등 전 세계적으로 도로, 철도, 에너지 운송망, 항만 등 인프라 건설을 통해 구축한 일대일로였다.

100여 년전 영국·독일 패권경쟁에서 스페인 독감이 중요한 변수로 작용했듯이 2020년 코로나 사태도 미중 패권경쟁을 가속화시키고(accelerate) 갈등 양상을 증폭시키고 있다(Haass, 2020). 미중 경쟁이 코로나 사태를 거치며 본격적인 '이념'의 영역으로 전선을 확대하고 있는 것이다.

1) RBO(Rules-Based Order) vs. 운명공동체(Community of Destiny)

2008년 글로벌 금융위기에 이어 2020년 코로나 사태는 서구식 정치경제 모델에 오히려 더 큰 타격을 가져오고 있다. 코로나 사태로 인한 전 세계적인 보건의료 위기 속에 코로나19바이러스를 극복하는 데 있어 서구식 자유방임주의보다는 공동체적 접근과 정부와 국가의 역할이 훨씬 더 중요하다는 인식이 퍼졌기 때문이다. 중국은 코로나를 조기에 제어했지만 미국은 코로나 사태를 다루는 과정에서 정치사회적 약점들을 고스란히 드러냈다. 미국은 이념적 측면에서 2008년 금융위기 당시 금융기관들이 무너졌던 것보다 훨씬 더 큰 손상을 입게 되었다.

코로나 확산으로 보건의료체계가 허약한 많은 개도국들은 중국의 디지털 코로나 진단 체계와 감시 카메라 등 "기술-독재(tech-authoritarianism)" 모델을 서둘러 도입하고 있다. 지난 10여 년간 중국은 중국 제조 2025, 스마트시티 기치 아래 국내 첨단 제조업과 디지털, 그린 산업 기술 등을 개도국들에 전파해왔다. 이러한 기술들이 코로나 사태를 맞아 개도국들의 코로나 사태 극복과 맞물려 이제는 "안전도시(safe city)" 개념으로까지 확대되어 중국의 영향력이 확대되고 있다.

미국은 이러한 디지털 기술들의 정치사회적 위험성을 주로 알리는 데 주력하면서 RBO의 중요성을 강조하고 있다. 중국은 미국이 주장하는 질서의 허구성을 강조하면서 개도국들과의 "운명공동체", "윈-윈"을 내세우고 있다. 개도국 입장에서는 미국이 내세우는 RBO 개념보다 중국의 서로 잘되자는 "운명공동체"에 호감을 느끼는 것이 사실이다.

미국은 2020년 5월 20일 공개한 백악관의 '미국 대중국 전략 접근(United States Strategic Approach to The People's Republic of China)' 보고서에서 시진핑 주석을 '공산당 총서기(General Secretary)'로 지칭하고 '중국 공산당(CCP: the Chinese Communist Party)'에 의해 중국이 움직이고 있음을 기술하며 '중국'과 '중국 공산당'을 분리하여 호칭하기 시작했다. 미국은 인권과 민주주의의 문제들을 지속적으로 거론하면서 자유진영 국가들의 결집을 강화하기 시작했다(세계전략연구회 보고서, 2020: 48).

2) 달러 기축통화와 위안화 국제화

달러는 20세기 동안 기축통화로서 몇 차례의 위기에도 불구하고 금융과 무역 상품거래에서의 결제수단과 외환보유고 가치 저장 수단의 독점적 지위에서 비롯되는 "엄청난 특권(exorbitant privileges)"을 누려왔다. 2008년 글로벌 금융위기 이후 중국이 금융과 무역 상품거래에서 달러의 독점적 지위를 "다극화(multipolar)"하고 위안화(貨) 비중을 확대하려는 위안화 국제화가 진행되었다. 위안화 국제화란 위안화가 세계 경제에서 지급결제 및 가치저장 수단으로 널리 사용되는 것을 말한다. 중국의 위안화 국제화 3단계 계획에 의하면 2008년부터 2017년까지는 아시아 역내 국가가 위안화를 사용하게 하는 1단계, 2018년부터 2027년까지는 위안화가 아시아 역내 기축통화가 될 수 있도록 하는 2단계, 마지막 3단계는 2028년 이후 10년 동안 위안화가 미국 달러와 같은 세계의 기축통화가 되게 하는 것이다(김정식, 2020).

금융거래는 아직 미미하지만 상품거래에서 위안화 비중은 크게 늘어 2015년 기준 1.1조 달러 중국의 총 무역액 결제액 가운데 30% 정도가 위안화였다(Doshi, 2020). 중국의 달러패권 약화를 위한 일부 성과에도 불구하고 거래 규모가 큰 석유 수입은 아직 위안화 결제가 이루어지지 못했다. 금융위기 이후 2009~2019년 동안의 위안화 국제화는 절반의 성공에 그쳤다. 2018년 3월 개설된 상하이 국제에너지거래소도 아직은 충분한 거래량을 달성하지 못하고 있었다(Mahbubani, 2020).

2015~2016년 위안화 국제화의 성과가 가시화되는 움직임들이 있었다. 2015년 독일 중앙은행인 분데스방크, 프랑스 중앙은행, 유럽중앙은행(ECB)이 연달아 외환보유액 중 일부로 위안화를 구성 통화에 포함했다.

국제통화기금(IMF)은 2016년 10월 특별인출권(SDR) 통화 바스켓에 달러화, 파운드화, 엔화, 유로화에 이어 위안화를 편입했다. 파키스탄 중앙은행도 중국과의 경제협력을 강화하고 교역을 늘리기 위해 무역 결제수단으로 위안화를 사용할 것이라고 밝혔다. 일대일로 사업들도 자금을 조달하는 데 위안화가 주요 통화로 사용됨으로써 위안화 국제화에 우호적인 환경을 조성했다.

2017~2018년 국제 무역과 결제 시장에서 중국 위안화가 사용되는 비중이 2년 연속 줄어들었다. 시장에서는 위안화가 기축통화인 미국 달러를 대체하는 결제수단이 될 것이라는 기대가 점점 꺾이고 있다는 평가를 내놓았다.

달러패권을 유지시켜온 요인은 단순히 금융과 무역에서의 달러결제 체제에 있는 것이 아니라 그 배경이 되는 제도에 있었던 것이다. 미국이 셰일혁명으로 에너지 독립을 이루면서 중동과 아프리카로부터 석유를 수입하지 않게 되고 오히려 중국이 주요 석유 수입국으로 등장하게 되었기 때문에 미국은 기축통화 지위를 무기로 사용하는 전략을 구사했다. 금융 제재의 형태로서 달러를 무기화할 수 있게 만든 제도는 벨기에에 본부를 둔 국제은행간통신협회(SWIFT: Society for Worldwide Interbank Financial Telecommunication)이다. SWIFT는 전 세계의 금융거래 정보 하이웨이라고 할 수 있다. SWIFT를 통해 달러 결제체제를 우회해 중국과 석유거래를 하려는 국가들을 파악하고 경제 제재를 가하는 것이다(Doshi, 2020). 미국의 SWIFT에 대한 대항마로는 유럽의 유로화 결제시스템(INSTEX), 중국의 CIPS(Cross-Border Interbank Payment System) 등이 있었지만 단순 결제시스템에 그치고 통신기능을 결여하여 SWIFT를 넘을 수 없었다.

2020년 3월 이후 코로나19로 인해 세계적 원유 수요 파괴가 일어나 영국의 대륙간거래소(Intercontinental Exchange: ICE), 미국의 뉴욕상업거래소(NYMEX) 중심의 석유공급망이 일시적이나마 붕괴하는 사태가 초래되었다. 4월 20일에는 미국 텍사스 중질유(WTI) 선물가격이 마이너스 영역으로 떨어지기까지 했다. 7월에 BP는 300만 배럴의 이라크 경질유(Iraqi oil Basra Light)를 위안화 결제를 통해 상하이에너지거래소와 연계된 산둥반도의 원유 저장 터미널에 인도한 것으로 알려졌다. BP는 추가로 100만 배럴의 UAE 원유를 공급했으며 스위스 트레이더인 머큐리아(Mercuria)도 UAE 원유를 각각 100만 배럴씩 8월과 9월 위안화 기준으로 선물계약을 했다.

러시아는 금융 분야에서도 2010년 이래로 중국과의 양자 무역거래에서 위안화와 루블 사용 원칙에 합의했으며 지속적으로 탈달러화(de-dollarization)를 위해 공조해왔다. 2020년 8월 24일 ≪파이낸셜타임스(*Financial Times*)≫는 양국의 탈달러화 협력이 실질적인 결과를 내고 있다고 보도하면서 양국 간 무역결제에서 달러 비중이 최초로 46%로 축소되었다고 지적했다. 중국과 러시아 무역에서 2020년 기준 유로화 30%, 위안화 17%, 루블화 7%의 비중을 차지한 것이다. 2015년의 달러 비중은 90%나 되었으며 2019년에는 51%로 급격히 줄어들었었다. 러시아는 최근 외환보유고의 달러 비중을 축소하고 위안화 비중을 확대했다. 러시아 중앙은행은 2019년 외화보유고의 절반에 해당하는 달러를 약 1,000억 달러 규모를 팔았으며 위안화를 약 410억 달러 구매해 비중이 5%에서 15%로 증가했다.

코로나 이후 달러패권과 위안화 국제화에 메가톤급 여파를 가져올 것이 바로 디지털 위안화이다. 글로벌 금융위기 이후 10년간 중국 부상의 절정기에 중국은 아프리카, 중동, 남미 국가들의 에너지 자원 개발 도입과 이를 위한 도로, 철도, 가스관 등 전통 인프라 구축에 많은 재원과 노력을 투입했다. 코로나 사태 이후 추세는 비대면 디지털 인프라 구축이다. 2020년 5월 미국의 ≪포린어페어스(*Foreign Affairs*)≫는 "Could China's Digital Currency Unseat the Dollar? American Economic and Geopolitical Power Is at Stake"라는 글을 게재했다(Kumar & Rosenbach, 2020). 이 글은 가상 시나리오를 통해 2022년 베네수엘라와 이란이 디지털 위안화 결제 방식을 통해 중국에 대규모 원유를 공급할 가능성에 주목하고 미국이 이에 대비해야 한다고 주장한다.

3) 미중 해군력 경쟁과 남지나해 분쟁

2019년 7월 20일 미국 국무부는 "중국이 필리핀과 베트남 등 동남아 국가들이 남지나해 지역에 매장된 2.5조 달러 가치의 원유가스를 시추하고 개발하려는 움직임을 봉쇄하기 위해 남지나해 영유권 분쟁을 일으키고 있다"고 발표했다. 미국 에너지정보청(EIA)의 자료에 의하면 남지나해 지역에는 약 190 TCF(Trillion Cubic Feet) 가스, 110억 배럴의 원유가 묻혀 있다.

최근 남지나해 지역에서 중국의 '남해구단선(南海九段線)'으로 알려진 영유권 주장 등의 근본 원인은 동남아 국가들의 에너지 전환과 밀접한 연관이 있다. 동남아 국가들은 전통적으로 미얀마와 같이 전력생산의 60% 이상을 수력에 의존하는 국가를 제외하고는 대부분 석탄발전 의존도가 매우 높다. 신남방 지역으로 알려진 인도와 동남아 아세안 회원국들은 10여 년 전부터 포스트 차이나 생산 거점으로 한국을 포함한 주요국들의 투자와 무역이 활발히 이루어져 왔다. 일본은 물론이고 한국도 2013년부터 중국과의 교역이 감소하고 신남방국가들과 교역이 늘기 시작했다. 미중 패권경쟁이 심화되면서 중국 중심의 글로벌 가치사슬에 지각변동이 일어나면서 신남방이 중국의 대체지로 빠르게 부상하고 있다. 아세안 지역은 6억 5천만 인구에 중산층만 3억 5천만에 이르며 3조 달러 GDP 규모를 가지게 되었다. 제조업 생산이 늘면서 에너지 전력수요가 빠르게 늘어나고 있는 것이다.

2030년에 동남아 LNG(액화천연가스) 수입량은 일본의 70% 전후에 달할 전망이다. 일본, 중국, 인도와 세계 LNG 소비지의 4강을 형성할 것으로 예측되며 우드매킨지에 의하면 LNG 수요가 2040년까지 4배 폭증하여 236MT(Million Tons)에 이르는데 절반은 인도(63MT)와 인도네시아(43MT) 수요이다. 현재 LNG를 수입하는 국가는 태국, 말레이시아, 인도네시아, 싱가포르인데 조만간 베트남, 필리핀, 미얀마 등이 대형 LNG 수입국으로 등장할 것이다. 캄보디아와 라오스는 소규모이지만 LNG 수입국이 될 것으로 보인다.

현재 미중 간 남지나해 무력시위와 영유권 분쟁은 베트남과 필리핀이 주요 당사국이다. 미국으로서는 베트남과 필리핀의 LNG 수입시설 구축과 셰일가스 LNG를 수출하려고 하고 있고 중국은 이를 차단하기 위해 노력하는 것이다. 2020년 8월 7일 베트남 외교부 대변인은 성명을 내고 "쯔엉사 군도(스프래틀리 군도)와 흐엉사 군도(파라셀 군도)는 베트남의 영토라는 사실을 재차 강조한다. 베트남 정부의 허가 없이 이곳에서 실시되는 모든 행동은 베트남에 대한 심각한 주권 침해이며 중국의 공격적인 행위에 강하게 반대한다"고 밝혔다. 베트남은 현재 남부 해안지역에 10여 곳의 LNG 수입터미널 시설 건설 계획을 세우고 미국 등으로부터 LNG 도입 계획을 가지고 있다. 이 가운데 2022년 완공 예정인 수입 터미널 공사는 삼성물산이 수행하고 있다. 한편 베트남 정부는 스페인의 렙솔(Repsol), 러시아의 로스네프트 등 기업들과 베트남 해상가스 개발 계약을 맺고 해상 시추를 시도했지만 중국 해군의 무력시위와 방해로 최근 모든 계약이 취소되었고 10조 원의 배상금을 물어주기도 했다. 중국 주장에 따르면 베트남의 해상 시추 장소가 중국의 남해구단선 영유권 안에 있다는 것이다.

필리핀과도 비슷한 문제가 생기고 있다. 필리핀은 현재 사용하고 있는 자체 해상가스전이 2020년대 중반이면 고갈되기 때문에 해외에서 LNG를 도입하거나 자체적으로 추가 해상가스전을 개발해야 되는 상황인데 베트남과 마찬가지로 10여 년 이상 중국의 영유권 주장으로 해상가스전 개발을 하지 못하고 있다. 2013년 필리핀 정부는 국제해양법재판소에 제소를 하기에 이르렀고 2016년 6월 중국의 영유권 주장이 국제법적으로 근거가 없다는 판결이 내려졌다. 판결이 내려지자마자 두테르테 대통령이 집권했다. 두테르테 대통령은 집권 직후 노골적인 친중 행보를 보이며 중국과 협력을 통해 이 문제를 해결할 수 있다고 자신감을 보였다. 2019년 9월 두테르테는 다섯 번째로 중국 방문을 하게 되었다. 두테르테는 정상회담에서 시진핑에게 국제사법재판소의 판결을 거론하며 중국의 영유권을 국제사회가 인정하지 않고 따라서 필리핀이 다국적 기업 혹은 러시아의 가즈프롬과 필리핀 해상가스 개발을 하도록 해달라고 한다. 이에 시진핑은 중국은 국제사법재판소의 판결은 신경 쓰지 않는다고 하며 개발 중단을 다시 요구한다. 그리하여 마지막에 해결책으로 나온 것이 중국 공기업 CNOOC와 필리핀이 공동 개발하는 방안이다. 중국 정부는 2019년 10월 러시아 정부에 필리핀 해상가스 개발에 참여하지 말도록 압력을 가한 것으로 드러났다.

미얀마는 자체 전력 생산의 63%를 수력발전에 의존하는 국가로 인구의 33%가 전기를 사용하지 못한다. 그러면서도 자체 생산 전력의 15%는 중국으로 공급한다. 그리고 국내에서 개발한 가스는 중국과 태국으로 수출한다. 미얀마 정부도 2018년 LNG 도입으로 방향을 전환하고 3개의 LNG 수입시설 건설을 계획 중이어서 미중 경쟁이 치열할 것으로 보인다.

트럼프 대통령이 현 단계를 무역분쟁 국면으로 몰아가는 것은 중국이 미국의 해군 전력과 맞먹는 해군력을 보유한 국가로 등장하여 위협이 되고 있음을 반증한다. 트럼프 정부의 무역전쟁은 무역 이상의 목표를 가지고 있는바, 중국에 경제적인 타격을 가함으로써 중국의 군사비 증강을 차단하는 것이 목적이다. 이는 1980년대 초 레이건 대통령이 소련을 상대로 했던 전략을 상기시킨다.

과거 소련과 마찬가지로 중국도 원래 대륙국가로서 바다보다 육지가 더 중요한 국가였다. 냉전기간 대륙 지향의 고립국가로서 북쪽의 러시아와 서쪽의 중앙아시아 국경으로부터의 위협에 치중하던 중국이 냉전 이후 20년 동안 동남쪽 해안을 중심으로 경제발전과 해양무역을 하면서 해양국가로 변모하기 시작했다. 이러한 중국의 경제발전과 무역패턴 변화는 러시아, 중앙아시아의 국경위협이 없어지면서 중국이 본격적으로 무역과 자원수입을 위해 인도양과 태평양으로 진출하기 위한 해군력 강화로 이어졌다.

소련이 1970년대에 그러했듯이 미국이 2000년대와 2010년대 고유가와 금융위기를 겪는 동안 중국은 잠수함과 항모 구축 등을 통해 태평양 지역에서의 해군력을 월등히 강화했으며, 급기야 2016년에는 함정 숫자에서 미국을 추월했다. 2011년이 되어서야 미국은 부랴부랴 전 세계 미국 해군 자산의 약 60%를 태평양함대사령부로 이관하여 함정 200척, 항공기 1,180대, 민·군 승조원 14만여 명을 배속했다.

미국은 4척의 핵항모를 전개함으로써 중국 해안에 접근하는 전략에 기반하고 있는데 최근 중국이 '둥펑-21(DF-21)'과 '둥펑-26(DF-26)' 등 '항모 킬러'로 알려진 장거리 대함(對艦) 미사일을 실전 배치함에 따라 미국 해군 항모전단의 생존성에 적신호가 들어왔다. 이처럼 괌까지를 사정거리로 둔 미사일들이 중국 내륙에 약 800기 배치되어 있는 것으로 알려져 있다. 중국은 '반접근(Anti-Access)·지역거부(Area-Denial)' 전략을 추진하고 있다. 중국은 미국의 접근 거부를 국방 핵심과제로 상정하고 이런 맥락에서 제1열도라인과 제2열도라인 등 미국 접근 저지선을 구축했다.

한국에 배치된 사드를 포함하는 미국의 미사일방어체제는 '둥펑'과 같이 미국의 항공모함을 공격할 수 있는 탄도탄 등의 위치를 파악하기 위한 것이다. 특히 미군이 유사시 이런 탄도탄에 신속히 타격을 가할 경우 중국의 반접근 역량은 무력화될 수 있다.

3. 포스트 코로나 시대에 미중 사이의 한국

한국 정부는 그동안 신남방국가와의 경제협력에 몰두해왔으나 2020년 러시아·몽골과의 수교 30주년을 기념해 신북방국가들과의 협력 기반을 확장한다는 입장이다. 정부는 특히 한·러 경제협력 모델을 중앙아시아 5개국에도 적용할 예정이다. 철도·전기·조선·가스·항만·북극항로·농림·수산·산업단지 등 9개 분야 협력을 뜻하는 '9개 다리 협력체계'에 금융·문화·혁신 등을 추가하여 '9개 다리 협력체계 2.0'을 추진한다는 입장이다.

우리 경제의 활로를 열기 위한 신남방·신북방 정책과 북한 경제 개발을 위해서는 한미동맹, 한중우호의 전략적 틀을 유지하면서 그 틀의 맥락 아래 미국의 요구 중 핵심내용 일부와 중국의 요구 중 핵심내용 일부를 채택하여 한국의 국익에 부합시키는 전략적 지혜가 필요하다. 이를 위해서는 미국과 중국의 각각 외교안보, 경제, 군사 영역에서의 가장 핵심적인 이해와 요구사항이 무엇인지 명확히 파악하고 미국과 중국의 핵심 요구사항을 선택적으로 수용하여 배합하는 형식을 취해야 할 것이다. 어느 한쪽으로의 일방적인 편승은 바람직하지 않다.

미국은 우리나라의 신남방·신북방 정책 모두 일대일로와 연계되는 것을 반대한다. 우리나라는 아직 인도·태평양 전략이나 일대일로에 공식적으로 참여한다는 의사를 표명하지는 않은 상태이다. 미국과 중국 모두 각각 인도·태평양 전략과 일대일로에 한국이 공식적으로 참여한다는 것을 기정사실화하고 있다.

북한의 코로나19 현황과 포스트 코로나 대응

김흥광 (㈔NK지식인연대 대표이사)

1. 서론

북한은 7월 26일 개성으로 돌아간 탈북 남성에 대해 코로나 역학조사를 실시한 결과 코로나바이러스가 검출되었다고 발표했다. 그와 동시에 단 한 명의 코로나 환자도 없는 북한에 코로나가 확산될 중대한 위험이 조성되었다고 전제하고 나서 전역에 위생방역조치를 초특급으로 격상했으며, 특히 개성시는 3주 동안 비상사태가 실시되기도 했다. 그렇다면 북한의 보건방역체계가 세계적인 팬데믹에도 강력한 레질리언스를 발휘하고 있는 게 사실일까? 많은 궁금증과 호기심이 동하는 대목이다. 그래서 북한에서 45년간 살았던 개인적 경험과 북한 내부자들의 전언, 탈북민 출신 의사들의 증언을 토대로 북한의 코로나 대응체계와 정책, 코로나의 확산 및 방역실태에 대해 서술하려고 한다.

2. 북한의 코로나 확산과 대응

1) 북한의 코로나 팬데믹 확산

WHO는 1월 30일 국제적인 비상사태를 선포하고 3월 12일에는 연이어 코로나를 팬데믹(범지구적 대유행병)으로 규정했다. 북한은 코로나19를 "신형코로나비루스감염증"으로 명명했고, 의진자는 "의학적 감시자"로, 격리대상자는 "격리자"로 통일적인 용어를 사용하도록 했다. 북한에서도 3월 말까지는 의진자가 거의 1만 명 이상 발생했고, 증세가 심한 의의적 감시자들은 따로 마련된 격리장소에, 일반 의학적 감시자들은 자택에 철저하게 격리했다(연합뉴스, 2020.3.9).[1] 북한은 지금까지 국내에는 코로나 확진자가 단 한 명도 없다고 일관하게 주장하고 있다. 하지만 외부세계는 북한 주장에 신뢰성이 없다고 판단한다. 그 이유는 1만 명 이상의 의심자가 발생했다고 북한이 스스로 밝혔음에도 불구하고 확진자가 단 한 명도 없다는 것은 상식적으로 납득하기 어렵기 때문이다.

올해 6월 들어 대부분의 나라들에서 코로나 확산은 일단 멈추기 시작했다. 북한도 예외가 아니었던 것으로 보인다. 엄격했던 내부의 이동통제도 완화했고 평양시 출입도 재개했으며 학교도 개교했다. 몇 달에 걸친 강력한 방역 및 격리조치에 따른 피로도가 누적된 것도 사실이다. 하지만 평양에서는 6월 초부터 코로나가 갑자기 번지기 시작한 것으로 알려졌다. 갑작스러운 코로나

---

1 북한 '코로나19 격리' 지침 첫 소개… 1만 명 중 39%만 해제 확인: 북한 매체가 밝힌 신종 코로나바이러스감염증(코로나19) 격리자가 1만 명에 육박하는 가운데 이들에 대한 격리해제가 속속 진행 중이다. 노동당 기관지 노동신문은 9일 '격리해제를 규정대로 엄격히'라는 제목의 기사에서 "해당 지역과 단위들에서 지시문에 지적된 절차와 규범대로 격리해제 사업이 진행되고 있다"고 밝혔다.

확산에 당황한 중앙당과 평양시는 감염자가 가장 많이 발생하는 대학과 학교, 유치원부터 당장 한 달 앞서 강제 방학을 실시하고 다시 평양시에 위생비상사태를 선포하여 철저한 봉쇄에 들어갔다고 한다.

2) 북한의 코로나에 대한 정책적 대응

코로나의 발원지가 이웃 나라인 중국이다 보니 북한은 적기에 전면차단이라는 초강수로서 코로나바이러스 유입을 막기 위한 막기 위한 초강경 대책을 강구할 수 있었다. 그런데도 불구하고 국제적으로 코로나가 대륙과 대륙을 넘어 전파되고 걷잡을 수 없는 규모와 속도로 퍼지자 북한이 이를 심각하게 받아들이면서 보다 강력한 방역 조치를 계속 실시해오고 있다.

북한의 모든 정책은 노동당 중앙위에서 공식화된다. 코로나와 관련된 북한의 정책도 3차례에 걸쳐 김정은 위원장이 주재한 노동당 정치국 확대회의에서 발표되었다. 코로나와 관련하여 첫 노동당 중앙위가 소집된 것은 2월 29일이다. 이미 북한이 강력한 초동 단계를 취했으나 코로나 방역사업이 장기성을 띠면서 내각과 각 분야에서 방역사업을 고도화·제도화해야 할 절박한 상황에서 열렸다. 정치국 확대회의에서는 세계적으로 급속히 전파되고 있는 비루스전염병을 막기 위한 국가적인 초특급 방역조치들을 더욱 철저히 취하고 엄격히 실시하는 데서 나서는 문제들이 토의되었다고 북한 언론들이 전했다 (≪로동신문≫, 2020.8.14).[2]

---

2 ≪로동신문≫은 "우리 국가는 세계보건위기상황에 철저히 대비하기 위한 방역전을 힘있게 벌리는 것과 함께 예상치 않게 들이닥친 자연재해라는 두 개의 도전과 싸워야 할 난관에 직면해 있다고 하시면서 당과 정부는 이 두 개의 위기를 동시에 극복하기 위한 옳바른 정책방향을 제시하고 립체적이고 공세적인 투쟁에서 세련된 령도예술을 발휘해야 한다"고 강조하면서 "국가적인 비상방역사업이 장기화되어 여러모로 애로와 난관이 많다 해도 필요한 모든 조치들을 신속하게 조직

한편 코로나가 심각한 수준에서 급속히 확산되던 4월 12일에 또다시 김정은 주재하에 노동당 정치국 회의가 열렸다. 이 회의에서는 "세계적인 대류행전염병에 대처하여 우리 인민의 생명안전을 보호하기 위한 국가적 대책을 더욱 철저히 세울 데 대하여"라는 의안을 중점적으로 토의했다고 북한의 관영매체들은 전했다. 특히 이날 정치국회의에서는 노동당 중앙위, 국무위원회, 내각 공동결정서 ≪세계적인 대류행전염병에 대처하여 우리 인민의 생명안전을 보호하기 위한 국가적 대책을 더욱 철저히 세울 데 대하여≫를 채택했다.

한편 김정은 위원장은 코로나의 비상 국면이 조금씩 완화되어가던 지난 7월 2일에는 30년 만에 다시 개최된 제7기 제14차 정치국 확대회의에서 6개월간의 코로나 대응 상황을 파악하고 국가비상방역 강화 문제를 집중 논의했다. 김정은 위원장과 노동당 중앙위가 세 차례에 걸쳐 코로나를 차단하기 위한 정책적 대응을 신속하게 취한 것으로 보이나 북한의 언론보도만 봐서는 구체적인 정책 내용들을 파악하기 어렵다. 다만 코로나를 북한의 체제 유지 및 주민들의 생명 보호와 직결된 중차대한 문제로 인식하고 비상설적이지만 국가적인 특급비상 방역체계를 세우고 전국에 방역망을 촘촘히 구축하는 등 모든 수단과 역량을 총동원하여 선제적인 대응 체계를 구축한 것으로 보인다.

3) 북한의 코로나 방역 형세

북한 코로나 방역 체계의 특징은 선제적이며 중앙명령식 방역 체계로 평가할 수 있다. 선제적이라는 특징은 조기에 국경 완전봉쇄, 평양시 출입금지, 북한 내부에서 사람의 이동과 물류의 차단 등 강력한 물리적 조치들을 취한 것이다. 이웃 중국의 우한에서 코로나가 발생한 첫 시기에 국가의 위생방역체

전개하여야 한다고 강조했다"고 전했다.

계를 비상설 국가비상방역체계로 전환하고 중앙과 지방에 비상방역지휘부를 조직하는 비상방역체계를 취했다. 그 밖에도 전국 각지 요소요소에 검역초소들을 설치하고 코로나와 관련된 일체의 상황정보와 통계, 지시들이 국가비상방역위원회에 집중되었고 국가의 최고 행정지도기관인 최고인민회의와 내각까지도 국가비상방역위원회의 지도에 따르는 강력한 상명하복식 체계를 구축했다(인민보건, 2020.1.30).[3]

북한은 국가비상방역위원회의 지휘하에 국경을 포함하여 지상, 해상, 공중 등 모든 공간에서 코로나가 들어올 수 있는 통로를 선제적으로 완전히 차단 봉쇄했으며 국경, 항만, 비행장 등 국경통과지점들에서 검사검역사업을 강화하고 각급 비상방역지휘부들에서 외국 출장자들과 주민들, 외국인들에 대한 의학적 감시와 검병, 검진을 진행하여 의학적 감시자들을 빠짐없이 찾아내어 즉시 격리시키는 조치를 취했다.

북한은 코로나가 확산세를 보이자 제일 먼저 평양 주재 해외공관들에 대사관을 폐쇄 또는 본국으로의 귀국을 종용했다. 5월까지 기본적으로 폐쇄를 마친 평양의 외국공관들은 9월 초까지도 문을 열지 않은 것으로 알려졌다. 북한은 코로나 여파 속에서도 삼지연시 건설과 원산관광특구 건설, 그리고 순천인비료공장 건설을 중단하지 않고 계속해서 추진했다.

---

3 북한 사이트 인민보건(www.moph.gov.kp)은 '신형코로나비루스감염증을 철저히 막기 위한 비상대책 강구' 제목의 기사에서 "국가의 긴급조치에 따라 비상설중앙인민보건지도위원회에서는 신형코로나비루스감염증의 위험성이 없어질 때까지 위생방역체계를 국가비상방역체계로 전환한다는 것을 선포했다. 중앙과 도·시·군들에 비상방역지휘부가 조직되었다. 각 지휘부들에서는 국경, 항만, 비행장 등 국경통과지점들에서 검사검역사업을 보다 철저히 짜고들며 외국출장자들과 주민들에 대한 의학적 감시와 검병검진을 빠짐없이 진행하여 환자, 의진자들을 조기에 적발하고 격리치료하는 문제, 검사 및 진단시약, 치료약들을 확보하는 문제, 위생선전을 강화하는 문제 등에 대한 조직사업을 강도높이 전개해나가고 있다"고 밝혔다.

사람들이 많이 모이는 것을 금지하고 국내 모든 학교들의 겨울방학을 연장하는 조치를 취했으며 모든 사람들이 위생방역사업과 관련한 공공질서, 개인규범을 철저히 준수하도록 했다. 또한 전체 주민이 방역사업에 주인답게 참가하도록 했다. 신문과 텔레비전, 방송을 비롯한 출판보도부문과 보건기관들에서 코로나의 위험성과 전파경로, 증상과 진단, 예방치료와 관련한 위생선전과 함께 국가에서 취한 방역조치들과 다른 나라들의 피해상황을 제때에 알려주기 위한 사업을 집중적으로, 실속 있게 진행하여 모든 사람들이 이에 대하여 잘 알고 전염병예방사업에 적극 동원되도록 했다.

공공영역에서 취한 엄격한 방역조치들은 북한의 코로나 확산 형세를 진정시키는 데 결정적인 역할을 했지만 1,337km가 넘는 북중 국경에서 야음을 이용해 벌어지는 민간과 지방단체들의 밀수현장에서는 방역수칙이 지켜질 리만무하고 이와 같은 음성적 영역에서 북한의 특급비상방역체계는 허점을 많이 드러냈다. 코로나로 인해 모든 것이 정체되어 있는 상황에서 주민들이 생계를 유지하기 위해 온갖 위험들을 감수하면서 벌이는 밀수라 적발하기도 쉽지 않았지만 중국으로부터 넘어오는 밀수품들을 통해 코로나바이러스가 유입될 위험이 커졌다.

3. 북한의 코로나 팬데믹에 따른 영향

1) 북한 경제에 미친 영향

결론부터 이야기하면 코로나가 북한 경제에 미친 영향은 매우 크다. 그 영향은 첫째, 북한 관광수입 축소, 둘째, 북중 무역위기, 셋째, 북한 내수경제 및 시장의 위축으로 요약할 수 있다. 그 밖의 경제 분야에서도 여러 가지 현상의 극심한 피해들이 속출되었지만 지면관계로 이상 3가지 논의의 초점을 맞추려고 한다. 코로나 팬데믹으로 제일 먼저 타격을 받은 분야는 당연히 관광이다. 코로나의 확산을 막기 위해 국가비상방역위원회는 우선적으로 국경과 세관을 원천 봉쇄했다. 모든 정기 해외 항공로를 차단하고 해로의 취항을 중단했다. 이런 조치에 따라 북한은 외국인 여행객의 입국을 금지했고, 국내로 입국한 주민 모두를 잠복기 동안 격리 수용했다. 그러다 보니 북한의 관광사업은 전면 중단되었고 관광수입이 바닥을 쳤다. 물론 북한이 관광으로 버는 돈은 많지 않다.

하지만 최근 들어 북한이 고려국제려행사 외에도 많은 여행사를 신설하고, 당일투어, 항공 팬 투어, 스포츠 투어, 지어 자전거 투어 등 13가지 테마여행 상품들까지 선보이면서 중국을 포함한 세계 여러 지역에 북한행 여행객 유치에 진력해온 사실을 감안하면 그 피해는 돈으로만 따질 수 있는 것이 아니다(조선관광).[4] 그 밖에 국제 제재 아래에서 항공을 통해 합법적으로 들여올 수 있었던 재화의 수입이나 수익창출 경로가 막힌 것도 북한에는 엄청난 타격으로 돌아왔다.

한편 북한의 국경 봉쇄는 북한 무역의 대부분을 차지하고 있는 중국과의 무역에 영향을 끼쳐 관련 산업에 많은 파장을 미치고 있다. 무엇보다도 북한의 생산재와 소비재 수입이 큰 폭으로 줄어들었다. 연유를 비롯한 전략물자를 비롯해서 중점 국가건설 대상들에 쓸 자재와 설비, 식량과 생필품들의 수입길이 거의 막혔다. 북한은 연유 수입이 끊기면 나라의 동맥이 멈춰버리는 치명적인 결과를 초래한다. 그러다 보니 불법 해상 환적을 통해 연유를 암암

---

4 북한 사이트 조선관광(www.tourismdprk.gov.kp/)에 따르면 2018년 이후 북한은 관광 활성화를 목적으로 '조선 국제태권도 여행사', '조선 국제 스포츠여행사', '만경국제여행사', '금수강산' 등 14개 여행사를 신설했다.

리에 계속 들어왔지만 코로나와 관련된 보건 의약품을 제외하고는 중국과 북한이 서로 국경의 문을 열지 않았다. 이것은 그대로 북한 경제에 파국적인 영향을 미쳤다. 물론 북한이 자력갱생을 강조하면서 부족한 것들을 국산화하고자 했으나 이는 단기간에 해결될 문제가 아니었다. 결국 국가의 핵심 기간산업 외에는 대부분의 공장들이 가동을 멈추었다.

코로나가 북한에 미친 영향 가운데서 가장 심각한 피해는 북한 내수경제와 종합시장의 위축으로 보는 것이 맞다. 왜냐하면 중국의 동북 3성과 북한 경제는 서로 의존적이고 원원 하는 관계다. 그런데 두 지역의 경제가 서로 분리되었으니 상호 간의 피해는 클 수밖에 없다. 중국의 동북 3성은 새로운 파트너를 중국 내륙에서 찾으면 되지만 북한은 대책 없이 당하는 수밖에 없다. 코로나 역풍을 맞으면서 시장이 크게 위축되었다. 북한 주민들이 시장에서 가장 많이 찾는 상품은 식량 외에 콩기름, 조미료, 라면, 우동, 생필품이다. 북중교역이 중단되면서 중국산 상품을 대체할 북한 국산품이 마땅치 않은 상태에서 북한 주민들은 생활상에 큰 불편을 느끼고 있다. 중국에서 줄 잇던 식량 트럭들이 멈춰 서자 북한 주민들은 최악의 식량난에 허덕이고 있다. 나선과 청진, 혜산, 신의주에서 중국 상품을 도매하던 시장들이 문을 닫았고, 다른 시장들도 코로나 방역지침에 따라 문 여는 시간을 줄였다. 시장활동이 크게 위축되면서 시장에 의거해 하루 벌어 하루 살던 주민들이 더 이상 돈 벌 길이 막히면서 북한 주민들은 어느 지방 할 것 없이 대부분 생계위협에 처해 있다.

2) 북한의 교육에 미친 영향

코로나가 터지면서 각국은 청소년들을 보호하기 위하여 각급 학교와 대학들에서 조기방학을 실시하고 비대면 교육으로 전환하는 등 적극적인 조치들을 취했다. 북한도 마찬가지였다. 북한에서는 코로나에 대한 전면적인 봉쇄조치를 위한 시기가 각급 교육기관들의 방학 시기였다. 따라서 학교를 폐쇄할 필요는 없었지만 코로나 확산이 진정될 때까지 무기한 방학을 연장하기로 했다. 북한에서는 4월에 새 학기가 시작된다. 하지만 올해에는 코로나 때문에 4월에 새 학기를 열지 못했다. 방학이 세 차례나 연기되어 대학들은 5월 초에, 그리고 중등교육기관과 유치원은 6월 들어서 개교했다.

북한은 학교에 가지 않는 학생들이 조직적인 통제를 벗어나 불량행위나 비사회주의적인 행동을 하는 것을 막기 위해 소년단, 청년동맹조직을 동원해 학생들을 관리하도록 새로운 학생관리세칙을 시달했다. 관리세칙에는 학생들을 집에만 방치해두지 말고 정상적으로 그들의 학습과 활동실태를 파악하며, 특히 특정 장소에 모여서 술, 담배를 하고 불법 영상물이나 금지도서를 보는 행위가 발각되지 않도록 학생관리를 더욱 강화하라고 언급했다고 한다(자유아시아방송, 2020.4.10).[5]

코로나 상황에서 각국은 언택트 교육체계를 새롭게 개발하고 인터넷을 활용하여 학생들의 자가교육을 장려하고 나섰는데, 북한에서는 이러한 노력들을 찾아볼 수 없다. 아마 인터넷을 쓸 수 없고, 노트북을 비롯한 언택트 교육수단이 부족하고, 전력사정이 어려운 것과 무관하지 않은 것 같다. 대신 가정에서 진행하는 사교육 열풍이 크게 분 것으로 알려졌다(자유아시아방송, 2020.4.29).[6]

---

5 자유아시아 방송은 "북, 방역지침 어기고 생일파티 한 학생들 처벌" 기사에서 북한에서 코로나로 인해 연장된 방학기간에 학생들에 대한 별도의 관리지침이 시달되었다고 전했다.
6 자유아시아 방송은 "북, 개학 연기로 사교육 열기 확산" 기사에서 북한에서 코로나 때문에 학교에 못 가는 자녀들을 위해 고비용의 사교육 열풍이 분다고 전했다.

3) 북한의 방역 및 보건의료 체계에 미친 영향

코로나 팬데믹을 겪으면서 북한 방역체계의 허술함과 보건의료체계의 후진성이 역력히 드러났다. 북한의 기존 방역체계는 보편적인 전염병에 대해서는 괜찮지만 코로나 같은 세계적인 대유행병을 차단하고 근절하기에는 너무도 역부족이었다. 시스템에도 문제가 있고, 전문적인 방역역량도 태부족이고, 팬데믹과 같이 국제사회와의 협력을 필요로 하는 전염병 방역에서는 모든 것이 일천했다.

때문에 코로나를 겪으면서 북한은 상설적인 국가비상방역체계의 필요성을 충분히 인식했을 것이고 또 국가비상방역의 효율성과 일치성, 대응 능력을 높이기 위해서는 법 제정을 통해 앞으로 일상처럼 전개될 수 있는 코로나와 여러 원인의 팬데믹에 대해서도 효과적으로 대응할 수 있는 방역 능력을 제도적으로 완비해야 함을 절감했을 것으로 보인다.

그 이유는 기존의 북한 방역체계는 방역주권, 방역을 위한 국가동원력, 방역정책 입안 측면에서 많은 문제점들을 가지고 있었기 때문이다. 그 문제점은 4가지로 요약할 수 있다. 첫째, 북한의 방역체계에서 컨트롤타워 역할을 수행하고 있는 중앙위생방역소와 위생방역부문의 감사기능을 담당하고 있는 국가위생검열원은 보건성 소속으로서 공항과 항만, 세관 폐쇄를 포함하여 특급국가비상방역을 조직 지휘할 권능이 없고, 둘째, 팬데믹과 같은 선제적이고 전면적인 특급방역조치를 취하는 데 필요한 인적·물적 능력이 따라서지 못하며, 셋째, 전염병을 최초로 감지하고 모니터링해야 하는 동·리 진료소들과 5호 담당 의사들이 전문성이 결여되어 있었고 관측 수단들이 전혀 구비되지 않았다.

북한 최고인민회의 상임위원회는 4월 9일 기존의 전염병예방법을 즉각적으로 전면 개정했다. 여기서 북한은 팬데믹과 같은 대규모 특급방역능력을 조성하기 위해서 국가비상방역시스템을 확대하고 권능을 대폭 높였다. 법 개정을 통하여 북한은 팬데믹 발생 시 국가가 전염원 적발, 격리에서 실시해야 할 초동 단계의 막강한 물리적 조치들을 명시했고 전염병의 발생과 전파를 제때 막으며 전염병의 외부 유입을 막기 위해 선제적이고 능동적인 방역 조치를 신속하고 강도 높이 취하도록 국가비상방역위원회의 임무와 책임을 보충했다.

북한의 보건의료부문은 코로나를 겪으면서 그 취약성이 그대로 드러났다. 그 취약성은 무엇보다도 전염병을 퍼트리는 바이러스에 대한 과학적 접근능력이 현저히 낮은 것이고, 그리고 발병 환자들에 대한 의료서비스를 충분히 제공할 수 있는 특수 병원과 전용 침대, 약이 태부족인 것이다. 일례로 북한은 5월 초에 들어서서야 중국과 WHO로부터 코로나 진단키트를 지원받았다. 그 전까지는 환자가 코로나 증세를 보여도 무턱대고 '고열을 동반하는 폐렴환자'로 진단하고 격리시켜서 폐렴 치료를 실시했다. 하지만 진단키트가 확보되어 의심자들에 대한 전수조사를 실시한 결과 고열, 기침으로 격리되어 있는 환자의 대부분이 코로나 환자라는 사실을 뒤늦게 확인했다고 한다. 그래서 북한은 7월 2일 긴급하게 노동당 정치국확대회의를 열고 내부적으로 확인된 코로나 확산 실태를 통보하고 이에 대한 결정적인 방역대책을 세우도록 정책적으로 대응했던 것이다.

4) 주민 일상에 미친 영향

코로나가 북한에로 전파되면서 가장 힘든 이들은 아마도 북한 주민들일 것이다. 이들은 영문도 모르고 어느 날부터 갑자기 온 식구들이 밖에 나갈 수 없어 집에만 기거하게 되고 생계비를 마련하려고 장사를 다니려고 해도 지역 간 이동이 막히면서 그야말로 졸지에 극도의 식량난, 생계난, 자금난에 처하게 되었다.[7] 코로나로 시장이 위축되면서 식량을 포함한 전반적 물가들이 출렁이고 매우 불안하게 작동하여 당국이 필사적으로 식량가격을 통제했기 때문에 다행스럽게도 흰쌀 1kg당 5,000원 아래 가격으로 살 수는 있지만 식량 점주들의 농간으로 시장에서는 소량만 살 수 있을 뿐 필요한 양은 시장 밖의 장소들에서 비싼 값을 내고 구입해야 했다.

게다가 방역수칙을 지키지 않고 장사를 다니다가 적발되면 온 집안이 40일씩 자가격리 되면서 생존의 위협이 커진다. 마스크를 늘 착용하고, 필요 없이 여러 사람이 한데 모여 잡담하지 말며, 서로 간에 1m 이상의 사회적 거리를 보장하고, 늘 소독수를 가지고 손을 깨끗이 씻는 등의 여러 가지 조항을 둔 방역 당국발 코로나 예방수칙은 북한 주민들에게는 너무도 생소했다. 그러다 보니 마스크를 쓰지 않고 거리를 다닐 때도 있고, 집에서 놀다 보니 여러 가정의 남자들이 한집에 모일 경우도 간혹 생겼는데 이것 때문에 검역관들에게 적발되면 과도한 벌금과 함께 강제 격리조치를 당하는 것은 너무도 힘든 일이었을 것이다.

코로나하에서 학교와 대학에 다니는 자녀를 둔 부모들의 고통이 더욱 컸을 것이다. 자녀들이 유치원에도 못 가고, 학교와 대학에도 다니지 못하니 다들 집에 붙박여 있는데 이들에 대한 보호조치가 따라서야 하고 식사와 간식을 챙겨주자니 부모들의 주머니 사정이 어려웠다. 7월 들어 평양에서는 코로나 감염 위험이 크게 우려되면서 8월부터 시작되는 학교와 대학의 방학을 한 달 앞당겼다. 9월에 정상적으로 개교할 수 있을지는 지켜봐야 하겠지만 지금 같아서는 개교가 연기될 가능성이 높다고 한다.

이보다 더 큰 고통은 코로나에 걸린 환자들이라고 볼 수 있다. 물론 북한이

---

7 북한에서는 사무직이 월 4,000원 급여를 받는데, 시장에서 파는 흰쌀 1kg은 4,800원을 호가한다. 따라서 어떤 가구든 반드시 장사를 해서 생계에 필요한 최소한의 비용(3인 가구 월 50만 원)을 벌어야 한다.

초특급 국가비상방역체계를 가동한 결과 아직까지 코로나 환자가 한 명도 발생하지 않았다고 주장하지만, 북한 내부에서 전해진 소식들에 의하면 코로나에 꼭 걸렸다는 확인은 할 수 없지만 고열이 나고 마른기침을 하며 호흡곤란 증세를 보이는 환자들이 많다고 한다. 증상만 보아도 코로나 환자가 딱 맞는데 의료기관은 폐렴이라고 진단하니 그러려니 할 수밖에 없다. 진단이 무엇이든 간에 이렇게 고열과 기침, 호흡곤란을 일으킨 환자들은 전부 지역마다 따로 지정된 코로나 의심자 격리병원에 입원하게 된다. 문제는 환자들의 급식과 필요한 약을 국가가 아니라 가족이 부담해야 한다는 것이다(서광, 2020. 6.7).[8]

코로나를 경과하면서 국제사회가 비대면, 온라인 쪽으로 사람들의 생활과 활동이 증대한다면, 북한 역시 태블릿 PC와 휴대폰을 통해 옥내에서 기거하는 쪽으로 생활 패턴이 많이 바뀌고 있다고 한다.

4. 북한의 코로나 이후의 변화 전망

1) 보건방역체제의 발전 전망

코로나는 북한의 의지와는 관계없이 경제와 사회, 주민들의 삶에 현격한 변화를 가져왔고 코로나 팬데믹이 일상이 될 수 있는 상황에서도 사람들의 생활과 활동이 계속되도록 하기 위해 환경을 개선하고 삶과 활동의 방식들을 근본적으로 일신해나가고 있다. 여기에서 가장 중요한 것은 코로나를 포함하여

---

8 북한 사이트 서광은 "코로나 의심자 및 격리자들에 대하여 지역 인민위원회와 주변에서 식량과 땔감, 부식품도 공급한다"고 선전했다.

향후 발생 가능성이 높은 여러 가지 변종 바이러스에 의한 보건방역체제의 대응 능력을 완비하는 것이다. 북한도 이런 국제사회의 흐름을 거스르지는 않는다. 다만 체제안위의 관점에서 필요한 변화들은 수용하고 위험한 것들은 제한하는 방향에서 국제사회의 변화 노력에 동참하고 있다고 보는 것이 맞다.

포스트 코로나 환경에서 보건방역체제는 국가적인 모든 인적·물적 자원들을 총동원하여 변종 바이러스를 발견하고, 그것의 병리적 특징을 분석하며 감염병이 발생한다면 지체 없이 효과적으로 차단·박멸할 수 있는 의학과학과 기술의 진보가 우선되어야 한다. 북한도 이번 코로나를 통해서 드러난 바이러스 분석 및 진단기술을 포함한 첨단 의학과학 기술 투자를 통해서 보건방역체제를 고도화하기 위해 적극 노력할 것으로 예상된다. 그뿐만 아니라 지금까지 보건방역은 임상진료보다 홀대받은 것이 사실인데, 이제부터는 방역 전문가들과 의사들을 더욱 많이 육성하고 이 분야의 기술을 발전시키는 데 관심을 높일 것으로 보인다.

동시에 감염환자들에 대한 효과적인 치료약을 생산하기 위한 노력도 계속할 것으로 예상된다. 북한은 이번 코로나를 차단하고 나서 여러 가지 코로나 치료제를 발표했는데, 물론 이 치료약들의 효능을 정확히 판단할 수는 없지만 북한이 부족한 제약 생산환경에서 가능한 방법들을 동원하여 다양한 형태의 치료약들을 계속 개발할 것으로 보인다(서광, 2020.7.14).[9]

2) 자립경제 강화와 국제협력의 증진

북한이 코로나 사태 때문에 제일 심각한 영향을 받은 것은 당연히 경제 분

---

[9] 북한 사이트 서광은 "항비루스 작용이 뚜렷한 우웡 항비루스 물약" 제하의 기사에서 북한이 자체로 개발한 항바이러스 우웡 물약이 신형코로나바이러스를 멸균한다고 소개했다.

야일 것이다. 경제 분야에서 해외 의존도가 높은 생산재와 소비재들이 전부 수입이 막히면서 산업 전반에 걸쳐 피해가 번졌다. 특히 연유 수입 감소로 연유 가공품의 공급이 막히면서 연쇄적으로 많은 생필품 공장과 관련 기업들이 줄줄이 멈춰 섰다. 이러한 상황을 목격하면서 북한은 100% 수입에 의존하는 원유화학공업 대신, 자체 생산하는 석탄에 기반을 둔 탄소하나화학공업을 주축으로 북한 경제를 재구성하고 발전시키는 방향으로 경제정책을 수정했다.

포스트 코로나 이후 북한은 당 제7기 제5차 전원회의에서 토의 결정된 대로 짧은 기간 내에 탄소하나화학공업을 성공적으로 창설하고 북한 경제 전반에 걸쳐 경제의 자립성과 주체성을 높이는 데 주력할 것이다. 특히 비료 생산과 여러 가지 기초화학물 생산기지를 더욱 튼튼히 축성하기 위한 노력들을 계속할 것이다.

세계적인 팬데믹 상황에서는 전염병 방역뿐만 아니라 각 분야에 걸쳐 국제 간의 협력과 교류를 강화하는 것이 무엇보다 중요하다. 북한은 유엔을 비롯한 세계 각국과 공동체들을 대상으로 팬데믹 극복을 위한 선진 방역시스템을 받아들이고 첨단 보건의료기술과 시스템, 수단과 방법들을 적극적으로 연구하고 국제적인 협력을 통해 새롭게 배우려고 할 것이다. 특히 북한이 4차 산업혁명(북한은 지식경제시대로 명명) 발전을 크게 독려하고 있는 것만큼 이 분야에서 세계적인 앞선 기술들을 배우고, 받아들이고, 협업하기 위해서 기술 인력들을 해외에 연수도 내보내고, 외국의 기술자들을 많이 초청해오고 있으니, 코로나가 장기화되면 이 분야에서도 언택트 교류가 활성화될 것으로 예상된다.

3) 포트스 코로나 시기에 주목되는 변화

코로나는 인류에게 형언할 수 없는 고통과 피해를 들씌웠다. 코로나바이러스와 유사한 또 다른 변종이 계속해서 출몰하는 시대가 되었으니 이번 코로나를 통해서 인류는 악성 바이러스와 방역하고 공생하면서 삶을 향유해나갈 수 있는 다양한 기술들을 속속 개발해내고 있다. 언택트 기술이라고 부르는 비대면 교류 기술은 지금뿐만 아니라, 포스트 코로나 시대에 더욱 각광을 받을 것으로 보인다. 그러니 북한도 마찬가지로 언택트 기술 발전에 집중할 것으로 예상된다. 향후 10년간 북한에서 언택트 기술에 의해 일신될 10대 변화를 예측해보면 다음과 같다.

① 인터넷 개방: 현재 1,500개의 인터넷 IP를 가지고 특수한 목적에 사용하고 있지만 ICANN에 5천만 개 이상의 IP를 신청하여 인터넷을 대중적으로 사용할 것으로 예상된다. 이를 위해서 중국의 '만리장성'을 벤치마킹한 고성능 필터링 및 감시체제를 구축할 것이다.

② 전국의 WIFI화: 현재는 '미래망'이라는 WIFI망이 평양에서 시범 운영되고 있지만 이것을 확장하고 커버리지를 늘리고 전국적인 서비스를 제공할 것이다.

③ 전자정부: 현재 내각의 주요 부처들만 네트워크를 연결하여 전자업무시스템을 가동하고 있지만 향후에는 내각으로부터 하부 말단의 동사무소에까지 정부의 전산망을 확대할 것이다.

④ 전자민원: 현재는 직접 관공서에 찾아가거나 신소 및 청원함을 통해 민원을 접수하고 처리했다면, 인터넷과 모바일의 확산에 따라 전자민원서비스도 개설할 것으로 예상된다.

⑤ 언택트 교육기술의 발전: 현재는 방송대학, 인트라넷 녹화강의 수준에서 진행하는 원격교육이 초등학교와 중등교육, 고등교육의 모든 과정에 걸쳐 도입될 것이다. 이를 위해서 언택트 교육 시청수단들을 자체로 생산하거나 외부에서 조달하는 사업을 선행할 것으로 보인다.

⑥ IPTV 증설: 현재는 평양에서만 시험적으로 운영되는 '만방' 채널을 늘리고 서비스 지역을 평양으로부터 전국으로 확대하여 사람들이 자택에 머물면서 여가를 즐길 수 있을 것이다(조선중앙통신, 2016.8.16).[10]

⑦ 재택 근무 확대: 인터넷과 모바일망이 확장되면서 테크기업을 시작으로 시범실시를 경과하고 나면 많은 사람들이 재택 근무를 할 것이다.

⑧ 온라인 쇼핑 증가: 현재는 제한된 평양 시민들만 사용할 수 있는 '옥류', '만물상' 온라인 쇼핑몰을 지방 주민들까지도 사용하게 될 것이다.

⑨ 개인들의 온라인 쇼핑도 허용: 현재는 국가기관이나 '연풍기술합영회사'가 독점하고 있는 온라인 쇼핑몰의 범위를 넓혀 개인들도 쇼핑몰이나 인터넷 판매를 진행할 수 있을 것으로 예상한다.

⑩ 배달 앱과 배달 서비스의 급성장: 지금은 '앞날'이라는 배달 앱이 나와 있고, 평양 시내에서 배달이 일부 시행되고 있지만, 언택트 시대에는 폭풍 성장할 것으로 예상된다.

⑪ 블록체인과 암호화폐 기술의 발전: 북한은 블록체인과 암호화폐에 지대한 관심을 기울이고 있으며 세계적인 선두주자의 꿈을 꾸고 있다. 그래서 평양에서 제2차 세계 암호화폐 심포지엄까지 개최하려고 한다. 블록체인 기술의 다양한 분야로의 저변 확대, 암호화폐의 채굴과 새로운 블록체인, 암호화폐의 개발, 그리고 이것을 통한 많은 양의 외화벌이를 기대하고 있다.

---

10 북한 방송 조선중앙통신은 "북한이 개발해 공급하고 있는 망TV다매체열람기(스마트TV 셋톱박스) '만방'이 31종류의 서비스를 제공하고 있다"고 밝혔다. 서비스에는 조선중앙TV방송 내용은 물론 공연, 만화영화, 음악, 영화, 드라마 등 수백 개가 망라되어 있다고 한다.

5. 남북관계 전망

이 글을 마감하면서 꼭 강조하고 싶은 것은, 남북한의 보건의료체계와 방역시스템은 현저한 차이가 나지만 외부에서의 위험을 인지하고 그에 적극적으로 대처하는 시민의식과 결속력은 한결같아 보인다는 점이다. 마찬가지로 남북한의 지리향토적 조건과 신체방어적 DNA는 유사할 수밖에 없음을 감안할 때 포스트 코로나는 남북한이 향후의 세계적 대유행병에 공동대응하며 이를 기화로 남북의 화합과 협력을 구축할 수 있는 적기라고도 볼 수 있다는 것이다. 포스트 코로나 시대에도 경제와 문화, 교육과 보건 등 분야에서부터 시작하여 서로의 특장점을 살리고 협력적 마인드를 구축해간다면 이는 어떤 국가들 사이의 협력이나 공생보다도 더욱 성공적인 결과로 이어질 수 있다고 자부한다.

그것은 아마도 디지털이라는 공동분모로부터 시작할 수 있을 것으로 예상된다. 디지털 분야에서 북한의 뛰어난 소프트웨어 개발 능력과 남한의 하드웨어 생산 능력, 그리고 상품화 능력이 결합된다면 디지털 보건방역체계, 디지털 의약품, 디지털 백신에 이르기까지 세계를 선도할 막강한 독보적인 기술들을 개발하여 인류의 안전과 문명에 적극적인 기여를 할 수 있다고 확신한다. 더 나아가 세계가 직면한 인공지능과 초연결을 필두로 하는 4차 산업혁명의 선두주자로 우뚝 설 수 있다는 희망을 가지면서 이 글을 마친다.

8부 가족과 집

POST COVID-19
KOREA

포스트 코로나 시대의 가족
미니멀 구조, 멀티플 기능

함인희 (이화여자대학교 사회학과 교수)

1. 가족의 의미와 기능의 뉴노멀

코로나19로 초·중·고교 개학이 연기되는 동안 SNS를 통해 회자되던 사진이 한 장 있다. '코로나 방학 생활규칙! 1. 주는 대로 먹는다. 2. TV 끄라고 하면 당장 끈다. 3. 사용한 물건 즉시 제자리. 4. 한 번 말하면 바로 움직인다. 5. 엄마에게 쓸데없이 말 걸지 않는다. ※ 위 사항을 어기면 피가 '코로나'올 것이다.' 사진 속 글귀를 보며 웃음이 '빵 터졌음'은 물론이다.

코로나19 위기 속에서 가족은 우리네 삶의 중심이자 핵심으로 다시금 떠올랐다. 코로나19는 지금까지 자연스럽게 당연시해왔던 한국적 삶의 양식을 향해 의미심장한 질문을 던지기 시작했다. 와중에 '가족이란 과연 무엇일까?'라는 질문이 그 어느 때보다 진지하게 제기되고 있다. '위기는 곧 기회의 원천'이라는 주장은 가족의 경우에도 예외는 아닌 것 같다. 2011년 동일본 대지진

당시 일본 가족이 경험했던 의미심장한 변화는 오늘의 코로나19 상황에 대해서 시사하는 바가 크다. 일본을 대표하는 가족사회학자 야마다 마사히로 교수에 따르면, 역사상 유례를 찾아보기 어려운 위기 상황을 지나면서 가족은 '일상생활을 공유하는 공동생활자'로서의 가족과 '언제 어디서나 위기에 직면했을 때 도움을 주는 존재'로서의 가족으로 그 의미와 기능이 나누어지기 시작했다고 주장한다(야마다 마사히로, 2019: 198).

일상생활을 공유하는 공동생활자 범주로 야마다 교수는 명실공히 가족의 일원으로 자리 잡은 반려동물군을 포함시키고 있고, 일상생활에 참여하기 시작한 케어로봇도 종종 언급하고 있어 흥미롭다(Terkle, 2012: 152~153). 코로나19로 인해 방콕·집콕 생활을 하는 동안 일상을 공유하는 공동생활자로서의 가족 간에 갈등과 긴장이 증폭되고 스트레스가 상승곡선을 그렸다는 우울한 뉴스가 있는가 하면, 다른 한편으로는 아빠들이 재택 근무를 하게 되면서 아빠 역할을 실천해보고 아빠로서의 존재 의미를 실감하게 되었다는 좋은 뉴스도 들려온다. 이제는 '몸과 마음을 건강하게 유지할 수 있는 공간으로서의 집'에 대한 관심이 급부상할 것이라는 전문가 의견에 더하여, 사회 트렌드로 자리 잡은 1인가구의 확산이 더욱 빨라질 것이라는 예측도 나오는 상황이다.

동시에, 야마다 교수의 주장대로 '언제 어디서나 위기에 직면했을 때 도움을 주는 존재'로서의 가족에 대한 관심도 커지고 있다. 이와 관련해서 같은 공간을 공유하는 하우스 메이트보다는 공간적으로는 떨어져 있어도 실질적 도움을 주고받을 수 있는 가족의 존재가 더 소중하다는 주장이 힘을 얻고 있다. 단, 위기 상황이라면 혈연을 나눈 가족만을 고집하기보다는 이웃이나 종교 공동체 및 가상의 친족(fictive kin)을 넓은 의미의 가족으로 포함시키는 것이 바람직할 것이다. 덧붙여 느슨한 연대와 취향 공동체로서 이웃의 부활을 점치는 이들도 있다.

가족을 코로나19 이전과 이후로 나눌 수 있을지 여부는 다소 불분명하나,

코로나19가 가족의 변화를 가속화하는 촉매제가 될 것이라는 주장에는 이견이 거의 없는 듯하다. 변화 방향의 한 축에는 혈연가족의 범주를 최소화하면서 왕래하는 친족 범위를 축소하는 동시에 가족의 크기 자체를 줄이는 '미니멀화'가 자리할 것이다. 다른 한 축에는 가족 기능의 멀티플화가 강화될 것이다. 과거 전통가족으로 회귀하지는 않겠지만, 비대면 언택트 사회에서 가족은 기능의 팽창을 경험하게 될 것이 확실하다. 가족은 일터(재택 근무)이자 학교(온라인 수업)이자 오락과 여가의 공간(영화관)이자 원격진료가 가능해질 경우 병원의 기능을 동시에 수행하는 곳이 될 수도 있기 때문이다. 더불어 정서공동체로서의 고유한 기능 강화를 지향하면서, 위기 상황에 대한 대처 능력을 최대화하기 위해 국가적 차원의 지원을 요구하기도 하고 종교, 지역사회 및 온라인 커뮤니티 등 다양한 유형의 공동체와 연계하는 등의 '외연 확장'을 꾀할 것이라 전망된다.

2. 코로나19가 바꾸는 혼례 및 장례 문화

코로나19가 야기한 파장이 우리네 일상의 구석구석까지 스며들고 있음은 분명하다. 변화에 적극적으로 저항할 것이라 예견되었던 장례문화까지도, 의도했든 의도하지 않았든 유연한 적응 양식을 보이고 있다. 물론 코로나19 이전에도 매장(埋葬)을 고집해오던 인식이 눈에 띄게 약화되고 화장(火葬)을 선택하는 비율이 급증하는 추세를 보였으며, 조촐하게 가족장(家族葬)을 치르는 분위기가 서서히 확산되고 있었음을 고려할 때, 코로나19가 기존의 변화 흐름을 가속화하는 촉매제 역할을 할 것이 분명하다.

장례문화뿐만 아니라 인륜지대사(人倫之大事)인 혼례문화에도 뉴노멀이 감지되고 있다. 객관적인 통계 수치로 확인된 것은 아니지만, 요즘 커플 중에는 과도한 결혼 비용과 번잡한 의식을 생략한 채 간단히 혼인신고만 하고 결혼생활에 들어가는 사례가 눈에 띄게 늘고 있다. 그동안 대표적인 가족의례라 할 결혼식과 장례식은 "의례의 상품화"(혹실드, 2013: 1장 14장)로 인한 폐해를 전형적으로 노출해왔다. 이제 결혼식 청혼 이벤트나 "스·드·메(스튜디오 촬영, 드레스 대여, 신부 메이크업을 하나의 패키지로 묶은 서비스)" 등의 허례(虛禮)나, 입이 떡 벌어질 만한 가격의 수의(壽衣) 및 관(棺) 등의 허식(虛飾)은 서서히 쇠퇴의 길을 걷게 되리라 예상한다.

혼인의례가 정교하게 발달된 곳일수록 여성의 지위가 낮다는 인류학자의 주장이 있다. 실제로 이슬람 문화권에서는 일주일에 걸쳐 혼인식이 이루어지는 경우가 다반사인 반면, 유럽에서는 2명의 증인을 대동하고 신랑 신부가 주민센터에 가서 혼인신고를 하는 것으로 혼인절차가 마무리된다. 한국에서도 혼인의례가 작은 결혼식으로 축소되거나 아예 생략되고 있음은 일면 코로나19의 순기능이라고 봐도 무리가 없을 것 같다.

코로나19가 가져다준 순기능적 요소는 또 있다. 사회 전반에 짙은 그림자를 드리우기도 했지만 역설적으로 한국적 삶의 양식을 향해 의미 있는 질문을 던지기 시작했다는 점에서 그러하다. 강도 높은 사회적 거리 두기 및 생활 속 거리 두기를 실천하는 동안 켜켜이 쌓여 있던 삶의 거품이 빠지고 있다. 반드시 만나야 할 사람과 굳이 만나지 않아도 지장 없는 사람이 누구인지의 구분이 분명해졌고, 반드시 해야 하는 의미 있는 일과 굳이 하지 않아도 되는 형식적 일의 경계도 뚜렷해졌다.

이를 기회로 삶의 시작부터 마지막을 관장하는 다채로운 가족의례의 허와 실을 점검해보는 것이 필요하리란 생각이다. 코로나19 위기를 계기로 진정 우리가 원하는 삶의 양식이 구체적으로 어떤 모습일지를 그려보는 것이 보다 중요해질 것이다. 누구와 함께 어떤 방식으로 부부의 연을 맺는 의식을 치를 것인지, 나아가 마지막 가는 길이 경건하면서도 소박한 추모의 자리가 되려면 어떤 의식이 적절할지 등을 화두로 가족의례의 새로운 규범이 정착될 수 있기를 희망해본다.

3. 위기의 일상화와 가족의 건강성

가족은 항상 위기에 노출되어 있는 제도라는 주장이 지금처럼 절실하게 다가온 적은 없었던 것 같다. 실제로 생로병사(生老病死)를 담당해온 가족의 삶은 그 자체로 '위기의 일상화'를 경험하고 있다는 주장이 있다(Skolnick and Skolnick, 2014: 115~117). 미국의 가족사회학자 필립 코헨은 가족의 위기대응 역량 공식을 C=T−P+R이라고 정식화하고 있다(Cohen, 2018: 27~29). 가족의 전반적 위기대응역량을 지칭하는 C(Competency)는 가족이 직면한 위기가 어떤 종류(Type)인가에 따라, 더불어 가족 구성원의 위기인식(Perception) 여부에 따라 좌우된다. 위기인식이 부정적·비관적일수록 대응역량이 떨어지는 반면 긍정적·낙관적일수록 정반대의 결과를 얻게 된다. 나아가 가족의 보유자원(Resource)이 풍부할수록 위기대응역량은 증가한다.

가족이 직면하는 위기의 종류로는 대부분의 가족이 언젠가는 경험하게 되는 규범적 위기와 예기치 않았던 비규범적 위기, 내부적 요인에 의한 위기와 외부적 요인에 의한 위기, 예상 가능한 위기와 예측 불허의 위기 등이 있다. 비규범적 위기일수록, 내부적 요인에 의한 위기일수록, 예상치 못한 위기일수록 가족 내부에 긴장과 갈등을 유발하게 됨은 물론이다.

코로나19는 누구도 예상치 못했던 위기이자 아무런 준비 없이 다가온 비규범적 위기라는 점에서 가족의 위기대응역량에 부정적 영향을 미칠 것으로 판단된다. 다만 외부적 요인에 의한 위기라는 점에서 개별 가족 차원으로 책임질 일은 아니기에 다소 위안을 받을 수 있을 것 같다. 현재의 위기를 어떻게 인식하느냐 여부도 중요한 관건인 만큼, 코로나19의 확산을 지나치게 비관적으로 받아들이거나 과도하게 두려워하기보다는 전문가의 조언을 수용해서 합리적으로 판단하고 신중하게 행동하는 것이 최선일 것이다.

가족의 가용자원이 충분할 때 위기극복역량 또한 향상된다는 것이 공식에 반영되어 있음도 주목할 만하다. 가족 자원으로는 경제적 재화가 일순위를 차지하지만, 그에 못지않게 가족 구성원 간의 심리적 결속 및 정서적 유대도 소중한 자원이요, 가족이 보유한 다양한 네트워크도 가족 위기를 극복함에 실질적으로 유효한 자원임은 분명하다. 따라서 포스트 코로나 시대의 가족은 이웃을 향해 열려 있는 개방적 가족, 희생과 헌신과 이타주의의 공동체적 가치를 중시하는 가족, 위기를 회피하거나 갈등을 덮기보다 위기 극복과 갈등 해소를 위해 적극 소통하는 가족이 미덕으로 자리하게 될 것이다.

더불어 건강에 대한 관심이 그 어느 때보다 높아진 상황에서 가족의 건강성에 대한 관심도 함께 높아지리라 예상된다. 일찍이 가족의 건강성에 주목했던 학자들은 건강한 가족의 특징으로 구성원 간의 원활한 소통, 자녀와 노인 등 가족 내 약자를 위한 세심한 돌봄과 배려, 위기극복 및 문제해결 능력, 다양하고 폭넓은 사회적 지원망 등을 들고 있다(유영주, 2004: 135).

가족이라는 이유만으로 큰 노력을 기울이지 않더라도 자연스럽게 건강한 관계가 이루어지는 것이 아님은 분명하다. '건강한 가족이란 갈등이 없는 가족이 아니라 갈등을 잘 해결하는 가족'이라는 전문가의 조언은 포스트 코로나 시대에도 여전히 유효하다. 나와 내 가족이 건강하다고 해서 우리 가족만 안전지대에 머무를 수 있는 것이 아니요, 우리 가족의 노력만으로 문제가 해결될 수 있는 것 또한 아님을 코로나19는 교훈으로 남겨주었다.

4. 새로운 노후 공동체 모델의 부상

'만일 코로나바이러스가 노인 대신 어린아이들을 더욱 강하게 공격했더라면, 우리의 엄마와 할머니들은 자녀와 손녀를 보호하기 위해 온 힘을 다해 희생과 헌신을 아끼지 않았을 것이다.' 최근 SNS를 타고 회자된 가슴 뭉클한 메시지의 한 대목이다. 코로나19는 노후 부양(扶養) 및 요양(療養)과 관련해서도 보다 새로운 모델의 탐색을 요구하고 있음이 분명하다.

물론 코로나19 이후의 키워드로 떠오르고 있는 언택트나 비대면(非對面) 등이 완전히 새로운 움직임이라기보다는 미래의 트렌드로 부상 중이었는데, 코로나19가 그것의 실현 가능성을 예상보다 앞당기고 있다는 주장은 노후를 위한 삶의 양식과 관련해서도 유효하다. 선진국을 중심으로 시도된 바 있는 실버타운 모델이 기대와 달리 이런저런 한계를 노출함에 따라, 다양하고도 신선한 대안들이 다각도로 모색 중인 상황이었다.

실제로 실버타운의 인기가 시들해진 이유를 보면, 무엇보다 실버타운에 입주한 노인들의 고립감과 소외감이 심각한 문제로 지목되었다. 대부분의 실버타운은 공기 맑고 소음이 없는, 도심에서 멀리 떨어진 외진 곳에 자리한다. 그러다 보니 처음에는 친지들의 방문이 종종 이어지지만 시간이 지나면서 자연스럽게 찾아오는 사람의 발길이 확연히 줄어드는 현상이 나타난 것이다. 다음으로는 연령대가 비슷한 노인들이 함께 생활하다 보니 누군가의 죽음을 목격하는 것이 일상이 되는 결과를 가져왔다. 생애주기의 마지막 단계로 갈수록 가까운 사람의 죽음이 가장 큰 스트레스로 작용한다는 것은 다양한 연구를 통해 이미 확인된 바 있다(Vailant, 2003: 98~99). "실버타운에 가봐야 죽을 날만 기다리는 노인들이 있어 가고 싶지 않다"는 고백은 이러한 정서를 솔직하게 대변하고 있는 셈이다. 그런가 하면 노년기의 건강한 삶을 위해서는 자신에게 익숙한 환경에서 오랜 시간을 함께해 온 친숙한 사람들과 생활하는 것이 바람직하다는 전문가 조언이 이어지고 있음에도, 실버타운의 단체생활은 어색함과 불편함을 야기한다는 점도 한계로 지목되고 있다.

사회복지제도의 모범이 되고 있는 북유럽 국가에서도 실버타운식 모델에 대해서는 자성(自省)의 목소리가 나오고 있다. 일례로 노인 대상 복지서비스의 내용이 지나치게 표준화·획일화되어 있어, 개인의 유니크한 삶의 자취가 충분히 고려되지 못한다는 점이나, 국가 차원의 정책 수단에 과도하게 의존함으로써 "탈상품화"된 영역의 특권이라 할 애정과 친밀성 및 이타적 희생과 헌신의 가치를 실현함에 있어 일정한 한계가 따른다는 점이 지적되고 있다.

최근 유럽에서는 어린이집 가까이에 노인시설을 짓고 있는데, 그 배경에는 과거의 세대 분절적 노후 공동체 모델의 한계를 극복하고 세대 통합적 모델을 추구함으로써, 다양한 세대가 자연스럽게 부딪치며 소통하는 기회를 제공한다는 것이 있다. 일본에서도 노인집단거주시설을 지양하고 남녀노소 다양한 배경과 사연을 지닌 이들이 거주 공간을 공유하는 셰어하우스가 등장하고 있으며, 특별히 간호를 요하는 노인을 위한 소규모의 맞춤형 셰어하우스도 서서히 확산되는 추세라고 한다. 미국 또한 65세가 되면 실버타운으로 입주하는 대신 자신이 살던 집에 계속 머물면서 전문 요양사로부터 간호를 받는 모델이 아직은 시작 단계이지만 희망하는 노인층 비율이 꾸준히 증가 추세라고 한다.

이번 코로나19 위기로 인해 노인들을 위한 집단주거양식이나 요양원 모델은 감염에 관한 한 매우 취약한 환경임이 확인되었다(르몽드디플로마티크, 2020. 5.29). 그럼에도 포스트 코로나 시대를 준비하는 과정에서 노후 생활양식에 대한 대안적 모델 논의가 상대적으로 희소한 것은 노인들의 사회적 위상을 상징적으로 보여주는 듯하다. 바이러스는 대상을 가리지 않은 채 공평하게 공격하는 것으로 알려졌지만, 실상은 세대별 치명율에서 큰 차이를 보이고 있는 만큼, 노년기의 격조 있는 삶의 질을 유지하면서 동시에 치명적 감염의 위험으로부터 안전한 노후 공동체 모델을 준비할 필요가 절실한 시점이다.

5. 가족격차(家族隔差) 사회의 등장

1997년 외환위기 이후 중산층의 몰락과 더불어 빈익빈 부익부의 양극화가 진행되었음은 익히 알려진 사실이다. 이때 계층 구조의 공고화를 야기하면서 사회적 양극화를 가져온 주범은 바로 결혼시장이었다. 곧 계층상승 이동의 가능성이 희박해짐에 따라 누가 누구와 결혼할 것인가를 선택하는 결혼시장에서 동일한 계층끼리 결혼하는 계층별 동질혼이 그 어느 때보다 강화되어간 것이다(나오미 칸 외, 2016: 21~23).

실제로 계층상승 이동의 가능성이 뚜렷했던 시기에는 의사와 간호사 간의 애틋한 순애보도 흔했고, 명문대 출신 대학생이 자신의 이념에 따라 여공(女工)과 결혼하는 경우도 종종 있었다. "개천에서 난 용"이라 할 시골 출신 명문대학생을 입주 가정교사로 데리고 있다 사위로 삼는 사례도 빈번히 들려왔다. 그러나 지금 이런 종류의 낭만적 결혼 스토리는 점차 희소해지고 있다. 계층별 이질혼(異質婚) 비율이 급격하게 감소한 대신 계층별 동질혼(同質婚)이 대세가 되고 있기 때문이다.

한때 여성은 자신보다 조건이 좋은 남성과 결혼하는 앙혼(仰婚)의 관행을 자연스럽게 받아들이던 적이 있었다. 남성 쪽에서도 자신보다 조금 낮은 집안에서 며느리를 들이는 것이 피차 적응에 유리하다는 인식도 있었다. 이제는 결혼시장 패턴이 바뀌어 똑똑한 여성이 결혼을 못하는 것이 아니라는 사실에 주목할 필요가 있다. 계층별 끼리끼리 결혼이 보다 공고해짐에 따라 "부모 잘 만난 경우"는 "결혼 적령기"에 양가 부모들의 "상견례"를 거쳐 비교적 힘들이지 않고 결혼에 성공한다.

외국의 결혼시장 데이터도 우리에게 일정한 시사점을 제공해주고 있는데, 현재 미국에서 가장 결혼율이 낮은 집단은 저학력 저소득층 유색인종 남성으로 나타나고 있고, 일본에서도 저학력 저소득층 남성의 결혼율이 가장 낮은 것으로 확인된다. 여성 입장에서는 미래가 불안정한 파트너와 결혼을 약속하는 것은 위험한 일이기에 차라리 미혼이나 비혼으로 남거나, 패러사이트 싱글이 되어 부모의 우산 아래 들어간다는 것이다(야마다 마사히로, 2019: 78~85).

결국 사회적 위기 상황에서 위기를 극복할 수 있는 자원을 공유한 가족이 있는지 혹은 없는지에 따라 삶의 질이 확연히 양극화되는 현상이 나타날 개연성이 높아졌다. 일본에서는 이를 가족격차라 지칭한다. 곧 경제력을 갖추어야 가족 구성이 가능해지고 가족을 이룬 후 더욱 풍족한 생활을 누리는 집단 대(對) 경제력이 없어 가족을 형성하지 못한 채 계속 궁핍한 생활을 감당해야 하는 집단 사이의 격차가 새로운 사회문제로 부상하고 있음을 의미한다.

한국에서도 코로나19 이후 결혼 지위를 둘러싸고 배우자가 있는 기혼 커플과 결혼과 출산 등을 포기한 N포 세대 간 사회적 격차의 확대가 예상된다. 결혼 지위를 둘러싸고 계층 격차가 나타나면 사회적 연대가 손상될 수 있다. 일례로 자녀의 출산과 양육을 책임졌던 층과 평생 싱글로 지낸 집단 사이에 사회보장을 둘러싸고 대립과 갈등이 발생할 가능성이 있는 것이다. 배우자 및 가족의 존재 유무에 따라 사회가 양분화 되어가는 상황에서 젊은 세대를 중심으로 한 1인가구의 확산과 노인층을 중심으로 한 독거노인의 증가는 새로운 사회문제를 야기할 것이다. 나아가 이른바 "정상가족"을 전제로 한 기존의 사회복지정책은 정상가족 범주 밖에 존재하는 다양한 가족들, 곧 1인가구나 조손가족이나 생활 동반자 등의 소외 및 상대적 박탈감을 증가시킬 것이 예상된다.

실상 가족은 끊임없이 움직이는 제도이다. 이미 전통가족과 비교해볼 때 오늘날은 가족 및 친족의 범위가 축소되었고, 가장의 특권 및 권위가 약화되었으며, 부계 혈연중심주의도 퇴색하고 있고, 변화했던 가족의례도 간소화 내지 생략의 길을 걷고 있다. 그 원인으로는 무늬만 남은 가부장제가 지목되기도 하고, 남녀 불문 자기 이해관계에 충실한 경제행위자로 환원시키는 신자유주의 시장경제가 주범이라는 의견도 있다. 지금도 변화의 소용돌이 속에서 계급 및 성별 불평등을 유지하고 재생산하는 주체가 가족이라는 사실을 간과해서는 안 될 것이다.

현재로서는 북유럽 복지국가에서 실천 중인 "공공가족(public family)"(국가가 사회복지 기능을 통해 가족 안의 약자를 돌보는 시스템)이 새로운 가족 모델로 등장했지만, 코로나19는 개별 가족의 자율성과 선택지를 다양화할 수 있는 방안에 대한 요구를 강화해갈 것이다.

주거라이프

코로나19 이후 집,
개인화된 라이프스타일 플랫폼으로 진화

두주연 (㈜밸류랩어소시에이츠 대표이사)

코로나 이후 집에 머무는 시간이 많아지면서, 집에 대한 개념, 집의 역할이 변화될 것이라는 많은 기사와 예측이 쏟아지고 있다. 그동안 주택(집)은 사무실, 학교, 병원, 운동장 등의 일상/일터와 명백히 분리된 가족 중심의 쉼 공간이었다. 집이란 공간이 가진 기능 중 휴식, 취침, 식사 정도의 기능만 강조되면서, 현재 집들은 뻔한 구조와 공간 배분으로 차별화되지 않은 주거공간 구조를 갖게 되었다.

그러나 코로나 이후 집에서 일어나는 행동들이 기존 틀에서 벗어나 다양해지고 있다. 집 안에서의 행동변화들은 공간 변화의 필요도를 증폭시킨다. 이로 인해 집에 대한 개념과 집 안 공간적 요소들도 변화될 것이다. 집에 기대되는 역할은 단순 공간적인 물리적 개념이 아니라, 집에서 삶의 가치를 극적으로 끌어올릴 수 있는 질적 변화로까지 확장되고 있다. 이러한 요구와 니즈로 인해 집은 개인별로 최적화된 일상을 만들고, 개선하고, 외부로부터 방어하는 새로운 공간 개념으로 재정의될 것이다.

1. 언택트 소비의 일상화가 집콕으로: 집콕 문화로 바뀌는 집에서의 일상

소비자 인지행동 관점에서 필자는 평균적으로 매월 20~30명을 만나 인터뷰하고 있다. 개인 일상을 시간 추이 또는 공간 이동 동선으로 세밀하게 쪼개서 분석하는 'Customer Experience Journey Map' 조사 모듈을 통해 소비자 행동변화점 분석 프로젝트를 정기적으로 수행하고 있는데, 이 과정에서 예측된 코로나 이후의 주요 변화점을 확인하고 이를 기반으로 주거라이프에 어떤 변화가 생길지 정리해본다.

코로나 이후 집에 머무는 시간은 큰 폭으로 증가했다. 2020년 3월 학교 개학 연기와 사회적 거리 두기가 본격적으로 시작된 시점에서 약 4개월이 지난 7월에 25~59세의 일반 남녀 1,000명을 대상으로 조사한 결과에 따르면 전체 응답자의 60%가 가정에 머무는 시간이 3시간 이상 길어졌다고 응답했다.

가정에 머무는 시간이 많아질수록, 동일 공간 내 거주민(가족) 간 스트레스가 높아지고, 주거생활 변화는 스트레스 관리 및 해결 차원에서 시작될 가능성이 높다. 기본적으로 사람의 행동변화는 불편점 해결에서부터 시작된다. 이런 이유로 코로나 이후 삶의 변화 또는 주거생활 변화점을 스트레스(pain-point) 해결 관점에서 먼저 들여다봐야 한다. 코로나 이후의 삶의 변화 가속화는 사회망 전체의 디지털 네트워크화와 IOT 기술, AI 기능이 탑재된 제품들로 그 변화가 빠르게 견인될 것이다. 그러나 그 전에 지금 집에서 어떤 활동이 늘어나고, 어떤 활동 영역에서 불편점이 생기고, 그로 인한 스트레스 강도는 어떠한지, 그것을 해결하기 위해 무엇이 필요한지를 살펴봐야 한다.

코로나 이후, 가정에서 활동이 많이 늘어난 영역을 살펴보면(〈그림 25-2〉),

<그림 25-1> 코로나 이후 가정에 머무는 시간이 얼마나 증가했나?

	전체 평균(N=1,000)	남자 N=500	여자 N=500
1시간 이내	1.8	2.4	1.2
1~2시간	14.1	19.0	9.2
3~4시간	24.0	25.0	23.0
5시간 이상	37.4	27.8	47.0
코로나 이전과 동일	22.7	25.8	19.6

주: 서울/경기 거주자 25~59세 남녀 1,000명.
자료: 밸류랩어소시에이츠 소비자행동예측연구소(2020.7).

<그림 25-2> 코로나 전과 비교했을 경우, 집에서 활동이 많이 늘고 있는 영역

	전체 평균(N=1,000)	남자 N=500	여자 N=500
홈 다이닝(외식 대신 집에서 식사다운 식사)	41.9	33.8	50.0
홈 트레이닝(집에서 운동)	39.1	36.2	42.0
홈 씨어터(온라인 영화/공연/콘서트 등 관람 활동)	36.1	36.0	36.2
홈 오피스(PC/노트북을 활용한 업무)	34.8	39.6	30.0
홈 엔터테인먼트(게임/오락 등)	33.2	38.4	28.0
홈 힐링(명상/요가/멍 때리기/음악청취 등)	24.5	19.0	30.0
홈 헬스(건강관리 전반: 안마/반신욕/온열치료 등)	20.4	20.2	20.6
홈 가드닝(집에서 식물 가꾸기/정원 만들기)	13.1	8.2	18.0
홈 만들기 취미활동(그림 그리기/목공/손뜨개 등)	12.0	7.8	16.2
홈 베이킹(빵/과자 만들기)	10.1	8.2	12.0
홈 팜[집에서 식재료(상추, 콩나물 등) 키우기]	8.2	7.0	9.4

주: 서울/경기 거주자 25~59세 남녀 1,000명.
자료: 밸류랩어소시에이츠 소비자행동예측연구소(2020.7).

우선 홈 다이닝(home-dining)이 절대적으로 높다. 코로나 이후 가정 간편식 시
장 규모는 큰 폭으로 성장했다. 과거 가정 간편식 시장이 1인가구 증가율에
집중했다면, 지금은 온 가족의 식사 패턴 안에 깊숙이 들어오고 있다. 과거 부

정적이었던 인스턴트 식료품에 대한 인식도 긍정적으로 변화되고 있다. 간편식 제품 유형은 점점 다양해질 것이고, 지금 식품업계에서는 홈 다이닝이 어떤 형태로 어떻게 변화해갈 것인지가 이슈이다. 가정에서 식사 빈도가 높아질수록 가정 구성원의 스트레스는 높을 수밖에 없다. 이로부터 파생되는 스트레스에 어떻게 대응하고 이를 어떻게 해결할지에 따라 가정 내 일상에서 큰 변화가 일어날 것이다.

그 외 특이점으로는, 재택 근무가 많아지면서 홈 오피스 영역이 가정으로 유입될 것을 예상하지만, 실제로는 다른 변화가 더 빠르게 올 수 있다. 〈그림 25-2〉에서 보는 바와 같이 홈 오피스 활동보다 홈 트레이닝, 홈 씨어터, 홈 엔터테인먼트 활동이 더 많이 증가했다. 인간은 지속적으로 일과 개인 생활을 분리하고 싶어 한다. 우리의 신체는 일과 쉼을 구분하는 것에 익숙하고 출퇴근/등하고 이동 시간을 통해 공간에 맞는 신체로 적합화해왔다. 이런 과정 없이 집에서 일해야 한다는 것에 대한 신체적 거부감이 있는 것이고, 이로써 홈 오피스보다 홈 헬스와 홈 힐링 영역의 활동이 더 중요시되고 있는 것이다.

코로나와 같은 바이러스 공포가 반복될수록 외부 공간에서 100% 이루어졌던 홈 오피스와 홈 스쿨이 우선적인 핵심 성장영역이기는 하다. 그러나 이것이 어떤 형태로 가정으로 들어와야 할지에 대한 부분은 좀 더 세밀한 연구가 필요하다. 이 2가지 영역은 가정으로 들어올수록 가정 구성원 간 스트레스와 고통이 치솟고 신체는 피폐화될 가능성이 높다. 생산(일)과 학습의 영역은 집 안에서도 어떻게든 분리되고 구분되어야 한다.

실제로 향후 가정에서 더 즐기고 싶은 영역을 〈그림 25-3〉에서 살펴보면, 건강 관리를 위한 '홈 트레이닝/홈 헬스/홈 힐링' 니즈가 높다. '홈 엔터테인먼트/홈 만들기 취미활동'도 향후 집 안에서 늘리고 싶은 핵심 활동영역으로 강화되고 있다. 코로나 이후 집을 어떤 공간, 어떤 생활 영역으로 재창출하고 재구성할지에 대한 예측도 이러한 행동 니즈 변화의 관점에서 봐야 한다.

〈그림 25-3〉 집에서 점점 더 많은 시간을 들여 제대로 즐기고 싶은 영역

전체 평균(N=1,000)		남자 N=500	여자 N=500
홈 트레이닝(집에서 운동)	47.0	46.4	47.6
홈 헬스(건강관리 전반: 안마/반신욕/온열치료 등)	41.3	39.8	42.8
홈 씨어터(온라인 영화/공연/콘서트 등 관람 활동)	36.4	38.0	34.8
홈 다이닝(외식 대신 집에서 식사다운 식사)	32.8	35.0	30.6
홈 힐링(명상/요가/멍 때리기/음악청취 등)	30.0	26.6	33.4
홈 엔터테인먼트(게임/오락 등)	23.0	31.8	14.2
홈 만들기 취미활동(그림 그리기/목공/손뜨개 등)	21.7	16.4	27.0
홈 오피스(PC/노트북을 활용한 업무)	21.4	27.2	15.6
홈 가드닝(집에서 식물 가꾸기/정원 만들기)	16.8	15.4	18.2
홈 베이킹(빵/과자 만들기)	15.9	11.2	20.6
홈 팜(집에서 식재료(상추, 콩나물 등) 키우기)	13.5	12.0	15.0

주: 서울/경기 거주자 25~59세 남녀 1,000명.
자료: 밸류랩어소시에이츠 소비자행동예측연구소(2020.7).

2. 변화하는 집의 개념과 역할

코로나 이후 집은 그동안 산업사회에서 경험한 경쟁 중심과 일 중심의 생활영역권에서 과감히 탈피하고 본연의 자기 행복을 추구하는 핵심 공간으로서 자리 잡아 갈 것이다. 사람들은 집에서 자기 취향의 라이프스타일을 구현하는 핵심 플랫폼을 구축하고 싶어 한다. 집을 단순한 쉼의 공간이 아니라, 매일 반복되는 평범한 경험 여정을 색다르게 마무리할 수 있는 '자기 행복 발현지'로 설정하는 것이다.

그렇다면, 사람들은 자기 행복의 발현지로서 집을 어떤 공간으로 구축하고 싶어 할까? 밸류랩어소시에이츠 소비자행동예측연구소에서는 큰 흐름으로서 '집에서의 행동 핵심가치 영역'을 〈그림 25-4〉와 같이 4가지 영역으로 규정했다. 이들 영역은 집을 어떻게 꾸미고, 그 안에서 가족 간에 어떤 일상을 보내고 싶은지, 어떤 삶의 가치가 좀 더 강력한 행동준거로 작용할 것인지에 대한

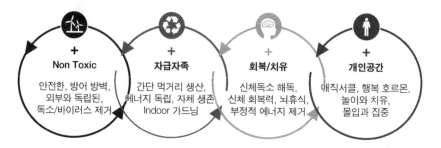

〈그림 25-4〉 집에서의 행동 핵심가치 영역

Non Toxic	**자급자족**	**회복/치유**	**개인공간**
안전한, 방어 방벽, 외부와 독립된, 독소/바이러스 제거	간단 먹거리 생산, 에너지 독립, 자체 생존, Indoor 가드닝	신체독소 해독, 신체 회복력, 뇌휴식, 부정적 에너지 제거	매직서클, 행복 호르몬, 놀이와 치유, 몰입과 집중

종합행동강화 예측 영역이다. 이 4가지 행동 핵심가치는 사람들이 자신의 주거공간을 설정할 때, 우선적인 행동기준이 될 것이고, 각 영역별로 느끼고 있는 불편점을 어떻게 해결할 것인지의 관점에서 시공간을 새롭게 정의하고 설정하려 할 것이다.

1) 논톡시(Non-Toxic)의 영역

시대를 통틀어, 집의 주된 기능은 안전을 보장하는 것이었다. 처음에는 악기상과 포식동물, 적으로부터의 은신처 역할을 했다. 코로나 이후, 사람들은 효과적으로 자가격리를 할 수 있는 집이 필요하다. 미세먼지의 공격, 치료제 없는 바이러스의 공포 등이 일상 속 위협으로 자리 잡기 시작하면서, 집은 이제 도시의 혼란으로부터 탈출하는 것 이상으로 바이러스와 감염으로부터의 안식처를 제공해야 한다.

우선적인 대응은 물과 공기 여과 시스템이다. 바이러스가 물과 공기로 침투될 수 있다는 걱정과 우려에 대한 확실한 해결 방안으로 물과 공기 진단 시스템이 집 안 전체를 감싸고, 집으로 들어오는 모든 수도(주방/욕실)에는 정수기와 살균기가 설정되어 정화된 물 공급이 이루어질 것이다. 바깥과 연결되는 창구(창문/베란다 등)에는 외부 공기 필터링 시스템이 구축되어 문제 진단과 해결이 가능해질 것이다.

또 하나 집에서의 주요 행동동선을 고려할 때 유심히 살펴봐야 할 영역은 방어 방벽 차원에서 중요한 현관이다. 현관은 단순한 출입공간이 아니라 외부의 유해 요소가 집 안으로 들어올 수 있는 위험공간이기도 하다. 최근 건설사들은 공기청정 능력이 아파트의 새로운 경쟁력으로 떠오르면서 현관 천정 에어샤워, 아파트 공동현관 에어샤워 등의 특화 설계를 도입하고 있다. 그러나 현관을 단순한 기능적 관점에서만 봐서는 안 되고, 가족을 맞이하고 보내는 곳, 집을 행복 발현지로 설정하는 첫 관문의 공간으로 간주해야 할 것이다.

2) 자급자족 생산의 영역

안전에 대한 인식이 강화되면서 점점 집 자체가 생산주체가 될 것이라는 예상이 많이 나오고 있다. 집이 에너지를 생산하고, 먹거리를 자급자족하는 시대. 실제 이런 니즈와 욕구가 증폭되고 있다. 코로나 이후 베란다/테라스의 중요성이 강조되면서 이들 공간이 유행할 것이라는 예측 기사가 많다. 모두가 테라스 있는 집을 선망한다면, 그곳에서 사람들은 어떤 일들을 할까? 홈 팜(home-farm)과 홈 가드닝(home-gardening) 욕구는 자연스럽게 연결 강화될 것이고, 정원을 꾸미는 과정에서 식물과 상호작용 통해 마음의 평안을 얻고, 산소 공급과 유해공기 제거, 약간의 식량 자체 공급 등의 경험이 형성되면서, 점점 더 자체 생존독립에 대한 여러 시나리오들을 스스로 만들고 행동할 가능성이 높아진다.

환경보존을 위한 쓰레기 줄이기 행동과 같이 자연친화적인 자급자족 주거 형태에 대한 니즈가 증폭되거나, 한번에 20여 가지의 신선한 허브와 채소를 재배하면서 동시에 식사 준비를 할 수 있는 등, 주방에서의 새로운 경험을 만들어가는 것이다. 이렇게 욕구와 경험의 변화는 주거공간의 기능적 생산성을 높일 뿐만 아니라, 지구 환경보호 등 궁극의 가치 지향점들과 매칭되면서 '행복 발현지로서의 주거' 형태도 다양해지는 것이다.

3) 회복/치유의 영역

집은 기능의 공간이라기보다는 쉼과 회복/치유 공간이라는 의미가 더 부각될 가능성이 높다. 100세 시대에 대비하는 노화 방지는 이런 차원에서 집의 역할이 매우 중요하다. 외부활동으로 소진된 에너지들을 재충전하고 하루 종일 쌓인 온몸의 피로 해결에 집중한다. 매일 어제의 나로, 치유하는 삶과 일상이 중요해진다. '집'은 '오늘 사용한 신체와 정신을 원상복귀할 수 있게 만드는 회복 중심의 공간', '매일 어제의 나로 돌려주는 회복의 공간'으로 재구축되는 것이다.

홈 트레이닝과 홈 헬스는 단순히 운동기기와 의료기기를 집에 설정하여 활동하는 그 이상의 가치로 진화 발전될 가능성이 높다. 피부는 2~3주마다 자생적 재생을 하고 있고, 이 메커니즘을 활용하면 늙지 않을 수 있다. 콜라겐이 빠져나가 주름이 생기면, 콜라겐 먹고 바르고 붙이는 활동 통해 매일 회복한다. 입을 수 있는 의료장비는 광 펄스를 이용해 염증을 줄여 고통을 완화시킨다. 스마트 침대는 수면의 질을 높여줄 것이고, 수면 과정을 통해 치유의 핵심공간이 될지도 모른다. 치유의 영역으로 집 안 공간 중 침실과 욕실 영역의 개념/역할이 증폭될 가능성도 높다.

4) 개인(퍼스널)공간의 영역

사람은 누구나 자기만의 놀이공간이자 감성 치유공간이 필요하다. 집 안에서 같이 지내는 시간이 많아지는 코로나 이후, 집 안에서도 초개인화된 놀이공간이자 치유공간으로서 자기만의 공간에 대한 필요도가 더욱 증폭되고 있다. 이로 인해 집의 역할이 가족 중심의 공간에서 개인 중심의 공간으로 재정의 될 수 있다.

세계적 트렌드로 언급되는 홈 소싱(home-sourcing)족 트렌드도 내 공간에 대한 애착 강화에 관한 것이다. 집안일을 외주화하여 가사일에서 벗어나 자신이 머무는 공간을 보다 좋게, 보다 편하게 만들기 위해 애쓰는 홈 소싱족은 자신을 둘러싼 공간에 대한 관심이 극도로 높다. 그런 차원에서 밸류랩어소시에이츠 소비자행동예측연구소는 개인에게 굉장히 심신 안정을 준다는 퍼스널 공간(personal space, 사방으로 약 1.2m 거리)과 극도의 만족감과 쾌락을 느끼게 만드는 순간(행복 호르몬 세로토닌이 흘러넘치는 찰나)에 관심을 갖고 소비자 행동 관찰을 하고 있다

필자는 이 2가지가 결합된 시공간을 '매직 써클(magic circle)'이라 정의하고, 점점 사람들이 집 안을 초개인화된 놀이공간이자 감성 치유공간, 비밀스러운 자기만의 공간인 '매직 써클'로 다양하게 만들어갈 것이라고 예측한다. 세로토닌이 흘러넘치는 찰나의 공간, 자신의 감각과 취향, 기호에 맞춰 온전히 나에게 집중하는 공간, 일상에서 나에게 몰입할 수 있는 시공간을 집 안 곳곳에 설정해 나만의 행복 발현지를 만드는 것이다.

3. 취향에 맞는 라이프스타일 플랫폼으로 집 안 공간을 재설계

일반인의 집 안에서의 경험 여정을 지속적으로 확인한 결과 평범한 일상에서 무의식적으로 기분이 좋아지는 순간이 언제인지, 어떤 활동을 할 때인지 공통된 경험이 발견되는 영역이 있다. 절로 감탄사가 나오는 순간의 경험을

와우 경험(WOW experience)으로 정의하고 그 순간이 언제 존재하는지, 그 순간을 위해 공간을 꾸미는 등 무슨 행위가 이루어지는지, 이것을 기준으로 그룹을 나눠 일반화하면 크게 4가지 영역에서 와우 경험이 집중되어 있었다.

이는 코로나 이후 가정에서 늘어난 활동 영역과 앞으로 더 즐기고 싶은 활동 영역으로 나온 결과와도 유사하다. 만들다/즐기다 감성적 터치는 '홈 다이닝', '홈 만들기 취미활동', '홈 트레이닝', '홈 가드닝/팜', '홈 엔터테인먼트'로 연결되고, 감싸다/음미하다 감성적 터치는 '홈 힐링', '홈 씨어터', '홈 카페'로 연결된다.

점점 사람들은 자기 행복을 느낄 수 있는 상황과 시점을 집 안에서도 극대화하기를 희망하고, 집 안에서 이런 기능이 가능하도록 설정하고자 할 것이다. 이런 활동이 반복되면서, 집 안이라는 공간이 지향하는 핵심 가치들이 서로 접목되면서 주거공간도 질적 대변화를 맞이하고 있다.

미래학자인 토머스 프레이 다빈치연구소장은 "미래의 집은 단순히 집 이상

〈그림 25-5〉 와우 경험 터치 포인트

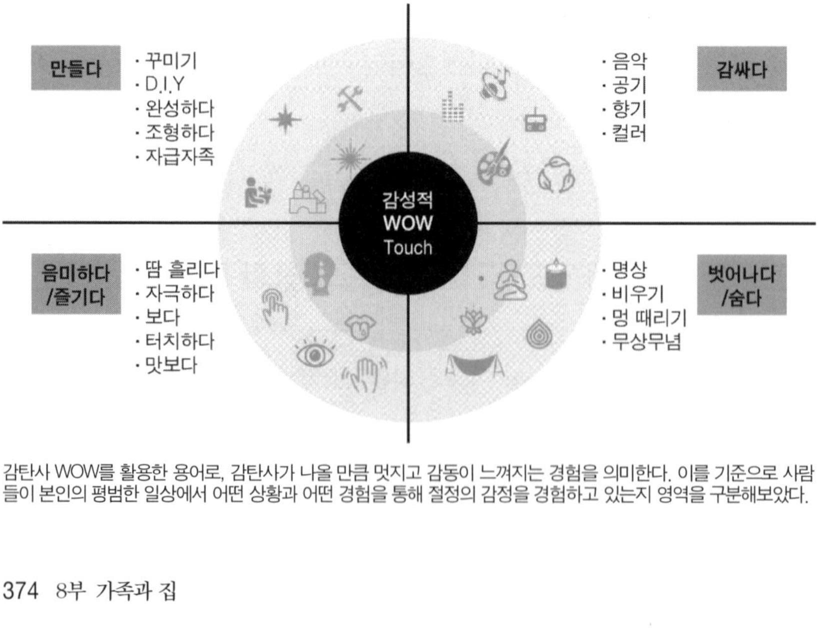

감탄사 WOW를 활용한 용어로, 감탄사가 나올 만큼 멋지고 감동이 느껴지는 경험을 의미한다. 이를 기준으로 사람들이 본인의 평범한 일상에서 어떤 상황과 어떤 경험을 통해 절정의 감정을 경험하고 있는지 영역을 구분해보았다.

의 역할을 하며, 사람들이 원하는 모든 것을 갖추게 될 것이다"라고 말한 바 있다. 코로나 사태를 겪으면서, 이제 집은 그의 말처럼 단순 거주공간을 넘어 쉼터이면서 일터이고 각종 취미생활과 여가를 즐기는 공간으로까지 진화하고 있다.

이제 이 같은 변화를 감지하고 집의 크기로 혹은 수익의 대상으로서 집을 평가하기보다, 나의 행복 호르몬이 샘솟는 공간으로 집을 재설계하고 재정의 하여, 남들과는 다른 나의 취향이 가득한 공간으로서 새로운 집의 기준을 만들어나가기를 기대해본다.

코로나19 이후, 사회 양극화와 주택시장

김우진 ((사)주거환경연구원 원장)

1. 들어가며

생존의 3대 요소 의식주 중 하나인 주택은 공공재로서, 생존 필수품인 소요 (needs)로서의 주택을 의미한다. 흔히 주택수 대비 가구수를 나타내는 주택보급률을 주택정책의 잣대로 사용하는 것도 이에 근거한 것이다.

국토교통부가 산정한 서울의 주택보급률은 2018년 기준 95.9%로 직전 2017년(96.3%)보다 0.4%p 낮아졌다. 주택보급률이 낮아진 이유는 1인가구가 급증했기 때문이다. 서울 거주 1인가구는 2018년 122만 9천 가구로, 전체 가구의 32%를 차지한다. 2010년 이후 서울 인구는 꾸준히 감소하고 있는 데 반해 1인가구는 10%p 상승했다.

2017년 전국의 총 가구수는 1,957만 1천 가구로 전년에 비해 1.50% 증가했으나, 그 증가율은 점차 감소하여 2041년부터는 마이너스로의 전환이 예상된다. 서울은 타 지역보다 더 빠른 가구감소 현상이 나타날 것으로 전망된다. 2028년 391만 2천 가구를 정점으로, 2047년에는 371만 2천 가구로까지 감소할 전망이다.

서울시의 경우 지난 2009~2018년 가구수는 매년 약 3만 4천 가구가 증가한 반면, 주택은 매년 약 4만 4천 호가 공급되었다. 주택건설이 지난 10년 평균만큼 매년 공급된다면 단순 계산상 2029년부터는 주택이 남아돌 것이다.

그러나 여기서 간과해서는 안 될 점은, 통계청의 2015년 인구주택 총 조사에 따르면 서울 시내 재개발·재건축 사업 때문에 이주하여 비게 된 집을 제외한 빈집이 1만 7,659호에 이르며, 이러한 빈집이 점차 늘어나고 있다는 점이다. 앞서 언급한 2018년 주택보급률이 95.9%, 즉 가구는 천 가구인데 주택은 959가구로 산술상 주택이 부족한 데도 빈집이 늘어나고 있다는 점이다.

주택보급률이 100%가 되지 않음에도 빈집이 늘고 있는 현상은 후술하는, 주택이 상품으로서의 성격도 동시에 갖고 있기 때문이다.

2. 사회 양극화와 주택

1) 소득의 양극화

수요를 뒷받침하는 구매력에서 가장 큰 변수는 소득이다. 한국은행에 따르면 2018년 1인당 국민총소득(GNI)은 3만 1,349달러로 전년 2만 9,745달러보다 5.4% 올랐다. 이에 따라 1인당 국민총소득은 2006년 2만 달러를 처음 돌파하고 12년 만에 3만 달러 고지를 넘어섰다.

여기서 지적하고자 하는 것은, 세월이 갈수록 모든 국민이 다 잘살게 되었으나, 고소득자와 저소득자 간 소득의 양극화는 계속 심화되었다는 점이다.

그리고 이런 양극화와 함께, 일부 가구들의 소득은 주택가격 상승만큼 상승했으나 일부 가구들의 소득은 주택가격 상승을 따라가지 못하고 있다는 것이다.

〈표 26-1〉 소득 5분별 가구소득 평균 및 점유율

(단위: 만 원, %, %p)

구분		전체	1분위	2분원	3분위	4분위	5분위
가구소득	2014년	4,770	864	2,355	3,896	5,792	10,938
	2018년	5,828	1,104	2,725	4,577	6,977	13,754
증감율		23%	28%	16%	18%	21%	26%

자료: 통계청, 가계금융복지조사.

〈표 26-2〉에서 보는 바와 같이 서울의 주택가격은 2019년을 100으로 할 때, 2014년은 80.6으로 약 19.4% 올랐다. 단순히 소득 증가와 주택가격 상승 간의 관계에서만 살펴볼 때, 이러한 서울의 주택가격 상승을 따라갈 수 있는 소득상승 가구는 많아야 상위 30% 정도에 지나지 않는다.

〈표 26-2〉 주택가격 변화

	전국	서울
2014년 1월	88.7	80.6
2015년 1월	90.6	81.3
2016년 1월	94.5	84.8
2017년 1월	95.7	87.3
2018년 1월	97.1	91.1
2019년 1월	100.0	100.0

주: 2019년 1월=100
자료 : 월간KB주택가격동향.

그 결과로 〈표 26-3〉에서 보는 바와 같이, 2014년의 경우 서울의 주택을 가격에 따라 5분위로 나누었을 때, 중위가격의 주택을 소득 1분위 가구가 구입하기 위해서는 25.4년간 모든 소득을 저축해야 한다. 2분위 소득계층 가구는 12.6년을 저축해야 한다.

〈표 26-3〉 가구 연소득 대비 주택가격 비율

구분			서울				
			가구 연소득				
			1분위	2분위	3분위	4분위	5분위
2014년 12월	평균 주택 가격	1분위	13.0	6.5	4.7	3.6	2.2
		2분위	19.5	9.7	7.1	5.4	3.3
		3분위	25.4	12.6	9.2	7.0	4.3
		4분위	33.8	16.7	12.3	9.3	5.7
		5분위	58.1	28.8	21.1	16.0	9.8
2019년 12월	평균 주택 가격	1분위	20.0	9.1	6.3	4.6	2.9
		2분위	35.1	16.0	11.1	8.1	5.0
		3분위	46.0	21.0	14.5	10.6	6.6
		4분위	63.0	28.7	19.9	14.6	9.0
		5분위	109.0	49.7	34.4	25.2	15.6

자료: 월간KB주택가격동향.

5년이 지난 2019년에 이르면 소득 1분위 가구가 서울의 중위가격 주택을 구입하기 위해서는 46년을 저축해야 하고, 2분위 가구는 26년을 저축해야 구입할 수 있다. 무주택가구 대부분은 1, 2분위 가구인데 소득 대비 주택가격의 비율은 시간이 갈수록 커지고 있다. 달리 말하면 저소득 가구의 내 집 마련 꿈은 해가 갈수록 멀어져 간다 할 것이다.

수도권의 경우 매년 전체 주택의 약 5% 정도의 매매거래가 이루어지고 있다. 국토교통부의 "주거 실태조사"에 따르면 수도권의 자가보유율은 2014년 51.4%에서 5년이 지난 2019년은 54.1%로 2.7%밖에 증가하지 않았다. 결국 정부의 "1가구 1주택", "주택 소유의 민주화" 정책에도 불구하고 무주택자의

자가 구입을 위한 거래보다는, 주택을 기보유한 소득 상위 30% 가구들 간의
거래가 주택시장을 움직이고 있다 할 것이다.

2) 자산의 양극화

경제가 성장하면 실물자산의 가치는 오르기 마련이다. 이러한 실물자산의
상승 과정에서 가구들의 구매력 차이, 소득 차이가 지속되면 성장의 과실은
이 같은 상품을 구매할 수 있는 사람들만 가져가게 되어 소득 불평등에 더해
자산 불평등이 더욱 심화되는 양극화 현상이 나타난다.

2015년과 2019년을 비교해볼 때, 2019년 3월 말 기준 순자산 10분위 가구
의 점유율이 43.3%로 2015년보다 0.4%p 증가했으며, 9분위는 0.3% 증가했
고, 8분위는 변화가 없다. 반면 다른 분위 가구들의 순자산은 상대적으로 오
히려 감소했다. 부의 쏠림현상이 점차 심해지고 있다는 의미이다.

〈표 26-4〉 순자산 10분위별 점유율

(단위: %, %p)

	1분위	2분위	3분위	4분위	5분위	6분위	7분위	8분위	9분위	10분위
2015년	-0.2	0.8	2.0	3.4	4.9	6.8	9.1	12.4	17.9	42.9
2019년	-0.3	0.7	1.9	3.2	4.8	6.7	9.0	12.4	18.2	43.3
증감	-0.1	-0.1	-0.1	-0.2	-0.1	-0.1	-0.1	0.0	0.3	0.4

자료: 통계청, 가계금융복지조사.

〈표 26-5〉에서 보는 바와 같이 2019년 3월 말 기준 순자산(=자산-부채) 보
유액이 4억 원 미만인 가구가 전체 가구의 72.5%, 순자산 4억 원 이상을 보유
한 가구가 전체 가구의 27.5%를 차지한다.

〈표 26-5〉 가구당 순자산 보유액 구간별 분포

(단위: 억 원, %, %p)

순자산 가구 분포	-1 미만	-1~0 미만	0~1 미만	1~2 미만	2~3 미만	3~4 미만	4~5 미만	5~6 미만	6~7 미만	7~8 미만	8~9 미만	9~10 미만	10 이상
2018년	0.2	2.7	29.0	18.0	13.4	9.5	6.7	5.0	3.4	2.5	2.0	1.4	6.3
2019년	0.2	2.8	29.1	17.8	13.3	9.3	6.4	4.7	3.7	2.4	1.9	1.5	6.8
전년차	0.0	0.1	0.1	-0.2	0.0	-0.1	-0.3	-0.3	0.3	-0.1	-0.1	0.1	0.5

자료: 통계청, 가계금융복지조사.

주택도시보증공사(HUG)의 자료에 의하면 2020년 5월 민간아파트 제곱미터당 평균 분양가격이 서울은 819만 1,000원이었다. 이 가격은 주택분양보증을 전제로 주택도시보증공사에서 규제하는 분양가격이다. 이에 따르면 정부정책의 기준이 되고 있는 국민주택 규모(85m²) 아파트의 평균 분양가는 약 7억 원이다.

서울의 경우 15억 원 초과 주택은 대출 불가, 9억 원 이상 주택은 LTV 20%, 9억 원 이하 주택은 LTV 40%를 대출받을 수 있다. 따라서 서울에서 주택도시보증공사가 분양가를 규제하는, 신규 국민주택 규모(85m²) 아파트를 분양받으면 40%인 2억 8천만 원을 대출받을 수 있다. 그러나 나머지 4억 2천만 원은 대출이 아닌 다른 방법으로 마련해야 한다. 〈표 26-5〉에서 보는 바와 같이 4억 원 이상의 순자산을 보유한 가구는 전체 가구의 27.5%에 불과하다.

많은 무주택 서민들이 강남권의 비싼 신규 아파트는 분양 자격이 되어도, 지불 능력이 되지 않아 청약을 못한다. 결과적으로 현금부자가 신규 분양 아파트를 차지하는 '줍줍' 현상이 나타나는 것이다. 이런 신규 아파트 가격이 상승함에 따라 자산 양극화가 심화되는 결과를 초래하고 있는 것이다.

더 큰 문제는, 값비싼 차의 렌트비가 당연히 높은 것과 같이 주택가격 상승은 곧이어 전월세의 상승을 불러와 주택을 구입할 수 없는 서민의 삶을 더욱 힘들게 만든다는 것이다.

주택가격 대비 전세가격 비율은 지역에 따라 편차가 있으나 개략적으로 50~60% 정도다. 여유가 있는 집주인은 40~50% 정도 자기 돈을 내고, 그렇지 못하면 대출을 받아 이자를 내면서 임대를 주고 있는 것이다. 단순히 이 사실만으로 볼 때, 비싸게 사서 싸게 임대를 주는 임대인들은 '사회사업가'들이다.

주택가격이 상승하는 시기라면, 주택 소유주는 주택가격의 50~60%로 전세를 주어도 매각 시 차익으로 지금까지의 이자를 내고도 남는 것이 있기 때문에 행복하다. 이런 시장 상황을 적극 활용하는 투자를 "갭투자"라고 한다. 내 돈은 적게 투자하고 전세금과 대출금으로 집을 사서 집값이 오르면 팔아 전세금과 대출금, 그리고 각종 비용을 제하고도 남는 투자를 말한다. 그러나 주택가격이 안정화 혹은 하락하는 경우가 발생하면 임대료를 올리거나 임대행위를 포기할 것이며, 일부에서는 전세도 돌려줄 수 없는 "깡통-전세"가 나타나기도 한다. 여기서 "부동산 가격 안정화"의 역설이 나타나는 것이다. 즉, 전세가 주된 임차 형태인 우리나라의 현 상황에서 주택가격 안정화는 역설적으로 전세가 상승을 가져오는 구조적 모순을 갖고 있는 것이다.

코로나 사태 이후 경기 활성화를 위해 이자를 낮추고 있다. 또한 주택투기를 예방하고자 분양가를 규제하고, 주택담보대출 규제를 강화하고 있다. 그럼에도 주택가격은 지속적으로 상승하고 있다. 결국 지불 능력이 있는 상위 30%가 혜택을 보는 결과를 가져왔다. 반면 주택을 구입할 수 없는 서민들은 주택가 상승, 임대료 상승의 악순환 속에서 주거비 지출이 더욱 늘어난다. 이러한 결과는 사회 양극화를 더욱 심화시키는 악순환을 초래하고 있는 것이다.

3. 포스트 코로나 주택시장 전망과 과제

1) 주택가격

상품으로서의 주택을 표시하는 기준은 가격이다. 시장에서 주택가격은 수요와 공급의 관계에서 형성된다. 이렇게 형성된 가격을 지불한 사람만이 그 재화 또는 서비스를 소비할 수 있으며, 대가를 지불하지 않은 사람은 소비에서 배제된다. 반대로 썩은 사과와 같이 대가를 지불하고 싶지 않은 재화나 서비스는 상품이 되지 못한다.

앞서 언급한 바와 같이 서울의 주택보급률이 95.9%에 불과한데도 불구하고 공가가 증가하고 있다. 이는 '집'의 의미가 바뀜에 따라 '집'에 대한 수요도 바뀌고 있기 때문이다. 4차 산업혁명과 함께, '집'은 1인 유튜브 방송인과 재택 근무자에게는 작업장이고, 학생들에게는 원격교육을 받는 학교이고, 쇼핑몰이 되기도 하며, 향후 원격진료가 허용된다면 병원이 될 수도 있을 것이다. 또한 영화관이 되기도 하고, 주택단지 내 헬스시설은 이제 필수가 되고 있다. 이러한 변화에 따라 '집'의 내부 구조나 시설뿐만 아니라, 주택단지의 설계나 시설에서도 변화가 나타났다. 그 변화는 코로나를 겪으면서 더욱 급격히 이루어지고 있다.

공가가 늘어난다는 것은, 비록 정부가 규정하고 있는 '주택'이라 하더라도 대가를 주고 거주하고 싶지 않은 주택이 많다는 것이다. 즉, 한 사람도 겨우 드나들 수 있는 골목에, 재래식 화장실과 인터넷도 잘 되지 않고, 햇볕도 잘 들지 않는 주택들은 시장에서 외면받고 있는 것이다.

반대로 최근 시장에서 선호되는, 따라서 가격 상승을 주도하고 있는 주택은 ① 소형 주택, ② 최근에 지어진 집, ③ 신규주택이 건설될 지역(재개발·재건축 대상)의 주택, ④ 헬스시설이나 레스토랑 등이 겸비된 복합빌딩의 주택이다. 가격이 상승한다는 것은 이러한 집에 대한 수요가 많거나, 반대로 수요에 비해 공급이 적기 때문이다.

소형 주택의 가격이 상승하는 것은 앞서 살펴본 1인가구 증가와 관련이 있다. 최근에 지어진 집이나 신규주택이 건설될 지역의 주택과 복합빌딩의 주택가격이 상승하는 것은, 기술이 진보하고 소득이 상승함에 따라 2G 핸드폰은 무료로 줘도 찾지 않고 5G 핸드폰을 찾는 것과 마찬가지다. 소득 3만 달러시대, 지식산업사회의 '집'을 원하는 가구는 많은 데 반해 이러한 주택의 공급이 적다는 의미이다.

주택가격 상승의 원인으로는 다주택자나, 임대사업자제도, '갭'투자 등 투기가 문제라는 시각이 지배적이다. 그러나 투기는 기본적으로 수요가 있어야 탄생하는 종속변수이지 수요가 전혀 없는 데서 발생하는 독립변수가 아니다. '투기(투자?)'는 상품이 귀할 때 나타나는 현상이다. 금이나 다이아몬드에 대한 투기는 있어도 쇳조각이나 유리조각에 대한 투기는 없다. 주택도 마찬가지다. 수요에 비해 공급이 적기 때문에 나타나는 현상이지 수요가 없는, 다시말해 미분양이 넘치는 지역에는 투기가 없다. 서울 내 일부 지역에는 공가가생기고, 또 일부 지역에서 가격이 급등하는 것은 가구들이 원하는 지역에, 원하는 주택이 부족하기 때문이다. 여기에 시중의 부동자금이 몰리면서 그 상승 폭을 확대시키고 있는 것이다.

2) 주택시장의 변화

소득이나 자산의 양극화가 심화됨에 따라 실제 시장에서 구매력이 있는 가구는 상위 30% 가구이며, 이들 가구가 구매하고자 하는 '집'은 주차 문제가 없고, 헬스시설이나 조식 등의 서비스가 제공되는 주택이다. 기존 도심에 이러한 주택의 공급이 수요를 따르지 못함에 따라 신규주택가격과 기존 주택가격의 간격이 커지고 있다. 반면 산업화 초기에 건설된 비, 바람만 피할 수 있는 주택들은 누구도 찾지 않는 공가로 남고, 이는 계속 증가하고 있는 것이다.

코로나 이후 생활양식의 변화와 함께 이러한 새로운 주택에 대한 수요는 더욱 증대될 것이며, 이를 충족하지 못할 때 신규주택의 가격은 지속적으로 상승하여 사회 양극화가 더욱 심화될 것이다. 반면 이러한 수요를 충족시키고자 도시 외곽에 스마트 신도시를 건설하면 과거 소득 1만 달러 시대에 대량으로 지어진 주택들은 시장에서 외면될 것이고, 서구가 경험한 슬럼화가 머지 않아 우리의 사회 문제로 대두될 것이다.

3) 과제

분양가상한제나 대출규제 등 시장을 통제하여 가격을 안정시키고, 반면 최초 구입자에 대한 주택도시기금의 대출규모 확대나 대출이자 인하 등 "1가구 1주택" 정책을 통해 "자산 민주화"를 추구하는 지금까지의 정책은 주택가격을 지속적으로 상승시키는 원동력이 되어왔다.

재산세나 양도소득세 강화나 주택담보대출 규제 강화 등을 통해 주택 소유의 사회·경제적 편익은 줄이고, 반대로 임차의 사회·경제적 편익을 크게 강화해 사회 전반에 걸쳐 자가 소유의 욕구를 낮추도록 해야 한다.

예를 들어, 입주자(소유자)뿐만 아니라 사용자(임차인)도 아파트 동별 대표자가 될 수 있도록 하여 사용자의 사회적 지위를 제고시켜야 한다. 또한 국민주택기금에서 전세자금 대출 자격기준 및 대출기준을 완화하고, 주택 구입자금 금리의 절반으로 인하해야 한다. 이에 더해 월세 세입자에게는 월세 소득공제를 대폭 확대하며, 세입자에 대해서는 부동산 중개료를 면제하는 등의 조치를 통해 임대주택 선호와 자가구입 선호가 같아지도록 해야 한다.

계약갱신권 연장과 같은 시장에 반하는 정책을 시행할 것이 아니고, 장기 임대를 사업 모델로 하는 임대주택 리츠와 같은 제도를 활성화해야 한다. 이를 통해 시중의 넘쳐나는 부동자금을 흡수하고, 장기 임대주택 공급을 확대해야 한다. 동시에 기존 도심의 노후주택 단지들을 스마트·컴팩트 단지로 재생하여 지식산업사회와 함께 변화된 생활양식에 걸맞는 주택들을 공급해야 한다. 여기에 상위 소득 가구가 입주하면서 기존의 주택에는 차상위 소득 가구가 입주하는, 낙수효과(trickle-down)를 통해 자원이 가장 효율적으로 이용될 수 있는 것이다.

그러나 시장의 원활한 작동만으로 저소득층 주거 문제를 해결하기에는 늦었다고 여겨진다.

4. 마무리

전 정부에 이어 현 정부에까지 이어진 지속적 주택가격 상승은 주택시장의 양극화를 더욱 심화시켰다. 전반적 국민소득은 상승했으나 약 70% 가구의 소득상승은 주택가격 상승률을 따라가지 못했다.

무주택가구 대부분은 1, 2분위 소득 가구인데 소득 대비 주택가격의 비율은 시간이 갈수록 커지고 있다. 달리 말하면 저소득 가구의 내 집 마련 꿈은 해가 갈수록 멀어지고 있다는 것이다. 여기에 더해 주택가격 상승은 결국 임대료 상승으로 이어져, 주택을 구입할 수 없는 서민의 삶을 더욱 힘들게 만든다. 반대로 주택가격의 지속적 상승은 시장에 참여할 수 있는 약 30% 가구에게는 재산 증식의 기회가 되었다. 결론적으로 주택을 매개로 한 소득 양극화가 자산 양극화를 더욱 심화시키고 무주택 저소득 가구의 주거 불안을 가중시키는 결과를 가져왔다.

지금의 주택가격은 1, 2분위 저소득 가구가 부담할 수 있는 가격, 그리고 단순히 대출 규모를 늘리고 금리를 낮춘다고 감당할 수 있는 수준을 넘어섰다. 반면, 과거 1970, 1980년대에 회자되던 "입지전적"이나 "자수성가"라는 용어는 사라진 지 오래되었다. "금수저", "흙수저", "이생망"이라는 말들이 공공연히 회자되고 있다. 즉, 사회적 이동(social mobility)이 정체되고 있다는 의미이다. 주택가격을 안정시키고 무주택 저소득 가구의 소득이 지속적으로 상승한다면 '1가구 1주택' 정책이 달성될 수 있지만, 코로나 사태를 겪으면서 대부분의 무주택가구의 소득이 증가할 전망은 불투명해지고 있다.

시장은 시장대로 기능을 잘 할 수 있게 규제는 줄이고, 시장이 요구하는 상품이 공급되도록 해야 한다. 반면 저소득층을 위한 주택정책은 의료나 교육 정책과 같은 선상에서 기획하고 예산을 배분해야 할 것이다. 이제 '주택청' 혹은 '주거복지청'의 신설을 진지하게 검토해야 할 시점이다.

새로 쓰는 지속가능발전 주택정책

이영한 (서울과학기술대학교 건축학부 교수, 전 주택도시대학원장)

1. 코로나로 인한 주택의 지속가능성 위기

코로나는 주택에 대해 서로 대립적인 이슈를 던져주었다. 멀티 기능에 대한 요구 등 삶의 중심처로서 주택의 역할은 매우 커졌으나, 빈익빈 부익부로 주택의 사회적 형평성은 악화일로에 있다. 코로나로 시작된 '사회적 거리 두기'는 공간에서의 인간 행동에 대한 규제로서, 일시에 각 공간 유형들은 흥망성쇄가 발생했다. 주거지는 삶의 중심처로서 그 역할이 배가되었으나, 관광업의 침체로 호텔은 임시 휴점하거나 폐점했다. 온라인 쇼핑몰의 물류 창고는 대규모로 확장을 했고, 극장이나 영화관 등 다중이용시설은 휴점하거나 영업시간을 축소하거나 관객석의 거리를 2m 이상 띄웠다. 이 난국에 가장 주목받은 것이 주택이다. 사람들은 셧다운과 록다운으로 인해 하루 24시간 동안 집에 칩거했다. 가족 공동생활을 하면서 각자 일이나 공부를 했다. 주택은 쉼터, 원격 근무처, 원격 교육실, 원격 진료실이 되었다. 이제 주택은 이전의 주택이 아니게 되었다. 만능 주택(omnipotent housing) 시대가 올 수도 있다.

코로나의 피해가 가장 극심한 곳이 바로 주택시장이었다. 언론에도 코로나 방역에 대한 기사보다 주택시장 안정대책과 주택시장에 대한 기사가 더 많을 때가 많다. 2015년부터 서울을 비롯한 일부 지역을 중심으로 상승하던 주택가격이 코로나19를 겪으면서 전국적으로 확산되고 폭등했다. 전월세 임대료가 급상승했다. 전국의 주택시장에서 수요와 공급의 법칙이 붕괴되었다. 특히 서울이 심각했다. 그 원인은 공급 부족, 수요 급증이다. 코로나 대응 조치로 정부의 재정지출 확대와 금융권의 0%대 저금리, 양적완화 정책 시행으로 시중 유동성이 급증한다. 시중 유동자금의 많은 부분이 주택시장으로 유입되면서 주택 수요가 급증한다. 서울시는 2012년부터 2018년까지 뉴타운 출구 전략으로 재건축·재개발 등 정비사업지구 약 393곳을 취소했고, 이로 인해 착공하지 못한 아파트를 총 24만 8,889가구로 추정했다(이창무, 2018). 8년간 주택 공급이 현격히 줄어들게 되었다. 이런 상황에서 일부 다주택자들은 주택을 매점매석하고 주택가격을 인상시켰다. 무주택자들은 매수 기회를 잃게 된다. 서울의 경우 신규주택이 공급되었지만 오히려 자가보유율이 하락하면서 무주택자가 늘어나게 된다. 전월세 가구가 증가하고, 전월세 부담률이 급증하는 등 주거 빈민이 확대되고 있다. 빈익빈 부익부의 폐해가 극심해졌다. 주택은 안락처가 아닌 공포의 대상이 되어버렸다.

코로나로 인한 주택대란은 우리의 지속가능성을 심각하게 위협하고 있다. 앞으로 주택의 역할은 더욱 커지는 데 반해 주거 형평성은 더욱 악화될 가능성이 높다. 주택이 생존 차원의 문제가 되고 있다. 지속가능한 사회의 기초는 바로 주택이다. 경제적, 사회적, 문화적, 환경적으로 지속가능한 주택이 요구된다. 주택 공급과 수요의 선순환, 주택의 사회적 형평성 제고, 한국인의 주거문화를 반영하는 주택, 기후변화에 대응하는 주택이 될 수 있도록 민간과 공공의 역량 강화와 협력이 요구된다. 주택을 영리를 추구하는 자유시장경제에 맡기는 것에는 이제 한계가 왔다. 그렇다고 공공주택 위주로 공급을 확대하는 것도 한계가 있다. 무주택자를 위한 기본주택을 공급해야 하며, 다양한 주거 기호를 만족시키는 상품 주택도 계속 공급해야 한다. 그리고 주택시장을 정상화해야 한다. 이것이 지속가능발전 주택정책의 방향일 것이다. 포스트 코로나 시대에 자유시장경제의 장점을 수용하면서도 주택에 대한 기본권을 살리는 해법은 무엇일까?

2. 지속가능성으로 본 주택 실태

주택 실태는 종합적으로 파악하는 것이 좋다. 경제적으로 주택시장 활성화, 사회적으로 주거 형평성, 환경적으로 건강성을 살펴보는 것이 중요하다. 전국, 수도권, 서울, 강남권 등 지역별 특성과 청년이나 어르신 등 특정 가구별 특성을 파악하는 것도 중요하다. 주택 문제가 가장 큰 지역은 서울이다. 주택가격 등락 등 전국적인 주택 문제의 시발점도 서울이다. 서울과 지방이 보통은 동조화하지만, 경우에 따라서 비동조화(decoupling)하기도 한다. 서울의 주거 문제를 보면 전국적 상황도 파악할 수가 있다. 서울의 주택 실태를 자세

〈그림 27-1〉 지속가능 주택 개념도

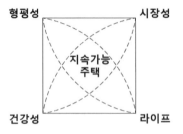

히 살펴보기 위해 국토부의 발표 자료를 이용했다.[1]

1) 주택시장 활성화 정도

　주택시장 활성화 정도는 동조화 경향을 보이는 주택 매매수, 주택분양률, 경매 주택 증감율과 낙찰률 등을 통해서 파악할 수 있다. 주택 매매가 활발하거나, 주택분양률이 높거나, 경매 주택수가 감소하거나 낙찰률이 상승하면, 주택시장은 활성화되었다고 본다. 이와 반대라면 주택시장이 침체되었다고 보면 된다. 주택보급률(주택 재고수/가구수)은 주거 실태를 파악하는 데 있어 기본 데이터이다. 주택보급률은 수학적으로 100%가 되면 공급이 채워진 것으로 판단할 수 있으나, 실제 주택시장에서 적정 목표 보급률은 110%로 본다. 초과 10%는 운영상 나타나는 빈집이나 정비사업을 위한 폐가들이 있기 때문이다. 주택보급률이 100% 이상이면 주택 공급이 줄어들기 시작하고 110%를 초과하면 주택시장이 침체된다. 이는 신규주택의 공급이 급격히 위축되기 때문이다. 주택보급률은 주택 개황을 파악하는 지표이지만, 주거의 형평성 지표는 못 된다. 주택보급률이 높아지지만 주거 형평성이 악화될 수 있다. 다주택자들이 신규 공급 주택을 매점매석하고 주택가격을 올리면 무주택자는 매수 기회를 갖지 못하고, 주거 형평성은 악화된다.

　2018년 기준으로 전국 가구수는 19,979천 가구, 주택수는 20,818천 호로 전국 주택보급률은 104.2%이다. 주택보급률이 110% 이상인 광역지자체는 울산광역시, 세종특별시, 충청북도, 충청남도, 전라남도, 경상북도, 경상남도이다. 이들 광역지자체는 주택 공급이 포화 상태라고 볼 수 있다. 앞으로 신도시

---

1 국토교통부는 매년 전반기에 전년도 하반기 표본주택 6만 가구를 대상으로 주거 실태를 조사하여 발표한다.

<표 27-1> 2018년 전국 주택보급률(%)

광역지자체	주택보급률	광역지자체	주택보급률	광역지자체	주택보급률
서울특별시	95.9	부산광역시	103.6	대구광역시	104.0
인천광역시	101.2	광주광역시	106.6	대전광역시	101.6
울산광역시	110.3	세종특별시	110.0	경기도	101.0
강원도	109.6	충청북도	113.8	충청남도	112.7
전라북도	109.4	전라남도	112.5	경상북도	116.1
경상남도	110.1	제주특별시	107.0		

자료: 국토부(2019).

개발의 시대는 지나갔고, 노후 주택의 재건축이나 재개발 등 정비사업이 중요하다고 볼 수 있다. 경기도와 인천시는 101%이다. 100% 미만인 광역지자체는 유일하게 서울특별시로 95.9%이다.

서울의 공급 상황을 보면, 서울의 주택건설 인허가 실적은 2017년 113,131호, 2018년 65,751호, 2019년 62,272호이다. 2018, 2019년의 주택 인허가 건수가 2017년에 비해 거의 반으로 줄었다. 건축허가면적 전년도 대비 증감률도 2017년에는 55.5%, 2018년에는 -40.9%, 2019년에는 15.3%로 2018년 이후 급감했다. 서울시의 주택 인허가 건수는 2018년 이후 급격히 줄어들었다. 서울시에서는 2012년 이후 정비사업이 대폭 축소되고, 2018년 이후에는 인허가 건수가 급격히 줄어들었다. 신규주택 공급을 활성화하기 위하여 다양한 수단과 특단의 대책이 요구된다.

2) 주거 형평성

주거 형평성은 자가보유율, 임차가구율, 자가점유율, 주택 점유형태, 평균 거주기간, PIR(Price Income Ratio, 주택가격/가구의 연소득), RIR(Rent Income Ratio, 월임차료/임차가구의 월소득), 생애최초 주택마련 소요연수 등으로 파악할 수 있다. 이들 지표의 지역별 편차가 크기 때문에 지역별 지표를 보는 것이 중요하다. 도지역, 광역시 등, 수도권, 서울, 강남권 순으로 구분해서 살펴본다. 2019년 자가보유율은 도지역 71.2%, 광역시 등 62.8%, 수도권 54.1%, 서울 47%이다. 서울의 자가보유율이 47%이므로, 무주택가구 비율은 53%이다. 서울은 무주택가구 도시라고 말할 수 있다. 더구나, 무주택가구수 비율이 증가하고 있다는 점이다. 무주택가구율은 2019년 53%, 2017년도 51.7%보다 1.3%가 높다. 2년 동안 무주택가구수가 약 5만 가구가 늘었다는 것이다. 자가보유율에 따른 형평성이 도지역은 비교적 양호한 반면, 서울은 매우 심각하다. 자가 거주가구 비율인 자가점유율은 도지역 68.8%, 광역시 등 60.4%, 수도권 50.0%이다. 서울특별시 2019년도 주거 실태조사에 따르면 서울 자가점유율은 42.7%이다. 서울 거주가구수의 약 60%는 전월세 임대를 살고 있다는 것이다.

2019년 PIR은 도지역 3.6배, 광역시 등 5.5배, 수도권 6.8배이다. 서울 아파트 가격의 급등으로 2020년 PIR은 약 25배다. 2020년 아파트 중위가격이 약 9억 원까지 급등하고 강남지역 아파트는 11억 원 이상으로 치솟았다. 임차인의 소득 대비 임대료 수준을 나타내는 RIR은 2019년 도지역 12.7%, 광역시 등 16.3%, 수도권 20.0%이다. 한 보고서에 의하면 2017년 서울 RIR은 30%이다. 서울 거주 임차가구는 월 가구소득의 30%를 임대료로 지불하고 있다는 것이

〈표 27-2〉 2019년 전국 주택 소유 현황

(단위: %)

구분	도지역	광역시 등	수도권	서울
자가보유율	71.2	62.8	54.1	47.0
자가점유율	68.8	60.4	50.0	42.7
PIR	3.6	5.5	6.8	24.5(* 2020년)
RIR	12.7	16.3	20.0	30.0(* 2017년)

자료: 국토부(2020).

다. 2019년 주택보유 의식을 보면 응답자의 84.1%가 주택이 꼭 필요하다고 했으며, 2018년에 비해 1.6% 증가했다. 주택보유 응답의 이유는 주거 안정이 89.7%로 가장 많았고, 자산 증식이 7.1%, 노후 생활자금이 3.3%였다.

이상에서 살펴본 것처럼, 한국에서는 주거 형평성을 위해 자가 보유가 매우 중요하고, 주거 불안정의 주요인은 임대차 주택이 주로 민간주택에 의존하고 있다는 점이다. 전체적으로 주거 형평성에서 도지역은 우수한 편이고, 광역시 등은 보통 수준으로 판단된다. 서울은 모든 면에서 주거 형평성이 매우 처참한 수준이다. 서울의 경우, 거주 가구원 소득을 25년 동안 다른 곳에는 쓰지 않고 모두 모아야 서울의 아파트를 살 수 있다. 평생 소득을 저축해서도 살 수 없을 만큼 주택가격이 초고가다. 서울은 자가인 신분과 임차인 신분의 사회적 계급화가 가속되고 있다고 할 수 있다.

3) 건강성

건강성은 1인당 주거면적, 최저 주거기준 미달 가구율, 지하·반지하·옥탑방 거주 가구율, 주택상태 양호도 등으로 판단할 수 있다. 2019년 전국 1인당 주거면적은 32.9m^2, 최저 주거기준 미달 가구율은 5.3%로 106만 가구이다. 포스트 코로나에 자택 중심으로 생활이 재구조화될 경우를 대비하여, 1인당 주거면적 양적 확대와 다기능화 공간을 검토할 필요가 있다. 특히, 최저 주거기준[2]을 확대할 필요가 있다. 과연 코로나와 같은 팬데믹에 이런 좁은 주택에서 사회적 거리를 둘 수 있을까? 1인 1실이 있어야 하지 않을까? 주거복지 차원에서 전향적으로 검토할 필요가 있다.

---

2 1인가구는 14m^2, 2인가구는 26m^2, 3인가구는 36m^2, 4인가구는 43m^2, 5인가구는 46m^2, 6인가구는 55m^2이다(국토해양부, 2011).

3. 지속가능발전 주택정책, 제3의 길

주택정책에는 철학이 있어야 한다. 특히, 주거난이 심각해지면 그 근본을 생각해야 하고 철학적 접근이 중요하다. 인간의 삶은 문화, 경제, 사회, 환경, 과학기술 등 다층적이고 다면적이다. 인간의 삶의 그릇인 주택을 볼 때도 문화적, 경제적, 사회적, 환경적 등 다면적 시각을 가져야 한다. 문화적으로는 가족의 주택에 대한 풍습, 의식 구조와 라이프스타일 등이 중요하다. 경제적으로는 주택의 공급과 수요가 선순환을 이루면도 적정한 주택가격을 유지해야 한다. 주택산업이 정상적으로 성장할 수 있어야 하고 활발한 주택상품 개발로 주택의 질적 발전을 이룰 수 있어야 한다. 사회적으로는 사유재산을 보호하면서도 소셜믹스 등 사회적 공동체를 유지 발전시키고, 주택자산의 격차를 사회적으로 감내할 수 있을 정도로 유지하는 것이 필요하다. 환경적으로는 인간의 신체적, 정신적 건강을 증진시켜야 한다. 기후변화를 위해 저탄소를 배출해야 하고, 생태 환경에 대한 수용성을 높여야 한다.

세계적으로 시장경제 국가들에서 주택을 보는 시각은 크게 2가지이다. 주택을 인간 기본권의 하나로 간주하여 주거기본권을 중시하는 국가들과 수요와 공급의 자유시장경제에서 주택상품의 가치를 중시하는 국가들로 나뉘어 있다. 전자는 독일, 영국 등 주로 유럽 국가들과 싱가포르 등이다. 이들 국가는 임대주택 비중이 높으며, 공공이 임대주택을 직접 소유하고 운영하거나 민간 임대주택에 공적 관여를 해오고 있다. 1980년대 이후 임대료 제한 완화, 민간 임대시장 확대 등 자유시장경제 수단들을 점차 늘려오고 있다. 그 이유는 과중한 재정 부담을 완화하고, 민간의 창의적인 주택상품 개발 역량을 수용하며, 신규주택 공급을 유도하기 위해서이다. 후자는 미국, 일본, 한국, 홍콩 등이다. 이들 국가는 소수의 공공 임대주택이 있지만 민간주택 위주의 시장에 의존한다. 사람은 태어나서 살 주택을 스스로 벌어서 사거나 부모로부터 상속받는다. 주거 안정성이 큰 사회적 문제이다. 주거 빈민층은 항상 있어 왔다. 소수에게 주택자산이 집중됨에 따라 주거 빈민이 급증하고 사회 공동체 붕괴와 함께 국가적 위기까지 비화하기도 한다. 주택경제가 국가경제에 심각한 타격을 가할 수 있다. 1990년 이후 일본의 장기 불황은 부동산 경기가 급등하고 급락하면서 발생했다. 2008년 미국의 금융위기는 부동산 금융에서 발생해 세계적인 경제 침체로 확산되어 많은 피해를 발생시켰다. 자유시장경제가 가지는 리스크가 증폭되어 발생한 사건이었다.

한국은 1960년대 이후 자유시장경제 체제 아래 주택산업, 주택시장, 개인의 삶이 선순환하는 구조였다. 자유시장경제의 긍정적인 성과가 나타났다. 많은 민간 공동주택이 건설·분양되면서 도시화 과정에서 나타난 고질적인 주거난이 점차 해소되었다. 주택을 소유하면서 개인의 자산도 늘어나고 핵가족을 기반으로 하는 신계층인 중산층이 두텁게 형성되었다. 주거 형평성은 개선되고, 주거 수준은 획기적으로 발전했다. 건설산업도 활황이었다. 건설사들은 축적된 부를 시드머니로 삼아 자동차, 조선, 전자 등 제조업으로 업역을 확장하여 거대 그룹으로 성장했고 나라의 근대적 경제 기반을 다졌다. 그러나 불행히도, 이제는 이 자유시장경제에서의 주택 선례를 그대로 따르기에는 여러모로 한계가 있다. 자유시장경제 체제의 약점인 빈익빈 부익부 양극화가 더욱 부각되고 있다. 주택이 거주 목적이 아니라 재테크나 투기 수단으로 변질되었다. 은행 대출 레버리지를 이용하여 주택을 사들이고 초고가 임대료를 받는 고리대금업자들이 주택시장을 교란하고 있다. 신규주택을 공급해도 무주택가구의 비율이 감소하지 않고 오히려 증가하는 경우도 발생한다. 주택정책을 제로베이스에서 전면적으로 재검토해야 한다.

자유시장경제의 주택정책 장점을 살리면서도 무주택자들의 주거난을 획기적으로 해결할 수 있는 지속가능발전 주택정책으로의 전환을 모색할 시점이다. 제3의 주택정책이 필요하다. 인간의 기본권으로서 주택의 가치를 살리면서도, 주택시장의 역동성과 창의성을 살릴 수 있는 선순환 수요와 공급 체계를 구축해야 한다. 이것이 주거기본권과 사유재산권이 상생하는 길이다.

4. 포스트 코로나 상생의 주택정책

코로나로 인해 우리나라는 방역 전쟁에 더해 또 하나의 전쟁이 벌어졌다. 주택시장이 전쟁터가 되었다. 매매가도 고공행진, 임대료도 고공행진, 정상적인 소득으로는 매매 불가능 주택, 임차 불가능 주택이 되어버렸다. 정부는 세수가 늘고, 금융기관은 주택 대출로 이자 수익이 늘고, 다주택자는 부자 되고, 임대업자는 임대료가 오르고, 오로지 피해는 무주택자들의 몫이다. 코로나 이후 주택정책은 준 전쟁 상태인 주택시장에 대응력을 키우는 것이 중요하다. 주택보급률 100% 초과 시대, 코로나로 인해 생긴 천문학적 유동성과 초저금리 시대에 상생할 수 있는 주택정책은 어떠해야 할까?

첫째, 1가구 1주택 보유율 70% 이상을 제1의 주택정책으로 해야 한다. 현재보다 10% 이상 높여야 한다. 우리 민족은 토지소유권에 대한 유전인자가 뿌리 깊다. 왕조시대에 왕토(王土)사상이 있었지만 토지의 사유권은 대대로

〈그림 27-2〉 지속가능발전 주택정책 개념도

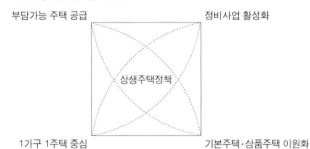

부담가능 주택 공급 　　　　　　　　　　정비사업 활성화

상생주택정책

1가구 1주택 중심 　　　　　　　　　　기본주택·상품주택 이원화

이어져 내려왔다. 왕토사상은 토지의 국유 개념보다는 왕이 토지사유권을 보호한다는 개념이 더 강했다. 조선시대 중기 이전까지는 남녀 구분 없이 동등하게 토지를 분배했다. 지금도 주택 소유에 대한 욕구가 강하다. 한국인의 자산에서 토지와 주택이 차지하는 비중은 80%를 상회하는 정도다. 2019년 청년층의 주거의식 조사에서 80% 이상이 주택 소유를 원했다. 주택 소유는 중산층의 기본 조건으로 간주되며, 임차주택 거주는 일종의 셋방살이나 빈곤층의 주거로 인식된다. 우리나라는 은퇴 후 노후보장이 빈약하다. 연금이나 금융 등의 소득대체율이 OECD 국가들에 비해 매우 낮고, 그 대신 주택 등 부동산이 중요하다. 젊어서 돈을 벌어 주택을 구입하고 은퇴 후에는 주택 자산을 노후 자금으로 활용한다. 청년들이 결혼을 기피하는 가장 큰 이유는 주택 문제이다.

자가보유율을 높이는 것은 쉽지 않은 일이다. 임기응변보다는 철학을 가지고 장기적인 비전을 추진해야 한다. 무주택자를 위한 주택정책이 되어야 한다. 무주택자들에게는 부담 가능한 주택(affordable housing)을 대량 공급해야 한다. 신규주택 공급을 늘리면서 다주택자들의 주택들이 시장에 나올 수 있도록 유도해야 한다. 무주택자들에게는 주택담보대출의 이율을 최대한 낮추고, LTV, DTI, DSR 등을 감당할 수 있는 수준으로 완화해야 한다. 또한, 1가구 1주택 가구를 보호해야 한다. 가구소득으로 감내할 수 있을 정도의 수준으로 보유세를 낮추는 대신 양도세를 강화하는 방향으로 세제를 운용해야 한다. 다주택자에게는 보유세를 누진적으로 높이고, 양도세를 낮추는 방향으로 나아가는 것이 바람직하다.

둘째, 기본주택과 상품주택으로 이원화할 필요가 있다. 사람들의 기본적인 주거 수요를 만족시키는 기본주택과 사람들의 주거 욕구나 기호를 충족할 수 있는 상품주택으로 이원화할 필요가 있다. 기본주택에 대해서는 정부의 관여와 지원으로 공적 성격을 강화하고, 상품주택에 대해서는 자유시장에 맡기고 정부의 간섭을 최대한 줄이는 것이다. 도시와 건축의 법과 제도, 세제, 금융을 이원화하는 것이다. 일본의 사례와 같이, 기본주택에는 초저금리로, 상품주택에는 일반 시중금리로 주택담보대출을 이원화할 수 있을 것이다.

셋째, 임차주택 문제는 주택 문제에서도 핵심 중의 핵심이다. 임차료는 집값 상승의 수단이 되었다. 집값을 올리기 위해 임대료를 올리고, 집값이 올라가면 임대료를 올리는 식으로 주택시장을 교란했다. 주거기본권을 중시하는 유럽 국가들은 전통적으로 민간 임대주택의 임대료 상승률과 임대 기간을 규제하여 임대 시장을 안정화시켰다. 임대차료는 임대인과 임차인 쌍방을 고려하여 적정 가격이 되어야 한다. 임차인 입장에서는 임차인의 소득에 부담 가능한 수준으로 임대료가 조정되는 것이 필요하다. 임차인 소득을 기준으로 할 경우, RIR을 이용한다. 보통, RIR의 20%를 임대료 상한으로, 10~15%를 적정 임대료로 본다. 임차가구의 월소득이 400만 원이면, 적정 월세는 40만~60만 원 정도가 된다. 임대인 입장에서는 시중금리를 고려해야 한다. 자산을 은행에 저축했을 때 이익과 비교하는 것이 중요하다. 시중금리에 주택 감가상각비, 주택 수선비, 관리비 등을 포함해야 할 것이다. 현재 국회에서 통과된 임대차법인 전월세 상한제, 임대차청구권 등은 안착 과정에서 시행착오와 심한 갈등이 있을 것이다. 계속 정책을 발전시켜야 할 것이다. 국민을 상대로 설득해야 하고, 계속 보완 대책을 만들어야 한다.

넷째, 부담 가능한 주택을 대량 공급해야 한다. 부담 가능한 주택의 가격은 가구 연소득의 5~7배 수준이다. 2020년 5월 KB국민은행에 따르면 서울 중위 가구 연소득은 6,036만 원이다. PIR을 5~7배로 했을 때, 적정한 주택가격은 3.0억~4.2억 원 수준이다. 2020년 서울 주택 중위가격인 약 11억 원은 PIR에 의한 적정 가격의 3배로 매우 높은 수준이다. 급등한 주택가격을 '반값 아파트' 수준으로 원상회복시키기 위한 실효적 조치를 취해야 한다. 또한 무주택 저소득층을 위하여, 4억 원 이하 주택을 대량 공급할 수 있는 특별 대책을 세워야 한다. 현재 주택 공급가에서 토지비용 비율이 너무 높다. 주택 건설비는 평당 500만~800만 원 정도다. 공공용지의 공급가격을 대폭 내리는 것이 핵심이다. 공적주택의 분양가를 평당 2천만 원 이하로 조정해야 한다. 지역에 따라서 다르겠지만, 서울에서는 평당 1,500만 원 정도가 중위가구가 부담 가능한 주택가격이라고 본다. 요즘 정부에서 추진하는 제3기 신도시의 분양가는 평당 1,500만 원 이하가 적정하다고 본다.

다섯째, 주택보급률에 따라서 신규주택 공급과 재고주택 관리 정책을 적절히 추진해야 한다. 2019년 주택보급률이 전국적으로 104%이고, 지역별로 도 지역은 110~105%, 광역도 등은 105~100%, 수도권은 100%, 서울은 95%이다. 주택보급률의 목표치인 110%를 초과하면 빈집이 다수 발생하여 주택가격이 급락하고 주택시장이 붕괴하여 사회적으로 큰 문제가 발생한다. 일본 주택시장 붕괴의 주요인은 주택보급률 117%이다. 일본에는 도쿄를 포함해 전국적으로 17%에 해당하는 800만 호가 고스란히 빈집이다. 미국 등 서구의 주택보급률은 110%를 넘지 않는다. 2018년 기준 서울시 주택보급률 95.9%다. 가구수는 3,839,766가구(1인가구 포함)이며 주택호수는 3,682,384호(다가구수 포함, 주거용 오피스텔은 불포함)이다. 2018년 가구수를 기준으로 할 때, 주택보급률 110%가 되기 위해서 541,358호가 더 필요하다. 광주광역시 주택수 정도가 더 필요한 것이다. 주택보급률 105%를 목표로 하면 349,418호가 더 필요하다. 서울시는 앞으로 10여 년간 매년 3만~5만 호의 주택을 순증해야 한다고 본다.

여섯째, 재개발·재건축 등 정비사업을 활성화하여 미래도시를 조성해야 한다. 용도지역 상향, 용적률 완화, 층수 규제 해제, 재건축 안전진단기준 정상화 등 주택 관련 규제를 개선해야 한다. 주택가격 상승을 통제하기 위해서 정비사업을 규제한다는 것은 설득력이 약하다. 아파트는 짓고 과도한 이익은 불로소득세로 징수하고 이를 기본 주택을 건축하는 데에 투입하면 된다. 정비사업의 사업성은 용적률이 관건이다. 건축밀도인 용적률은 용도지역에 따라서 크게 다르다. 상업지역의 용적률은 주거지역 용적률의 약 4배 이상이다. 요즘은 상업지역이나 공업지역에도 초고층 주상 아파트 등 주거시설이 세워지고 있다. 상업지역, 공업지역과 주거지역의 경계가 허물어지고 있으며, 지역 구분의 명분이 점차 약해지고 있다. 용도지역별 용적률을 근본적으로 재검토할 시점이다. 우선, 일반 주거지역에 준주거지역 수준의 용적률을 지을 수 있는 대책을 검토할 필요가 있다. 물론, 일반 주거지역의 층수 규제를 해제해야 한다. 현재의 재건축 안전진단기준을 구조 중심에서 탈피해야 한다. 보통 콘크리트의 내구연한은 60년인 데 반해, 정보통신기술 등과 주택서비스 기능이 점차 중요해지기 때문에 이를 반영해야 한다.

포스트 코로나 시대에 컴팩트시티 건설은 하나의 미래도시 비전이다. 컴팩트시티란 보행거리 안에 집과 일터, 상업시설, 문화시설 등이 공원과 함께하는 복합도시이다. 최첨단 기술, 고도의 서비스, 충분한 공원이 어우러진 도시이다. 미래 정비사업에서 캠팩트시티 개념이 중요해질 것이다.

5. 민전(民田), 1가구 1주택 그리고 우리 세대

고래로 한민족은 금수강산 옥토에 기대어 살아왔다. 초가삼간 가옥을 짓고 백성들은 민전을 자가경영(自家經營)하며 살아왔다. 민전은 소유권 측면에서 사전(私田)으로 매매나 증여, 상속을 할 수 있었다. 금수강산 옥토, 가옥, 민전은 비록 좁고 작지만 자족의 터전이었다. 이 터전을 지키기 위해 우리 역사는 상처들로 점철되었다. 다음 세대에게 터전을 물려주기 위해 어머니, 아버지는 헌신하셨다.

주택은 하나 이상의 가치를 가진다. 사회적으로는 주거 빈곤의 해소, 경제적으로는 창의적이고 역동적인 주택 생산, 환경적으로는 인간에게 건강하면서도 자연과 상생하는 거주 환경, 문화적으로는 대를 이어 가족의 내력을 쌓아가는 것이다. 어느 건축가는 집은 어머니의 자궁이라고 했다. 또 다른 어느 건축가는 집은 사람이 사는 기계라고도 했다. 이 시대 우리에게 집은 무엇일까? 그리고 포스트 코로나 시대의 집은 무엇일까? 집은 언제까지 재테크 수단이 되어야 할까? 누구나 태어나서 살다 가는데 적어도 쉬고 싶을 때 쉴 수 있고 기댈 수 있는 원룸이나 투룸은 있어야 할 게 아닐까? 벽에 색칠하고 못도 마음대로 박고, 떠날 때 자식에게 물려줄 수 있는 내 집. 이 고도로 발달한 거대 도시에서 10평 내 방 하나가 없다는 게 받아들여지지 않을 것이다. 우리 조상들은 누구나 먹고살 수 있는 민전이 있었는데, 우리 젊은이들은 떠돌이 삶을 살고 있다. 누가 이렇게 만들었을까? 주택은 어머니의 자궁이며, 아버지의 팔이다. 어머니 뱃속에서 나와, 아버지의 벌린 양팔을 떠나 살다가, 어떤 이는 내 집에 살고 어떤 이는 평생 셋방살이를 한다. 우리 세대가 1가구 1주택 시대를 열어야 하지 않을까?

참고문헌

01 포스트 코로나 지속가능발전, 상생과 환경화

노자. 2014. 『도덕경』. 오강남 옮김. 현암사.

삭스, 제프리(Jeffrey D. Sachs). 2015. 『지속가능한 발전의 시대』. 홍성완 옮김. 21세기북스.

세계환경발전위원회. 2005. 『우리공동의 미래』. 조형준·홍성태 옮김. 새물결.

이영한 외. 2014. 우리의 사회적 지속가능성 진단. 지속가능과학회 심포지움.

이영한 외. 2015. 『전환기 한국 지속가능발전 종합전략』. 한울아카데미.

제헌국회. 1948. 대한민국 헌법. 국가법령정보센터.

투퀴디데스(Thucydides). 2011. 『펠로폰네소스 전쟁사』. 천병희 옮김. 도서출판 숲.

홀, 에드워드(Edward T. Hall). 2013. 『숨겨진 차원』. 최효선 옮김. 한길사.

OECD. 2020. 2020 OECD 한국경제보고서.

02 감염병의 역사와 포스트 코로나

맥닐, 윌리엄(William H. McNeill). 2005. 『전염병의 세계사』. 김우영 옮김. 이산.

이규원. 2020. 「옮긴이의 글」. 라이트, 제니퍼(Jennifer Wright). 『세계사를 바꾼 전염병 13가지』. 이규원 옮김. 산처럼. 379~383쪽.

최규진. 2015. 「조선총독부의 종두 정책」. 서울대학교병원 의학역사문화원 편저. 『역사 속의 질병, 사회 속의 질병』. 솔빛길. 67~108쪽.

크로스비, 앨프리드 W.(Alfred W. Crosby). 2010. 『인류 최대의 재앙, 1918년 인플루엔자』. 김서형 옮김. 서해문집.

푸코, 미셸(Michel Foucault). 2003. 『감시와 처벌: 감옥의 역사』(제2판). 오생근 옮김. 나남출판.

해리슨, 마크(Mark Harrison). 2020. 『전염병, 역사를 흔들다』. 이영석 옮김. 푸른역사.

황상익. 2014. 『콜럼버스의 교환』. 을유문화사.

황상익. 2015. 『역사가 의학을 만났을 때』. 푸른역사.

加藤茂孝. 2013. 『人類と感染症の歴史』. 丸善出版.

内務省衛生局. 1922. 『流行性感冒』. 内務省衛生局.

藤原辰史. 2012. 『ナチス・ドイツの有機農業:「自然との共生」が生んだ「民族の絶滅」』. 新装版. 柏書房.

美馬達哉. 2020. "感染までのディスタンス." ≪現代思想≫, 48-7: 53~60.

飯島渉. 2017. "ペスト・パンデミックの歴史学." 永島剛・市川智生・飯島渉 編. 『衛生と近代: ペスト流行にみる東アジアの統治・医療・社会』. 法政大学出版局. pp.1~28.

飯島渉. 2020. "感染症と文明、その中国的文脈について." ≪現代思想≫, 48-7: 131~136.

山本太郎. 2011. 『感染症と文明: 共生への道』. 岩波書店.

速水融. 2006. 『日本を襲ったスペイン・インフルエンザ: 人類とウイルスの第一次世界戦争』. 藤原書店.

脇村孝平. 2002. 『飢饉・疫病・植民地統治: 開発の中の英領インド』. 名古屋大学出版会.

Bonneuil, Christophe and J.-B. Fressoz. 2016. *L'Événement Anthropocène: La Terre, l'histoire et nous*. Paris: Édition de Seuil.

Le Roy Ladurie, Emmanuel. 1973. *Le Territoire de l'Historien*. Paris: Gallimard.

Lynteris, Christos. 2018. "Plague Masks: The Visual Emergence of Anti-Epidemic Personal Protection Equipment." *Medical Anthropology*, 37(6): 442~457.

Morelli, Giovanna, Y. Song, C. J. Mazzoni, M. Eppinger, P. Roumagnac, D. M. Wagner, M. Feldkamp, B. Kusecek, A. J. Vogler, Y. Li, Y. Cui, N. R. Thomson, T. Jombart, R. Leblois, P. Lichtner, L. Rahalison, J. M. Petersen, F. Balloux, P. Keim, T. Wirth, J. Ravel, R. Yang, E. Carniel and M. Achtman. 2010. "Yersinia pestis genome sequencing identifies patterns of global phylogenetic diversity." *Nature Genetics*, 42(12): 1140~1143.

Schrick, Livia, S. H. Tausch, P. W. Dabrowski, C. R. Damaso, J. Esparza and A. Nitsche. 2017. "An Early American Smallpox Vaccine Based on Horsepox." *New England Journal of Medicine*, 377(15): 1491~1492.

Spellberg, Brad. 2008. "Dr. William H. Stewart: Mistaken or Maligned?" *Clinical Infectious Diseases*, 47: 294.

World Health Organization Writing Group. 2006. "Nonpharmaceutical Inventions for Pandemic

Influenza, National and Community Measures." *Emerging Infectious Diseases*, 12(1): 88~94.

Zuboff, Shoshana. 2019. *The Age of Surveillance Capitalism: The Fight for a Human Future at the New Frontier of Power*. New York: Public Affairs.

04 코로나19 이후 한국의 미래

이원재. 2020. "힘의 역전". LAP2050, 7월 22일.

하버마스, 위르겐(Jürgen Habermas) 지음. 한상진 엮음. 1996. 『현대성의 새로운 지평 : 하버마스 한국 방문 7강의』. 서울: 나남.

Agamben, Giorgio. 2005. *State of Exception*. Chicago: University of Chicago Press.

Carbonaro, Giulia. 2020. "No more kissing: COVID-19's culture shock for a European greeting." Published on CGTN, March. https://newseu.cgtn.com/news/2020-03-02/-No-more-kissing-COVID-19-s-culture-shock-for-a-European-greeting-OvLuEdFlgE/index.html.

Ducharme, Jamie. 2020. "One in Three Seniors Is Lonely. Here's how it's Hurting their Health." Published on TIME, March. https://time.com/5541166/loneliness-old-age/.

Ecks, Stefan. 2020. "Lockdowns Save, Lockdowns Kill: Valuing Life after Corona-shock." Science, Medicine, and Anthropology. http://somatosphere.net, April 24.

First Nations Health Authority. 2020. "Public health processes and the role of communities during COVID-19." April. https://www.fnha.ca/about/news-and-events/news/public-health-processes-and-the-role-of-communities-during-covid-19.

Stansfield, Jude, Tom Mapplethorpe & Jane South. 2020. "The Community Response to COVID-19." Jun. https://publichealthmatters.blog.gov.uk/2020/06/01/the-community-response-to-coronavirus-covid-19.

Stokel-Walker, Chris. 2020. "How personal contact will change post-COVID-19." Published on BBC Future, Apr. https://www.bbc.com/future/article/20200429-will-personal-contact-change-due-to-coronavirus.

UK Government. 2019 "Community Resilience Development Framework – A reference tool for the delivery of strategic approaches to community resilience development." June. https://assets.publishing.service.gov.uk/government/uploads/system/uploads/attachment_data/file/828813/20190902-Community_Resilience_Development_Framework_Final.pdf.

Whimster, Sam. 2020. "Discovering Society – COVID-19 Chronicles." Discovering Society in a Global Age, March 23.

WHO Interim Guidance. 2020. "Community-based health care, including outreach and campaigns, in the context of the COVID-19 pandemic." May. https://www.who.int/publications/i/item/community-based-health-care-including-outreach-and-campaigns-in-the-context-of-the-covid-19-pandemic?.

05 코로나19 이후 한국경제의 진로

표학길. 2015. 「한국의 통계자료를 이용한 피케티 가설의 검증」. ≪한국경제포럼≫, 8.1, 45~81쪽. 한국경제학회.

표학길. 2020. 「대재앙의 경제학」. ≪디지털타임스≫, 2020년 3월 9일 자 칼럼.

Economist. 2020. "The Business of Survival." April 11. http://worldometers.info, coronavirus update.

Milanovic, B. 2013. "Global Income Inequality by the Numbers: History and Now." World Bank, 4.2.

OECD. 2020. Cyclical Leading Index(March 2020), April 8, 2020.

Piketty, T. 2014. Capital in the Twenty-First Century, Cambridge. The Belknap Press of Harvard University Press.

Pyo, Hak K. 2018. Chapter 23 Productivity and Economic Development. in Griffell-Tatje E., C. A. K Lovell and R. Sickles(eds). The Oxford Handbook of Productivity Analysis. Oxford University Press.

Surico, P. and A. Galeotti. 2020. "Economics of Pandemic: The Case of COIVD-19." London Business School, March 2020.

Tonby, O. and J. Woetzed. 2020. "Could the Next Normal Emerge from Asia?". McKinsey Company Article, April 2020.

06 코로나19 방역과 국가 이미지 탈바꿈

구도완. 2020. "인류세 시대의 생태전환". 중민재단 집담회. 5월 15일.

김홍중. 2019. 「인류세의 사회이론 1: 파국과 페이션시」. ≪과학기술학연구≫, 19(3): 1~49.

서울대학교 사회발전연구소. 2020. "포스트 코로나 인간-동물 관계: 생태정치와 실천". 인간-동물

4차 웨비나. 7월 17일.

주은정. 2020. "포스트 코로나와 생명사회학: 취약성과 다양성". 한국이론사회학회. 6월 20일.

한상진. 2019. 『탈바꿈』. 중민출판사.

Al-Amoudi, Ismael & Morgan, J.(eds.). 2019. *Realist Responses to Post-Human Society*. London: Routledge.

Andreja, Srsen. 2018. "The Aspects of National Branding: Conceptual and Theoretical Framework." *European Journal of International Studies*, September-December 4(3): 45~53.

Antonelli, Francesco. 2020. "Emerging Aspects in Technocratic Politics at the Time of the SARS COVID19 Crisis." Rivista Trimestrale di Scienza dell'Amministrazione. Studi di teoria e ricerca sociale. pp.1~20.

Asayama, Shinichiro. 2015. "Catastrophism toward 'opening up' or 'closing down'? Go beyond the Apocalyptic Future and Geoengineering." *Current Sociology*, 63(1).

Barisic, Petra. 2014. "National Brand and its Elements, Value, Power and Competitiveness." *International Journal of Business Tourism and Applied Sciences*, 2(2): 26-31.

Beck, Ulrich. 1986. Risikogesellschaft - Auf dem Weg in eine andere Moderne(Risk Society). Suhrkamp: Frankfurt a. M.

Beck, Ulrich. 1998. *World Risk Society*. Cambridge: Polity Press.

Beck, Ulrich. 2009. *World at Risk*. Cambridge: Polity Press.

Beck, Ulrich. 2016. *The Metamorphosis of the World*. Cambridge: Polity Press.

Brenner, Ian. 2020. "The Geopolitical System is broken." ekathimerini.com 7 April. https://www.ekathimerini.com/251429/opinion/ekathimerini/comment/the-geopolitical-system-is-broken.

Dinnie, Keith. 2008. *Nation Branding: Concepts, Issues, Practice*. Dutton: Butterworth-Heinemann.

Fetscherin, Marc. 2009. "Nation Branding." *Journal of Marketing*. May.

Han, Sang-jin. 2017. *Beyond Risk Society: Ulrich Beck and the Korean Debate*. Seoul National University Press.

Han, Sang-jin. 2019. "Ulrich Beck and the Metamorphosis of the Korean Peninsula." *Journal of Asian Sociology*, 48(1): 1~23.

Lee, Kyung Mi. 2009. "Nation Branding and Sustainable Competitiveness of Nations." Ph.D. thesis, University of Twente, the Netherlands.

Lent, Jeremy. 2020. "Coronavirus Spells the end of the Neoliberal Ear. What's Next?" *Resi-lience*, 3 April. https://www.resilience.org/stories/2020-04-03/coronavirus-spells-the-end-of-the-neoliberal-era-whats-next.

Mithen, Gabe, 2018b. "The Metamorphosis of the World: Society in Pupation?" *Theory, Culture & Society*, 35(7-8): 189~204.

Mithen, Gabe. 2018a. "Exploring the Theory of Metamorphosis: In Dialogue with Ulrich Beck." *Theory, Culture & Society*, 35(7-8): 173~188.

Preciado, Paul. 2020. "Learning from the Virus." *Artforum*, May-June. https://www.artforum. com/print/202005/paul-b-preciado-82823?fbclid=IwAR2gC_Rwt9LAFeQLKDfNN7ynRHB btiFfD1yRRBlpefdK6MoayyLEzahNkYk.

Salem, Sara. 2020. "Gramsci in the Postcolony: Hegemony and Anticolonialism in Nasserist Egypt." *Theory, Culture & Society*. Released online first(DOI: 10.1177/0263276420935178).

Sengupta, Anita. 2017. *Symbols and the Image of the State in Eurasia*. Springer.

Sue, Kimberly & Iacobelli, Nick. 2020. "Our COVID Museum: Notes from Physician - Anthro-pologists on the Frontlines of an Evolving Pandemic in Seattle and New York City." *Soma-tosphere*, 7 April. http://somatosphere.net/2020/our-covid-museum-notes-from-physician-anthropologists-on-the-frontlines-of-an-evolving-pandemic-in-seattle-and-new-york-city. html.

Vergano, Dan. 2020. "Social Distancing Might Stop. And Start. And Stop. And Start. Until We Have A Vaccine." *BuzzFeed News*, 1 April. https://www.buzzfeednews.com/article/danver-gano/ coronavirus-distancing-new-normal.

Yong, Ed. 2020. "Why the Coronavirus is So Confusing." *The Atlantic*, 29 April. https://www.theat-lantic.com/health/archive/2020/04/pandemic-confusing-uncertainty/610819.

07 지속가능성의 관점에서 본 코로나바이러스 방역 성과의 국제비교

Sustainable Development Solutions Network and Bertelsmann Stiftung. 2020. Sustainable Development Report 2020. Cambridge University Press.

United Nations Development Program, Human Development Report 2019.

World Bank Group, Doing Business Report 2019.

World Health Organization, Coronavirus Disease(COVID-19) Dashboard, https://covid19.-

who.int/.

08 코로나19로 인한 의료시스템 및 제약산업의 전망

토폴, 에릭(Eric Topol). 2012. 『청진기가 사라진다』. 박재영·이은·박정탁 옮김. 청년의사.

황상익. 2013. "수명 이야기", 다산포럼 http://www.edasan.org/.

Kim K. et al. 2012. "Low-dose abdominal CT for evaluating suspected appendicitis." N Engl J Med. 366(17): 1596~605.

Lan, J. et al. 2020. "Structure of the SARS-CoV-2 spike receptor-binding domain bound to the ACE2 receptor." *Nature*, 581(7807): 215~220.

Paules CI, Marston HD, Fauci AS. 2020. "Coronavirus Infections-More Than Just the Common Cold." JAMA, Online ahead of print.

RECOVERY Collaborative Group et al. 2020 "Dexamethasone in Hospitalized Patients with Covid-19 - Preliminary Report." N Engl J Med, Online ahead of print.

09 포스트 코로나와 공중보건

강영호. 2019. 『한국의 사회동향 2019: 건강불평등』. 통계개발원.

김상기. 2020. "1분기 대구·경북서 900여 명 '초과사망' … 코로나보다 필수의료 공백 피해 더 커". 라포르시안, 2020.6.4. https://www.rapportian.com/news/articleView.html?idxno=125672.

김종연. 2020. "대구의 유행특성과 대응 전략". 대한예방의학회 여름 학술대회 및 전공의 연수교육. 2020.7.3. https://www.youtube.com/watch?v=81XdNru1ryQ.

대한민국건강도시협의회. 2020. 『포스트 코로나 건강도시 방향정립을 위한 중간보고서: 대한민국 건강도시 코로나19 속에서 길을 찾다』. 대한민국건강도시협의회.

데일, 베키 & 스틸리아누, 나소스. 2020. "코로나19: 초과사망으로 알아보는 코로나19 '진짜 사망자수". BBC, 2020.6.19. https://www.bbc.com/korean/features-53103282.

매일경제. "코로나19 쇼크 … 5월 실업급여 지급액 1조원 첫 돌파". 2020.6.8. https://www.mk.co.kr/news/economy/view/2020/06/585437/.

저출산고령사회위원회. 2020. "보도자료: 2020년 3월 및 1분기 인구동향 참고자료". 2020.5.7. https://www.betterfuture.go.kr/front/notificationSpace/pressReleaseDetail.do?articleId=103.

정다슬. 2020. "美 흑인, 코로나19로 더 많이 죽고 더 많이 일자리를 잃었다". 이데일리, 2020.6.20. https://www.edaily.co.kr/news/read?newsId=03598166625800408&mediaCode

No=257&gtrack=sok.

중앙자살예방센터. 2020. "개인 특성별 자살현황". https://spckorea-stat.or.kr/korea02.do.

통계청. 2019. "보도자료: 2018년 사망원인통계". http://kostat.go.kr/portal/korea/kor_nw/1/6/2/index.board?bmode=read&bSeq=&aSeq=377606&pageNo=1&rowNum=10&navCount=10&currPg=&searchInfo=&sTarget=title&sTxt=.

허탁. 2020. 질병관리본부 개편 토론회 "질병예방관리청, 왜 필요한가?" 대한예방의학회. 2020. 6.12. https://www.youtube.com/watch?v=webwVrHmzyM&feature=youtu.be.

Beaglehole, R., R. Bonita, R. Horton, O. Adams, M. McKee. 2004. "Public health for the new era: Improving health through collective action". *Lancet*, 363: 2083~2086.

Kim, DW, Byeon, KH, Kim J, Cho KD, Lee N. 2020. "The Correlation of Comorbidities on the Mortality in Patients with COVID-19: an Observational Study Based on the Korean National Health Insurance Big Data". J Korean Med Sci, 35(26):e243.

10 코로나19와 심리방역

고진선 외. 2020. 『감염병 심리사회방역지침』. 경산: KSTSS.

김민아. 2020. "10명 중 4명 '코로나블루'… 2020년 한국인의 우울 [커버스토리]". ≪경향신문≫, 9월 19일. https://news.v.daum.net/v/20200919060026800.

민문경·주혜선·안현의. 2018. 「912 경주 지진을 간접 경험한 일반인의 정신건강 수준에 영향을 미치는 심리사회적 요인: 개인 리질리언스, 사회적 지지, 사회적 자본, 공적 신뢰를 중심으로」. ≪상담학연구≫, 19(5): 93~116.

육성필. 2020. "코로나19에서의 위기심리상담 활동". 2020 제74차 한국심리학회 온라인 연차학술대회(8월 20일) 특별심포지엄 자료집.

장은진. 2020. "코로나19와 심리방역, 어떻게 해야 할까?". ≪서울신문≫, 5월 29일. http://www.seoul.co.kr/news/newsView.php?id=20200529500124.

최승미·김영재·권정혜. 2013. 「인지적, 문제해결적 행동 대처 및 사회적 지지가 외상 후 성장에 미치는 영향: PTSD 증상 수준에 따라」. ≪인지행동치료≫, 13(2): 307~328.

한국트라우마스트레스학회. 2020. "코로나바이러스감염증-19 1차 국민 정신건강 실태조사 발표" (4월 7일). http://kstss.kr/?p=1370.

한국트라우마스트레스학회. 2020. "코로나바이러스감염증-19 2차 국민 정신건강 실태조사 발표" (6월 18일). http://kstss.kr/?p=1733.

허연주·이민규. 2017. 「사회적 재난으로 인한 간접외상 척도의 개발과 타당화 연구」. 『한국심리학
회지: 문화 및 사회문제』 23(3): 381-407.

Bahk, Y. C., Park. K., Kim. N., Lee J., Cho S., Jang J., Jung D., Chang., E. J. & Choi, K. H.
2020. "Psychological Impact of COVID-19 in South Korea." *Under Review*.

Brooks, S. K., Wester, R. K., Smith, L., Woodland, L., Wessely, S., Greenberg, N., & Rubin,
G. J. 2020. "The psychological impact of quarantine and how to reduce it: rapid review of
the evidence." *The Lancet*, 395(10227): 912~920.

Cava, M. A., Fay, K. E., Beanlands, H. J., McMay, E. A., & Wignall, R. 2005. "The experience
of quarantine for individuals affected by SARS in Toronto." *Public Health Nursing*, 22(5):
398~406.

Höfler, M. 2014. "Psychological resilience building in disaster reduction: contributions from
adult education." *International Journal of Disaster Risk Science*, 5: 33~40.

Knudsen, H. K., Roman P. M., Johnson J. A., Ducharme L. J. 2005. "A Changed America?
The Effects of September 11th on Depressive Symptoms and Alcohol Consumption."
Journal of health and social behavior, 46(3): 260~273.

Norris, F. H., Friedman, M. J., & Watson, P. J. 2002. "60,000 Disaster Victims Speak: Part II.
Summary and Implications of the Disaster Mental Health Research." *Psychiatry: Inter-
personal and Biological Processes*, 65(3): 240~260.

Reynolds, D. L., Garay, J. R., Deamond, S. L., Moran, M. K., Gold, W., & Styra, R. 2007.
"Understanding, compliance and psychological impact of the SARS quarantine expe-
rience." *Epidemiology Infect*, 136(7): 997~1007.

United Nations. 2012. "UN system task team on the post-2-15 UN development agenda."

Wu, P., Liu X., Fang Y., Fan B., Fuller C. J., Guan Z., Yao Z., Kong J., Lu J., Litvak I. J. 2008.
"Alcohol Abuse/Dependence Symptoms Among Hospital Employees Exposed to a SARS
Outbreak." *Alcohol and Alcoholism*, 43(6): 706~712.

11 코로나19의 도전과 바뀌는 문화예술

문화체육관광부. 2020. "문체부, 추경 3,399억 원으로 일자리 확충, 경기 보강 나선다". 문화체육
관광부 보도자료, 6월 3일.

박경동. 2020. 「[호외: 팬데믹과 문화정책] 코로나19 대응 문화정책에 대한 비판적 검토]. ≪문화정

책리뷰≫, 5월 25일.

조상인. 2020. "코로나로 재정 40% 삭감, 미술관 30%는 다시 문 못 열 수도". ≪서울경제≫, 7월 13일.

한국문화관광연구원. 2020. 「코로나19가 문화예술분야에 미친 영향과 향후과제」. ≪문화관광인사이트≫, 제146호(7월 9일).

허은영. 2020. 「국가별 문화예술 분야 코로나19 대응현황 및 현장 요구 사항」. 한국문화관광연구원, KCTI 정책리포트, 4월 30일.

https://ilostmygig.net.au.

https://www.americansforthearts.org.

12 코로나19와 지속가능한 문학

다이아몬드, 재레드(Jared Mason Diamond). 2020. 『총, 균, 쇠』. 서울: 문학사상.

박상진. 2006. 「데카메론 부활하는 리얼리즘」. 『서양의 고전을 읽는다』. 휴머니스트.

보카치오, 조반니(Giovanni Boccaccio). 2019. 『데카메론』. 민음사.

신문수. 2012. 「생태중심적 사회로의 전환과 문학」. ≪통일과 평화≫, 4(2): 27~56.

신희선. 2015. 「소설 페스트와 당신들의 천국을 통해 본 메르스 사태에 대한 생태인문학적 고찰」. ≪문학과 환경≫, 14(2): 87~123.

존슨, 스티브(Steven Johnson). 2020. 『감염도시』. 김영사.

카뮈, 알베르(Albert Camus). 2020. 『페스트』. 민음사.

투기디데스(Thucydides). 2017. 『펠로폰네소스 전쟁사』. 박광순 옮김. 범우.

황임경. 2014. 「질병과 이야기: 문학과 의학이 만나는 지점들」. ≪서강인문논총≫, 40: 113~40.

Defoe, Daniel. 1665. *A Journal of the Plague Year*. https://www.gutenberg.org/files/376/376-h/376-h.htm.

https://terms.naver.com/entry.nhn?docId=1050495&cid=60596&categoryId=60596.

https://terms.naver.com/entry.nhn?docId=893699&cid=60619&categoryId=60619.

https://www.kmcric.com/community/free/view_free/42046.

13 포스트 코로나와 지속가능한 디자인 싱킹

김지현. 2020. 『인공지능과 인간의 대화』. 미래의창.

마틴, 로저(Roger Martin). 2010. 『디자인 싱킹: 아이디어를 아이콘으로 바꾸는 생각』. 이건식 옮김. 웅진윙스.

문지웅·박윤균·차창희·김금이. 2020. "코로나 우울증 덮친다". ≪매일경제≫, 7월 15일.

브라운, 팀(Tim Brown). 2019. 『디자인에 집중하라』. 고성연 옮김. 김영사.

솔닛, 레베카(Rebecca Solnit). 2012. 『이 폐허를 응시하라』. 정해영 옮김. 펜타그램.

야마구치 슈(山口 周). 2019. 『철학은 어떻게 삶의 무기가 되는가』. 김윤경 옮김. 다산초당.

윤선영. 2020. "사회적 거리 두기? NO, 신체적 거리 두기가 정확한 표현이죠". ≪매일경제≫, 5월 14일.

이혜주 외. 2013. 「문화융합에 의한 창조경제와 지속가능발전」. ≪지속가능연구≫, 제4권 제3호.

이혜주·이상만. 2006. 『감성경제와 Brand Design Management』. 형설.

정인석. 2009, 『트랜스퍼스널 심리학』. 대왕사.

최준호. 2020. "코로나 주목 받는 韓, 기회 놓치지 마라; 미래학자의 조언". ≪중앙일보≫, 4월 13일.

터클, 셰리(Sherry Turkle). 2018. 『대화를 잃어버린 사람들』. 황소연 옮김. 민음사.

Frey, Thomas. 2017. *Epiphany Z: Eight Radical Visions for Transforming Your Future*. Morgan James Publishing.

Manzini, Ezio. 2015. *Design, When everybody Designs*. translated by Rachel Coad. Cambridge: The MIT Press.

Zaki, Jamil. 2019. *The War for Kindness: Building Empathy in a Fractured World*. Crown.

14 포스트 코로나 시대, 학교와 교사의 재발견 ────────────────

경향신문. 2020. "갑자기 닥친 원격수업, 교육 양극화의 '위기'와 교육 개혁 '기회': 코로나 시대, 학교의 재발견(하)", 7월 6일.

교육부. 2015. 『2015 개정 교육과정 총론』.

백남진. 2014. 「교과 특수 역량에 기반한 성취기준 개발의 방향 탐색: 호주, 캐나다, 싱가포르 사회과교육과정을 중심으로」. ≪교육과정연구≫, 32(4): 163~194.

셴커, 제이슨(Jason Schenker). 2020. 『코로나 이후의 세계』. 박성현 옮김. 미디어 숲.

에듀인뉴스. 2020. "코로나19 이후 고등교육, '스마로그'형 교육 역량 키워야. 광주교대 박남기", 4월 13일.

오마이뉴스. 2020. "코로나 시대 전환 없이 미래없다. 석학들의 경고", 6월 28일.

이주연. 2018. 「역량기반 교육과정 연구학교 교원의 경험 분석」. ≪교육과정평가연구≫, 21(4): 1~20.

임승규 외. 2020. 『포스트 코로나』. 한빛비즈.

한국학술정보교육원. 2020. 『OECD PISA 2018을 통해서 본 한국의 교육정보화 수준과 시사점』. 연구자료 RM 2020-7.

홍미화. 2020. 『사회과 수업과 교사 지식』. 춘천교육대학교 출판부.

홍은숙. 2009. 『교육의 개념』. 교육과학사.

Dewey, J. 1916. *Democracy and Education*. New York: Macmillan.

Oakeshott, M. 1995. *Experience and Its Modes*. Cambridge University Press.

Ryle, G. 2002. *The concept of mind*. London, Hutchinson & Company.

Schön, D. A. 1991. *The Reflective Turn: Case Studies In and On Educational Practice*. New York and London: Teachers College, Columbia University.

Whitehead, A. N. 1967. *The Aims of Education and Other Essays*. New York: The Free Press.

15 코로나19로 바뀐 일상과 미디어 소비 행태

금준경. 2020. 「코로나19에 대응하는 1인 미디어 산업」. 『미디어산업보고서 시즌 4 1인 미디어 산업동향』.

닐슨미디어코리아. 2020.6. 『2020 상반기미디어리포트_COVID19 Impact』.

박원준·이지혜·박지민. 2020.6. 「코로나19로 인한 미디어 이용 및 콘텐츠 시장의 변화」. ≪KCA 트랜드 리포트≫, 33: 42~51.

방송통신위원회. 2020.6. 코로나19에 따른 스마트폰·PC 방송프로그램 이용 행태 조사결과 보도자료.

손재권. 2020. 「팬데믹, 미디어의 본질을 묻고 근간을 흔든다」. 『2020 해외미디어 동향』. 한국언론진흥재단.

유건식. 2020.4. 「코로나19사태로 인한 미디어시장의 변화」. ≪2020 KCA Media issue & Trend≫, 3: 58~73.

이소은·오세욱. 2020. 「코로나19 관련 정보이용 및 인식현황」. ≪Media Issue≫, 6(2). 한국언론진흥재단.

이재영·곽동균·황유선·김경은. 2020.4. 「코로나19가 방송·미디어산업에 미치는 영향 및 시사점」. ≪KISDI Premium Report≫, 20-04.

이희복. 2020.5. 「코로나19가 광고시장에 미치는 영향」. ≪신문과방송≫, 44~49쪽.

조영신. 2020.6. 「코로나19 이후 미디어세상」. ≪Broadcasting Trend & Insight≫, 22: 11~21.

최세정. 2020. 「코로나19로 인한 집콕시대, 미디어커머스 플랫폼 시장의 생태계변화」. 『미디어산업보고서 시즌 4 1인 미디어 산업동향』.

한정훈. 2020.6. 「언론계에도 불어 닥친 코로나19 후폭풍」. ≪신문과방송≫, 54~59쪽.

황성연. 2020. 「미디어시청 데이터로 보는 코로나19와 일상생활의 변화」. 『미디어산업보고서 시즌 4 1인 미디어 산업동향』.

Mckinsey & Company. 2020. COVID-19: Briefing materials.

Morgan, J. P. 2020. Media consumption in the age of COVID-19.

16 포스트 코로나 시대의 투표

김용섭. 2020. 『언컨택트, 더 많은 연결을 위한 새로운 시대 진화 코드』. 퍼블리온.

심선영. 2019. 「스마트 직접 민주주의를 위한 모바일 투표 활용방안: 서울시 공동주택 관리방안을 중심으로」. ≪서울도시연구≫, 20(2): 57~75.

월드코리안뉴스. 2020. 「이종환 칼럼: 이참에 온라인 투표 논의를 본격화하자」, 3월 31일. http://www.worldkorean.net/news/articleView.html?idxno=36693.

전웅렬 외. 2012. 「전자투표시스템을 위한 효율적인 믹스넷」. ≪정보보호학회논문지≫, 22(3): 417~425.

중앙선거관리위원회. 2018. 「블록체인 기반 온라인 투표 시스템」. e-선거정보, 2018-4호(4월 22일).

≪중앙일보≫. 2017. "이더리움 창시자, '이더리움 채굴업자 1년 뒤 도태될 것'", 9월 15일. https://news.joins.com/article/21966578.

진상기. 2020. 「코로나19가 만들어낸 사회 변화와 도전」. 대한기계설비산업연구원.

한국블록체인뉴스. 2020. 「美 의회, 블록체인 기반 원격 투표 도입 검토」, 5월 4일. https://www.hkb-news.com/article/view/7223.

BLOCKO. 2020. 「블록체인 투표, 어디까지 왔나? 대선과 총선, 스마트폰으로 치를 수 있을까?」. ≪Blockchain Report≫, 4월.

CIOKorea. 2019. 「해외 거주자도 편리하게 선거 참여··· 유타주, 블록체인 모바일 투표 테스트」, 7월 25일. http://www.ciokorea.com/interview/127013#csidx5bd47097254104fb367f1ef3b8f4e7a.

Boucher, P., S. Nascimento, and M. Kritikos. 2017. 「How blockchain technology could change our lives. European Parliamentary Research Service」. http://www.europarl.europa.eu/RegData/etudes/IDAN/2017/581948/EPRS_IDA(2017) 581948_EN. pdf, zuletzt geprüft am 26.

17 포스트 코로나와 치안

경찰청. 2018. 『경찰백서』.

권창국·김연수. 2014. 「치안분야 과학기술발전 중장기 기본계획 수립 연구」. 치안정책연구소.

권태형·김상욱·신용태. 2010. 「스마트폰을 이용한 경찰서비스 활용방안 연구」. ≪치안정책연구≫, 24(1):241-268.

김선숙 외. 2020. 「포스트 코로나 시대, 아동권리보장을 위해 사회는 무엇을 할 것인가?」. ≪아동과 권리≫, 24(3): 414.

남궁현·심희섭. 2017. 「과학기술이 경찰활동에 미친 변화와 그 시사점」. ≪치안정책연구≫, 31(1): 1~42.

박한선. 2020. 「감염병 대응의 그림자」. ≪Future Horizon≫, 44: 34~41.

윤지영. 2015. 「지능형 로봇기술과 형사정책」. ≪KIC Issue Pa[er≫, 11: 3~17.

임순광. 2020. 「코로나19 재난정치와 노동운동의 대응 방향」. ≪진보평론≫, (83): 128~153.

Harari, Y. 2020.3.20. "The world after coronavirus." *FINANCIAL TIMES*. https://www.ft.com/content/19d90308-6858-11ea-a3c9-1fe6fedcca75(2020년 5월 24일 검색).

http://cafe.daum.net/dkufs/9URX/81?q. 2020.7.20.

http://www.law.go.kr/.

https://www.boannews.com/media/view.asp?idx=90862&page=1&kind=3.

https://www.zdnet.co.kr/view/print.asp.

18 코로나19 이후 환경법제의 변화

고문현. 2003. 「미래 세대의 환경권」. ≪공법연구≫, 31권 4호, 173~207쪽.

고문현. 2005. 『환경헌법』. 울산대학교출판부.

고문현. 2006. 「환경보호의 패러다임으로서의 공공신탁이론」. ≪공법학연구≫, 7권 4호, 53쪽, 65~66쪽.

고문현. 2012. 「지속가능한 발전을 위한 통합환경법: 프랑스통합환경법과 독일통합환경법안을 중심으로」. ≪공법학연구≫, 13권 1호, 463~493쪽.

고문현. 2020a. 『헌법학개론』(제2판). 박영사. 245~249, 253~258쪽.

고문현. 2020b. "기후변화와 환경의 미래" 제21차 KIPA 공공리더십 세미나 발표문(7월 30일). 제21차 KIPA 공공리더십 세미나 자료집(47쪽). 한국행정연구원 세종국가리더십센터.

고문현. 2020c. "고라니에게 가스마스크를 파는 뉴노멀 상황 피하자." ≪경기일보≫, 6월 14일. http://

www.kyeonggi.com/news/articleView.html?idxno=2297346.

김홍균. 2019. 『환경법』(제5판). 홍문사.

라이트, 제니퍼(Jennifer Wright). 2020. 『세계를 바꾼 전염병 13가지』. 이규원 옮김. 서울: 도서출판 산처럼.

박덕영·최승필·고문현. 2019. 『기후변화에 대한 법적 대응』. 박영사. 50~62쪽.

셴커, 제이슨(Jason Schenker). 2020. 『코로나 이후의 세계』. 박성현 옮김. 미디어 숲.

이경상. 2020. 『코로나19 이후의 미래』. 서울: 도서출판 중원문화.

이승은·고문현. 2019. 『기후변화와 환경의 미래』. 21세기북스.

주대영. 2019. "지속가능발전목표 추진현황과 과제" 제49차 환경리더스포럼(3월 28일). 한국환경한림원(17쪽).

최재천. 2020. "아낌없이 주는 나무: 바이러스가 일깨운 기후위기와 생물다양성" 제7기 4차 산업혁명 리더십과정(5월 6일). 환경재단(53쪽).

한국헌법학회 헌법개정연구위원회. 2020. 『헌법개정연구』. 박영사.

홍준형. 2005. 『환경법』. 박영사.

Carson, Rachel. 1965. *Silent Spring*. Harmondsworth, Penguin. pp.21~22, pp.31~32.

Costanza, R., R. d'Arge, R. de Groot et al. 1997. "The value of the world's ecosystem services and natural capital." *Nature*, 387, pp.253~260. https://doi.org/10.1038/387253a0.

Friedman, Thomas L. 2008. *Hot, Flat, and Crowded*. New York: Picador/Farrar, Straus and Giroux. pp.79~80. http://news.khan.co.kr/kh_news/khan_art_view.html?artid=202007081449001&code=940100#csidx373f1326e9e5c5bb334ee336d9617c7(2020.8.8 검색).

Gore, Al. 1992. *Earth in the Balance*. Houghton Mifflin Company, New York.

Sachs, Jeffrey D. 2015. *The Age of Sustainable Development*. New York: Columbia University Press. pp.486~489.

The World Commission On Environment And Development(WCED). 1987. *Our Common Future*. Oxford University Press.

19 포스트 코로나 시대의 금융계 위기와 혁신

공병호. 2016. 『김재철 평전』. 21세기북스.

권효중. 2020. "증권사 신규 계좌 급증". 이데일리, 7월 7일.

박성욱. 2020.7. 『주요국의 코로나19 위기 정책 대응 및 시사점』. 한국금융연구원.

셴커, 제이슨(Jason Schenker). 2020. 『코로나 이후의 세계』. 박성현 옮김. 미디어 숲.

송민규. 2020.5. 『제로금리 시대, 금융시장의 리스크와 대응과제』. 한국금융연구원,

하마구치 다카노리(浜口 隆則). 2013. 『사장의 일』. 김하경 옮김. 샘앤파커스.

한국은행. 2020.4.1. 2019년 중 국내 인터넷뱅킹서비스 이용 현황.

한국은행. 2020.4.3. 코로나19 확산이 최근 주요국 지급 수단에 미친 영향.

한국은행. 2020.6.16. 2020년 1/4분기 기업경영분석.

한국은행. 2020.7.9. 2020년 6월 중 가계대출 동향(잠정).

20 포스트 코로나 시대의 산업 전망

딜로이트(Deloitte). 2020. COVID-19의 산업별·지역별 영향. 딜로이트. https://www2.deloitte.com/
    kr/ko/pages/consumer/articles/2020/AP-COVID-19-industries.html.

삼정 KPMG 1. 2020. ≪COVID-19 Business Report 코로나19에 따른 산업별 영향 분석≫,
    March 2020. 삼정 KPMG 경제연구원. https://assets.kpmg/content/dam/kpmg/kr/pdf/2020/
    kr-covid-19-industries-impact-20200327-.pdf.

삼정 KPMG 2. 2020. ≪COVID-19 Business Report 코로나19에 따른 소비 트렌드 변화≫, July
    2020. 삼정 KPMG 경제연구원. https://home.kpmg/content/dam/kpmg/kr/pdf/2020/kr-
    covid-19-consumer-trends-20200709-.pdf.

삼일회계법인(pwc). 2020. ≪Samil Issue Report COVID-19 코로나19의 경제 및 산업 영향 점
    검≫, 2020.3. 삼일회계법인. https://www.pwc.com/kr/ko/publications/research-insights/sam
    ilpwc_src_covid19_1.pdf.

하나 산업정보. 2020. ≪HIF 월간 산업 이슈≫. 하나금융그룹.

하은선. 2020. 「포스트 코로나 시대 미국 영화 생태계 변화와 향후 전망」. ≪KOFIC 통신원 리포트≫,
    Vol.34. 영화진흥위원회.

21 언택트 혁명

가트너(Gartner). 2020. 「디지털경제를 좌우할 5가지 기술 트렌드」. ≪AI타임스≫, 8월 21일. http://
    www.aitimes.com/news/articleView.html?idxno=131617.

가트너(Gartner). 2020. 「향후 10년을 정의할 톱5 기술 트렌드는…」. ≪CIO Korea≫, 8월 24일.
    http://www.ciokorea.com/news/161835#csidxd4158994b8e1e96abc4847fec197c6f.

문형남. 2020. "'제2차 뉴노멀' 기회 잡으려면". ≪아주경제≫, 8월 12일. https://www.ajunews.

com/view/20200811131301513.

박민제. 2020. "'판교 아닌 강릉서 일하면 어때?' 출퇴근 사라지는 IT 기업들". ≪중앙일보≫, 7월 15일. https://news.joins.com/article/23824889.

삼정 KPMG 경제연구원. 2020. 「코로나19로 가속화될 디지털 워크 및 기업 대응」. ≪COVID-19 Business Report≫, 5월.

송영조. 2020. 「영원히 재택근무」, 「한 달에 1주 출근…」, 「출퇴근 문화 바뀐다」. ≪jonsN(잡스엔)≫, 6월 10일.

Gartner. 2020. "5 Trends Drive the Gartner Hype Cycle for Emerging Technologies, 2020." August 18. https://www.gartner.com/smarterwithgartner/5-trends-drive-the-gartner-hype-cycle-for-emerging-technologies-2020/.

22 미중 패권경쟁과 한국의 대응

김정식. 2020. "디지털 위안화 앞세워 미국 달러화 패권에 도전한다". ≪중앙일보≫, 2월 11일.

지해범. 2020. 「폼페이오 '닉슨 도서관 연설'에서 무슨 말을 했기에…」. ≪주간조선≫, 2619호(8월 3일).

허재환. 2020. 「코로나19 이후 G2의 운명」. ≪유진투자증권≫, 7월 1일.

Doshi, Rushi. 2020. "China's Ten-Year Struggle against U.S. Financial Power." National Bureau of Asia Research(NBR).

Haass, Richard. 2020. "The Pandemic Will Accelerate History Rather Than Reshape It: Not Every Crisis Is a Turning Point." *Foreign Affairs*, April 7.

Kahl, Colin & Ariana Berengaut. 2020. "Aftershocks: The Coronavirus Pandemic and the New World Disorder." *War on the Rocks*, April 10.

Kumar, Aditi & Eric Rosenbach. 2020. "Could China's Digital Currency Unseat the Dollar? American Economic and Geopolitical Power Is at Stake." *Foreign Affairs*, May 20.

Mahbubani, Kishore. 2020. *Has China Won?* New York: Public Affairs.

Phillips, Howard. 2020. "COVID-19 and the Spanish Flu Pandemic of 1918-19." *War on the Rocks*, April 3.

Spinney, Laura. 2017. *Pale Rider: The Spanish Flu of 1918 and How It Changed the World.* New York: Public Affairs.

Taj, Mitra and Michael Nienaber. 2019. "In New Lithium 'Great Game,' Germany Edges Out

China in Bolivia." *Reuters*, Jan 28.

23 북한의 코로나19 현황과 포스트 코로나 대응

강진규. 2020. "북한 IPTV 만화부터 드라마까지 31종 서비스 제공". NK경제, 9월 17일.

손혜민. 2020. "북, 방역지침 어기고 생일파티 한 학생들 처벌". 자유아시아방송, 4월 29일.

심강연. 2020. "신형코로나비루스감염증을 철저히 막기 위한 비상대책 강구". ≪인민보건≫, 1월 30일.

정아란. 2020. "북한 '코로나19 격리' 지침 첫 소개…1만 명 중 39%만 해제 확인". 연합뉴스, 3월 9일.

정치보도반. 2020. "조선로동당 중앙위원회 정치국 비상확대회의 긴급, 소집국가비상방역체계를 최대비상체제로 이행할 데 대한 결정 채택". ≪로동신문≫, 7월 26일.

최대연. 2020. "사회주의보건제도의 참 모습". ≪로동신문≫, 7월 14일.

편집부. 2020. "조선관광테마투어". 조선관광, 9월 20일.

24 포스트 코로나 시대의 가족

바케, 필리프. 2020. 「코로나에 희생된 요양시설 노인들」. ≪르몽드디플로마티크≫(한국어판), 5월 29일.

야마다 마사히로(山田 昌弘). 2019. 『가족 난민』. 니시야마 치나(西山知那)·함인희 옮김. 그린비.

유영주. 2004. 「가족강화를 위한 한국형 가족건강성 척도 개발 연구」. ≪한국가족관계학회지≫, 9(2):119~151.

칸, 나오미(Naomi Cahn)·카르본, 준(June Carbone). 2016. 『결혼시장: 계급, 젠더, 불평등 그리고 결혼의 사회학』. 김하현 옮김. 시대의 창.

혹실드, 앨리 러셀(Arlie Russell Hochschild). 2013. 『나를 빌려드립니다』. 류현 옮김. 이매진.

Cohen, Philip. 2018. *The Family: Diversity, Inequality, and Social Change* (2th). W. W. Norton and Company.

Skolnick, Arlene and Jerome Skolnick(eds.). 2014. *Family in Transition* (17th). Boston, MA: Allyn and Bacon.

Terkle, Sherry. 2012. *Alone Together: Why We Expect More from Technology and Less from Each Other.* New York: Basic Books.

Vaillant, George E. 2003. *Aging Well: Surprising Guideposts to a Happier Life from the Land-*

mark *Study of Adult Development*. Little Brown and Company.

25 코로나19 이후 집, 개인화된 라이프스타일 플랫폼으로 진화

감윤선. 2020. "도시와 집 사이 어딘가, 가벼운 집을 향한 주거 실험". 문도호제, 1월 20일.

김현지. 2020. "아파트 커뮤니티에 스마트팜 적용해 미래 아파트 비전 제시". 스마트시티투데이, 6월 9일.

노승욱. 2020. 「포스트 코로나19 시대, 시장은 어떻게 바뀔 것인가」. 퍼블리. https://publy.co/content/4522.

(주)라이트브레인. 2020. 「UX DISCOVERY in Home」. ≪UX Discovery≫, 9호.

마크노, 세르게이(Sergey Makhno). 2020. 「코로나 이후의 삶: 주거공간의 변화 예측」. 한국디자인진흥원. 디자인 DB. http://www.designdb.com/?menuno=1159&bbsno=1074&act=view&ztag=rO0ABXQAOTxjYWxsIHR5cGU9ImJvYXJkIiBubz0iOTkzliBza2luPSJwaG90b19iYnNfMjAxOSI%2BPC9jYWxsPg%3D%3D.

보통, 알랭 드(Alain de Botton). 2007. 『행복의 건축』. 정영목 옮김. 이레.

앨런, 존(John S. Allen). 2019. 『집은 어떻게 우리를 인간으로 만들었나』. 이계순 옮김. 반비

이매진(IMAGINE). 「EXPLORING THE BRAVE NEW WORLD OF SHARED LIVING」. ≪Space 10≫.

이범훈. 2020. "코로나19 팬데믹 이후 도시 생활의 변화". 인천인닷컴, 5월 26일.

이보라. 2020. "코로나 이후 '가변형 주택' 시대 온다". 대한건설정책연구원, 대한전문건설신문, 6월 8일.

이보배. 2020. "코로나19가 바꾼 일상_바뀌는 주거 패러다임". 시사주간, 6월 11일.

이한. 2020. "무역협회, 포스트 코로나 시대 세계시장 'HOUSE'에 주목". ≪환경경제신문≫, 5월 26일.

임석재. 2019. 『집의 정신적 가치, 정주(집에서 실존을 확보하다)』. 한울아카데미.

한은화. 2020. "코로나가 바꾼 아파트 구조". ≪중앙일보≫, 6월 7일.

26 코로나19 이후, 사회 양극화와 주택시장

고재한. 2013. 『절벽사회』. 21세기북스.

국가포털통계. 인구·가구/주민등록인구통계 및 수도권 각 시도 자료.

국민은행. 월간KB주택가격동향.

국토교통부. 「주거 실태조사」 각 연도.

셍커, 제이슨(Jason Schenker). 2020. 『코로나 이후의 세계』. 박성현 옮김. 미디어 숲.

심형석. 2008. 『부동산 시장 양극화의 진단과 처방』.

유병규. 2008. 「외환위기 이후 10년간 서민 경제 현황과 과제」. 현대경제연구원.

정해식. 2020. 「소득불평등 심화의 원인과 정책적 대응 효과 연구 3: 자산불평등을 중심으로」. 한국보건사회연구원.

최운식. 2020. 『빅 체인지, 코로나19 이후 미래』. 김영사.

통계청. 「가계동향조사」, 「가계금융복지조사」 각 연도.

통계청. 「인구주택총조사」. 각 연도.

통계청. 2019. 「장래인구추계 2017~2067년」.

한국감정원. 「전국주택가격동향조사」, 각 연도.

한국은행. 2019. 「한눈에 보는 우리나라 100대 통계자료」.

홍준표 외. 2020.7. 「2020년 하반기 국내 경제 이슈」. ≪경제주평≫, 20-17(통권 881호). 현대경제연구원.

KIEP. 2020.6. 「자산가격 변화가 경제적 불평등과 대외경제 변수에 미치는 영향 분석」.

27 새로 쓰는 지속가능발전 주택정책

국토교통부. 2011. 최저주거기준. 국토해양부 공고 제2011-490호.

국토교통부. 2019. 2018년도 주거 실태조사 결과 발표.

국토교통부. 2020. 2019년도 주거 실태조사 결과 발표.

김형선 외. 2014. 『부동산 정책론』. 부연사.

서희석. 2005. 『땅의 정책사』. 기문당.

이영한 외. 2015. 『전환기 한국, 지속가능발전 종합전략』. 한울아카데미.

이영한 외. 2018. 『핫트랜드 2019』. 로크미디어.

이창무. 2018. 서울 정비사업 출구전략의 한계 및 개선방안. 서울시의회.

진미윤 외. 2017. 『꿈의 주택정책을 찾아서』. 오월의 봄.

지은이(수록순)

이영한 / 서울과학기술대학교 건축학부 교수로 재직 중이며 EBS 교육방송 사외이사, 지속가능과학회 회장으로 활동 중이다. 국제지역학회 부회장, 서비스산업총연합회 초대 총무부회장, 평생학습공동체인 최고위건축개발과정 CADO와 건축리더십아카데미 AAL 초대 위원장을 역임했다. 주요 저서로『주거론』,『주택디자인』,『공동주택디자인』,『전환기 한국, 지속가능발전 종합전략』(집필위원장),『서울의 문화재』,『2019 핫트렌드』,『문화로 읽는 페미니즘』(공저) 등이 있다. 서울대학교 건축학과를 졸업하고 동 대학원에서 석사·박사 학위를 받았다.

이규원 / 서울대학교 의과대학 인문의학교실 연구원으로, 동 교실과 일본 교토 대학교 의학부에 거점을 두고 질병과 의학의 역사를 연구하고 있다. 인제대학교 인문의학연구소 연구원과 건국대학교 강사를 거쳤다. 주요 역서로『세계사를 바꾼 전염병 13가지』,『정의의 아이디어』,『존재와 차이』등이 있다. 한국과학기술원(KAIST) 생명과학과에서 이학사를, 서울대학교 대학원 의학과에서 인문의학을 전공해 의학박사 학위를 취득했다.

양명수 / 이화여자대학교 기독교학과 명예교수이며 이화여자대학교 교목실장과 대학교회 담임목사를 지냈다. 그리스도교 신앙을 인류 사상사의 관점에서 소개하고 있으며, 사회정의론과 문명론에 관심을 가지고 있다. 제네바 대학교와 로잔느 대학교 및 교토 대학교에서 동서양 사상에 대해 강연했다. 이화학술상을 수상하고(2018), 미국 기독교윤리학회(SCE) Global Scholar에 선정되었다(2020). 주요 저서로『아무도 내게 명령할 수 없다: 마르틴 루터의 정치사상과 근대』,『퇴계사상의 신학적 이해』,『성명에서 생명으로: 서구의 기독교적 인문주의와 동아시아의 자연주의적 인문주의』(이상 3권 대한민국 학술원 우수도서) 등이 있다. 서울대학교 법대(학사), 감신대학교 대학원(석사), 스트라스부르 대학교 개신교 신학부(박사)에서 공부했다.

한상진 / 서울대학교 사회학과 명예교수이자 중민재단 이사장, 중국 길림 대학교 객좌교수다. 중국 베이징 대학교·뉴욕 컬럼비아 대학교·베를린 사회과학센터·파리 고등사회과학원의 초빙교수, 한국정신문화연구원장, 김대중대통령자문정책기획위원회 위원장을 역임했다. 주요 저서로『한국사회와 관료적 권위주의』,『중민이론의 탐색』,『현대사회와 인권』,『386세대의 빛과 그늘』,『탈바꿈: 한반도와 제2광복』,『Habermas and Korean Debate』,『Divided Nation and Transitional Justice』,『Asian Tradition and Cosmopolitan Politics』,『Beyond Risk Society』,『Confucianism and Reflexive Modernity』등이 있다.

표학길 / 서울대학교 경제학부 명예교수, 서울대학교 아시아센터 초청교수로 재직 중이다. 국제통화기금, 도쿄 대학교 경제학부 초청교수, 한국계량경제학회장, 한국국제경제학회장을 역임했다. 주요 저서로『국제무역론』등이 있고, 주요 논문으로「Inflationary Expectations, 'Endogenous Money', and Economic Growth」(≪Journal of Macroeconomics≫)와「한국의 통계자료를 이용한 피케티 가설의 검증」(≪한국경제포럼≫) 등이 있다. 서울대학교에서 학사학위를, 미국 클라크 대학교에서 박사학위를 받았다.

김태종 / KDI 국제대학원 교수이자 Global Delivery Initiative 집행위원, ≪Journal of Global Health≫의 COVID19 Commission 위원, 연기금풀 운영위원회 등 기획재정부 여러 위원회의 위원으로 활동 중이다. 교육 및 보건 분야의 공공경제학, 현대 한국경제사, 국제개발협력 등이 연구 관심분야이며, 2018년도 국책연구기관 표창에서 대통령 표창을 받았다. MIT 경제학 박사학위를 취득했다.

강건욱 / 서울대학교 의과대학 핵의학교실 교수로 재직 중이며 서울대학교 생명공학 공동연구원 부원장, 서울대학교병원 중개의학연구소장으로 활동 중이다. 서울대학교 정보화본부 연건센터소장, 미래창조과학부 X-프로젝트 추진위원회 위원장, 보건복지부 보건의료R&D중장기전략기획단 혁신기술분과장, 대한나노의학회장을 역임했다. 주요 논저로『함께 꿈꾸는 건강 사회 2』,『미래는 더 나아질 것인가』,『대한민국 4차 산업혁명 마스터플랜』,「ICT 미래보건의료 전략연구」등이 있다. 서울대학교 의과대학 학사·석사·박사 학위를 취득했다.

강은정 / 순천향대학교 보건행정경영학과 교수로 재직 중이며 대한민국건강도시협의회 학술자문위원회 부위원장, 건강보험심사평가원 약제급여평가위원회 위원으로 활동 중이다. 한국보건사회연구원 연구위원을 지냈다. 주요 저서로 『건강도시의 이론과 실제』(집필위원장), 『헬스케어 3.0의 이해』(집필위원장), 『*Health Impact Assessment: Past Achievement, Current Understanding, and Future Progress*』(공저), 『*Health Care Policy in East Asia: A World Scientific Reference*』(공저) 등이 있다. 서울대학교 약학과 학사학위, 서울대학교 보건대학원 보건학 석사학위, 펜실베니아 주립대학교 보건정책 및 보건행정학 박사학위를 취득했다.

장은진 / 한국침례신학대학교 상담심리학과 교수로 재직 중이며 제50대 ㈜한국심리학회장을 맡고 있다. 법무부 운영 대전스마일센터장, 행정안전부 중앙재난심리회복지원단 등 국가 및 공공 기관의 위원으로 활동 중이다. 트라우마 심리치료, 아동 및 청소년 심리상담(긍정적 행동지원)이 주 연구분야이다. 주요 저·역서로 『최신임상심리학』(공저), 『발달장애심리학』(공저), 『궁금해요 ADHD』 등이 있다. 이화여자대학교 심리학과를 졸업하고 동 대학원에서 발달임상심리 전공으로 석사·박사 학위를 취득했다.

김규원 / 한국문화관광연구원 선임연구위원으로 재직 중이다. 주요 연구분야는 축제, 전통문화, 지역문화, 문화시설이다. 주요 저서로 『축제 세상의 빛을 담다』가 있다. 프랑스 파리 4대학 지리학과에서 박사학위를 취득했다.

김소임 / 건국대학교 글로벌캠퍼스 영어문화학전공 교수로 재직 중이다. 건국대학교 인문과학대학장, 한국현대영미드라마학회 회장 등을 역임했다. 주요 저서로 『베케트 읽기』, 『영화로 보는 미국역사』(공저), 『퓰리처 상을 통해 본 현대 미국 연극』(공저) 등이, 주요 역서로 『욕망이라는 이름의 전차』, 『뜨거운 양철 지붕 위의 고양이』, 『존왕』 등이 있다. 이화여자대학교 영어영문학과를 졸업하고 미국 위스콘신 대학교에서 영문학 석사학위를, 미국 에모리 대학교에서 박사학위를 받았다.

이혜주 / 중앙대학교 예술대학 명예교수이며 지속가능과학회 공동회장이다. 미국 프린스턴 대학교 교환교수를 지냈고 미국 레딩아트뮤지엄 공모전 1등을 수상했다. 국제

전 및 초대전을 100회 이상 수행했으며 국전 심사위원을 역임했다. 인천광역시색채디자인계획 등을 주도해왔다. 서울대학교 학부 및 대학원에서 응용미술학을 전공했고 미국 샌프란시스코 주립대학교 대학원을 졸업했다.

홍미화 / 춘천교육대학교 사회과교육과 교수로 재직 중이다. 제6차 교육과정기부터 사회과교육과정과 교과서 연구·집필 등에 참여해왔으며, 현재 한국사회교과교육학회 부회장과 한국교과서연구재단 편집위원 등을 맡고 있다. 기존의 수업분석 방식을 거부하고 사회과 수업의 특질을 인간의 삶과 결부하여 미시적으로 드러내는 방식의 연구를 추구한다. 사회과교육과 관련한 질적 연구와 내러티브, 교사 지식 등에 관심이 많다. 주요 저서로『사회과 수업과 교사 지식』등이 있다. 서울교육대학교와 한국교원대학교 대학원에서 사회과교육을 전공했다.

김명중 / 한국교육방송(EBS) 사장, 한국방송협회 부회장이다. 호남대학교 신문방송학과 교수, 아리랑TV 부사장, 한국방송광고진흥공사 상임감사, 국무총리실 방송통신융합추진위원회 위원, 방송통신위원회 방송미래발전위원회 제1분과 좌장, 문화체육관광부 방송영상리더스포럼 좌장을 역임했다. 주요 저서로『*Satellitenfernsehen in Europa*』, 『디지털 시대의 위성방송론』,『디지털 양방향서비스』(공저),『디지털 컨버전스』(공저) 등이 있다. 중앙대학교 신문방송학과를 졸업하고 독일 뮌스터 대학교에서 커뮤니케이션 박사학위를 받았으며 독일 카셀 대학교 박사후 과정을 수료했다.

지재식 / ㈜한국전자투표 대표이사이다. 이맥소프트 대표이사, 다산네트웍스 경영고문, 핸디소프트 경영고문, 정보통신진흥기금 심의위원, 민주평통 상임위원, 민주노총 IT연맹위원장을 역임했으며 KT에 근무했다.

심선영 / 성신여자대학교 경영학과 부교수로 재직 중이다. 공공정보화 사업 및 학술연구사업 평가위원(정보화진흥원, 정보통신산업진흥원, 한국연구재단 등)을 역임했다. 주요 연구분야는 블록체인 기반 전자투표시스템, 언택트 비즈니스를 위한 빅데이터 및 인공지능 활용 등이다. 고려대학교 전산과학과를 졸업하고 한국과학기술원에서 경영학 석사, 경영공학 박사를 취득했으며, 미국 텍사스 주립대학교에서 박사 후 연구원 생활을 했다.

서진석 / 중부대학교 경찰경호학부 교수로 재직 중이며, 학생생활관장, 경찰경호대학장을 역임하고 현재 교수협의회의장으로 활동 중이다. 한국시큐리티정책학회장, 경제·인문사회연구회 경영평가위원, 경찰청 자문위원, 치안문제연구소 연구위원을 역임했다. 주요 저서로『한국경비산업발전사』(공저),『비교시큐리티제도론』(공저),『민간경비론』등이 있다. 인천대학교 행정학과 학사·석사, 경원대학교 행정학 박사를 취득했다.

이상훈 / 대전대학교 경찰학과 교수로 재직 중이며, 현재 한국경찰학회장, 대통령소속 자치분권위원회 자치경찰 전문가 자문단 위원, 경찰청 성과평가위원, 서울특별시 자치경찰 자문단 위원, 충남지방경찰청 손실보상위원회 위원장으로 활동 중이다. 한국시큐리티정책학회 회장, 대전대학교 홍보기획실장, 대전대학교 신문방송사 주간 등을 역임했다. 동국대학교 경찰행정학과를 졸업하고 동 대학원에서 경찰학 박사학위를 취득했다.

고문현 / 숭실대학교 법학과 교수로 재직 중이며 대법원 양형위원회 자문위원, 지속가능과학회 공동회장, 환경한림원 정회원, CO_2저장 환경관리연구단 법제도·대중수용성분과위원장, 풀브라이트 방문교수(UC 버클리대학교)이다. 헌법재판소 헌법연구관, 한국헌법학회 회장, 국회 헌법개정특별위원회 자문위원, 숭실대 기후변화특성화대학원 원장을 역임했다. 주요 저서로『헌법학개론』,『기후변화와 환경의 미래』(공저),『기후변화 대응을 위한 에너지·자원법』(공저),『EU 기후변화 정책의 이해』(공저) 등이 있다. 경북대학교 행정학과를 졸업하고 서울대학교 환경대학원에서 석사과정을 이수했으며 서울대학교 대학원 법학과에서 박사학위를 받았다.

김성엽 / 한국능률협회 월간 ≪CEO Insight≫에서 'Wealth Management' 등의 칼럼니스트를 맡고 있으며, 사단법인 중국자본시장연구회 부회장을 지내고 운영위원을 맡고 있다. 하나은행과 하나금융투자에서 자산관리(Wealth Management) 담당 임원, 한국금융연수원 외래교수 및 자문위원, MBC TV 〈경제매거진M〉 자문위원 등을 역임했다. 어려운 금융을 소비자에게 쉽게 전달하는 강점으로 KBS 2라디오 〈경제포커스〉, MBC TV 〈뉴스와 경제〉 등에 고정 출연하여 방송 1천회 이상의 기록을 갖고 있다. 주요 저서로『금융마케팅』(공저),『스타재테크』(공저)가 있다. 고려대학교 경영전문대학원에서 경영학 석사(MBA)를 취득했다.

김수욱 / 국가자산관리연구원 원장, 세계온라인학술협회 회장으로 활동 중이다. 서울대학교 발전기금본부장, 서울대학교 생활협동조합 집행이사, 서울대학교 경영대학 부학장, 대한경영학회 회장, 네이버와 한화손해보험의 사외이사를 역임했다. 주요 저서로 『황소채찍효과』, 『+F전략』, 『나쁜 기업이 되라』 등이 있다. 서울대학교 경영대학에서 학사·석사를 마친 후 미국 미시간 주립대학교에서 경영학 박사학위를 받았다.

문형남 / 숙명여자대학교 경영전문대학원 주임교수로 재직 중이며 ㈜4차 산업혁명실천연합 공동대표, 인공지능국민운동본부 공동의장, 한방헬스케어학회 회장으로 활동 중이다. 동서경제연구소 선임연구원(애널리스트), 매일경제신문사 기자, ㈔지속가능과학회 회장(2대), ㈔한국생산성학회 회장(33대) 등을 역임했다. 주요 저서로 『4차 산업혁명과 북한』, 『핫 트렌드 2018』, 『핫 트렌드 2019』, 『대한민국 4차 산업혁명 마스터플랜』 등이 있다. 성균관대학교 경영학과 학사학위, 고려대학교 경영학 석사학위, 성균관대학교 경영학 박사학위를 취득했다. 한국과학기술원(KAIST) 공학박사 과정을 수료했고, 경남대학교 북한대학원(현 북한대학원대학교) 북한학 박사과정을 수료했다.

김연규 / 한양대학교 국제학부 교수로 재직 중이며 국제정치, 그중에서도 에너지, 데이터 등을 중심으로 한 국제질서 변동 전문가다. 워싱턴의 에너지 전문가들로 구성된 '한미 에너지 태스크포스' 등 여러 연구 단체를 운영 중이고, 여시재 에너지연구팀 좌장을 맡고 있다. 산업통상자원부 '해외자원개발혁신TF' 가스분과위원장을 지냈다. 주요 논문으로 「Russia and the Mediterranean in the Era of Great Power Competition」, 「Russia's Arms Sales Policy after the Ukrainian Sanctions」, 「트럼프 정부하 미국-러시아 유럽가스공급경쟁: 노드스트림 가스관 II」 등이 있고, 주요 저서로 『도시광산 정책: 국내외 사례』(편저), 『한국의 미래 에너지전략 2030』(편저), 『동북아 에너지협력과 한국의 선택』(편저) 등이 있다. 미국 퍼듀 대학교에서 정치학 박사학위를 받았다.

김흥광 / ㈔NK지식인연대 대표이사이며 북한연구소 연구위원으로 재직 중이다.

2004년 탈북한 이후 한신대학교와 경기대학교에서 겸임교수로 활동했다. 주 연구분야는 컴퓨터 소프트웨어와 네트워크, IT융합분야이며 그동안 남북한 IT분야의 표준화와 협력, 남북한 소프트웨어 공유에 대한 연구에 전념해왔다. 특히 북한의 지인들을 통해서 북한의 정치, 경제, 과학 분야의 상황들에 대해 지속적으로 모니터링을 하여 남한과 국제사회에 전하고 있다. 평양 김책공업종합대학 컴퓨터공학부를 졸업하고 석사학위를 받았으며 남한에서도 북한대학원대학교 통일IT전공 박사과정 수료, 한신대학교 U-city IT융합전공 박사학위를 취득했다.

함인희 / 이화여자대학교 사회학과 교수이다. 사회과학대학 학장, 한국사회학회 편집위원장, 한국가족학회 부회장을 역임했다. 주요 저·역서로『인간행위와 사회구조』, 『가족난민』(공역), 『오늘의 사회이론가들』(공저), 『가족과 친밀성의 사회학』(공저) 등이 있다. 이화여자대학교 및 동대학원 사회학과를 졸업했고, 미국 에모리 대학교 사회학 박사학위를 취득했다.

두주연 / ㈜밸류랩어소시에이츠 대표이사로, 소비자들의 인식과 행동변화 기반의 시장기회 영역을 탐색하며 기업 마케팅 활동을 돕고 있다. 트렌드연구회의 빅퓨처트렌드 연구위원으로도 활동 중이다. 글로벌 마케팅 조사 회사 Kantar Korea(英 WPP Group) 근무 후, 2008년 밸류랩을 창업해 사람들의 인식과 경험분석 중심의 질적 조사 프로젝트를 다양하게 수행하고 있다. 소비자 생각과 행동에 대한 심층/정밀 이해를 위해 여러 연구모듈을 활용하고 있으며, 최근에는 소비자행동예측연구소를 설립하여 AI 시대에 고객행동 예측 및 예측 마케팅을 위한 연구모듈 개발에 매진하고 있다. 고려대학교 경영대학원에서 석사학위를 취득했다.

김우진 / ㈔주거환경연구원 원장으로 재직 중이며, LH공사 쿠웨이트 사업 및 고덕신도시 총괄계획가(MP위원)로 활동 중이다. 부산시 도시계획상임기획단, 주택산업연구원 기획조정실장, 우림건설 부사장, SH공사 기획경영본부장, 서울투자운용 대표이사를 역임했다. 주요 저서로『*Economic Growth, Low income and Housing*』,『사회정책으로서의 주택』등이 있다. 서울대학교 환경대학원에서 석사학위를, 영국 글래스고 대학교에서 박사학위를 취득했다.

한울아카데미 2258

포스트 코로나 대한민국

집단지성 27인의 성찰과 전망

기 획 **이영한**
지은이 **이영한·이규원·양명수·한상진·표학길·김태종·강건욱·강은정·장은진·김규원·김소임·이혜주·**
홍미화·김명중·지재식·심선영·서진석·이상훈·고문현·김성엽·김수욱·문형남·김연규·김홍광·
함인희·두주연·김우진

펴낸이 **김종수** ㅣ 펴낸곳 **한울엠플러스(주)** ㅣ 편집 **배소영**

초판 1쇄 인쇄 2020년 10월 15일 ㅣ 초판 1쇄 발행 2020년 10월 30일

주소 10881 경기도 파주시 광인사길 153 한울시소빌딩 3층

전화 031-955-0655 ㅣ 팩스 031-955-0656 ㅣ 홈페이지 www.hanulmplus.kr

등록번호 제406-2015-000143호

ISBN 978-89-460-7258-9 93300 (양장)

    978-89-460-6963-3 93300 (무선)

Printed in Korea.

※ 책값은 겉표지에 표시되어 있습니다.

※ 이 책은 강의를 위한 무선판 교재를 따로 준비했습니다.

    강의 교재로 사용하실 때는 본사로 연락해주시기 바랍니다.